나폴레옹 | 전 기

나폴레옹 전기

초판 1쇄 인쇄 2001년 3월 20일
초판 5쇄 발행 2017년 12월 26일

지은이	펠릭스 마크햄
옮긴이	이종길
발행인	이종길
펴낸곳	도서출판 길산
북디자인	정병규디자인 · 이희영

ADD 경기도 고양시 덕양구 행주로15번길 78-15(행주내동)
TEL 031.973.1513 FAX 031.978.3571
E-mail keelsan@hanmail.net
http://www.keelsan.com

ISBN 978-89-952012-0-6 03920
값 18,000원

Napoleon
by Felex Markham
Copyright ⓒ1976 by Weidenfeld & Nicolson Limited , UK
Korean Translation Copyright ⓒ 2006 by keelsan Books Co., Ltd.
All rights reserved.

Korean translation rights arranged with
Weidenfeld & Nicolson Limited,
UK through Bestun Korea Agency Co.,Seoul, Korea

이 책의 한국어 판권은 베스툰 코리아 에이전시를 통한
Weidenfeld & Nicolson Limited사와의 독점계약으로
'도서출판 길산' 이 소유합니다.
저작권법에 의하여 한국내에서 보호를 받는 저작물이므로
무단전재와 무단복제를 금합니다.

저자와의 협의에 의해 인지를 생략합니다.
잘못 만들어진 책은 구입처나 본사에서 교환해 드립니다.

나폴레옹 | 전기

Napoleon

펠릭스 마크햄
이종길 옮김

길산

일러두기

1. 이 책에 사용된 맞춤법과 외래어 표기는 1989년 3월 1일부터 시행된 〈한글맞춤법 규정〉과 〈문교부 편수자료〉에 따랐다.
2. 독자의 이해를 돕기 위해 역주를 sm중고딕 6pt로 기입하였으며 역주 번호는 따로 매기기 않고 본문(sm신명조 1.2pt)과 다르게 표기하였다.
3. 원서의 〈 〉표는 원저자의 뜻을 살리기 위해 책 이름 외에는 굵은 글씨(sm견명조)로 표기하였다.

차 례

머리말 | 머리보다는 몸으로 행동하는 인간

옮긴이의 말 | 666의 인간 '나폴레옹'

전쟁 지도 · 나폴레옹 가계도

제1장 — 21 — 코르시카에서 나다

제2장 — 35 — 운명의 전환

제3장 — 51 — 이탈리아 원정

제4장 — 84 — 동방 원정 – 이집트 원정

제5장 —105— '브뤼메르 쿠데타'와 '마렝고 전투'

제6장 —137— 제1통령

제7장 —161— 새로운 샤를마뉴 대제

제8장 —187— '아우스털리츠' 전투의 승리
　　　　　　　　　　— 제3차 대프랑스 동맹군의 참패

제9장 —205— 인간 나폴레옹과 그의 제국

제10장 —237— '정교협약' 파기와 '대륙봉쇄령'

제11장 —259— 골칫덩어리 스페인의 반도전쟁

제12장	— 273 —	유럽에서의 민족주의와 바크람 전투
제13장	— 291 —	러시아에서의 파국
제14장	— 314 —	라이프치히 전투와 퇴위
제15장	— 341 —	백일천하와 워털루 전투
제16장	— 372 —	세인트 헬레나
제17장	— 404 —	나폴레옹의 전설
부록1	— 424 —	나폴레옹의 병세 진단
부록2	— 427 —	나폴레옹의 데드 마스크

430 — **참고 문헌**

431 — **나폴레옹 전쟁 연표**

433 — **용어 설명**

440 — **주요 인물 설명**

머리보다는 몸으로 행동하는 인간

머리말

역사가로서, 특히 영국 역사가로서 나폴레옹의 전기를 새로 쓴다는 것은 참으로 대담한 시도가 아닐 수 없다. 나폴레옹에 관해 수많은 기록을 남겼던 지난날의 위대한 역사가들이 그의 어깨에 깊은 그늘을 드리우고 있기 때문이다. 프랑스를 예로 들면 티에, 소렐, 방달, 조르주 르페브르가 있고, 독일에는 푸르니어와 키르히아이젠, 러시아에는 탈레가 있다. 영국에는 케임브리지 대학의 홀랜드 로즈, 옥스퍼드 대학의 로즈베리, 피셔, J. M 톰슨이 있다. 톰슨은 『나폴레옹 보나파르트-그의 부상과 몰락, 1952』 서문에서 "역사의 미술관에는 한 명의 위대한 인간을 그린 엇비슷한 그림이 아무리 많다 해도 지나치지 않다"고 쓴 바 있다. 나는 이 말을 나폴레옹의 전기를 새로 쓰고자 하는 변명으로 삼고자 한다.

1952년 이후에도 나폴레옹에 관한 새롭고 중요한 자료들이 빛을 많이 보고 있다. 특히 베르트랑 장군의 세인트 헬레나 일기 2,3권이 해독됐고, 스웨덴 왕립문서보관소에서 황후 마리 루이즈1791~1847년, 오스트리아 황제 프란츠 2세의 딸로 나폴레옹의 두 번째 부인가 나폴레옹에게 보낸 편지가 발견되었으며, 몽트누보 문서보관소에서는 그녀가 아들 라이히슈타트 공작1811~1832년, 마리 루이즈가 나폴레옹과 결혼해 1811년에 낳은 아들, 로마왕 또는 나폴레옹 2세로 불렸음에게 보낸 편지가 발견되었다. 근래에 나온 2차 저작 중에서는 J.고드쇼 교수의 『혁명과 제국의 제도』와 영국측 공식 기록에 의한 철저한 조사를 토대로 쓴 F. 크루제 교수의 『영국 경제와 대륙 봉쇄』를 가장 중요한 것으로 꼽을 수 있겠다.

나폴레옹이 마리 루이즈에게 보낸 편지나 콜랭쿠르와 비상스 공작 그리고 네덜란드 여왕 오르탕스나폴레옹의 첫째 부인 조제핀이 낳은 나폴레옹의 의붓딸 회고록이 나온 때는 1930년대 들어서였다. 그런 만큼 톰슨의 저작과 비교적 얇은 탈레의 『보나파르트, 1937』를 제외한다면 30년대 훨씬 이전으로 거슬러 올라가야 전문 역사가가 쓴 제대로 된 나폴레옹 전기를 찾을 수 있다. 키르히아이젠의 1927년 작, 홀랜드 로즈의 1901년 작, 푸르니어의 1886년 작 등등이 그것이다. 르페브르 교수의 권위 있는 저작 『나폴레옹』은 「민족과 문명」총서에 들어 있던 것으로 나폴레옹 시대사이다. P. 게일 교수의 『나폴레옹—그에 대한 찬미와 비난, 1944』은 나폴레옹에 대한 프랑스 역사가들의 시각을 철저히 분석한 것이다.

이 책은 나폴레옹의 전기이다. 말하자면 그가 무엇을 생각했고, 무엇을 했는지를 쓴 것이지 나폴레옹 시대에 일어난 일에 대해 전부 설명할 수는 없다. 그러나 우리는 1794년부터 1815년까지 약 20년간 나폴레옹의 인생 역정과 유럽의 역사는 거의 동의어였다는 사실을 인정해야 한다. 나는 나폴레옹의 인생 역정에 영향을 미친 당시의 군사·외교·도덕·경제적 역학관계가 문제시될 때마다 즉시즉시 그런 문제를 끌어들여 설명함으로써 책의 일관된 흐름을 유지하려 했다. 그렇기 때문에 독자들께서는 예를 들어「제 12장 유럽에서의 민족주의와 바크람 전투」첫머리가 18세기 말 독일 지성계의 동향에 대한 분석으로 시작한다고 해서 의아해하시지 않기를 바란다. 나폴레옹의 인생역정과 이러한 사상의 흐름은 무관하지 않기 때문이다. 1796년의 이탈리아 원정과 워털루 전투의 여러 작전도 비교적 상세히 분석했다. 나폴레옹의 군사전략이 어떤 것인지를 보여주는 전형적인 사례이기 때문이다. 다른 부분에서는 군사적인 설명을 최소화했다.

나폴레옹에 관한 자료와 문헌은 매우 방대하며 대부분 인쇄물 형태로 찾아볼 수 있다. 따라서 이 책에서는 상세한 각주와 참고문헌은 생략하고, 각 장 별로 선별한 문헌목록만을 실었다. 학생들과 일반 독자에게는 적당한 분량일 것이다.

나는 나폴레옹을 그 이전 또는 이후의 지도자나 독재자들과 비교하는 방식은 피했다. 독자를 오도할 수 있기 때문이다. 그러나 나폴레옹에 대해서 한 가지는 확실하게 말할 수 있다. 머리로 생각하기보다는 몸으로 행동하는 유형의 인간으로서, 그는 두 가지 측면에서 독보적인 존재였다는 것이다. 즉 나폴레옹 이전에도 그런 유형의 인물은 있었지만 나폴레옹만큼이나 널리 알려진 적은 없었으며, 나폴레옹 이후에도 야전사령관으로서의 탁월한 군사적 천재성과 세계적 범위의 정치 역량을 그만큼 잘 결합시킨 인물은 없다는 점이다.

1961년 여름 이 책의 집필을 시작할 수 있게 도와주신 여러분들께 감사의 뜻을 전하고 싶다. 옥스퍼드 대학 허트포드 칼리지는 한 학기 동안 휴가를 허락해 주었고, 금융기관 레버흄 트러스티즈는 연구·여행경비를 지원해 주었다. 록펠러재단은 세르벨로니 별장을 마음껏 이용할 수 있게 배려해 주었다. 그 옆 멜지 별장에 계시는 두카 갈라라티 스코티 씨는 친절하게도 나폴레옹 관련 희귀 서적들과 로디 전투 직후의 모습을 담은 아피아니의 그림 등 나폴레옹 초상화 여러 점을 보여주셨다. 이 그림 게재를 허락해 주신 데 대해 깊은 감사의 뜻을 표하고 싶다. 제13장에 마레샬 네이의 미간행 편지 일부를 인용할 수 있도록 허락해 주신 J. 위툭 여사에게도 감사드린다. 옥스퍼드 대학 인체해부학 명예교수인 윌프리드 르 그로스 클라크 경과 그의 후임인 G. 해리스 교수는 나폴레옹의 건강에 관한 의학적 증거를 가리는 데 결정적인 도움을 주었다. 메투엥 출판사는 C. F. 팜스티에르나의 『내 사랑 루이즈』에서 마리 루이즈의 편지를 인용할 수 있도록 허락해 주고, 해미시 해밀튼 출판사 역시 앙드레 카스텔로의 『나폴레옹의 아들』에서 마리 루이즈 관련 문헌을 제공해 주었다.

끝으로 『나폴레옹의 편지와 기록』(크레셋 출판사 발행) 제1권에 실린 번역문을 자유롭게 인용할 수 있도록 허락해 주신 존 엘드레드 하워드 씨에게도 감사의 뜻을 표하고자 한다.

커즌 컬렉션 중 미간행 부분을 살펴볼 수 있도록 도와준 옥스퍼드 대학 보들리 도서관 관계자들과 교열을 맡은 메어리 데니스톤 부인, 타이핑을 맡은 캐서린 노스오버 양에게도 고마움을 전한다.

1963년 6월
펠릭스 마크햄

666의 인간 '나폴레옹'

옮긴이의 말

역사란 무엇인가? 톨스토이가 말했듯이 "역사는 한 인간과 국가 간의 이야기이다." 이렇듯 인간 나폴레옹이 움직인 유럽 제국 국가들 사이에서의 충격과 변화는 단지 프랑스 한 국가의 혁명과 혁신뿐만 아니라 전 지구적인 변화를 가져다주는 거대한 증기기관차의 원동력이었다.

1977년 여름 어느날, 역자는 나폴레옹과 러시아의 전쟁을 배경으로 한 고전 톨스토이의 『전쟁과 평화』를 탐독하던 중이었다. 비교적 많은 양의 영문판임에도 불구하고 점입가경으로 몰입하던 중 천재작가 톨스토이의 다음과 같은 놀라운 서술을 발견하게 된다.

"인간에게 가장 무서운 것은 전쟁이다. 나폴레옹은 신약성서 요한계시록에 나오는 666의 인간이다."

계시록에는 "666의 숫자를 지닌 인간은 무서운 재앙을 가져다주는 인간의 형상을 한 짐승이다"라고 기록되어 있다. 따라서 역자는 나폴레옹에 관련된 서적을 꼭 읽어보아야겠다고 결심하지 않을 수 없었다.

그러나 당시 나폴레옹에 관한 책은 그의 명성에 비하면 터무니없을 정도로 빈약하고 조악한 아동도서 몇 권에 불과했다. 불가피하게 영문판을 구해 읽을 수밖에 없는 실정이었다.

그러던 중 프랑스와 영원한 적대국인 영국의 저자 펠릭스 마크햄 Felex Markham이 쓴 이 책을 읽게 되었다.

이 책은 너무도 객관적인 시각으로 인간 나폴레옹에 관해 서술한 간략한 분량의 전기이다. 날렵한 크기에 비해 강렬하게 그리고 빈틈없이 요약된 이 책은 너무나 잘 알려진 인물임에도 불구하고 그동안 잘 알지 못했던 영웅 나폴레옹의 진면목을 서술하고 있다. 역자처럼 그의 위대함을 가까이에서 느껴보고 싶던 독자들에게는 한없는 기쁨이 되리라 믿어 의심치 않는다.

끝으로, 출간에 즈음하여 함께 기쁨을 나누지 못하고 76년에 작고하신 어머니와, 클라이밍 파트너였던 故 전준수 후배 그리고 미국 EL Capitan 등반 파트너였던 故 Xaver Bongard의 명복을 기린다. 지금까지 편집을 맡아준 여러분과 정하영 씨의 노고에도 또한 감사의 뜻을 전한다.

언제나 나에게 힘이 되어주신 연로하신 아버님과, 뒤늦게 얻은 아들 공비가 착하고 건강하게 성장하여 이 책을 꼭 읽어주었으면 하며 아내에게도 고마움을 전한다.

참고로 이 책을 출간하게 된 계기가 된 톨스토이의 『전쟁과 평화』에서 나폴레옹을 "666의 인간"으로 지칭한 부분을 발췌해 실었다.

알파벳에 해당하는 히브리어의 수치를 풀어보면:

a b c d e f g h i k
1 2 3 4 5 6 7 8 9 10

l m n o p q r s
20 30 40 50 60 70 80 90

t u v w x y
100 110 120 130 140 150

따라서 나폴레옹 황제의 프랑스어 표기 "L' Empereur Napoleon"를 위의 숫자에 대치시키면 그 합이 '666'이 된다.

옮긴이 이종길

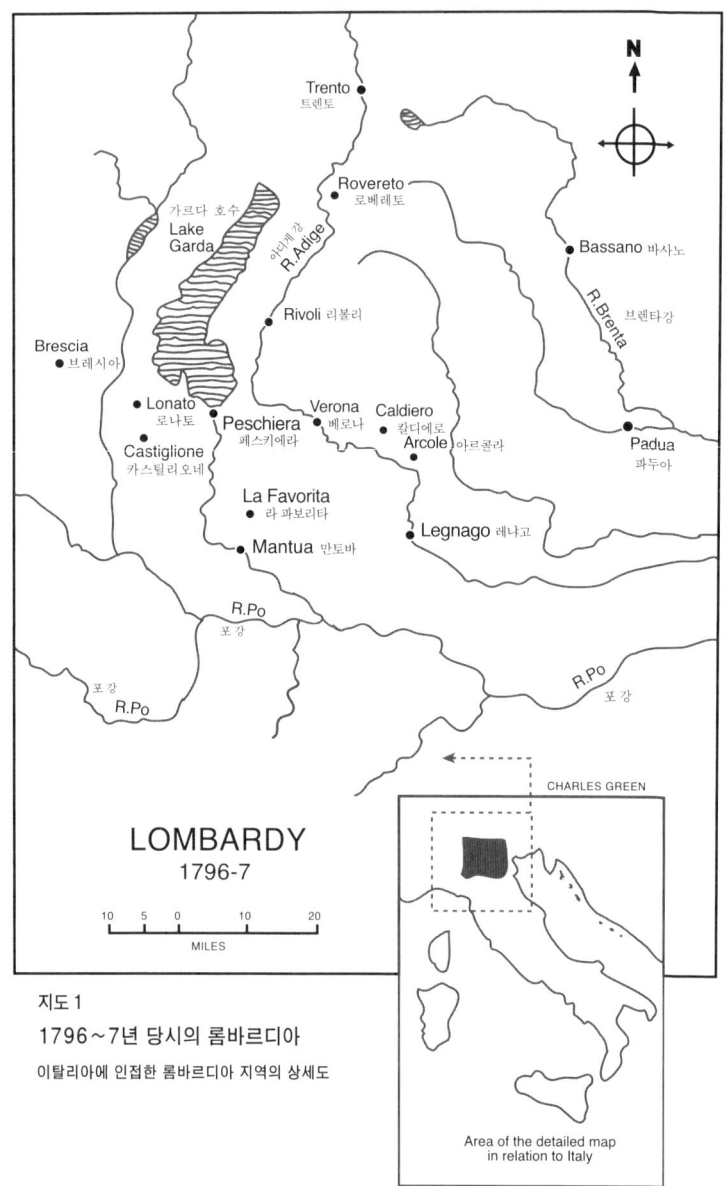

지도 1
1796~7년 당시의 롬바르디아
이탈리아에 인접한 롬바르디아 지역의 상세도

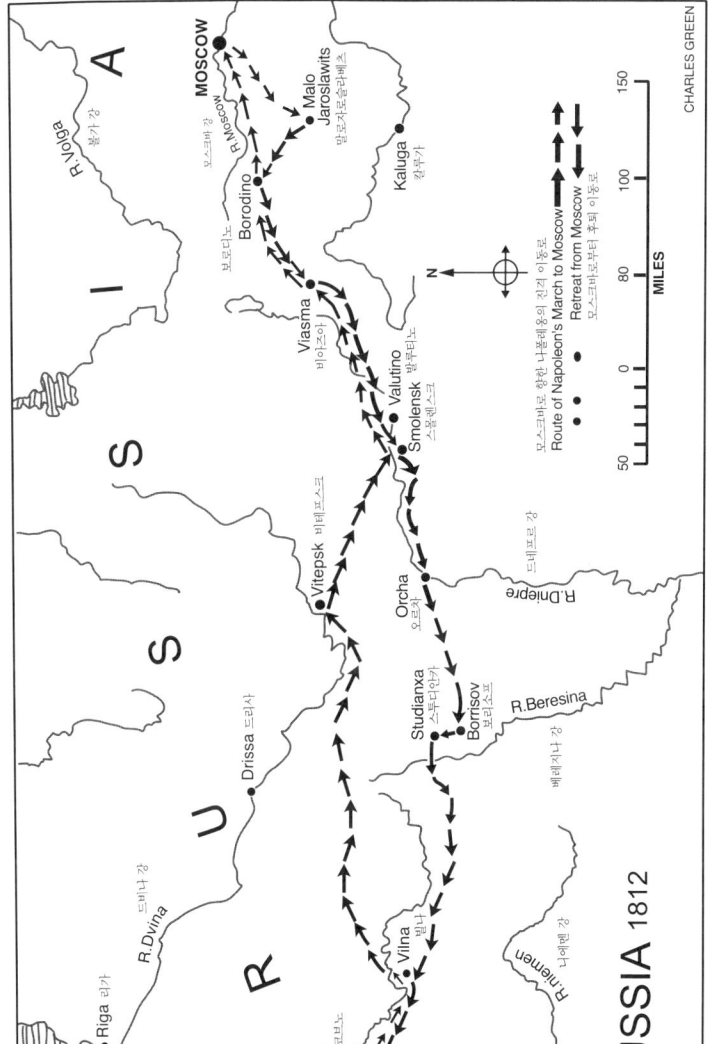

지도 2 1812년 당시의 러시아

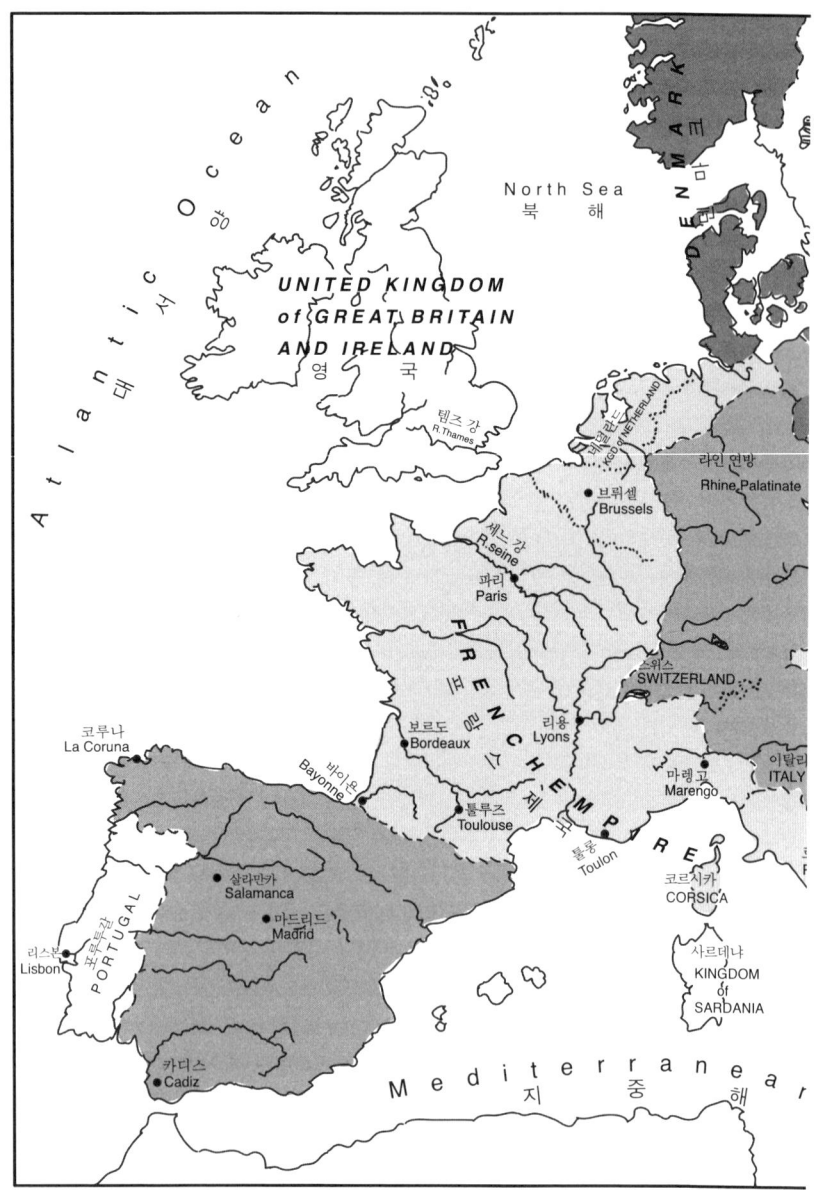

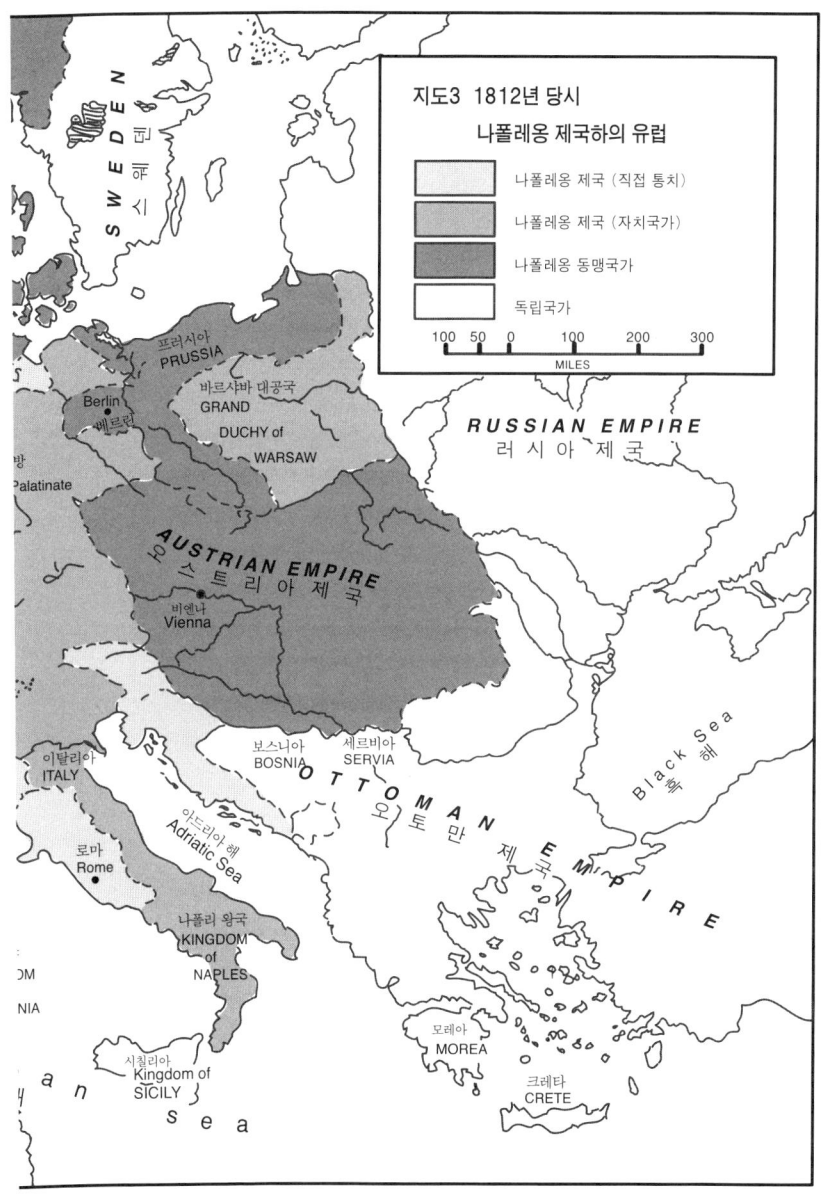

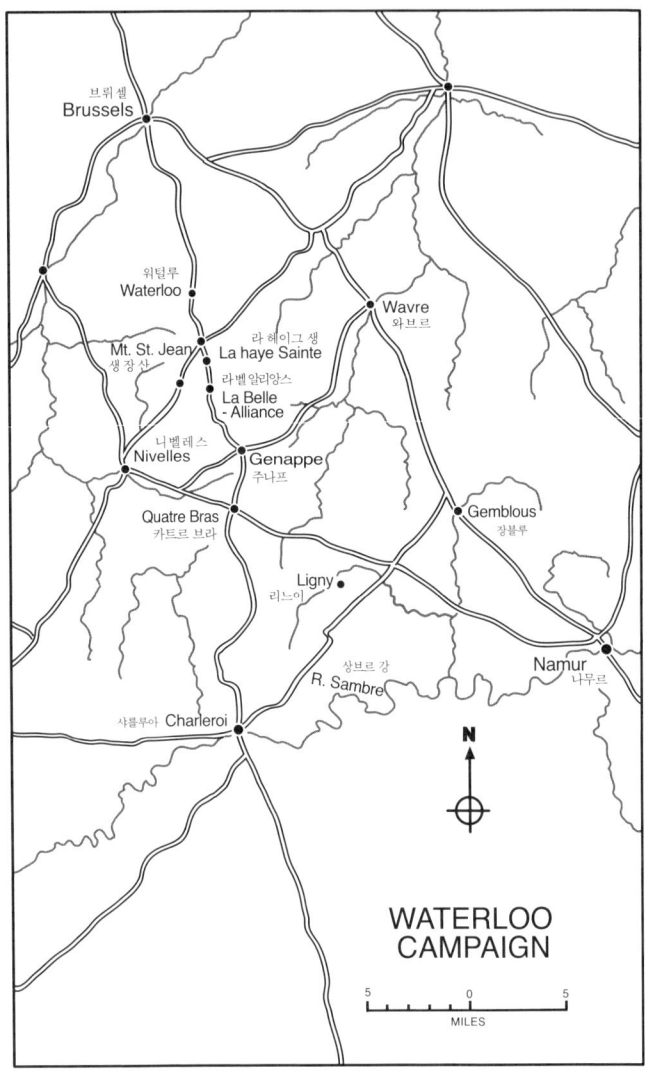

지도 4 워털루 전쟁

나폴레옹 가계도

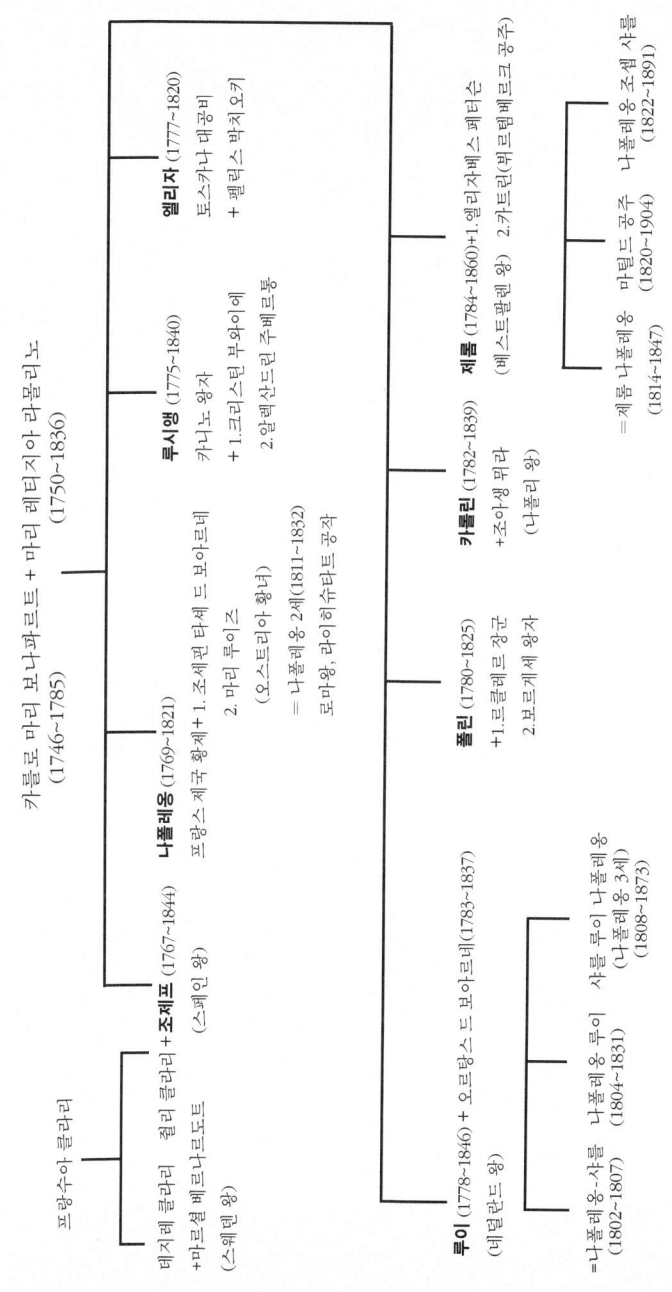

1

코르시카에서 나다

나폴레옹은 제1통령 프랑스혁명 이후 최고통치자의 지위에 이어 황제가 된 뒤에도 적들이 그를 프랑스 사람이 아니라 '코르시카 사람이다'라고 운운할 때 가장 화를 냈다. 그는 자신이 코르시카 출신이라는 점을 부끄러워하지는 않았지만 프랑스에서 자수성가한 사람임을 자처했다. 모든 권력은 전적으로 자신의 칼과 프랑스 국민의 표에 의해 얻은 것이라고 생각했다.

유배지 세인트 헬레나 섬에서 그는 오스트리아 황녀와의 결혼 홍정이 진행되던 당시를 이렇게 회상했다.

"오스트리아 황제는 내 선조가 트레비소 이탈리아 북동부의 소도시를 통치했다는 걸 증명할 수 있게 족보를 발행하고 싶어했다. 유구한 합스부르크 왕조의 후손인 오스트리아 황제는 신분이 낮은 나 같은 인물과의 통혼을 원치 않았기 때문이다."

나폴레옹은 이에 개의치 않고 오스트리아 황제에게 답했다.

"나는 내 왕조의 시조가 되고자 합니다."

또 황제로 재위중일 때 한 번은 어떤 장교가 '앙시앵 레짐'^{구체제, 1788년 프랑스혁명 이전의 프랑스 정치체제}의 구귀족들을 중용하는 문제에 대해 그에게 불만을 토로한 적이 있었다. 그러자 그는 "그래, 그럼 가난한 코르시카 시골 지주였던 나도 귀족이란 말이냐?"라고 반문했다. 이처럼 그는 자신의 출신을 부끄러워하지 않았고, 생의 마지막 순간까지 코르시카인의 특징인 가문에 대한 자부심과 의무감을 지켜 나갔다. 그러나 권력을 잡은 후에는 코르시카 섬 출신이라는 것이 무슨 서자신분인 것처럼 쉬쉬해야 할 곤란한 일이 되고 말았다. 더구나 1793년을 마지막으로 고향 코르시카를 떠날 때까지 그곳에서 보낸 그의 어린 시절은 가난과 곤경과 패배로 점철된 세월인 것처럼 치부되었다.

그가 코르시카 출신이라는 사실이 갖는 의미는 종종 과장된 면도 없지 않지만 되짚어보면 그의 인생 역정의 토대가 된 어떤 요소들은 그의 출신과 연결되어 있는 것이 사실이다. 우선 어린 시절 어머니의 영향이 그러하다. 세인트 헬레나에서 그는 이를 이렇게 회상했다.

"나는 어머니 덕으로 잘 자랐다. 오늘의 내 상당 부분은 어머니의 덕이다. 어머니는 내게 늘 자부심을 심어주고 건전한 판단력을 키워주셨다."

그는 어린 시절 할머니께 장난을 쳤다고 어머니가 회초리를 들었던 장면을 감탄과 모욕이 뒤섞인 감정으로 회상하곤 했다.

또한 군인으로서 가장 적합한 교육을 받을 수 있게 된 것도 프랑스령 코르시카 총독이었던 드 마르뵈프와 부모님의 교분 덕이라는 점을 덧붙일 수 있겠다.

나폴레옹이 정치를 배운 것도 바로 코르시카 정치에서였다. 규모는 아주 작았지만 코르시카는 복잡하고 생동감 넘치는 일종의 정치학교였던 셈이었다.

나폴레옹 보나파르트Napoleon Bonaparte는 1769년 8월 15일, 코르시카 프랑스와 이탈리아 사이에 있는 섬, 제노바령에서 프랑스령으로 넘어감 섬 아작시오에서 태어났다. 유년기에 그는 남달리 병으로 골골거렸는데 이는 놀라운 일이 아니다. 어머니가 임신 마지막 몇 달 동안 산악 지역을 전전하며 피난생활을 했기 때문에 어린 시절에는 건강이 좋지 못했다.

나폴레옹 가계家系에 대한 공식적인 검증 결과에 따르면, 그는 이탈리아 피렌체 귀족 가문의 후예이다. 가문의 연원은 11세기까지 거슬러 올라가며 코르시카에 거주한 지는 200년이 넘었다. 나폴레옹의 어머니 마리 레티지아 라몰리노는 토목기사의 딸이자, 아작시오 대성당 참사회원의 조카딸이었다. 그녀의 집안도 연원이 깊다고 할 수 있으며, 14세기 이후 이탈리아 북부 롬바르디아에서 명성을 쌓은 콜 알토 가문과는 친척관계였다.

부오나파르테 가문은 몇 에이커의 부동산과 시골 농장, 도회지 소재 주택을 소유한 덕에 아작시오를 주도하는 가문 중 하나였다. 나폴레옹의 삼촌이자 아작시오의 부주교는 "우리 부오나파르테 가문은 기름과 포도주나 빵을 결코 돈 주고 산 적이 없다"고 자부하곤 했다. 나폴레옹 역시 "우리는 부르봉 왕가만큼이나 훌륭하다고 자부했고, 그 섬에서는 정말 그랬다"고 회상했을 정도이다.

어머니 레티지아는 열 네 살에 결혼해 자녀를 열 셋이나 낳았는데 조제프·나폴레옹·뤼시앵·엘리자·루이·폴린·카롤린·제롬 등 여덟 형제만이 살아남았다.

1761년 코르시카의 독립투사 파올리는 오랫동안 코르시카를 지배하고 있던 제노바인들을 몰아냈으나 프랑스가 1768년 제노바 공화국으로부터 코르시카의 주권을 사들이면서 코르시카를 무력으로 침공했다. 나폴레옹이 태어나기 석 달 전 파올리 장군은 마침내 프랑스에게 패해 코르시카의 주권을 프랑스에 넘겨주는 역사적 불운을 겪게 된다. 나폴레옹의 아버지 카를로 부오나파르테는 파올리가 이끄는 게릴라 부대 소속 중위였다. '나폴레옹'이란 이름도 프랑스인들과 싸우다 죽은 사촌의 이름에서 딴 세례명이었다.

여러 해 동안 코르시카의 독립투쟁은 유럽에서 낭만적 관심과 논란의 대상이 되었다. 루소는 『사회계약론, 1762』에서 "이 작은 섬이 어느 날 유럽을 깜짝 놀라게 할 것이란 예감이 든다"라고 밝힌 바 있다. 보스웰 1740~1795년, 영국 변호사은 1766년 코르시카를 방문한 후 『코르시카 섬의 사정, 1768』이란 저서에서 파올리 장군을 상세히 소개했다. 보스웰은 코르시카인의 성격과 환경을 스코틀랜드 북부 지역인과 비교하면서 "유럽은 이제 그들에게 눈을 돌린다. 그리고 놀랍게도 바로 내일, 그들은 스스로를 영원히 해방시켜 하나의 독립민족이 될 것이다"고 적었다.

이후 코르시카의 독립 운동가 파올리 장군은 1769년 영국으로 망명한 후 보스웰의 소개로 자연스럽게 존슨 박사를 알게 되었다. 존슨 박사는 보스웰을 매우 존경했으나 그의 고집스럽도록 지나친 코르시카에 대한 열광에 대해 차츰 염증을 내며 이렇게 투덜거렸다.

"선생님, 코르시카인에 관한 이 모든 난리법석이 도대체 뭡니까? 그들은 제노바 사람들과 20년 이상 전쟁을 해왔습니다. 그러면서도 요새화된 도시들을 전혀 빼앗지 못했어요. 고작 벽을 무너뜨리는 데만 20년이 걸린 모양이지요."

이때 아버지 카를로가 파올리를 따라 영국으로 망명했다면 아마 나폴레옹은 영국인으로 자라났을 것이다. 그러나 그는 남았고, 프랑스인들과 화해했다. 1770년 카를로는 프랑스 귀족의 일원으로 인정받게 된다.

코르시카인은 씨족을 기반으로 한 사회체제로, 사회적 지위는 가문의 단결력으로 결정되었다. 모든 분쟁은 코르시카의 전통적인 복수 방법인 '방데타' vendetta라 불리는 사적인 복수로 해결했다. 나폴레옹은 "코르시카인이라면 자기 사촌을 버린다는 생각은 절대 할 수 없다"고 말한 바 있다. 그는 방데타를 야만적인 풍습으로 여겨 인정하지는 않지만 평생 동안 적어도 두 번은 이 코르시카식 복수를 감행한다. 앙기앵 공을 처형할 때와 웰링턴 공작 암살 미수범에게 유산을 남겨줄 때가 바로 그랬다.

나폴레옹의 어머니 레티지아는 눈부실 정도로 아름답고, 독특한 개성을 지닌 젊은 여성이었다. 남편 카를로도 꽤 매력적이고 교양은 있었지만 연약한데다 낭비벽이 좀 있었다. 이 멋진 한 쌍의 부부는 드 마르뵈프 총독의 호의적인 관심을 끌었다. 이들 부부와 드 마르뵈프는 곧 나폴레옹의 친아버지가 누구냐고 소문이 날 정도로 친밀한 사이가 되었다. 훗날 나폴레옹은 친구인 과학자 몽주와 이집트에서 돌아오는 길에 이 소문의 가능성에 대해 이야기한 바 있다. 그러나 간통에 대한 코르시카인의 태도와 가문의 명예를 감안해볼 때 그럴 개연성은 전혀 없어 보인다. 더구나 드 마르뵈프는 66세의 노인이었고, 레티지아는 나폴레옹을 임신했을 당시 파올리의 투쟁거점인 코르테에 머물고 있었다.

아버지 카를로는 드 마르뵈프의 영향력에 힘입어 나폴레옹을 루이 14세 때 국방장관이었던 생 제르맹이 설립한 브리엔 왕립 군사학교에 입학시킬 수 있었다. 이 학교는 1776년 생 제르맹이 귀족 자제를 위해 설립한 열두 곳의 왕립학교 가운데 하나였다. 나폴레옹은 1779년 아홉 살 때 처음 프랑스에 와서 학교 생활을 시작했다. 처음 석 달은 형 조제프가 다니던 오탱 소재 교회 부설 학교에서 보냈다. 그 후 3년이 지난 1782년에야 부모님이 찾아왔는데 당시 급우들의 기록에 따르면 어머니의 미모는 많은 학생들에게 깊은 인상을 심어준 듯하다. 그는 8년 후 청년이 되어서야 고향에 돌아갈 수 있었다. 그 사이 아버지 카를로 부오나파르테는 1785년 위암으로 세상을 떠났다.

세계사에 발자취를 남기도록 예정되어 있는 개성이 강한 한 인간이 학교생활을 무난하게 보냈다는 것은 아주 예외적인 경우이다. 진위가 의심스러운 여러 통의 편지와 학교에서 작성한 보고서들로 보아 나폴레옹은 학창시절 자신이 겪은 어려움과 고독, 그리고 친구들로부터의 소외감 같은 것을 과장하는 경향이 있었다.

교사들은 나폴레옹을 모범적이고 촉망받는, 특히 수학과목에서 뛰어난 학생으로 보았다. 학교생활은 고단했다. 하루 수업이 8시간이나 되었고, 그 대부분이 라틴어와 역사 시간이었다. 나폴레옹은 자신을 가르친 많은 선생들을 잊지 않고 훗날 제정시대에 일자리와 연금을 주었다. 특이한 억양과 열정적인 코르시카 애국주의 성향 때문에 급우들에게 나폴레옹은 놀려먹기 쉬운 만만한 대상이었다. 코르시카식 이상한 이름 '나폴레오네'는 '패요네' 프랑스어로 '짚으로 만든 코'라는 뜻 라는 별명으로 바뀌어 불렸다. 그렇지만 가까운 친구가 전혀 없었던 것은 아니었다. 그는 비록 어린아이였지만 예리하고도 정교한 모의 전쟁놀이를 조직하는 데 열심이어서 주목을 끌었다. 한 급우는 나폴레옹의 계획에 의해 눈으로 만든 요새 축조물 가운데서 격렬한 전투를 벌였던 1783년의 추운 겨울을 인상깊게 회상한 바 있다.

당시 장학사는 수학이 나폴레옹의 적성에 맞으니 해군으로 진로를 정하는 것이 적합할 것이라는 평을 했지만 결국은 포병대에 입교하라는 결정이 내려졌다. 포병은 수학적 기술에 따른 승진이 보병보다 훨씬 쉬웠다. 1784년 그는 파리 왕립사관학교 입학을 허가하는 루이 16세의 서명이 들어있는 허가장을 손에 쥐었다.

이 학교는 프랑스식 육군사관학교인데 그 동안 한심하기 이를 데 없었던 귀족 사관생도들의 부족한 교육을 바로잡아야 한다는 퐁파두르 부인 당시 루이 15세의 애첩의 권유에 따라 1751년에 설립되었고, 교사진도 상당히 훌륭했다. 이 학교에는 학비를 내는 일반 생도와 국왕의 장학생도인 두 부류가 있었다. 생 제르맹의 개혁에도 불구하고 사관학교는 상류 귀족사회의 기준을 위주로 운영되어 귀족 학생들은 가난한 학생들을 의도적으로 경멸하곤 했다. 나폴레옹은 이곳에서 '쏟아지는 경멸'의 대상이 되었다. 이는 후에 혁명의 중요한 심리적 동인의 하나가 된다.

학창 시절 나폴레옹은 조금 반항조의 젊은이였던 것 같다. 훗날 파리에서 나폴레옹을 도운 로라 페르몽 후에 쥐노 장군의 아내가 된 인물로 그녀의 어머니는 나폴레옹의 어머니 레티지아의 친구였음은 그가 사관학교내의 속물근성에 대해 반감을 격렬히 토로한 적이 있다고 회고한다. 나폴레옹은 "여기서 우리는 잘 먹고 좋은 대우를 받았소"라고 말했지만 훗날 제1통령 시절에 그는 이 학교를 보다 더 엄격한 교육과정의 사관학교로 쇄신시켰다.

나폴레옹은 대개 2~3년 만에 치르는 것이 보통인 졸업시험을 1년 만에 치렀다. 그럼에도 그는 전체에서 42등이었다. 워낙 탁월한 실력 덕에 그는 중간단계를 뛰어넘고 바로 발랑스에 있는 라페르 포병연대

소위로 임관될 수 있었다. 가장 좋은 친구 드 마지와 함께였다. 나폴레옹과 드 마지가 임관 후 새 제복을 자랑하러 페르몽가家를 방문했을 때 당시 나폴레옹의 모습은 너무 마르고 작았다. 그 모습을 보고 로라 페르몽과 여동생은 즉시 그에게 "얼굴하고 장화뿐"이라는 별명을 붙여주었다. 너무 심한 표현이라고 느낀 그는 여러 해 동안 로라가 인사할 때마다 그녀를 '꼬마 말썽쟁이'라고 불렀다.

다른 많은 사관학교 출신과 마찬가지로 친구 드 마지는 혁명기간 동안 외국으로 망명했다. 1802년 망명자에 대한 사면 조치로 그가 파리에 돌아오자 나폴레옹은 그를 환대했다. 드 마지는 제국이 끝날 때까지 궁정 의상관리인으로 남게 된다.

라페르 포병연대는 프랑스 육군에서 가장 똑똑하고 효율적인 연대로 명성이 자자했다. 나폴레옹이 1785~89년까지 뒤 테유 사령관 휘하의 이곳 오손 포병학교에서 받은 전문적이고 실무적인 훈련의 효과는 후일 툴롱과 이탈리아 원정에서 여실히 발휘하게 된다. 그는 오손 포병학교 재학 당시 낮은 계급에도 불구하고 뒤 테유에게 발탁되어 대포 발사시험에 관한 보고서를 쓰게 되었다.

이 시기에 그는 레저를 즐기거나 독서를 할 시간적 여유도 많았다. 1786년과 88년 사이에 그는 복무기간 중 4분의 3을 코르시카나 파리에서 휴가로 보낼 수 있었는데 당시 아직도 '앙시앵 레짐' 체제 군대의 귀족 장교들은 사치스러울 정도로 휴가 기간이 많았다. 1786년과 1787년 휴가 연장을 신청했는데 이는 나폴레옹이 돌아가신 아버지를 대신하여 복잡한 집안문제를 해결하기 위해서였다.

장교시절 나폴레옹은 유달리 순진하고 책을 좋아하는 젊은이였다. 1787년 휴가중 파리를 방문했을 때 젊은 창녀와 잠깐 교제한 것을 제외하고는 성性은 그를 거의 사로잡지 못했던 것으로 보인다. 심지어

1785년
육군 사관학교 시절
나폴레옹의 초상
(최초의 초상화)

브리엔에서는 동성애의 유혹에 시달리는 친구를 바로잡아 주려고까지 했다.

발랑스에서 그는 하숙을 했다. 훌륭한 하숙집 여주인 믈레부는 그를 자식처럼 잘 돌봐주었다. 그는 콜롱비에 집안과도 친구처럼 지냈다. 세인트 헬레나에서 하숙집 딸 카롤린과 처음 시시덕거리며 놀던 때를 그는 이렇게 회고했다. "믿어지지 않겠지만 우리가 하는 일이라곤 다만 딸기를 함께 먹는 것뿐이었다." 이 관계는 일시적인 만남으로 끝나지 않았다. 둘은 계속 연락을 했고, 카롤린은 나중에 브레시외의 부인이 됐을 때도 황모후 皇母后(나폴레옹의 어머니)의 시녀 자격으로 황제의 궁정에 자주 드나들었다.

나폴레옹이 오손 연대에 배치된 시기(1788년 9월~1789년 9월)는 우연히도 프랑스혁명 발발 기간과 겹친다. 그러나 나폴레옹과 혁명의 직접적인 만남은 식량부족으로 봉기한 군중을 지방에서 진압하던 때 정도였다. 1789년 8월 오손 연대는 국민에 대한 충성의 서약을 저버리고 말았다. 혁명을 틈타 많은 부르주아 귀족 출신의 장교들이 망명을 했다. 프랑스혁명 기간동안 포병부대에서는 3분의 1의 장교가, 보병부대에서는 3분의 2의 장교가 망명했다. 1792년 9월 프로이센군과 벌인 발미 전투에서 혁명 프랑스의 존립을 확보한 것도 바로 보병이 아닌 이 포병부대였다.

파리와 브리엔에 있을 때만 해도 나폴레옹이 영웅시했던 사람은 단연 루소와 파올리였지만 그는 '프랑스혁명'이야말로 조국 코르시카에 자유를 가져다 줄 수 있는 아주 좋은 기회라고 생각했다.

프랑스혁명 당시 발랑스에 있는 부대에서 그는 이렇게 썼다.

"나의 조국에서는 지금 무슨 일이 일어나고 있을까? 동포들은 여전히 사슬에 묶여 두려움에 떨며 자신을 억압하는 자의 손에 입맞춤하고 있을까?"

1789년 6월 그는 파올리 장군에게 편지를 썼다.

"장군님은 코르시카를 떠났고, 독립의 희망은 장군과 함께 사라졌습니다. 굴복의 대가는 노예신세였습니다."

그러나 1789년 9월, 나폴레옹이 86년과 88년에 이어 세 번째로 코르시카에 돌아왔을 때 프랑스혁명은 아직 이 섬에 별다른 영향을 주지 못한 상태였다. 그는 즉시 자발적인 국민방위군을 조직하는 데 주도적인 역할을 담당했다. 섬사람들에게 프랑스의 삼색 기장을 나눠주기도 하고, 국민공회에 연설문을 보냈다. 연설문이 파리에 도착했을 때 국민공회는 미라보의 발의로 "코르시카가 이제 프랑스의 일부이며, 코르시카인은 프랑스 시민으로서 모든 권리와 자유를 누린다"는 법령을 공포했다.

이는 코르시카를 영국령으로 만들려던 파올리 파에 대한 보나파르트 파의 승리였다. 그리고 이후 프랑스에 대한 나폴레옹의 태도에는 중요한 변화가 온다. 그는 코르시카 정치 문제에서 프랑스와 자코뱅파의 편을 들게 된다. 파올리는 망명에서 돌아왔고, 코르시카인들은 자신들을 해방시켜준 해방자이자 지도자로 그를 열렬히 환영했다.

나폴레옹은 1791년 코르시카에서 다시 발랑즈로 돌아왔다. 그는 이곳에서 중위로 진급함과 동시에 그르노블 연대에 배치되었다. 여기서 그는 루이 16세가 바렌으로 달아났다는 소식을 듣고, 군주론자에서 공화주의자로 완전히 돌아섰다. 1791년 9월 그는 부주교인 삼촌이 죽어간다는 이유로 다시 휴가를 얻어냈다. 이에 1792년 1월 전쟁장관 나르본은 나폴레옹을 정규군에서 코르시카 의용군 대대 부관으로 전출시키는 명령서를 재가했다.

파올리가 주도하는 코르시카의 정치적 통일은 벌써부터 깨어지고 있었다. 파올리와 포조 디 보르고는 왕당파와 성직권 지지파 편을 들고 있었다.

나폴레옹은 자신의 정적들을 납치함으로써 코르시카 의용군 부대의 대장에 피선되었다. 마침내 1792년 부활절 일요일 종교적 분열로 인해 아작시오에서 폭동이 일어났다. 이 과정에서 나폴레옹 대대는 시민들을 향해 발포를 감행했다. 입법의회의 코르시카 대표인 디 보르고는 이런 나폴레옹의 행동을 강력히 비난했다. 게다가 나폴레옹은 "모든 정규 장교들은 1792년 4월 1일까지 소속 연대로 귀대하라"는 명령을 무시해 급기야 그 때문에 프랑스 군적에서 이름이 빠졌다. 이제 나폴레옹이 파리로 가서 당국과 교섭해 자기 위치를 회복해야 할 때였다.

나폴레옹은 1792년 5월 말부터 9월 중순까지 파리에 머물렀다. 이 기간은 프로이센1701~1918년, 독일 북부에 위치한 왕국의 프랑스 침략과 군주제 몰락·9월 학살1792년 9월 첫째 주에 소수의 파리 시민이 1천명이 넘는 죄수를 재판 없이 처형한 사건

등이 발생한 중요한 시기였다.

당시 그는 형제들에게 몇 차례 편지를 보내 파리의 상황을 설명했다. 나폴레옹은 8월 10일 파리시민들이 튈르리 궁을 공격하여 친위대 600여 명을 학살하고, 루이 16세와 왕족을 감금하는 과정을 직접 목격한 얘기를 썼다. 그는 왕이 튈르리 궁을 단호히 지켰어야만 승리할 수 있었을 것이라고 판단했다. 7월 23일 동생 뤼시앵에게 "높은 데 있는 사람들은 불쌍한 자들이야. 진실을 똑바로 보면 우리가 결코 그들의 덕을 보려고 온갖 노력을 들일 필요가 없다는 점을 인정할 수밖에 없어. 너, 우리 아작시오의 역사를 알지? 파리의 역사도 똑같아. 이곳 사람들이 좀 더 작고, 더럽고, 입이 거칠고, 트집잡기를 좋아한다는 것 빼고는. 열정은 단지 열정에 불과해. 프랑스인은 유대가 없는 낡은 민족이란 걸 잘 알아야 한다"라는 편지를 보냈다. 이 대목을 통해 나폴레옹의 젊은 시절이 닳고닳은 영리함과 냉소주의로 변해가고 있음을 알 수 있다.

귀족들의 망명으로 인한 장교 부족현상은 심각했다. 그래서 나폴레옹은 별 어려움 없이 복직될 수 있었고, 오히려 대위로 진급하기까지 했다. 또 여동생 엘리자가 다니는 파리 왕립학교가 휴교중이라는 이유로 코르시카로 돌아가도 좋다는 허락까지 받아냈다.

한편 발미 전투1792년 9월 발미에서 벌어진 프랑스의 시민병과 프로이센군 사이의 전투의 승리로 고무된 파리의 지롱드당 정부는 사르데냐 섬 인근 전략요충지인 카프레라와 마달레나 섬 점령을 위한 원정대 파견을 승인했다. 4천 명의 '애국자' 부대는 해군 함정을 타고 마르세유 항구를 떠났다. 그러나 이들은 코르시카 의용군과 잘 융합되지 못했다. 따라서 1793년 마달레나를 칠 때는 코르시카 의용군만이 공격에 동원되었다. 이 원정대에서 나폴레옹은 파올리 장군 휘하의 체자리에게 명령을 받았는데 그의 첫 야전경험은 참혹한 패배로 끝났다. 나폴레옹의 포병부대가 이길 뻔했으나 갑자기 군대가 알 수 없는 공포에 빠져 반란을 일으켰다. 원정대는 무질서하게 퇴각했다. 이후 나폴레옹은 전쟁장관 나르본에게 사령관을 격렬히 비난하는 서한을 보냈다.

1793년 초 영국이 대對프랑스전戰을 시작했을 때, 파올리는 영국과 모종의 연계와 친영 성향 때문에 프랑스 정부로부터 상당한 의심을 받게 되었다. 1793년 2월 보나파르트 가문과 친분이 있던 국민공회의원 살리체티가 코르시카에 파견되었다. 파올리를 감시하고, 코르시카 병력을 이탈리아 원정군 휘하에 두기 위함이었다. 마침내 국민공회는 파올리를 모반 혐의로 체포하라는 명령을 내렸다. 이러한 체포령은 툴롱의 공화협회 모임에서 나폴레옹의 동생 뤼시앵 보나파르트가 파올리의 '독재'를 강력히 비난한 데서 이미 예견된 조치였다.

나폴레옹은 뤼시앵의 움직임에 대해 전혀 몰랐으며 동생의 이런 조치가 너무 성급한 행동이라고 간주했다. 당시 보나파르트 가문은 파올리 일파의 무력시위를 감당해낼 형편이 아니었다. 이에 대해 나폴레옹이 행한 첫 번째 조치는 프랑스 국민공회에 편지를 보내 파올리를 변호하고 화해를 요청하는 것이었다. 국민공회에서 체포명령을 철회하긴 했지만 코르시카의 내전을 피하기에는 이미 너무 늦어버렸다. 나폴레옹은 아작시오 성채를 점령하려 했으나 실패하고 말았다. 그래서 어쩔 수 없이 전 가족이 프랑스로 망명을 떠나야만 했다. 파올리 파派가 장악한 의회는 보나파르트 가문을 '영원한 저주와 불명예'에 처한다고 선언했다. 가문의 전재산은 몰수되었다.

나폴레옹 가문이 망명을 떠난 후 파올리는 코르시카를 영국에 양도했고, 영국은 코르시카를 1796년까지 점령했다. 당시 나폴레옹은 이탈리아 북부 지방 정복 때문에 이곳에 올 수 없었지만 훗날 아작시오에 있는 보나파르트가家의 집은 어머니 레티지아를 위해 복구되었다. 한편 보나파르트 가문은 망명중 마르세유에 모여 살았다. 생계는 전적으로 나폴레옹의 군 봉급에 의존했다. 나폴레옹은 임시직으로 영국군 침공에 대비한 연안포대 훈련을 담당하고 있었다. 1793년 나폴레옹은 5만 병력만 모으면 코르시카를 파올리의 손아귀에서 쉽게 되찾을 수 있다고 건의하는 보고서를 작성했다. 그러나 그때 이미 나폴레옹에게는 코르시카와의 연계나 코르시카에 대한 애국심 같은 것은 완전히 사라지고 없었다. 프랑스가 유럽을 상대로 한 혁명전쟁이 중대국면으로 치닫고 있는 상황에 있었으므로 이는 나폴레옹에게는 최초의 좋은 기회였다.

2

운명의 전환

1793년 여름, 프랑스에는 혁명 최고의 위기가 불어닥쳤다. 페양파에 이어 정권을 장악한 지롱드당[1]은 이데올로기전戰의 효과를 미친듯이 맹신하면서 "공화국은 압제자에 대항해 봉기하는 모든 민족을 지원할 것"이라고 선언해 영국을 포함한 전 유럽에 전쟁을 도발시켰다.

그러나 이는 전쟁을 수행할 만한 능력이 전혀 없다는 것을 그들 스스로 입증한 셈이었다. 파리 시민들의 지지를 받고 있던 산악당[2]에 의해 국민공회에서 쫓겨난 지롱드당은 지방 곳곳에서 반란을 일으키는가 하면 방데[3] 지역의 반혁명 왕당파와 손을 잡기도 했다. 프랑스 전체 현縣의 3분의 2가 내란에 휩쓸렸다. 리옹이 반란에 가담했고, 8

---

1 구아데, 베르니오, 브리소 등 온건한 지롱드 현縣 출신인사들이 주도한 당파라서 이런 이름이 붙였다.
2 로베스피에르, 당통, 마라 등 국민공회 급진파 지도자들이 의사당 뒤쪽 높은 자리에 앉았기 때문에 이런 이름이 붙였다. 혁명을 주도한 자코뱅파 내의 과격한 혁명 부르주아로 구성되어 정권을 장악한 후 귀족에 대항하는 공포정치를 실행하였다.

월 말에는 프랑스에서 두 번째로 크고 중요한 해군기지 툴롱에 영국과 스페인 함대가 들어왔다. 프랑스로서는 피트[4]가 원정을 보냈던 영국군 대다수가 서인도제도에서 황열병으로 죽은 것이 그나마 천만다행이었다. 그 때문에 툴롱에 동원할 수 있는 영국군은 2천 명에 불과했다. 오스트리아가 6천 명을 파견하기로 약속했지만 오지 않았다. 나폴리군 7천 명과 스페인군 6천 명도 믿을 수 없었다. 이들 병력을 다 합쳐도 항구에 접근하기에는 불충분했다.

7월 들어 나폴레옹은 카르토 장군 휘하의 산악당 군에 합류하라는 명령을 받았다. 이 군은 리옹 반군과 손잡은 마르세유 반군을 막기 위해 소집된 군대였다. 카르토 장군은 신속히 아비뇽, 애, 타라송을 점령한 뒤 마르세유에 입성했다. 8월 중순 나폴레옹은 아비뇽에서 라인 방면군에 배속을 신청했다.

이런 와중에 그는 정치 팜플렛 『보케르의 저녁식사』를 출판했는데, 대화 형식으로 된 이 소책자에서 그는 동포끼리 벌이는 이 내전의 어리석음을 질타하고, 지롱드당과 왕당파에 대항해 투쟁하는 산악당의 정당성을 옹호했다. "당신들의 승리는 악명 높은 모든 귀족주의자들이 기도하는 바이다."

이 팜플렛의 스타일은 초기 저작, 특히 1791년작인 「코르시카에 관한 편지」와 리옹 아카데미 현상공모에서 15위를 차지하기도 한 「리옹에 관한 논의」에 비하면 상당히 발전된 양상을 보인다. 「코르시카에 관한 편지」와 「리옹에 관한 논의」는 과장된 문체에 별로 색다를게 없는, 그저 루소를 맨송맨송하게 모방한 논문이었다. 아직 그의 서

---

3 1793년 1월 21일 루이 16세가 처형되자 오스트리아, 영국, 프러시아, 러시아 등에 의해 제1차 대對 프랑스 동맹이 결성되고, 반혁명 복고반란으로 방데 농민 반란이 일어난다.
4 1759~1806년, 영국 정치가로 24살에 총리가 되어 1738~1801년, 1804~1806년까지 영국 총리를 지냈다.

한이나 보고서, 선언문은 짧고 힘차면서도 자연스럽고 개성 있는 문체로 발전시키지는 못한 상태였다.

세인트 헬레나에서 나폴레옹은 "나이 스물에, 나는 리옹 아카데미에 여러 가지 글을 써보냈지만 나중에 응모를 철회했다. 그걸 읽어보고 나는 비난받아 마땅하다는 것을 알았다. 그처럼 우스꽝스런 얘기를 천연덕스럽게 읊어댔으니! 그게 아직까지 남아 있다면 정말 난감했을 것이다"라고 말했다.

카르토 군은 1만 정도의 규모였는데 포병이 많이 부족한 상태였다. 그의 군대는 마르세유를 점령한 지 수일 만에 툴롱을 포위해 들어가기 시작했다. 그러나 포위 이틀만에 포병사령관 도마르탱이 부상당해 나폴레옹이 그 자리에 대신 파견되었다. 국민공회를 대표해 군에 파견된 살리체티 의원은 "운 좋게도 우리는 이탈리아 원정군에 합류하기 위해 떠나던 유능한 장교 보나파르트 대위를 도마르탱의 후임으로 명했다"고 보고했다.

포병 책임자가 된 나폴레옹은 툴롱 항구의 에귀예트 요새를 전략적 요충지로 보았다. 이 요새는 내항과 외항 사이에 서쪽으로 뻗어 나온 갑문을 굽어보는 곳이었다. 이곳만 점령하면 적 함대는 항구의 어느 곳도 점거할 수 없을 것이다. 그는 즉시 영국군이 포대를 배치하기 전에 이 요충지를 점령하고자 했다. 그러나 대포와 병력이 턱없이 부족했다. 그래서 나폴레옹은 이 계획을 성공시키기 위해 작전을 준비하는 데만 넉 달이나 걸렸다.

상황 보고차 이곳에 살리체티와 함께 특별 파견된 국민공회 의원 바라스는 한때 절망에 빠져 툴롱 항구를 포함한 프로방스 지방 전체를 침략군에게 넘겨줄 것을 정부에 권하기도 했다. 그러나 나폴레옹은 살리체티를 통해 충분히 승리할 수 있다는 자신의 계획을 총재정부에 전했다. 이곳 사령관 카르노[5]는 일단 이 계획을 승인했고, 나폴레옹은 툴롱에 있는 전쟁 참모부 서기 직분으로 작전계획을 수립했다. 파리에 있는 군사고문들도 여러 가지 계획을 제출했지만 카르노는 에귀예트의 중요성을 이미 알고 있었다. 나폴레옹은 포병 장군을 임명해 포병 자원을 조직하고 집중화할 수 있도록 해달라고 요청했다. 그러나 명령이 중간에서 새버리는 바람에 포병 장군은 도착하지 않았고, 7년 전쟁[6] 참전용사였던 뒤고미에 장군이 1793년 11월부터 포위 작전을 맡게 되었다. 그는 나폴레옹이 오손 포병연대에 있을 때 포병사령관의 동생인 뒤 테유도 함께 데려왔다. 두 사람은 모두 나폴레옹의 포병부대 지휘권을 인정해주어 그에게 상당한 재량권을 주었다.

12월 14일 결정적인 포격과 공세가 시작되었다. 12월 18일 영국군 후드 제독은 결국 툴롱에서 철수하지 않을 수 없어 소개작전을 시작했다. 그러나 갑자기 퇴각하는 와중에도 영국군은 프랑스 함대와 요새 일부를 파괴했다. 이들의 갑작스런 기습 과정에서 나폴레옹은 영국군의 총검에 허벅지를 찔리는 생애 최대의 부상을 당했다. 12월 24일 그는 전쟁부에 "저는 눈부신 승리를 약속했고, 보시다시피 약속을 지켰습니다"라고 써보냈다.

나폴레옹은 포위작전 때는 계급이 중령 서리에 불과했지만 작전 성공 직후 바로 준장으로 진급했다. 그는 마르몽과 쥐노를 부관으로

---

5 공병장교 출신의 공안위원회 군사 담당 위원으로 '테르미도르 반동'에 가담했으며, 나폴레옹 하에서 국방장관을 맡기도 했다.
6 1756년부터 1763년까지 영국, 프랑스, 오스트리아, 러시아, 프로이센 등 유럽의 거의 모든 나라가 참전해 미국과 인도에까지 확산된 전쟁.

삼았다. 둘 다 툴롱 포위작전 때 가까워진 인물이었다. 국민공회 의원들과 장군들은 당연히 툴롱 전투의 승전에 대해 공적을 인정해주고자 했다. 그러나 나폴레옹의 공적에 대해서는 짧게 언급했을 뿐이었다. 현장에 있던 사람들은 작전 과정에서 그의 공功과 역할이 상당히 중요했음을 인정했다. 뒤 테유는 전쟁부 장관에게 다음과 같은 보고서를 올렸다. "보나파르트의 공을 서술하려니 말이 나오질 않습니다. 그는 엄청난 지식과 지혜와 용기를 갖고 있습니다. 이는 한 장교의 덕목을 잠깐 살펴본 정도에 불과합니다." 한편 막시밀리앵 로베스피에르의 동생인 오귀스탱은 그를 "탁월한 공을 발휘한 포병 장교"라고 묘사했다.

이 전투에서 나폴레옹은 연속되는 놀라운 행운의 덕을 보았다. 우선 포병 장교인 도마르탱이 부상해 다른 포병 장교를 구해야 했고, 또 코르시카인인 살리체티 의원은 오랜 친구였다. 게다가 뒤고미에와 뒤 테유가 그의 능력을 확실히 인정해 주었다. 그러나 대부분의 기회를 그는 자신의 힘으로 붙잡았다.

1794년 봄 에베르파자코뱅당의 극좌파와 당통[7]파가 몰락하면서 자코뱅당의 핵심 인물인 막시밀리앵 로베스피에르는 파리에서 권력의 정점에 오르고 있었다. 오귀스탱은 형 로베스피에르의 헌신적인 추종자였다. 그러나 그는 정치적인 다툼이나 이데올로기 문제에는 거의 관여하지 않고 남부지방에서 유능한 국민공회 파견 대표의원으로 활약했다.

1795~1799년 사이의 총재정부[8]시대에 자코뱅당 정치인들에 대

---

7 로베스피에르, 마라와 더불어 자코뱅당 내의 급진세력 중 한 사람으로 9월 학살을 주도하였다. 1794년 로베스피에르에 의해 처형당한다.
8 총재정부 總裁政府: 프랑스혁명 중인 1795년부터 1799년까지 양원제 의회 (원로원과 500인회 회의)와 함께 프랑스를 다스린 정부로 행정을 담당하는 5명의 총재로 구성되었다.

해 나폴레옹은 경멸 이외에는 아무런 반응을 보인 적이 없었다. 그러나 1793~94년의 군 파견 대표의원들에 대해서 "군의 성공을 이룩케 한 것은 대표의원들"이라며 훗날 찬사를 보냈다. 이는 툴롱 전투시 군 파견 대표의원들이 전투 현장에서 올바른 공조를 할 수 있게 해준 오귀스탱 로베스피에르에 영향을 받은 발언임이 분명하다. 오귀스탱 역시 나폴레옹의 능력에 강한 인상을 받았다. 나폴레옹은 그의 후원 하에 실질적으로 이탈리아 원정군 작전수립자가 되었다. 그는 작전 담당자로서 오네글리아 항구와 사오르지오(1794년 봄) 공격을 성공시켰다.

6월 말 오귀스탱 로베스피에르는 이탈리아 원정군의 장래 작전계획에 관한 나폴레옹의 비망록을 파리로 가져왔다. 이 비망록은 1796년의 전투를 놀라울 정도로 생생히 예시하고 있는데 그의 일취월장하는 군사적 천재성을 여실히 드러내는 것이었다.

"전략도 요새 포위 공격과 마찬가지다. 단 한 지점에 포격을 집중하라. 틈이 생기면 평형은 깨진다. 그 나머지는 쓸모 없다. 요새는 이미 손아귀에 들어온 것이다."

"독일을 깨야 한다. 그렇게만 되면 스페인과 이탈리아는 저절로 떨어질 것이다. 따라서 공격을 집중하고 분산시키지 말아야 한다. 피에몬테 공략은 폴란드를 뒤흔들고 투르크(터키)제국을 자극할 것이다."

"우리가 큰 성공을 거둔다면 후속 작전으로 롬바르디아, 테신 이탈리아 포 강의 지류 그리고 티롤 주오스트리아 서부와 이탈리아 북부의 알프스 산맥 지방를 거쳐 프로이센을 칠 수 있다. 그 동안 우리 라인방면군 독일지역을 의식하여 라인 강 쪽에 주둔한 프랑스 주력군은 적의 심장을 들이칠 것이다."

그러나 막강한 공포정치를 실시하던 로베스피에르가 '테르미도르 반동'[9]으로 갑작스레 몰락함으로써 나폴레옹의 위치는 매우 위태로워졌다. 그는 오귀스탱 로베스피에르의 '입안자' 立案者였던 탓에 파리 쪽의 압력으로 급기야 국민공회 의원 살리체티와 알비트가 8월 9일 그를 니스에서 체포하기에 이르렀다. 나폴레옹은 2주간이나 조사 받은 끝에야 풀려날 수 있었다. 살리체티는 나폴레옹이 로베스피에르파의 정치적 음모에 연루된 혐의가 완전히 벗겨졌다고 파리에 보고했다. 만약 그가 파리와 좀 더 가까운데 머물러 있었거나 살리체티보다 덜 호의적인 인물의 손아귀에서 조사를 받았다면 그는 아마 단두대의 이슬로 사라졌을 것이다.

나폴레옹은 살리체티 아래에서 이탈리아 원정군 참모 역할을 재개했다. 그리고 데고에서 피에몬테에 말끔한 승리(1794년 9월)를 계획했다. 사령관 뒤 메르비옹은 공안위원회[10]에 "우리의 승리를 보장해준 현명한 여러 조치는 전적으로 포병 장군(나폴레옹)의 능력 덕분"이라고 보고했다.

나폴레옹은 이제 자신이 코르시카에 상륙하면 "싸우지도 않고 승리할 것"이라 장담했다. 그는 더 이상 코르시카 그 자체에는 관심이 없었다. 그러나 현지 군인들과 카르노가 보기에 코르시카를 영국 함대의 기지로 넘겨줘서는 안 된다는 것이 분명했다. 이탈리아 원정군

---

9 프랑스혁명 중인 1794년 7월 27일, 혁명력革命曆으로 '테르미도르 반동'(열월・熱月) 9일에 일어난 반란. 공포정치를 자행하는 로베스피에르에 반대하는 세력이 반란을 일으켜 로베스피에르와 그 일당을 체포해 처형했다. 이때부터 반동정치가 행해졌으며, 지난 2년간의 민주개혁이 거의 폐지되었다.
10 로베스피에르의 혁명정부 중심 기관으로 12명으로 구성된 이 공안위원회는 일종의 공동독재체제라 할 수 있다.

의 보급선이 막힐 위험이 있기 때문이었다. 1795년 3월 나폴레옹은 툴롱 함대와 함께 출항했다. 그러나 이 함대는 영국 함대의 거친 저항을 받아 코르시카 상륙 계획을 포기할 수밖에 없었다.

운명의 여신은 다시 나폴레옹에게 등을 돌리는 듯했다. 그는 방데에서 발생한 내전에 보병 여단을 지휘하도록 배치됐다는 전갈을 받았다. 포병 전문가로서는 모욕적인 처사였다. 어쩌면 그의 명성에 무덤이 될 수도 있었다. 아마 파리 정부는 코르시카인에 대한 영국의 영향력을 의심했던 것으로 보인다. 그래서 코르시카 출신 장교들을 이탈리아 원정군에서 다른 부대로 전출시키기로 결정한 것이다.

나폴레옹은 부관인 마르몽, 쥐노와 함께 파리에 도착하자마자 병을 핑계로 방데로 출발해야 하는 것을 지연시키고 있었다. 충성스런 쥐노는 자기 가족으로부터 계속 송금을 얻어내 나폴레옹을 도왔다. 공안위원회 위원인 둘세 드 퐁테쿨랑이 이탈리아 원정군에 관한 나폴레옹의 계획에 흥미를 보이면서 그를 임시로 이 위원회 지지국地支局에 배치했다.

1795년 7월 나폴레옹은 앞일을 정확히 예견한 비망록을 작성했다.

"롬바르디아와 만토바까지를 장악한 뒤 이탈리아 원정군은 재무장에 필요한 모든 것을 확보하면서 이탈리아 북부 트렌트 협곡에 올라 아디게 강을 건너 티롤에 이르게 될 것이다. 그 동안 라인방면군 역시 바이에른으로 이동해 티롤로 들어간다."

1795년 8월 20일 의기양양해진 나폴레옹은 형 조제프에게 보낸 편지에서 "내가 요청하기만 하면 정부는 나를 포병 장군으로 투르크(터키)에 파견할 거야. 봉급도 좋아지고, 투르크 황제의 포병부대를 조직하는 데 필요한 그럴듯한 사절 칭호도 붙여주겠지."라고 썼다. 그러나 9월 5일 조제프에게 보낸 편지에서는 "공안위원회는 전쟁이 지속되는 한 내가 파리를 떠날 수 없다고 결정했어. 나는 다시 포병부대에 배속될 거야. 아마도 위원회 일을 계속하게 될 것 같아."라고 썼다.

당시 전쟁국 서기들은 급변하는 상황의 변화를 종잡을 수가 없었다. 9월 15일 전쟁국은 서로 다른 세 가지 명령서를 발행했다. 하나는 나폴레옹을 현역 장교 명단에서 제외시키는 것이었고, 두 번째는 그를 투르크로 파견하는 것이었다. 셋째는 투르크 군사사절단을 책임지는 나폴레옹 장군 휘하에 조제프를 배속하는 것이었다.

파리에 새로운 정치적 위기가 몰아닥치면서 투르크에 가고픈 나폴레옹의 생각은 차츰 희미해졌다. 8월에 그는 조제프에게 "여긴 조용해. 하지만 폭풍이 곧 일어날 것 같아. 중요한 국민공회가 며칠 후면 소집될 거야."라고 말했다.

당시 프랑스 국민들은 새 헌법체제, 즉 최초의 입헌공화국 헌법인 '혁명력 3년(95년)의 헌법' 체제에 대해 찬반 투표를 해야 하는 상황이었다. 이 새로운 행정부의 체제는 총재 5명으로 구성된 총재정부와 양원제 즉 원로원과 500인 회의로 구성되었다.

국민공회가 개최된 것은 1792년 10월 이후부터였다. 공안위원회는 1793년 10월 이후 프랑스를 독재적으로 통치했다. 이로써 공안위원회는 프랑스를 외침의 위기에서 구했지만 그 이름은 공포와 내전으로 얼룩졌다. '테르미도르 반동'으로 로베스피에르가 몰락한 이후 입헌정부가 복귀되어야 한다는 요구가 높아진 것은 물론 특히 파리 지역을 중심으로 다시금 왕당파가 상당히 되살아났다. 루이 16세를 사형에 처한 국민공회의 시역자들과 혁명당원들은 왕당파나 반혁명파가 투표에서 다수의 의석을 차지하게 되는 위험을 방치하고 있을 수만은 없었다. 따라서 국민공회는 새로 구성되는 의회는 반드시 구舊의회 의원의 3분의 2가 고스란히 재선되도록 규정한 '3분의 2 강령'을 통과시켰다. 파리 선거구와 국민방위군에 뿌리를 박고 있던 왕당파는 이에 폭력으로 응수하면서 파리인의 의지를 프랑스에 부각시키기 위해 또 한번의 파리 봉기를 준비했다.

나폴레옹이라는 인물은 이미 공안위원회 위원들에게 잘 알려져 있었고, 특히 툴롱에 있었던 바라스는 그를 잘 알고 있었다. 그 역시 '테르미도르 반동' 때 반反로베스피에르 세력을 조직한 바 있었다. 1795년 10월 6일 나폴레옹은 형에게 간결한 어투로 편지를 썼다.

"국민공회는 바라스를 국민공회 방위군 부사령관으로 임명했어. 여러 위원회는 나를 포도탄 부사령관으로 선택했지. 우리는 군대를 배치했고, 왕당파 반란군이 튈르리 궁을 침공했어. 그들은 우리 병력 30명을 살해했고, 60명에게는 부상을 입혔지. 그러나 우리는 섹시옹파리시 자치구들을 무장 해제시켰고, 이제는 모든 것이 조용해."

가장 중요한 대포를 안전하게 확보하기 위해 파견된 인물은 기병대 대위 뮈라였다. 대포는 나폴레옹의 포도탄한 발이 9개의 쇠알로 된 포탄세례 공격을 가능케 해주었다. 훗날 나폴레옹은 당시를 이렇게 설명했다.

"나는 처음부터 실탄을 발사토록 했다. 화기의 위력을 모르는 군중에게 공포탄을 발사하면 군중들은 첫 발포 이후 굉음을 듣고 약간 놀라 주위를 두리번거리는 듯하다가 아무도 죽거나 다치지 않았다는 사실을 알고 나면 사기를 되찾고 즉각 상대를 경멸하면서 두 배나 오만해진다. 그리고는 겁도 없이 몰려온다. 그렇게 되면 처음에 실탄을 사용하여 죽였을 숫자보다 10배는 더 죽여야 된다."

나폴레옹은 '방데미에르 위기'[11]에서 수행한 이 역할 덕에 육군소장으로 진급했다. 그리고는 곧바로 바라스가 맡았던 국내 치안군 사령관직을 물려받았다.

'방데미에르 위기' 이전 미래가 매우 불확실할 때조차 나폴레옹은 형 조제프에게 "내가 여기 머물게 되면 결혼을 생각해 볼 거야"라고 쓴 바 있다. 그는 나중에 "정말 가정이 필요해"라고 덧붙였다. 조제프는 부유한 마르세유 상인의 딸 줄리 클라리와 결혼했다. 줄리의 여동생 데지레 클라리는 나폴레옹을 마음에 두고 있었다. 그러나 나폴레옹이 파리로 떠나게 되고, 또 데지레의 아버지가 집안에 보나파르트 가문 사람은 하나면 족하다는 태도를 보임으로써 이 일은 더 이상 진척되지 않았다. 데지레는 후에 베르나도트 장군과 결혼했으며 스웨덴 왕비가 된다.

심지어 그는 어머니 레티지아의 친구였던 페르몽 부인에게 청혼하기도 했다. 페르몽 부인은 웃으면서 그에게 자신이 엄마뻘 되는 나이라는 사실을 상기시켜 주었다.

나폴레옹은 결혼의 필요성을 염두에 두고는 있었지만 이제 단두대의 그림자로부터 벗어나 다시 고조되고 있는 파리의 여성적 유혹과 관능적인 분위기에 젖어들었다. 1795년 7월 그는 이러한 분위기를 조제프에게 이렇게 묘사했다.

"여자들은 어디나 있어. 남자들은 그들에게 미쳐 있지. 다른 것은 아무 것도 생각하지 않고 오직 여자만을 위해, 여자를 통해, 살고 있단 말이야. 여자들은 파리에 여섯 달만 살다보면 자신의 당연한 권리와 자신의 세상이 무엇인지 알게 되지."

바라스를 통해서 그는 탈리앵 부인의 살롱에 입문했다. 탈리앵 부

---

11 1793년 프랑스혁명기에 채택된 달력인 혁명력革命曆으로 1795년 '방데미에르' (포도달) 10월 5일 왕당파가 새로 채택된 헌법에 저항해 국민공회를 공격한 사건.

인은 바라스의 정부情婦이자, '테르미도르 반동' 이후 권력을 잡은 상류 귀족사회를 지배하는 미인이었다. 이 살롱에는 바라스의 또 다른 정부였던 조제핀 드 보아르네도 있었다.

세인트 헬레나에서 나폴레옹은 조제핀과의 첫 만남을 이렇게 회상했다.

"내가 여성의 매력에 대해 무심하지만은 않았던 게 분명하다. 그러나 그때까지 나는 결코 여자 때문에 처신을 망쳐본 적이 없었다. 나는 천성적으로 여자와 같이 있으면 수줍어진다. 그러나 보아르네 부인은 내게 어느 정도의 자신감을 준 최초의 여자였다."

나이 서른 둘, 그녀의 아름다움은 이미 시들어가고 있었지만 '앙시앵 레짐'(구체제) 귀족의 우아함과 황홀할 정도로 여성적인 개성을 여전히 지니고 있었다. 이런 우아함은 후에 나폴레옹 제국 궁정의 경박함을 완화시켜 주었고, 프랑스 국민들의 기억 속에 세련된 이미지를 남기게 된다.

그녀는 마르티니크 섬 출신의 프랑스 귀족 가문인 타셰 드 라 파제리의 딸로 당시 보아르네 자작의 미망인이었다. 보아르네는 국민의회 리버럴파 의원이었으며, 1793년에는 공화파 장군이기도 했다. 그는 1794년 공포정치가 한창일 때 체포되어 처형당했다. 조제핀만이 로베스피에르 몰락 와중에 단두대 신세를 면했다.

조제핀의 딸 오르탕스는 회고록에서 나폴레옹이 어떻게 조제핀에게 관심을 갖게 됐는지를 밝히고 있다. '방데미에르 위기' 이후 파리 시민들은 모든 무기를 당국에 반납해야 한다는 명령을 받았다. 조제핀은 당시 열네살 난 아들 으젠을 나폴레옹에게 보내 죽은 남편의 칼을 갖고 있어도 되느냐고 물었다. 나폴레옹은 으젠의 매혹적인 모습에 놀랐고, 이 요청을 받아주었다. 조제핀은 그를 방문해 감사의 뜻을 전했는데 이들의 만남은 거기서 끝나지 않았다. 그 해가 다 가기 전 조제핀은 나폴레옹의 정부가 되었다.

이러한 관계가 어떻게 결혼으로까지 발전하게 되었는지는 그다지 분명치 않다. 나폴레옹이 조제핀에게 보낸 초기 편지들을 보면 그는 일생 처음으로 정열적인 사랑에 빠졌음을 알 수 있다. 1796년 4월 나폴레옹은 "그대는 나의 영혼을 빼앗아갔소. 당신은 내가 생각하는 단 하나의 대상이오."라고 편지를 보냈다. 생의 마지막 순간까지 나폴레옹은 조제핀이 그에게 상당한 행운을 가져다준다는 잘못된 선입견에 일생동안 꽤 의존했다는 사실을 시사한 바 있다. 당시 조제핀의 입장에서는 젊은 나폴레옹과 결혼하게 되면 신변 안전이 확실히 보장되고, 뭔가 저항할 수 없는 힘에 이끌려가고 있다는 느낌을 받아 나폴레옹을 택했을 것이다.

두 사람은 1796년 3월 9일 결혼했고, 이틀 후 나폴레옹은 이탈리아 원정군 사령관에 임명되어 둘은 떨어져 있게 된다. 그러나 조제핀은 격정적인 사랑을 주고받는 성격이 아니었다. 게다가 주변의 시선을 아랑곳하지 않는 조제핀의 부정한 행동들은 이내 나폴레옹의 낭만적인 사랑의 불길을 곧 잠재워 버렸다. 시간이 지나자 애정은 관용과 우정으로 바뀌었다.

세인트 헬레나에서 나폴레옹은 "조제핀은 실제로 늘 거짓말을 했어. 하지만 늘 우아하게 처리했지. 나는 그녀를 내가 일생동안 가장 사랑한 여성이었다고 말할 수 있어."라고 인정했다. 그러나 이처럼 빨리 그녀에게 환멸을 느끼게 됨으로써 나폴레옹은 값비싼 대가를 치렀다고 볼 수 있다. 황제로서의 나폴레옹에 대해 혹독한 평가를 내린 레뮈자 부인조차 "그가 조제핀의 사랑을 좀 더 받았다면 보다 나은 사람이 됐을 것"이라고 말했다.

이제 바라스는 총재자리에 올랐다. 그래서 나폴레옹이 이탈리아 원정군 사령관에 임명된 것은 당연히 조제핀 때문이라는 소문이 나돌았다. 그러나 5인 총재 중 한 사람이었던 라 레블리에르는 회고록에서 나폴레옹의 임명은 전적으로 군사적인 이유에서 총재들 간에 만장일치로 이루어진 결정이라고 말했다.

프랑스의 시민군은 혁명이 이룩한 자유와 권리를 위하여 구성된 용병대로 제1차 대프랑스 동맹군을 마침내 격퇴하여 바젤 조약(1795년)으로 벨기에는 병합되고, 스페인은 굴복하여 프랑스와 동맹을 맺게 되었다. 바젤 평화조약으로 말미암아 제1차 대프랑스 동맹군에서 프러시아와 스페인이 발을 뺏기 때문에 총재정부는 이제 자유롭게 향후 이탈리아 정책을 논의할 수 있게 되었다.

나폴레옹은 이미 상당한 실적을 보인 바 있는 자타가 공인하는 군사전문가이자 이탈리아 침공 주창자였다. 그는 '방데미에르 위기' 이후에도 계속 총재정부에 자신의 계획을 관철시키기 위해 노력했다. 1795년 여름 오스트리아 측의 역공세 이후 이탈리아 원정군 사령관 셰레는 증원군을 받았다. 1795년 11월 로아노 전투에 승리한 후 그의 원정은 소강상태로 접어들었다. 1796년 1월 19일 나폴레옹은 "셰레의 이탈리아 원정군이 1월처럼 2월에도 허송세월만 보낸다면 이탈리아 원정은 아무 성과도 거두지 못할 것"이라고 지적했다.

셰레 또한 총재정부에 병력을 6만으로 증원시켜주지 않으려면 자신을 사령관직에서 해임시켜 달라고 요청했다. 총재정부는 이러한 요청에 더 이상 참을 수가 없어 이번에는 나폴레옹에게 기회를 주기로 했다. 물론 그들은 나폴레옹을 이탈리아 원정군 사령관으로 임명하면서 그리 큰 기대는 하지 않았었다. 26세의 젊은이에게 독립적인 군 지휘권을 준다는 것은 전혀 믿음직스런 일이 아니었다. 그러나 이

전에도 혁명은 젊음에게 많은 기회를 부여했었다는 사실을 기억해야 한다. 오귀스탱 로베스피에르와 생 쥐스트 역시 서른이 되기도 전에 주도적인 정치인의 반열에 올랐었다. 프랑스혁명의 결과로 귀족들이 망명하거나 단두대에서 죽었기 때문에 군에는 사단급을 지휘할 수 있는, 전문 훈련을 마친 장교가 절대 부족이었다. 그러므로 나폴레옹이 단두대의 위험이나 전투중 부상의 고비를 넘긴 인물이었다면 이토록 빨리 이른 나이에 고위직에 오른다는 것도 당시에는 그리 이상한 일이 아니었다.

최초의 나폴레옹 신화 가운데 제일 가는 것 중의 하나는 젊고, 키 작고, 별 볼일 없는 이 풋내기 장군이 이탈리아 원정군 백전노장 장교들에게 깍듯하게 인사를 받는 우스꽝스런 광경이다. 사실 그들에게 나폴레옹은 1794~95년 육군 참모 역할을 잘 해낸 인물로 알려져 있었다. 피에몬테의 사령관까지도 그가 "눈부신 이론가이자 전략가"라는 명성을 익히 알고 있었다. 그러나 야전 사령관으로서 그는 너무나 젊고 경험이 없었다. 마세나는 나폴레옹과의 첫 만남을 이렇게 회상했다. "마누라의 초상화나 품고 다니면서 아무한테나 보여주는 그의 철없는 행동으로 미루어 볼 때 그가 이탈리아 사령관직을 맡은 것은 모종의 음모에 의한 것"이라고 짐작했다.

"그러나 잠시 후 그가 장군 모자를 쓰고 나타났을 때 작은 키가 60센티미터는 더 커 보였으며, 나는 이 작은 꼬마가 왜 그렇게 두려웠는지 이해가 안 간다"라고 오주로 장군은 말했다. 나폴레옹은 이탈리아 원정군 통수권을 인수한 다음날 총재정부에 보다 정중한 어조로 이렇게 보고했다.

"저는 이탈리아 원정군으로부터 여러분의 신뢰를 받을 수 있는 사람만이 누릴 수 있는 그런 기쁨과 신뢰에 넘치는 영접을 받았습니다."

이후부터 그는 이탈리아식 '부오나파르테Buonaparte' 대신 '보나파르트Bonaparte'로 서명했다.

3

이탈리아 원정

이탈리아 원정으로 나폴레옹은 이제 전 유럽에서 중요성을 지닌 인물로 부각된다. 몇 달 만에 12차례나 거둔 승전보는 더욱 더 드라마틱하게 뉴스 속보되었다. '뉴스 속보 같은 거짓말'이라는 문구가 전 유럽에서 통하는 관용어가 될 정도였다.

발미 전투와 제마프 전투는 낡은 유럽에서는 하나의 충격이었다. 혁명 당시의 많은 전투들이 지금까지는 주로 방어전이었으나 이제 수백년 동안 유럽에서 전혀 볼 수 없었던 새로운 종류의 공격적인 전투가 나폴레옹에 의해 나타난 것이었다. 그러나 이것이 여론이 생각하듯 단순히 한 사령관의 개성과 공화국 군대의 넘치는 힘 때문이었을까? 승전의 요인을 전쟁사가戰爭史家들의 관점처럼 전투 조건에 있어 일련의 물질적·지적 발전단계의 논리적 귀결로만 보아서도 안될 것이다.

물론 '화력의 증대'라는 중요한 변화도 있었다. 부싯돌식 발화장치를 개량하고, 총검을 단 머스킷 총총총구멍 내에 선이 없는 구식 보병총이 1720년경에 등장했다.

1763년 루이 15세 때 장관으로 재직했던 쇼아죌 백작은 그리보발에게 프랑스 대포의 개량을 일임했다. 그는 벨리도르가 발견한 탄도학의 원리, 즉 사정거리를 줄이지 않고, 탑재 폭약의 무게를 줄일 수 있다는 이론을 이용해 포신砲身과 포가砲架를 훨씬 가볍게 만들 수 있었다. 그리보발은 당시까지는 공성포攻城砲에만 가능했던 12 또는 24파운드의 구경을 야포용으로도 만들어낼 수 있었다. 8파운드나 12파운드 포는 여전히 보통 구경이었지만 그리보발의 야포는 유럽 최고였으며, 1825년까지 전혀 바뀌지가 않았다. 포신 안에 강선이 없고, 포탄을 포구에 재는 전장식前裝式이라는 한계는 있었지만 형태도 우아하고 가볍고 단순했다.

나폴레옹은 1802년 제정 때 대포전문가인 부관 마르몽에게 좀 더 가벼운 대포를 만들어보라고 명했지만 이 계획은 전쟁이 재개되면서 중단되었다.

프랑스는 영국만큼은 못하지만 과학과 산업발전면에서 18세기 후반 전 유럽을 주도해가고 있었다. 프랑스는 영국보다 석탄 생산량은 훨씬 적었지만 철 생산은 더 많았다. 당시로서 발미 전투는 포탄이 2만 발이나 사용된 사상 최대 규모의 대포전이었다. 1793년에 프랑스는 무기생산이 급속히 늘어나면서 몽주 같은 과학자들을 끌어 모아 그해 대포 7천 문을 생산했다. 사실 나폴레옹은 포격을 마음껏 다룰 수 있는 위치에 있던 최초의 사령관이었다. 18세기 말에는 포장도로가 확충되면서 군대의 기동성도 커졌다. 또 1760년 최초로 군을 사단으로 편제한 사령관 마레샬 드 브로글리 때문에 군 조직의 유연성이 더욱 강화되었다. 당시 영국의 말버러[12] 같은 천재적인 지휘관조차도

틀에 박힌 구식 전투방식으로는 전시戰時에 통하지 않는 경우가 많았다. 뻔한 공격방식을 적이 쉽게 알아차리고 피했기 때문이다. 발미 전투 때 프리드리히 대왕의 프로이센 군대는 조직 자체가 구식이었다. 그는 선왕에게 고스란히 물려받은 훈련방식대로 싸웠다. 그의 승전은 전략이나 전술의 혁신 탓이 아니라 전장에서의 전술적 천재성 때문이었다.

영국과의 7년 전쟁에서 모욕적인 패배를 당한 것은 전쟁사戰爭史에서 흔히 있을 수 있는 일이지만 프랑스군에는 큰 자극을 주었다. 이 전투 이후 쇼아쥘 장관, 그리고 나중에는 생 제르맹의 후원으로 전략·전술·장비에 관한 새로운 의견들이 토론에 올랐다. 신속하고 공격적인 전략사용이 특히 강조되었다.

1778년 오손 포병학교 때 나폴레옹의 사령관 동생이었던 뒤 테유는 「전투에서 신형 포의 사용」에 관한 논문을 썼다. 그는 포병과 보병을 효율적으로 결합하는 방안을 고안해냈고, 특히 결정적인 시점에 대포를 집중적으로 대량 사용하는 것이 중요하다는 점을 강조했다. 포병 전문가들은 효율을 높이려면 대포를 한 곳에 모아야 한다는 점에 동의했다.

부르세는 1759~60년 드 브로글리의 보좌관이자 그르노블 소재 참모대학 교장이었는데, 「산악전의 원리」란 논문에서 사단 편제에서 기동성의 중요성을 강조했다. 예컨대 "사단들은 이동시 흩어지고, 전투시 한 데 모여야 한다. 따라서 사단은 서로 이틀 행군 거리 이상을 떨

---

12 1650~1722년, 영국군 총사령관을 지낸 장군이자 공작. 에스파냐 (스페인) 왕위계승전쟁에서 블렌하임, 라미예, 오우데나르데 등의 전투를 승리로 이끌었다. 그러나 정적들 때문에 국내에서 영향력을 잃고, 지휘관 자리를 박탈당해 은퇴했다.

어져 움직여서는 안 된다. 전략계획은 유동적이어야 한다. 따라서 몇 가지 세부계획을 두어야 작전 전략을 변화시킬 수 있다." 등의 내용이었다.

1772년, 아버지가 드 브로글리의 참모였던 귀베르는 『전술 일반론』을 썼다. 군 관계자들은 이 에세이를 널리 읽고 함께 토론했다. 아이디어의 일부는 나중에 1779년작 『현대전의 방어』에서 다소 약화되긴 했지만 그는 '기동전'의 새 시대를 예언한 것이다.

"모든 것은 기동성을 위해 희생하지 않으면 안 된다. 18세기식 복잡한 전쟁 형태는 더 이상 필요치 않다. 군대는 꼴사나운 보따리 행렬로부터 해방되어야 한다. 전쟁은 전쟁을 먹고 살아가야 한다."

그의 예언은 특히 두 가지 점에서 인상적이다. 우선 그는 "시민이 주체인 국가에서는 무적의 군대를 두는 것이 쉬울 것이다"라고 그는 단언했다. 또 동시대의 정치가와 장군들을 비난하면서 이렇게 썼다.

"이들 중에서 위대한 천재가 나오게 하자! 아니 나올 수밖에 없다! 그는 모든 공동체의 지식에 관여할 것이고, 정치체제를 창조하거나 완성시킬 것이며 그 체제의 꼭대기에 올라 원동력 역할을 할 것이다."라고 한 귀베르의 이 말은 나폴레옹과 같은 인물의 등장을 예고하는 듯하다.

또한 전투대형으로서 종대 편성과 횡대 편성의 장점에 관한 토론이 매우 활발하게 전개되었다. 이런 논쟁은 상당수가 학술적인 것이었으나 거기에는 항상 문제시되는 결정적인 원칙이 있었다. 즉 보병을 총검에 의존하는 대량 공격력으로 간주할 것인가 아니면 화력으로 간주할 것인가 하는 문제였다.

마레샬 드 삭스는 1732년에 쓴 『명상』에서 기동성에 관한 몇 가지 귀중한 교훈을 주었다. 그가 '작전과 전투의 비밀은 바로 다리'라고 했는데 이미 그 역시 나폴레옹과 같은 인물을 예상하고 있었던 것이다.

1776년까지 프랑스 훈련규정의 대부분이 프로이센의 교련과 전술을 그대로 베껴 왔지만 1778년 미국 독립전쟁 때 대규모 침공작전의 결과를 보고 귀베르는 상황에 따라서 종대나 횡대를 유연하게 조합하는 혼합편성을 강력히 주장했다. 1789년 창설된 국민의용군은 새로운 이 규정들을 1791년 채택하였다. 의용군은 이러한 훈련으로 제마프 전투에서 효율적인 작전을 수행했으며, 훈련내용은 프랑스 대육군이 집중 훈련을 받던 1802~04년까지도 실질적으로 바뀌지 않았다.

이후 반도전쟁[13]과 워털루 전투에서 사용된 전술들은 영국 보병의 '얇은 횡대'와 프랑스군의 '대규모 종대 공격'이라는 극명한 대조를 보였다. 워털루 전투에서 네이 장군의 대규모 종대 공격은 예외적인 경우였고, 프랑스군의 전술 중 하찮은 예에 불과했다. 통상적으로 혁명기와 나폴레옹 시기에 프랑스군은 적에게 접근할 때는 종대 편성을 사용했고, 전면전에서는 횡대 편성으로 바꾸었다. 그러나 1806년 마이다 전투와 반도전쟁에서 프랑스군은 포병을 언덕 뒤에 숨겨놓은 영국군의 꾀에 습격 당해 종대를 펼치기도 전에 일제히 사격을 받아 잡힌 적도 있었다. 나폴레옹은 세인트 헬레나에서 이러한 상황이 워털루에서 또다시 벌어진다고 설명했다.

나폴레옹 자신은 보병을 전술적으로 다루는 일에는 거의 관여하지 않았다. 보병 활용은 전적으로 야전 사령관과 장군들의 능력에 따라 달라졌다. 나폴레옹은 전투의 전체적인 구상에 관심을 집중해야 했기 때문이다. 이탈리아 원정군에 대한 그의 첫 번째 명령은 '혼합편성'의 사용을 시험하는 것이었다.

---

[13] 1808~1814년. 영국이 스페인, 포르투갈과 함께 프랑스에 맞서 싸운 전쟁으로, 1814년 결국 프랑스를 이베리아 반도에서 몰아냈다.

화력의 중요성을 누구보다도 잘 알고 있던 나폴레옹은 세인트 헬레나에서 이렇게 말했다.

"전쟁은 포병과 함께 이루어진다. 화약의 발명은 전쟁의 성격을 바꾸어 놓았다. 탄환무기는 이제 가장 중요한 것이 되었다. 오늘날 전쟁을 결정하는 것은 돌격이 아니라 포화다."

혁명기와 나폴레옹 시대 전쟁에서 사용한 무기가 1789년 이전에 설계된 것이라는 사실은 이미 지적한 바 있다. 그 이후 군사기술면에서 안정적인 시기가 이어졌고, 이 때문에 전략과 조직·리더십에 있어 나폴레옹의 천재성이 더더욱 넓고 깊게 발휘될 수 있었다.

이러한 군사기술의 발전이 답보상태로 머문 것은 군사적 보수주의 때문이었을까? 1794년 플뢰뤼스 전투에서 처음 사용되어 1798년 프랑스 전쟁국이 포기한 군사정찰용 기구氣球를 나폴레옹이 새로 개발하지 않은 것은 사실이다. 그는 풀턴미국 상인의 목조잠수함과 증기선에도 별 관심을 보이지 않았다. 그러나 혁명 지도자들과 나폴레옹이 과학과 과학자들에 대해 별 관심이 없었다고 비난하기는 어렵다. 물론 위대한 화학자 라부아지에 재판 때 "공화국에 과학자는 전혀 필요없다"라고 한 그 악명 높은 언급이 있긴 했지만 공안위원회는 무기개발에 대해서는 상을 주었고, 포탄 실험을 했으며, 파리와 릴을 연결하는 수기手旗전보시스템을 수립했다. 이 시스템은 나폴레옹에 의해 전유럽으로 확산되었다.

나폴레옹은 자신이 학술원 회원이란 사실을 매우 자랑스러워했으며, 몽주[14], 라플라스, 샤프탈[15] 같은 과학자들과 친교가 두터웠다.

---

14 수학자로 혁명기에 해군장관을 지냈으며, 이공대학과 고등사범학교 설립에 주도적인 역할을 했다.
15 화학자로 상공회의소와 최초의 공예학교를 설립했으며, 나폴레옹 하에서 내무장관을 지냈다.

군사기술 발전의 저해요소는 오히려 야금술冶金術 분야에 있었던 것 같다. 증기추진 방식과 강선이 달린 후장식後裝式 대포와 총을 생산할 수 있는 기술의 혁신은 워털루 전투가 있은 지 10년 후까지도 이루어지지 않았다. 와트[16]의 저압 증기기관에 맞는 정밀성을 갖춘 실린더를 만드는 데 상당한 어려움이 있었다. 영국식 캐러네이드구경이 크고, 포신이 짧은 함포는 미국 독립전쟁에서 처음 사용되었다. 콩그레브의 로켓 배터리는 하나의 혁신이었으며, 라이프치히 전투와 워털루 전투에서 사용되었다. 그러나 영국의 웰링턴 공작은 이것이 적보다는 아군을 맞출 가능성이 크다고 생각했다.

　전통을 부정하고, 과학적 호기심으로 무장한 계몽주의 정신은 혁명의 길을 닦았다. 이는 정치뿐 아니라 군사적인 영역에서도 그러했다. 그러한 정신이 실용화되기 위해서는 두 가지 조건이 선행되어야 했다. 하나는 훈련과 지적 능력 및 필요한 일을 해낼 줄 아는 실질적인 천재성을 지닌 사령관이었고, 또 하나는 그가 도구로 쓸 수 있는 군대였다.

　왕실 군대는 지적인 활력에도 불구하고 내부적인 부패에 시달렸다. 그리고 부패는 결국 '앙시앵 레짐'(구체제)을 무너뜨리고 말았다. 귀족이 독점한 장교 부대와 임관되지 못한 장교 및 사병들 간의 균열은 군의 규율과 결속력을 깨뜨렸다. 상당수 장교의 망명으로 왕실은 프랑스혁명 때 민중을 저지하지 못해 타격을 입었다. 코블렌츠에 있는 망명 왕당파 군대는 혁명군이 자기네 장교들 없이는 아무 쓸모 없을 것이라고 공공연히 떠들어댔다.

16　1736~1819년, 증기동력을 실용화시킨 영국 스코틀랜드 태생의 기술자로 증기기관이 여러 분야에 사용될 수 있도록 개량함으로써 현대 공업의 성장에 크게 기여했다.

1792년 전쟁이 발발하자, 모든 연대가 흩어지고 장교를 살해하는 일까지 벌어졌다. 1791년 모집된 의용군은 주로 국민방위군 소속으로 좋은 자원이었지만 훈련시키는 데 시간이 걸렸다. 1792년과 1793년의 의용군은 각 현縣에서 할당량을 채우기 위해 억지로 징집된 병사들이었기 때문에 그 수준이 떨어졌다.

1793년 7월 징병제가 선포되고, 카르노가 징집 책임을 맡자 공화국 군대는 점점 막강하게 다져졌다. 신병과 정규군의 마찰로 부대의 통합이 오랫동안 지연되어 새로운 형태의 반 쪼가리 여단과 같은 모습을 보였지만 결국 합금술의 원리와 같이 군에 응집력을 더더욱 회복시켜 주었다. 한편 활기찬 젊은 장교들이 하사관과 사병에서 배출되었다. 훗날 나폴레옹 휘하의 많은 야전 사령관은 이렇게 시작한 사람들이었다.

1794년 말 프랑스 공화국의 병력은 80만에 달했다. 이만한 병력을 유지하고 그에 필요한 장비를 갖추는 데 필요한 산업자원 동원은 인력 동원만큼이나 실로 놀라운 업적이었다. 이제 귀베르가 생각했던 '시민의 군대'라는 꿈이 공화국 군대에서도 실현되었다. 이 군대는 각별한 노력과 희생을 요구할 수 있으며, 식량을 구하러 내보내도 탈영하지 않는다고 믿을 수 있었다. 공화국 군대는 왕실 군대의 맥 빠진 기강과 번거로운 병참 보급에서 해방되었다. 이탈리아 원정군은 4년간의 원정생활로 단련되었다. 군대는 정규군과 초기 의용군의 비율이 높았다. 먹을 것과 입을 것은 형편없었지만 규율과 사기는 비교적 높았다.

그렇다면 나폴레옹의 전략과 용병술은 과연 선대先代의 방법들을 얼마나 응용했을까?

나폴레옹은 귀베르와 부르세의 책들을 이탈리아까지 가져갔다고 한다. 또한 그는 1748년 마예부아의 피에몬테 원정 보고서를 얻기 위해 파리로 사람을 보내기도 했다. 나폴레옹의 이탈리아 원정은 '귀베르와 부르세의 전투'라고 해도 과언이 아니다. 이들의 영향은 플루타크, 카이사르, 프리드리히 대왕 등에 대한 전반적인 독서보다 훨씬 전략과 전술에 중요한 것이었다. 훗날 세인트 헬레나에서 전략의 원칙을 논할 때 나폴레옹은 "나는 60회의 전투를 치렀지만 내가 처음부터 알지 못했던 것은 하나도 없었다"고 단언했다.

이렇게 나폴레옹 전략의 원천을 밝힌다고 해서 그의 천재성을 폄하하자는 뜻은 물론 아니다. "모든 것은 실행될 수 있다. 하지만 전투에 앞서 세워야 하는 계획은 언제나 긴장되고 고통스러운 절차였다. 나는 분만의 고통을 겪는 여인과 같았다."라고 그가 세인트 헬레나에서 말했듯이 전투에 앞서 작전 계획을 세우는 일은 고도의 정신력을 필요로 하는 작업이었다.

"군대와 국가의 운명, 왕관의 소유 여부가 달려 있는 이러한 대전투를 그 결과까지 완전히 예측하면서 치르는 데 필요한 정신력을 갖추고 전투에 임하는 사람은 거의 없다. 따라서 처음부터 치밀하게 공격하는 장군들은 좀처럼 찾아볼 수 없다… 나는 나 자신을 장군들 중에서 가장 용감한 사람이라고 생각한다."

혁명 초기의 장군들은 전투에서 '기동전'이라는 새 이론을 성공적으로 적용시킬 수 없었다. 그들은 사단을 너무 넓게 분산시키는가 하면 또 결정적인 시점에는 군을 집결시키지 못했다. 나폴레옹의 휘하 장교 중 하나였던 조미니는 『전술 개설』(1838년)에서 나폴레옹이 어떻게 각 종대가 원하는 날, 원하는 지점에 맞춰 도착하도록 그에 필요한 행군 거리를 결정했는지를 설명하고 있다.

나폴레옹의 전략이 전혀 어떤 공식이나 시스템으로 환원될 수 없는 이유는 바로 기동전이라고 하는 이 새로운 전쟁 양식이 갖는 유연성 때문이었다. 조미니와 클라우제비츠는 나폴레옹의 여러 전투에서 일반적인 결론을 이끌어내고자 했다. 그러나 결코 그의 불가사의함을 포착하지 못했고, 위험스럽게도 잘못된 결론을 내리곤 했다. 클라우제비츠는 '전략'이 '시스템'이라는 것으로 환원될 수 없음을 인정했다. "천재성이야말로 규칙 중에서 가장 훌륭한 규칙일 것이다." 세인트 헬레나에서 나폴레옹은 전쟁에 관한 이러한 격언들을 비웃었다.

"결코 실전에 활용할 수 없고, 또 혹 이해조차도 하지 못한 채 실전에 활용한다 해도 군대의 막강한 손실을 초래하게 될 이런 격언들이 무슨 소용이 있겠는가?"

나폴레옹이 이탈리아 원정에서 전략을 수행할 때와 그 이후 그가 치른 전투 중 비슷한 전략이 한번도 없었던 이유도 바로 이 때문이다. 나폴레옹이 좋아하는 작전 유형은 두 가지로 나눌 수 있다. 하나는 마렝고 전투와 울름·예나·프리트란트·스몰렌스크(여기서는 실패했다)·몽미라유 전투에서처럼 적의 후방과 통신수단을 측면에서 공격하는 전통적인 방식이다. 둘째는 전선에 넓게 퍼져있는 적의 중심부를 공격해 철저히 격파하는 방식이다. 이는 그의 최초의 전투인 피에몬테 전투와 마지막 워털루 전투에서 사용한 작전이다.

이탈리아 원정군 사령관에 임명된 나폴레옹은 1796년 3월 27일 니스에 도착하자마자 우선 병참부와 훈련 문제에 관심을 쏟았다. 베르티에가 참모총장이었고, 코르시카 출신의 오랜 친구이자 더할 나위 없는 후원자였던 살리체티는 민간 병참부 소속으로 제노바에서 차관을 도입해 군의 보급 상태를 한결 양호하게 만들었다. 그러나 그러한 혜택을 미처 받지 못한 나폴레옹은 3월 28일 총재정부에 "한 대대가 군화도 급료도 없다는 이유로 폭동을 일으켰다"는 보고를 하게 된다.

4월 6일에는 다음과 같은 편지를 썼다.

"군대는 불안할 정도로 궁핍한 상태에 있습니다… 궁핍으로 군대의 기강이 해이해졌고, 기강 없이는 승리도 있을 수 없습니다."

나폴레옹은 3월 29일자 최초 훈령에서 부족한 보급 상태에도 불구하고 공화정에 대한 헌신적인 애착과 승전에 대한 강한 의지를 그에게 보여준 군대에 대해 만족한다고 말했다.

또 다음과 같은 선포내용에서 "나는 세상에서 가장 비옥한 평원으로 제군들을 인도하겠다. 풍요로운 지방과 대도시가 그대들의 손에 들어오게 될 것이다. 그곳에서 제군들은 명예와 영광과 부를 갖게 될 것이다."라고 역설하였다.

첫 번째 승리를 거둔 직후 4월 24일 그는 다음과 같이 썼다. "굶주린 병사들이 인간이라고 하기에는 난폭한 낯뜨거운 짓들을 저지르고 있습니다. 체바와 몬도비 점령은 그런 사태를 바로잡을 기회가 되겠습니다만 저는 무시무시한 몇 가지 본보기를 보여주려 합니다. 질서를 회복하든지 아니면 이런 약탈자들을 지휘하느니 사령관직을 포기하겠습니다."

한편 파리의 총재정부는 피에몬테와 오스트리아가 각별한 사이라는 점을 잘 알고 있었다. 그러므로 피에몬테는 나폴레옹의 압력을 받아 프랑스에 굴복할 것이며, 오스트리아는 롬바르디아를 보호하기 위하여 피에몬테를 희생시킬 것이다. 나폴레옹의 전투 계획은 이 취약한 동맹관계를 적절히 이용하는 것이었다. 그는 병력을 분산시켜 가능한 한 빨리 피에몬테를 항복시킨 다음 오스트리아를 공략하고자 했다.

 4월 6일자 보고서에서 나폴레옹은 현재 피에몬테 병력은 4만5천·오스트리아 병력 3만7천·프랑스군 병력은 4만5천이라고 총재정부에 보고했다. 그러나 실제로 중요한 것은 실전에서 적극적으로 작전에 투입할 수 있는 병력의 수였다. 나폴레옹이 이탈리아에 도착했을 때 이탈리아 원정군 야전 사단은 총 6만 가까운 병력 중 3만 정도였다. 나폴레옹은 여기에 후방 부대를 합류시켜 병력을 3만8천까지 늘렸다. 이에 반해 오스트리아군은 3만 명 이상을 야전에 투입할 수 없었고, 피에몬테군은 겨우 1만2천 정도만을 투입할 수 있었다.

 피에몬테 전투는 오스트리아군에 의해 시작됐지만 그들은 나폴레옹 군대의 속도와 결단력으로 치명타를 입었다. 나폴레옹이 니스에 도착하기 전 셰레 장군은 제노바에 압력을 가하기 위해 작전상 약간의 병력을 볼트리로 이동시켰다. 오스트리아 사령관 볼류는 셰레 장군의 이러한 움직임으로 보아 작전 주무대가 리비에라 해안이 될 것이라고 해석했다. 그래서 그는 볼트리 점령을 위해 상당수 병력을 보냈고, 그러면서 피에몬테 동맹군으로부터 멀리 떨어진 남쪽으로 이동했다.

 나폴레옹이 원하던 대로 전투의 시작은 정확한 장소와 시점에서 이루어졌고, 산악 지역에서 오스트리아군의 오른편 날개를 공격하기 시작했다. 몬테노테, 밀레시모, 데고 전투(1796년 4월 12일~16일)에서 오스트리아군은 6천 명의 사상자를 냈으며, 이에 몹시 동요된 볼류는 알레산드리아 기지로 후퇴하고 말았다. 이로써 나폴레옹은 피에몬테군을 자유롭게 공격할 수 있는 상황이 되었고, 피에몬테군은 생 미셸, 체바, 몬도비 전투(4월 19일~23일)에서 완패했다. 그날 피에몬테군 사

1796년
로디 전투 후
아피아니가 그린
나폴레옹 초상

령관 콜리는 휴전을 요청해왔다. 나폴레옹의 적시 공격과 효과적인 군 배치 덕에 프랑스군은 각 전투마다 수적 우위를 확보할 수 있었다.

4월 28일 케라스코에서 조인된 휴전조약으로 나폴레옹은 롬바르디아와의 연락망 및 요새 통제권을 확보한 후 즉시 볼류를 추적하러 나섰다. 그는 총재정부 앞으로 다음과 같은 편지를 썼다. "내일 나는 오스트리아 사령관 볼류를 향해 진군하여 그가 이탈리아 포 강江을 건너도록 압박한 뒤 곧 뒤를 쫓아 롬바르디아 전체를 점령할 것입니다. 한 달 안에 라인방면군과 합류해 티롤을 수중에 넣고, 전선을 바바리아서독 남부의 주로 확대할 수 있기를 희망합니다. 중요한 요새들이 이미 제 수중에 있는 만큼 평화조약의 조건에 관해서는 총재 여러분께서 적절하다고 생각하시는 바를 명해주시기 바랍니다."

결국 포 강 남쪽에서 볼류를 패퇴시키겠다는 나폴레옹의 희망은 좌절되고 말았지만 그는 5월 7일 피아첸차에서 강을 건너가 볼류의 퇴각 라인을 위협했다. 따라서 오스트리아군은 만토바 쪽으로 후퇴하지 않을 수 없었고, 5월 10일 프랑스군은 오스트리아군의 후위를 치면서 아디게 강의 로디 다리를 빼앗았다. 드디어 5월 14일 나폴레옹은 밀라노에 입성했다.

이 로디 전투는 극적이었으나 결정적인 전투는 아니었다. 나폴레옹은 전투가 가장 치열한 곳에 대포를 배치했다. 그러나 그가 대규모 종대를 이끌고 로디 다리를 건넜다는 얘기는 나중에 만들어진 전설이었다. 그는 공적보고서에서 "베르티에, 란, 마세나가 종대의 선두에서 군의 사기를 높였다"고 적고 있다. 그러나 로디 전투는 자신의 경력에 있어서 하나의 심리적인 이정표로 마음속 깊이 각인되었다.

세인트 헬레나에서 그는 "나는 로디 전투가 끝난 그날 저녁에야 비로소 내가 위대한 존재임을 깨닫고 위대한 일을 하겠다는 야망을 품게 되었다. 그 전까지만 해도 위대한 일을 하겠다는 생각은 단지 환상적인 꿈으로만 맴돌았었다."고 회상했다. 아마도 그는 깨지지 않는 승리를 통해 얻은 확고한 군 장악력과 두터운 신망을 확보함으로써 자신이 군에 제시할 수 있는 요구가 무엇인지를 깨닫기 시작한 것 같다. 군대에서 '꼬마 하사관'이라는 별명을 얻은 것도 바로 이 무렵이었다. 이 별명은 부대가 전투에서 승리할 때마다 나폴레옹의 계급을 사병에서부터 한 계급씩 올려준 데서 비롯되었다.

더욱 중요한 것은 승전이 총재정부와의 거래에서 자신의 입지를 유리하게 해준다는 생각이 나폴레옹의 마음속에 자라고 있었다는 점이다.

그러나 한편 조제핀으로부터 아무런 소식이 없자 이러한 전장에서의 승리도 시들하게 느껴졌다. 이 시기에 그가 조제핀에게 쓴 편지는 내면의 혼란과 스트레스를 반영하고 있다.

"아! 오늘 저녁 당신한테 편지 한 통 받지 못한다면 나는 절망할 것이오. 내 생각을 하든지 아니면 차라리 나를 사랑하지 않는다고 경멸의 말을 전하시오. 그렇다면 그나마 마음의 평화를 얻을 것이오."

피에몬테 평화조약 체결 소식은 나폴레옹에게 자신의 연락망이 확고하다는 확신을 심어주었다. 그러나 그는 국민공회 파견 위원 살리체티로부터 총재정부가 이탈리아 지역 군 통수권을 둘로 나누기로 협의중이라는 말을 들었다. 켈레르만이 롬바르디아를 장악하고, 나폴레옹은 남쪽으로 이동해 제노바·레그혼·로마·나폴리를 확보하도록 한다는 것이었다. 나폴레옹은 이러한 총재정부의 냉대를 사임 협박으로 은근히 맞받아쳤다.

"이탈리아 공화국의 현재상황으로 보아 총재정부가 완전히 신임할 수 있는 장군 한 명만을 두는 것이 필수적입니다. 그 장군이 제가 아니라도 저는 불평하지 않겠습니다. 오히려 총재정부가 저를 어디에 배치하든 귀하들의 관심을 얻기 위해 더더욱 열심히 할 것입니다."

이에 총재정부는 한 발 물러서서 군 통수권 분할 여부 결정을 연기했다. 나폴레옹은 파리의 정치적 통제로부터 독립성을 확보하기 위한 최초의, 그리고 가장 중요한 조치를 취한 셈이었다.

오스트리아와의 평화협상에서 총재정부는 라인 국경선을 내어주는 대가로 이탈리아를 약탈하고 소유하려는 극히 소극적인 태도를 보였다. 5월 9일 나폴레옹은 "파리로 보낼 만한 예술품을 선정하고 운송을 담당할 저명한 예술가 몇 명을 보내달라는 요청을 거듭 반복합니다"라는 내용의 편지를 총재정부에 보냈다.

피점령지 밀라노·파르마·모데나에는 물품을 내놓으라고 요구했다. 5월 22일 그는 "금은괴나 보석류가 600만 프랑 내지 800만 프랑이나 됩니다. 이것들은 제노바에서 마음대로 처분할 수 있습니다"라고 보고했다. 1796년 7월까지 이탈리아는 프랑스에 6천만 프랑을 제공한 상태였다. 5월에 이미 나폴레옹은 아시냐 지폐1789~1797년 대혁명 기간 중 임시로 발행한 프랑스 지폐 대신 군 봉급의 반을 은으로 줄 수 있었다. 이것은 전례가 없는 일로 그 덕에 사령관들은 군을 좀 더 확고히 장악하게 되었다. 총재정부는 정치적·재정적 취약성으로 말미암아 장군들에 대한 통제력을 급속히 상실해갔다. 1793년 무렵처럼 공안위원회가 군에 막강한 대표위원을 파견해 장군들을 감독하고 마음대로 해임할 수 있었던 시절은 이미 지났다. 파견 대표 위원은 이미 지위와 권력이 약한 파견 위원으로 교체되었다. 살리체티는 1796년 6월 레그혼과 코르시카 방면으로 파견되었고, 그 자리는 능력이 떨어지는 가로라는 인물로 대체되었다.

그 해 말 총재정부는 나폴레옹과 라인방면군 장군들의 압력으로 파견 위원직의 권한을 대폭 줄이지 않을 수 없었다. 총재정부는 양쪽으로 위축을 받게 되었는데 한쪽으로는 바뵈프[17]의 '평등파회' 음모 때문이었고, 또 한쪽으로는 이듬해 '프뤽티도르 쿠데타'[18]로 정점에 이르게 되는 위기 속에서 정치적 존립의 위협에 직면해 있었다. 그 때문에 총재정부는 공화정의 성향이 여전히 강한 이탈리아 원정군과 라인방면군의 지원에 더욱 더 의존하지 않을 수 없었다.

---

17 1760~1797년, 프랑스혁명 시기에 총재정부를 무너뜨리려는 공산주의 운동을 한 혁명가.
18 혁명력 열매의 달, 1797년 9월의 쿠데타로 나폴레옹이 오제로 장군을 파견해 의회에 침입, 왕당파 총재 바르텔르미와 그 일파를 추방한 정변.

총재정부와의 관계에서 이탈리아 약탈이 나폴레옹을 유리한 입장에 서게 했다면 이탈리아 내부에서는 잠재적으로 나폴레옹에게 위험한 상황을 야기시켰다. 표면상으로 이탈리아는 아무 움직임도 없이 무감각해 보였고, 프랑스군의 신속한 점령과정에 놀라 어리벙벙한 상태 같았다. 그러나 그 밑바닥에서는 위험한 불길이 번지고 있었다. 그러자 나폴레옹은 자신의 병력으로 적의에 가득한 이탈리아 민중과 맞설 수 없다는 사실을 깨달았다. 5월에 이미 파비아에서는 험악한 민중봉기가 발생하여 가혹한 진압이 불가피했다.

　나폴레옹이 반혁명적인 성직자 계층을 자극할지 모를 위험을 무릅쓰면서까지 공화주의자들인 자코뱅파를 무작정 믿고 있을 수만은 없었다. 이제 그는 그가 가야 할 길을 빨리 찾아야만 했고, 복잡미묘한 정치적인 문제를 어떻게 다루느냐 하는 것 역시 재빨리 배워야 했다. 이탈리아 원정 기간 내내 그는 군사적인 문제 못지않게 정치적인 문제에도 신경을 써야 했다.

　나폴레옹은 이미 1794년의 각서에서 보여준 바 있는 웅대한 전쟁 전략에 대한 확고한 구상을 결코 잊지 않았다. 그는 롬바르디아를 잃은 것에 대해 오스트리아가 어떻게 반응할지 몹시 궁금해졌다. 5월 20일 그는 스위스에 있는 프랑스 공사公事에게 편지를 썼다.

　"오스트리아 황제는 이탈리아에 있는 그들의 병력을 강화하기 위해 라인 국경지역의 병력을 감축할까요? 황제가 티롤에 보낼 수 있는 부대는 어느 부대일까요? 정보가 있으면 알려 주시고, 모든 지역에 첩보원을 파견해 정확히 어느 병력이 이탈리아로 파견될지도 알려주십시오."

　만약 모로와 주르당 장군이 라인방면에서 공세를 취해 주었다면 그는 티롤을 통해 비엔나로 진군하려는 자신의 꿈이 실현될 수 있다는 점을 잘 알고 있었다. 그러나 그렇지 못한 지금 오스트리아군에게 내부 연락망을 통해 만토바에 집결해 있는 그들의 군대를 대폭 보강할 기회만 주는 셈이 되었다. 6월 8일 그는 파리 공안위원회 지지국 책임자인 클라르크 장군에게 다음과 같은 편지를 썼다.

"가을에 패배를 피할 수 있는 유일한 방법 하나를 알고 있소. 그것은 이탈리아 남부로 더 이상 진군하지 않도록 작전을 조정하는 것이오. 우리가 입수한 정보에 따르면 오스트리아 황제는 많은 부대를 이탈리아 원정군 증강에 집중하고 있어요. 라인방면으로부터 소식을 갈망하고 있소이다."

모로 장군으로부터 아무 소식이 없는 가운데 피렌체, 로마, 나폴리의 재물을 약탈하라는 총재정부의 압력을 받으면서 나폴레옹은 만토바 공략에 앞서 신속히 남부 원정을 해야 한다는 이중부담을 감수해야 했다. 이 양동작전은 7월에야 완수되었다. 2개 사단을 투입해 교황령 볼로냐와 페라라, 토스카니를 점령했다. 그리고 침공하겠다는 위협만으로도 파파치, 토스카니, 나폴리로 하여금 합의서에 서명하고 현금을 내놓도록 만들었다.

1796년 원정의 남은 몇 달간 최대 위협적인 사건은 오스트리아의 카를 대공이 능숙한 전술로 라인방면 모로 군의 공세를 패퇴시켰다는 것이었다. 이로써 나폴레옹은 수세에 몰려 알프스 통로에서 오스트리아군의 위험한 역공세에 직면하게 되었다.

5월말 나폴레옹은 오스트리아의 볼류 장군을 향해 진군을 재개, 볼류로 하여금 호수와 늪지대로 둘러싸인 만토바 요새에 막강한 수비대를 남겨둔 채 산악 지역으로 후퇴하도록 압박을 가했다. 뒤이은 전투는 4변형 요새, 즉 페스키에라·베로나·만토바·레냐고 요새 지역에 집중되었다. 이 요새들은 후에 1848년과 1859년 원정에서 다시 부각

된다. 이는 결코 우연의 일치가 아니었다. 왜냐하면 알프스 구릉지대가 시작되는 가르다 호수 남쪽 끝과 늪지, 그리고 호수로 에워싸인 만토바 사이의 이 좁은 요새협곡은 롬바르디아로 향하는 천연의 관문이자 베네치아(베니스)와 티롤을 방어하는 마지막 보루였기 때문이다.

그렇지만 만토바 요새 점령이 나폴레옹의 궁극적인 목적은 아니었다. 그의 전략에서 더 중요한 것은 4변형 요새지역이 브레너에서 벗어나는 출구이자 알프스에서 나오는 좁은 통로를 내려다보는 장기적인 전략 요충지라는 사실이었다.

오스트리아군은 4차례나 연속적인 역공세를 취했지만 결국 카스틸리오네(8월), 바사노(9월), 아르콜라(11월), 그리고 리볼리(1797년 1월)에서 프랑스군에게 패배하고 말았다. 7월 말 볼류 대신 부임해 온 브름저 장군이 병력 4만7천을 이끌고 산악 지역에서 나왔다. 그는 병력을 3개 종대로 분산하여 중앙은 가르다 호수 쪽, 우익은 이제오 호수 쪽, 좌익은 동쪽 바사노와 베로나 전선으로 진군시켰다. 나폴레옹의 병력은 전부 4만5천이었지만 이중 1만은 만토바 포위로 묶여 있었다. 수적인 주도권은 오스트리아군이 쥐고 있었고, 나폴레옹은 처음으로 수세에 몰렸다. 의심스럽거나 심지어 "아차!" 하는 위기의 순간도 있었지만 나폴레옹은 전략적 통찰력으로 버텨나갔다. 물론 거기에는 그를 따르는 장교와 장병들의 전투력이 뒷받침되었다.

오스트리아군 우익이 나폴레옹의 브레시아 본부 기지와 연락망을 위협하고 있을 때 브름저 장군의 중앙 본대는 나폴레옹의 마세나 사단을 몰아냈다. 나폴레옹은 만토바 포위공격을 포기하고 포위망을 희생하더라도 중심부에 모든 병력을 집중해야 한다는 것을 깨달았다. 그는 군에 브레시아 남동쪽 치에자 강 전선으로 집결할 것을 명했다.

한편 브름저는 만토바를 보강하는 데 시간을 허비했고, 좌익 부대는 전혀 투입하지 않은 채 전투를 치렀다. 프랑스군은 카스틸리오네와 로나토(8월 1~3일)에서 역공에 나섰고, 브름저는 우익을 지원하기 위해 서쪽으로 이동했다. 그는 좌익의 지원군이 도착하기 전인 8월 5일 카스틸리오네에서 나폴레옹에게 잡혔고, 병력 2만1천으로 프랑스군 2만7천에 대항해야 했다. 브름저가 우익 진영과 손잡기 위해 전선을 지나치게 확장하는 동안 나폴레옹은 그의 우익을 패퇴시키고 있었다. 브름저 군의 최전선 중심부에 균열이 생겨 마침내 나폴레옹은 승리할 수 있었다.

이 전투는 나폴레옹이 세인트 헬레나에서 『프리드리히 2세 전투 개설』을 통해 "승리를 보장하는 최상의 경제적인 방법은 강력한 공격을 통해 적 전선 전체를 분열시키기에 충분한 국지적 분열을 조장하는 것"이라고 한 언급을 예증하고 있다. 또한 나폴레옹이 처음으로 2개 대형 포병대로 구성된 포병을 쓴 것은 카스틸리오네 전투에서였다. 마르몽은 이 전투에서 대담하게도 기병 포병대를 사용했다.

8월 31일 나폴레옹은 모로 장군에게 "이제 티롤로 진군을 재개하고 라인방면군과 합류할 희망이 보인다"고 편지를 썼다. 브름저는 브렌타 강 동쪽에 재집결하고 있었으며, 나폴레옹은 트렌토를 점령함으로써 브름저가 진군하여 만토바를 구원하려 할 경우 배후에서 그를 잡을 수 있었다. 9월 4일 나폴레옹은 로베레토에서 오스트리아 파견대를 쳐부수고, 트렌토를 점령했다. 또 9월 8일 바사노에서 브름저 군의 배후를 쳤다. 나폴레옹의 포위망을 피하기 위해 브름저는 기지로부터 멀리 서쪽으로 후퇴해 만토바 요새에 피난처를 마련해야 했다.

그러나 10월 말 카를 대공이 모로 군과의 전투에서 승리한 데 힘입어 오스트리아는 나폴레옹을 쳐부수고 만토바 요새 포위망을 풀게 하기 위한 또 한 번의 시도를 감행하게 된다. 신임 오스트리아 사령관 알빈치는 브레너에 1만9천, 브렌타에 2만8천 병력을 집결시켰다.

이 3단계 국면 아르콜라 전투가 나폴레옹에게는 가장 위험한 전투였다. 보급품은 소모량에 비하면 어림도 없었고, 그의 부대는 거의 탈진 상태에 있었다. 롬바르디아의 무더운 여름 날씨를 감안할 때 나폴레옹군의 강행군은 매우 놀라운 결정이었다. 오제로 사단은 이틀 동안 70마일을 행군했다.

11월 12일 나폴레옹은 베로나 외곽에 있는 칼디에로 고지에서 알빈치에게 패배했다. 다음날 그는 낙담하여 총재정부에게 이렇게 편지를 썼다.

"내일이면 이탈리아를 잃게 될지도 모릅니다. 기대했던 원조는 하나도 도착하지 않았습니다. 일주일이면 우리 것이 될 수 있는 만토바 포위 공격을 늦출 수는 없는 아주 절박한 상황입니다… 수일간 우리는 마지막 노력을 다할 것입니다. 만약 행운의 여신이 우리에게 미소를 짓는다면 만토바는 우리 차지가 될 것이고, 그와 함께 이탈리아도 우리 것이 될 것입니다."

브레너에서 오고 있는 오스트리아 주력군이 프랑스 1개 사단이 지키고 있는 리볼리 진지를 빼앗은 뒤 알빈치부대와 합류하기 전에 나폴레옹은 필사적인 조치를 취해야 한다고 생각했다. 그는 대담한 측면 행군으로 베로나 남쪽 아디게 강을 건너 알빈치의 후미 병참선을 공격하기로 결정했다. 그러나 예기치 않게 아르콜라 마을과 다리를 사수한 막강한 크로아티아 파견대를 만나는 바람에 완전한 기습작전을 성공시키지는 못했다. 늪지와 둑으로 된 험한 지형에서 비싼 대가를 치러가며 격렬하게 싸운 지 겨우 3일이 지나서야 알핀치 장군은 브렌타로 퇴각하기로 결정했다. 총재정부에 보내는 보고서(11월 19일)에서 나폴레옹은 아르콜라의 상황을 이렇게 묘사하고 있다.

"우리 군대가 이 작은 다리를 정면으로 빨리 건너가야 하는데도 불구하고 시간의 중요성을 너무나 잘 알고 있는 여러 장군들이 과연 얼마나 도움이 되었던가! 짧은 시간 내에 이 다리를 건너지 않으면 우리는 수십 마일을 우회해야만 했고, 그렇게 될 경우 작전 전체가 수포로 돌아갔을 것입니다. 나는 직접 병사들에게 로디 전투에서의 승리를 고취시키며 빨리 다리를 건너도록 호소하였고, 이러한 나의 직접적인 호소는 한번 더 다리를 건너도록 시도하는 데 효과를 보았습니다. 그러나 정면 공격으로 아르콜라 마을을 점령하는 계획은 포기할 수밖에 없었습니다."

나폴레옹의 보좌관이었던 폴란드 출신 장교 술코브스키는 한 편지에서 나폴레옹이 아르콜라 다리 위에서 어떻게 독려의 기치를 올렸고, 이에 응하지 않는 겁먹은 병사들을 어떻게 꾸짖었는지를 묘사한 바 있다. 이 장면은 후에 화가들이 즐겨 그리는 낭만적인 주제가 되었다.

아르콜라 전투는 비싼 대가를 치렀으면서도 소득은 극히 적은 승리였다. 나폴레옹 참모부의 일원이었던 동생 루이는 의기소침해져서 "병사들은 이제 더 이상 옛날 같지 않아. 소리 높여 평화를 외치고 있어"라고 썼다.

한편으로 라인방면에서의 침체 상황과 만토바에서 프랑스군이 오스트리아군의 저항으로 기가 꺾여 있다고 생각한 총재정부는 오스트리아에 평화를 제안하는 쪽으로 생각이 기울었다. 그리하여 비엔나와 협상을 담당할 전권위원 클라르크 장군을 파견하여 나폴레옹에게 그곳 상황을 보고하도록 했다. 두 사람이 만났을 때 나폴레옹은 만토바 점령은 전망이 아주 밝다는 식으로 클라르크 장군을 쉽게 설득할 수 있었고, 클라르크는 파리에 낙관적인 보고를 했다.

그러나 오스트리아의 비엔나 정부는 유리한 조건을 제시할 기미가 전혀 보이지 않았고, 알빈치는 다시 한번 역공에 착수하고 있었다. 3개 방면으로부터 진군하면 승산이 있을 것으로 믿은 것이다. 주력 부대는 브레너에서 리볼리로 진군하는 한편 바사노와 파두아로부터는 양동작전을 시작하는 작전이었다.

베로나에 대기중이던 나폴레옹은 어느 쪽에서 주공격이 오고 있는지 빨리 판단해야 했다. 주베르의 1만 병력은 리볼리에서 대공세를 당하고 있었는데, 1월 13일이 되어서야 나폴레옹은 가장 동쪽의 위협은 무시하고 리볼리에 병력을 집중하기로 결정했다. 알빈치는 병력 2만8천으로 트렌토에서 진군해오면서 주베르 사단을 포위하기 위해 복잡한 측면 포위작전을 시도했다. 그로 인해 그의 보병은 포병부대로부터 떨어지게 되었다.

1월 15일까지 나폴레옹은 리볼리 고원에 포 40문과 병력 2만3천을 집중 투입했다. 알빈치의 측면과 후위 공격은 다소 불안했지만 이들이 효과적인 공격을 취하기에는 너무 산만하게 퍼져있어 그의 분산된 부대는 산산이 깨어져 1만5천 명의 사상자를 냈다. 나폴레옹은 알빈치가 리볼리에서 참패하는 것을 가만히 보고만 있지 않았다. 파두아로부터 만토바로 진격해오는 오스트리아 병력을 처리하기 위해 서둘러 돌아갔다. 1월 16일 이 병력은 만토바 외곽에 있는 라 파보리타에서 포위 당해 항복하지 않을 수 없었다.

나폴레옹은 1월 17일 "이렇게 하여 3~4일 만에 오스트리아 황제의 제5군단은 완전 섬멸됐습니다. 우리는 포로 2만3천 명을 잡았습니다."라고 총재정부에 보고했다. 1797년 2월 초 만토바 요새는 항복했다.

리볼리 전투에서의 극적인 승리로 나폴레옹은 총재정부를 설득, 라인방면군을 이탈리아 원정군으로 바꾸도록 했다. 3월까지 나폴레옹은 2개 사단을 새로 증원받았다. 그는 이제 브레너 통로를 넘어 티롤로 진군하거나 타글리아멘토 강을 건너 트리에스테 쪽으로 진군할 수 있었다. 알빈치의 후임으로 카를 대공이 프리울리 동쪽에 병력을 집결시키고 있는 것을 알자 나폴레옹은 브레너로 향하던 주베르에게 트리에스테 쪽으로 진군하도록 명령을 변경했다. 3월 말에야 그는 약해진 오스트리아의 저항을 헤치면서 클라겐푸르트에 도착했다. 주베르는 브릭센에 도착해 드라베 계곡에서 나폴레옹과 합류할 준비를 하고 있었다. 그러나 또다시 라인방면에서 움직일 기색이 없는 모로가 그를 다시금 불안하게 만들었다. 나폴레옹은 오스트리아군의 회복력을 알고 있었던 것이다. 모로가 오스트리아군의 전력을 충분히 저지하지 못하면 주베르의 측면이 노출될 수 있다는 얘기였다.

나폴레옹은 진지로부터 너무 멀리 떨어져 있었고, 그의 병참기지가 있는 베네치아(베니스) 지역에서 프랑스인을 배척하는 소요가 일었다. 3월 31일 그는 카를 대공에게 휴전을 제안했고, 응답이 올 때까지 비엔나에서 100 마일이 채 안 되는 레오벤으로 돌진했다. 카를 대공은 이미 더 이상 저항하지 않겠다는 입장을 밝힌 바 있었다.

오스트리아 공사와 일주일간 논쟁을 벌인 끝에 나폴레옹은 1797년 4월 18일 레오벤에서 평화조약 초안에 서명했다. 그러나 유감스럽게도 나폴레옹은 레오벤에서 조약에 서명한 지 이틀 만에 모로가 라인 강을 건넜다는 사실을 알게 되었다.

훗날 나폴레옹은 "나는 21점 놀이를 하고 있었는데 그만 20점에서 멈추었다" 최고 점수가 21점인 블랙잭 게임으로 서로 협조가 잘 안되었다는 불만을 비유 라고 아쉬워했다.

나폴레옹이 어떻게 이탈리아 원정 사령관 자격으로 휴전은 물론

1796년~97년
이탈리아 원정 당시의
나폴레옹
(그의 위업을 기념하기 위해
1832년 발행한 메달)

평화 조건에 대해서까지 마음대로 서명할 수 있었을까? 또 그토록 결정적인 캄포 포르미오 평화조약[19]이 어떻게 6개월 동안이나 지연되었는가? 이러한 질문에 답하기 위해서는 이탈리아 정치상황은 물론 프랑스의 정치상황에 대한 분석과 나가서는 유럽의 전반적인 외교상황에 대한 분석도 필요하다.

나폴레옹은 자신의 천재성과 주변 상황에 힘입어 1797년 프랑스는 물론 유럽 정계의 중추적인 인물이 되었다. 그해 여름 파리에 특파된 오스트리아 공사는 "나폴레옹만이 평화조약을 체결할 수 있으며 그것도 그가 원하는 조건으로만 그렇게 할 수 있다"고 보고했다.

5월이 되어서야 나폴레옹은 밀라노 외곽에 있는 몸벨로 왕궁에 거처를 마련했고, 그곳에서 마침내 조제핀과 만났다. 미오 드 멜리토는

---

19 1797년 10월17일 나폴레옹이 제 1차 이탈리아 원정에서 승리한 뒤 오스트리아와 맺은 조약. 이 조약은 프랑스 정복지의 대부분을 인정하고, 제 1차 對 프랑스 동맹에 대한 나폴레옹의 승리를 완결 지었다.

몸벨로에서의 나폴레옹을 "그는 더 이상 승리한 공화국의 장군이 아니라 정복한 땅에서 자신의 법을 부과하는 정복자였다"고 묘사했다.

로마 카톨릭이 프랑스 공화국과 언제까지나 화합할 수 없는 적으로 남아있을 것이냐 하는 감정은 별개의 문제로 치더라도 프랑스의 총재정부는 이탈리아를 공화정 체제로 만들고 싶다는 생각은 전혀 없었다. 그렇게 되면 프랑스가 정복한 지역들을 오스트리아와 교환하기가 더욱 까다로워질 것이기 때문이었다. 1796년 10월 18일 총재정부는 나폴레옹에게 "상황이 나빠질 경우를 대비해 프랑스가 오스트리아 황제와 평화조약을 체결하는 데 있어 최대한 부담이 없도록 어떠한 보장도 제시하지 않게끔 주의하라"고 지시하였다. 당시에 나폴레옹은 이탈리아의 정치적 문제 해결에 있어서 총재정부와 의견을 원칙적으로 달리할 필요가 없었다. 그의 주요 관심사는 다만 군대의 안전과 보급이었다. 그리고 이러한 목적을 위해 그는 이탈리아 내에서 친프랑스파를 어느 정도 격려하면서 동시에 반혁명 열성분자들을 자극하지 않아야 했다.

1796년 5월 나폴레옹은 오스트리아의 롬바르디아에서 프랑스식 통치를 위해 이들의 정치기구를 정지시킨 후 임시 행정부를 구성했다. 이 행정부는 하나의 주 의회와 여러 시 위원회로 구성됐으며, 프랑스 군사요원의 통제를 받았다. 나폴레옹은 총재정부에 "밀라노는 자유를 갈망하고 있으며, 회원이 800명인 클럽이 하나 있는데 구성원은 모두 사업가나 법률가"라고 보고했다. 9월 말 그는 볼로냐 의회에서 말하기를 "이탈리아는 여러 국가들 중에서 먼저 영예로운 자리를 차지할 때가 왔다. 롬바르디아, 볼로냐, 모데나, 레기오, 페라라, 아마도 로마냐까지도 그들의 가치를 보여준다면 언젠가 유럽은 깜짝 놀라게 될 것이고, 이로써 이탈리아는 위대한 시대를 재창조해낼 것이다"라고 했다.

나폴레옹은 '리소르기멘토' Risorgimento _{프랑스혁명에 의해 잉태되어 일어난 19세기 후반의 이탈리아 통일운동} 각서를 보고 모데나, 페라라, 레기오와 볼로냐에서 파견된 100인 대표가 모인 10월 회의에서 **'이탈리아 연맹'의 구성을 격려하는 한편 이탈리아에 이제 '치스파다나 통일공화국'이 12월 총회에서 선포될 것**임을 공포했다.

1796년 말 나폴레옹은 총재정부에 이렇게 설명했다.

"치스파다나 공화국은 3개 당파, 즉 구舊정부파와 독립적이나 다소 귀족적인 당파, 또 프랑스 헌법과 순수 민주주의를 지지하는 파로 나누어집니다. 나는 첫 번째 당파는 '억압'하고, 두 번째 당파는 '지원'하며, 세 번째 당파는 '온건화'시키고자 합니다. 그렇게 하는 이유는 두 번째 당파가 부유한 지주와 성직자들의 당이기 때문입니다. 긴 안목으로 보면 결국 이들이야말로 친프랑스파 주변으로 사람들을 끌어 모으는 데 필수적인 대중의 지지를 얻게 할 것입니다."

리볼리 전투 후에 나폴레옹은 로마 교황청과 남은 문제를 해결하기 위해 남쪽으로 갔다. 교황은 아직도 오스트리아의 승리에 희망을 걸고 조약 체결을 거부하고 있었다. 2월 10일 나폴레옹의 군대가 안코나에 도착했을 때쯤 되어서야 교황은 비로소 타협할 준비가 되었고, 2월 19일 나폴레옹은 교황과 체결한 '톨렌티노 조약'을 총재정부에 급히 발송했다. 이 톨렌티노 조약에 따라 교황은 볼로냐와 페라라, 로마냐를 할양하고, 전쟁 배상금 3천만 프랑을 지급했다. 나폴레옹은 로마에 입성해 교황을 폐위시키지 못한 것은 나폴리가 전쟁에 가담할 위험이 있어 시급히 군대로 돌아가야 했기 때문이라고 총재정부에 설명했다. 그는 또 "제 견해로는 로마는 일단 볼로냐와 페라라, 로마냐 그리고 3천만 프랑을 빼앗긴 상태이기 때문에 더 이상 존재하기 어렵습니다. 케케묵은 기계는 저절로 고장날 것입니다."라고 덧붙였다.

동시에 교황에게는 "프랑스 공화국이 로마의 가장 진실한 우방 중 하나가 될 것으로 희망합니다"라는 내용의 서한을 보냈다. 톨렌티노 조약이 '정교협약'[20]의 전조라고 말하는 것이 과장일지는 모르지만 나폴레옹은 그의 경험으로 미루어 볼 때 이탈리아에서 종교적인 광신주의자들이 봉기를 일으키리라는 점을 이미 의식하고 있었다.

한편 나폴레옹은 치스파다나 공화국의 선거 결과를 보고 매우 실망했다. 1797년 5월 1일 그는 다음과 같이 보고했다.

"그들의 선택은 아주 잘못됐습니다. 성직자들이 모든 유권자에게 영향력을 미쳤습니다. 마을마다 성직자들이 유권자의 명부를 불러주고, 모든 선거를 통제합니다. 그러나 나는 총재정부의 명령과 여러 조약에 따라 롬바르디아와 치스파다나를 단일 임시 정부 하에 통합할 것입니다. 그런 다음 단계적으로 그들의 관습과 조화를 이루면서 여론을 계몽하고 성직자들의 영향력을 줄여 나가는 조치를 취하겠습니다."

마침내 치스파다나 공화국과 베네치아(베니스) 공화국 본토 일부 영역을 합친 '신생 치살피나 공화국'의 헌법초안이 나폴레옹의 감독 하에 작성되었다. 이 헌법은 프랑스 총재정부의 헌법을 거의 그대로 따랐는데, 역시 5인의 총재정부와 두 개의 입법위원회를 두었다. 선거 과정에서 혹시 일을 그르치게 될까봐 나폴레옹 자신이 직접 행정부와 입법부의 구성원을 지명했다. 세르벨로시와 비스콘티 같은 대단한 통

---

20 나폴레옹이 로마 교황과 맺은 협약.

찰력을 지닌 귀족들을 포함한 적절한 인사조치였다. 이후 1797년 5월 제노바에서 친프랑스계 민주주의자들이 살해당하는 사건으로 프랑스가 개입할 빌미를 찾았을 때도 이와 똑같은 정부 조직을 구성했다. '신생 리구리아 공화국'은 원로원 의원 12인과 총독으로 구성된 행정부를 두었고, 행정부는 양원에서 선출했다. 이러한 이탈리아 헌법 개편 작업에 대해 총재정부는 전혀 이의를 제기하지 않았다. 그들은 국내 헌정 위기에 온 신경을 쏟고 있었기 때문이었다. 나폴레옹 자신도 총재정부의 미래를 그다지 신뢰하지 않았다.

그는 1797년 10월 탈레랑[21]에게 다음과 같은 편지를 썼다.
"선생은 이탈리아 사람들을 모릅니다. 그들은 프랑스인 4만 명의 목숨만큼도 가치가 없습니다. 이탈리아에 온 이후 저는 이 나라 사람들로부터 자유와 평등 그리고 통일에 대한 열망을 끌어내는 데 아무 도움도 받지 못했습니다. 아니 최소한 그런 도움이 있었다 해도 아주 미약한 수준이었습니다. 사실 성명서와 인쇄된 연설문에서 말한 것들은 모두 낭만적인 허구에 지나지 않습니다." 프랑스 통치의 갑작스런 와해로 이탈리아를 '혁명화'하려는 시도가 중단되어버린 1798년에 벌써 그의 이러한 냉소적인 현실주의를 엿볼 수 있었다.

8월, 그는 총재정부에 "우리에게는 코르푸, 찬테, 체팔로니아 섬들이 이탈리아 전체보다도 더 중요합니다. 만일 이들 중 하나를 선택해야 한다면 이탈리아를 오스트리아 황제에게 돌려주고, 4개 섬을 취하는 것이 더 좋을 거라고 생각합니다. 이 섬들은 우리 무역에 부와 번영을 가져다주는 원천이니까요."라고 말했다. 이러한 언급은 베네치아

---

21 1754~1838년, 프랑스 정치가로 나폴레옹 시대 외교활동과 비엔나 회의에서의 활약으로 유명하다.

와 거래하는 동안 느낀 불안과 자기 정당화에 적잖이 영향을 받은 것 같다. 이와 동시에 그는 치살피나 공화국에 건전한 행정체계를 갖추려고 대단한 노력을 하고 있었다. 후일 나폴레옹의 이탈리아 정책은 이러한 냉소주의와 현실주의를 똑같이 드러내는 것이었다.

한편 오스트리아 정부는 레오벤 평화조약 초안 비준을 전혀 서두르지 않고 있었다. 모든 것이 파리의 정치적 위기에 그 향배가 달려 있었다. 바뵈프의 좌파 음모가 깨지자마자 1797년 5월 입법위원회 선거에서 왕당파가 다수를 차지했다. 온건파의 대표인 바르텔르미가 총재정부에 새로 들어갔고, 500인 회의 의장인 피슈그뤼 장군은 왕당파의 부활 음모를 꾸미고 있었다. 파리에 온건파 정부가 들어서고, 군주제가 부활했다면 적당하고 지속적인 평화로 이어졌을지 모른다. 한편 영국은 프랑스의 이탈리아 원정 성공으로 긴장감을 느끼고 있었고, 피트 총리까지도 협상 준비 태세가 되어 있었다. 스페인은 1796년 8월 프랑스 편으로 넘어갔고, 그 동안 아무 방해도 받지 않았던 영국 함대는 지중해에서 철수해야 했다. 아일랜드는 반란이 일어나기 일보 직전이었으며, 호혜의 밴트리 만灣 원정은 거의 실패했다. 스피트헤드와 노어의 폭동사건에 재정 위기까지 겪고 있던 영국의 피트 총리는 프랑스의 새 외무장관 탈레랑과의 협상을 위해 릴에 맘즈베리를 파견했다.

이러한 대외상황에서 나폴레옹은 총재정부 내의 어느 쪽을 후원해야 할지 분명히 알고 있었다. 아직도 가시지 않는 군 내부의 공화정 지지 분위기는 제쳐두고라도 군주제 부활은 자신의 야망을 가로막는 것이었다. 몸벨로에서 그는 이런 생각을 측근들에게 억지로 감추려 하지도 않았다. 미오 드 멜리토에게 나폴레옹은 "내가 이탈리아에서 승리한 것이 카르노나 바라스와 같은 인물들의 총재정부를 위한 것이라고 생각하나? 나는 이들을 위한 평화를 원치 않아. 이 공화정은 사실상 부르봉 왕가의 것이지. 나는 이제 부르봉 왕가의 공화파를 깨뜨리려 하네. 옛 왕조의 이익이 아니라 나 자신의 이익을 위해서 말이야."라고 말했다.

현재로서는 오로지 군사 쿠데타만이 부르봉 왕가 쪽의 카르노와 바르텔르미 그리고 의회로부터 자코뱅파 출신인 공화파 바라스, 뢰벨, 라 레블리에르 이들 세 총재를 구해낼 수 있었다. 그들은 우선 라인방면군의 호체 장군에게 한 가닥 기대를 걸고 그를 전쟁장관에 임명하려는 계획을 세웠지만 위원회에 노출되어 실패하고 말았다. 7월 14일 드디어 나폴레옹은 이탈리아 원정군에 성명서를 발표하게 되었다.

"우리는 프랑스를 떠나 산과 산을 넘어 이곳까지 와 있다. 헌법을 지지하고 자유를 수호하며 정부와 공화정을 보호하기 위해 필요하다면 여러분은 독수리 같이 잽싸게 산을 넘어 프랑스로 가게 될 것이다."

이러한 암시는 나폴레옹이 왕당파들로부터 공화정을 지키기 위해 파리로 보낸 오제로 장군이 튈르리 궁을 점령하는 것으로 실행되었다.
1797년 9월 4일(혁명력으로 '프뤽티도르' 열매달 18일) 오제로 장군은 튈르리 궁을 포위하고 의회에 침입하여 무력적인 위협으로 카르노와 바르텔르미를 체포한다고 선포했다. 500인 회의와 원로원은 정회되었고, 입법부에서 왕당파를 몰아냈다. 한편 총재 정부와 영국이 릴에서 체결하려던 평화협상은 9월 말에 결렬되었고, 이로써 오스트리아 정부는 결국 나폴레옹과 평화조약 조건을 협상해야 한다는 것을 깨닫게 되었다.

레오벤 조약의 초안은 단지 오스트리아가 벨기에를 할양한다는 내용만 조건으로 달고 있었다. 그러나 또 다른 비밀조항에는 벨기에와 롬바르디아 상실에 대한 보상으로 프랑스가 오스트리아에 베네치아 영토를 분할해 주는 내용이 추가되었다. 오스트리아가 베네치아(베니스)를 탐내고 있었으며, 이 미끼가 타협에 이르는 가장 빠른 길이라는 점을 나폴레옹이 모르는 바는 아니었지만 문제는 오스트리아가 정통성의 수호자로서 베네치아 공화국 전복이라는 비열한 일을 프랑스 측에 떠넘기기 위해서 그들 스스로는 정면으로 나서지 않는다는 점이었다.

과거 프랑스와 오스트리아가 서로 빼앗으려고 싸우던 베네치아 공화국의 주요 도시들인 브레스치아, 베르가모, 베로나에서는 이미 긴장이 고조되고 있었던 만큼 베네치아를 전복시키는 일은 그다지 어려운 일이 아니었다. 4월 17일 베로나 주민들이 프랑스인을 대량 학살하는 사건이 발생했다. 나폴레옹은 베로나 총독에게 최후통첩을 보내 겁을 줌으로써 민주적 헌법과 정부를 수락케 했다. 이는 동시에 프랑스 군대를 불러들이는 계기가 되었다. 나폴레옹은 이제 레오벤에서 다소 성급하게 수락했던 협상 조건들을 개선하기 위해 베네치아 영토의 일부가 아닌 전체를 요구할 수 있는 위치에 서게 되었다.

공식적으로는 '캄포 포르미오 평화조약'으로 알려진 오스트리아와의 이 조약은 1797년 10월 18일 우디네에서 공식 서명했다. 이 조약에 따라 오스트리아는 벨기에를 할양하고, 프랑스에게는 교황령 볼로냐, 모데나, 페라라 및 로마냐를 포함하는 치살피나 공화국을 승인했다. 베네치아(베니스) 영토 중에서 프랑스는 이오니아 제도와 베네치아령 알바니아를 취하였다. 오스트리아는 아디게 강에 이르는 베네치아, 이스트리아, 달마티아 본토를 받았다. 조약 비밀조항에서 오스트리아는 라슈타트에서 개최될 회담에서 라인 강 서안에 대한 프랑스의 권리를 지지하기로 합의했다.

반면 프랑스는 오스트리아가 잘츠부르크와 브라이스가우를 취할 수 있도록 지원하기로 했다. 이것은 표면상으로는 그럴듯해 보이지만 프랑스로서는 불안한 타협이었다. 알프스, 라인 강, 피레네 산맥으로 형성된 '자연국경'을 되찾겠다고 시작한 프랑스 전쟁의 진정한 목적이 나폴레옹의 이탈리아 공화국 합병으로 인해 사뭇 다른 방향으로 빗나가게 되었다.

베네치아 공화국의 분할은 평화협정에 있어서 도덕적인 오점이었을 뿐 아니라 오스트리아에게 이탈리아 내 발판을 마련해주어 후일 또 다른 전쟁을 불러일으키는 결과가 된다.

4

동방 원정 – 이집트 원정

캄포 포르미오 평화조약(1797년)을 맺을 당시 나폴레옹은 이미 유럽 전역에 걸쳐 비범한 인물로 급부상했다. 그의 천재성은 툴롱 전투와 이탈리아 원정의 과정을 통해 검증되고 인정받게 되었다. 나폴레옹의 성격을 분석하려는 시도는 아직 너무 이르지만 그의 타고난 어떤 특징들은 이 시기에 이미 명백하게 드러났다.

전문적인 장교 훈련이 나폴레옹의 성공에 토대가 된 것이 사실이지만 그는 군사문제 못지않게 정치와 문학에도 관심이 많았다. 초기의 저작과 서신에서 매우 잘 나타나던 낭만적 감수성은 조제핀과의 관계에서는 찾아볼 수 없다. 조제핀은 그의 열정에 별다른 반응을 보이지 않았고, 그에게 아이를 낳아 주지도 못했다. 이후 그의 인생에서 여자는 한낱 오락물이나 정치적 도구에 지나지 않게 된다.

그러나 그러한 낭만적인 열정이 그의 천성에서 사라졌다기보다는 낭만적인 야망으로, 즉 역사상의 모든 영웅을 능가하고야 말겠다는 출세의 꿈으로 변형된 것임에 틀림없다. 그는 1804년 로리스통 장군에게 보낸 편지에서 "죽음은 아무 것도 아니오. 그러나 패배하여 불명예스럽게 사는 것은 날마다 죽는 것이오."라고 썼다.

나폴레옹에게는 조심스럽게 계획되고 제한된 프리드리히 대왕식式 야망이 불만족스러웠다. 모든 것을 지배하고 과감히 승부수를 던지고픈 충동이 마치 산악인이 에베레스트를 정복하고 싶어하는 것과 마찬가지로 본능적이고 저항할 수 없는 욕망으로 불타올랐다. 이런 비이성적이고 무제한적이며 악마적인 야망은 모차르트의 오페라 「돈 조반니」[22]의 주인공처럼 나폴레옹 내면에도 자리잡고 있었다. 이런 성격적 특성을 간과하고서는 나폴레옹의 성공을 이해할 수 없다.

루소의 묘소를 방문했을 때 나폴레옹은 "나도, 루소 당신도 이 세상에 존재하지 않았더라면 더 좋았을는지는 미래가 말해줄 것"이라고 말했다.

또 1804년 대관식 직전 형 조제프에게 쓴 짧은 편지에서 그는 "나는 세상의 얼굴을 바꿀 운명을 타고났어. 어쨌든 그게 내 신념이야."라고 했다.

유배지 세인트 헬레나 섬에서는 "내 인생은 얼마나 멋진 소설 같았던가!"라고 회고했다. 이것으로 보아 아우스털리츠 전투와 대제국 때의 영광과 마찬가지로 백일천하와 세인트 헬레나에서의 패배 역시도 그의 내면 속에 나란히 잠재해 있던 것으로 보인다.

그의 각료였던 몰레는 이렇게 평했다.

"나폴레옹의 천재성이 어디에서 멈출지 그 자신도 결코 알지 못했다… 그는 '종족'이나 '왕조'를 남기기보다는 그와 대등하거나 그를

---

22 모차르트의 최대 걸작 「돈 조반니 Don Giovanni」는 14세기경 호색가이자 돈 많고 아름다운 용모를 가진 돈 주앙Don Juan의 이야기를 극화한 것이다.

능가할 수 없는 영광된 '이름'을 남기고 싶어했다."

나폴레옹은 혁명을 만든 세대가 아니라 혁명시대전통과 관습의 굴레가 깨지고, 이성과 힘과 의지 앞에서 불가능은 없어 보였던 시대의 산물이었다. 젊은 시절 그는 18세기의 가장 강력한 두 힘, 즉 계몽주의의 '과학적 이성주의'와 루소의 '낭만적 감수성'에 영향을 받았다.

그가 권좌에 오르는 과정에서 발휘된 광대무변하고도 초인적인 상상력은 명석하고 치밀한 지성과 완벽한 조화와 균형을 이루었다. 자신들의 생명과 영혼을 포기하면서 살아왔던 당시 대부분의 동시대 사람들에게 그러한 눈부신 조화는 저항하기 어려운 것이었다. 툴롱 공략 직후 쥐노의 아버지는 아들에게 보낸 편지에서 의아하다는 듯 "이 무명의 보나파르트 장군이 누구냐?"고 물었다. 쥐노는 "검소하면서도 수세기에 한번 나올까 말까 한 사람"이라고 답했다.

1797년 이탈리아 몸벨로 궁에 머물고 있을 때 나폴레옹은 이미 최고권력에 오르겠다는 생각을 품기 시작했다. 게다가 그는 이미 동방의 관문인 베네치아를 선점한 터여서 이집트 원정 계획까지 세우고 있었다. 1797년 8월 16일 그는 총재정부 앞으로 편지를 썼다.

"진정으로 영국을 쳐부수기 위해서 먼저 이집트를 점령해야 할 때가 그리 멀지 않았습니다. 거대한 오토만 제국의 멸망을 앞두고 있는 이 시점에 레반트동부지중해 시리아·레바논·이스라엘 등의 연안제국에서의 우리 무역을 보호하기 위해 절차를 밟아야 할 절호의 기회가 바로 지금이라고 생각합니다."

당시 나폴레옹은 이집트 원정에 대비해 레이날의 『동인도와 서인도의 역사, 1780』와 볼네이의 『투르크인의 실전實戰에 관한 고찰, 1788』을 읽었다. 볼네이는 이 책에서 "오직 한 가지만이 프랑스에 보상을 해줄 수 있으니, 그것이 바로… 이집트 점령이다. 이집트를 통해 우리는 인도에 갈 것이며, 수에즈를 운항하는 옛 루트를 재건하면 희망봉 루트를 버릴 수 있을 것이다."라고 썼다.

1795년 초, 이집트 영사였던 마갈롱 역시 이집트를 경유해 인도를 칠 것을 촉구했고, 탈레랑도 이 계획에 관심을 가지고 있었다. 그는 프랑스가 투르크의 동맹국이자 보호자로서 투르크 내에서 맘루크[23] 찬탈자들을 축출한다는 명분을 내세우면 투르크와의 우호는 가능하리라 보았다. 1797년 9월 13일 나폴레옹은 탈레랑에게 편지를 썼다.

"우리는 병력 2만5천을 거느리고 떠날 수 있습니다. 전열함戰列艦이나 베네치아 프리깃함위와 가운데 두 갑판에 포를 장착한 목조 쾌속 범선 8~10척의 호위만 받는다면 인도를 차지할 수 있습니다. 왜 몰타 섬을 점령해서는 안됩니까? 10만여 현지 주민은 우리에게 매우 호의적인데다 자신의 지배자들에게 염증을 내고 있고 굶주림으로 죽어가고 있습니다. 나는 이탈리아에서 의도적으로 그들의 소유물을 모두 몰수했습니다. 사르데냐코르시카 섬 남쪽에 위치한 이탈리아령 왕국 왕이 우리에게 할양한 생 피에르 섬과 몰타, 코르푸 섬 등등을 차지하면 우리는 지중해 전체의 지배자가 될 것입니다."

나폴레옹은 몰타에 비밀요원 두 명을 심어두고 있어 정보에 밝았다. 성 요한 기사단 단장은 드 로한이었고, 기사들 대부분은 망명한 프랑스인들이었다. 프랑스혁명 과정에서 봉토세 폐지와 교회 재산 국유화로 기사단과 기사들 개인의 재정은 이미 완전히 파산 상태였다.

---

23 1250년경부터 1517년까지 이집트를 다스린 군사집단. 맘루크는 '소유된' 또는 '노예'를 뜻하는 아랍어로, 원래 12세기 후반 이집트로 끌려온 투르크·몽골·시르카시아족 출신 노예로서 전사 훈련을 받았으며, 군과 정부에서 고위직에 올랐다. 1517년 오스만제국이 침입해 맘루크를 무찌르고 이집트를 정복했다. 그러나 맘루크는 오스만제국의 통치하에서 재빨리 영향력을 회복했고, 1798년 나폴레옹이 이집트를 침략했을 때는 맘루크 기병대가 앞장서서 프랑스군과 싸웠다.

1797년 11월 나폴레옹은 '영국 원정군' 사령관에 임명되었다는 소식과 프랑스로 돌아오기 전에 프랑스 수석대표로 라슈타트 회담에 참석해야 한다는 통보를 받았다. 그 달 말 회담에서 원칙적인 합의가 이루어졌다는 통보가 파리 의회에 도착하였고, 나폴레옹도 파리로 돌아왔다. 총재정부의 공식적인 환영에 대한 그의 답변은 묘한 것이었다.

"프랑스인의 행복이 최선의 헌법 토대 위에서 성취될 때 비로소 유럽 전체는 자유로워질 것입니다." 이는 그후 있을 쿠데타에 대한 암시였을까?

그렇다 해도 바로 쿠데타가 일어난 것은 아니었다. 나폴레옹은 "배 梨가 아직 무르익지 않았다"고 판단했다. 그는 공식 석상이나 군사 행렬에 일부러 모습을 드러내지 않았다. 프뤽티도르 쿠데타에 대한 불신으로부터 어느 정도 거리를 두고자 했던 것 같다.

그는 민간인 복장을 하고 과학자, 작가들과 교류하며 학술원 회원으로 선출되기도 했다. 그는 이탈리아 원정 후 평온한 가운데서의 내리막길이 자신의 경력에 해가 된다는 사실을 정확히 인식하고 있었다. 이는 총재정부로서는 달가운 일이었을 것이다.

"파리에서는 그 어떤 것도 오랫동안 기억되는 것이 없다. 오랫동안 아무 것도 하지 않고 있으면 나 역시 사라질 것이다."

영국 침공계획은 그의 성공에 다분히 함정이 될 수도 있었다. 망명한 정치평론가 말레 뒤 팡은 "보나파르트는 그에게 갈채를 보낸 사람 중의 절반은 승리의 월계관을 쓴 자신을 기꺼이 에워쌀 것이라는 확신에 취해 있을 수 있다"고 평했다.

나폴레옹은 5만 병력과 장교 선택권을 갖고 있었는데 서류상으로 호위 군함도 50척 가까이 배속되어 있었다. 그러나 영국해협의 항구들을 면밀하게 검토한 후 그는 1798년 2월 말 영국 침공계획에 대해 반대하는 의견을 냈다. 해군의 준비상태가 너무 느려 희망이 없다고 지적했다. 전함 대부분은 장비를 갖추지 않았으며 승무원도 없는 상태였다. 엄청난 비용을 들여가며 집중적으로 함대를 육성한다면 그해 말에야 침공이 가능할 수도 있었다. 그러나 그럴 수 없다면 "영국 원정은 위장 전술로만 존재할 뿐 사실상 포기해야 한다. 아무리 노력해도 앞으로 수년간은 영국 해군력에 절대우위를 확보할 수 없다. 제해권制海權을 장악하지 않고 영국을 기습한다는 것은 역사상 가장 어렵고도 무모한 작전이 될 것이다."라고 결론지으며 그는 해상을 통한 영국 침공 대신에 "인도의 상권을 위협할 레반트 원정"을 제안했다.

같은 시기 탈레랑은 영국 침공의 대안으로 총재정부에 지중해 계획을 촉구하고 있었고, 해군장관은 북쪽 해군의 준비 태세에 관한 나폴레옹의 비관적인 보고내용을 확인했다.

나폴레옹이 3월 5일 이집트 원정에 필요한 보급품 내역을 제시했을 때 총재정부는 사실상 이미 그에게 설득당하고 있었다. 총재정부는 지중해 계획에 비용이 별로 많이 들지 않을 것이라 확신했다. 나폴레옹은 병력 2만5천만을 요구했고, 툴롱에 정박해 있던 함대는 태세를 갖추고 있었다. 영국 침공계획에 반대한 나폴레옹의 논리는 제해권의 적절한 평가라는 면에서 아주 신뢰할 만한 판단이었다.

하지만 왜 그는 그리고 정부는 영국의 해군력이 그들의 이집트 원정을 위험하게 만들 것이라는 점을 예측하지 못했을까? 물론 일을 당한 후에 현명해지기는 쉽지만 말이다. 물론 1798년 당시에는 영국군이 1796년 철수 이후 지중해에 다시 나타나지 않을 것처럼 보였다. 몰타 섬과 코르푸 섬이 프랑스 수중으로 들어온다면 영국이 지중해에 발판을 마련하기는 매우 힘들었을 것이다.

나폴레옹의 이집트 원정 기밀은 잘 지켜졌고, 원정 준비 사실이 유럽 전역에 알려졌을 때도 아일랜드·영국해협·포르투갈 등이 유력한 공격목표라고들 생각했다.

4월 16일 레그혼에서 활동하던 영국 첩보원은 툴롱 원정군이 알렉산드리아로 출발했다고 보고했으나 영국 해군본부는 믿으려 하지 않았다. 영국 각료 중에서 전쟁장관이자 동인도회사의 대표인 던더스만이 이러한 상황을 정확히 판단해 희망봉에 있는 영국군을 인도에 증원해주도록 요청했다. 총리인 피트도 그저 지브롤터 해협과 같은 출구를 봉쇄하는 것에 그치지 않고 홍해와 페르시아만에 막강한 전함을 파견해 나폴레옹 군의 이집트와 인도간의 통신을 두절케 했다. 이러한 피트의 결정은 당시 상황에서는 과감한 것이었다.

5월 19일 이집트 원정군이 툴롱 항을 출발했을 때 그 규모는 3월에 나폴레옹이 총재정부에 제시했던 예상치보다 훨씬 컸다. 병력은 3만5천이 넘었고, 수송선도 약 400척에 달하였으며 호위 함대는 13척이나 되었다.

또 유명한 과학자 몽주, 베르톨레, 푸리에를 포함해 150명이 넘는 과학자들과 학자들도 함께 승선하였는데 이들은 학술원과 이공대학에서 선발한 사람들이었다. 이로써 함대는 도서관과 각종 기구를 갖춘 완벽한 '살아있는 백과사전'이었다. 학자들의 갑작스런 승선에 군부는 상당히 당황했으며, 그들에게 질투를 느끼는가 하면 일부는 작태를 보이기도 했다. 항해 중에 나폴레옹은 학술원 회원들과 장시간 대화를 나눴다. 그러는 동안 전속부관 쥐노는 코를 골며 자기 일쑤였고, 그러다가 갑자기 깨어나서는 "장군님, 다들 곯아떨어지게 만드는 게 다 이 터무니없는 학자들 탓입니다. 장군님까지 포함해서 말입니다."라고 외쳐댔다.

출항 전 나폴레옹은 정부 승인을 얻어 이들 전문가들을 모집하는데 각별한 관심을 기울였다. 말하자면 이집트 원정은 처음부터 영구적인 식민지 건설을 위한 토대 위에 계획된 것이었다. 나폴레옹의 마음 한 구석에 유럽의 과학자원을 총동원해 동양을 제패하겠다는 생각이 있었는지는 계획이 더 이상 진전되지 않았던 만큼 의문부호로 남는다. 그러나 전체 원정군의 외양은 실로 대단한 것이었다. 십자군이래 지중해에 그러한 함대의 규모가 등장한 적은 한번도 없었다.

이처럼 거대한 호송단이 영국 넬슨 제독의 소함대에 박살이 나서 달아났다는 사실은 믿을 수가 없었다.

넬슨은 5월 17일까지 툴롱 앞바다를 지키고 있었으나 나폴레옹이 19일 급작스레 출항을 강행해 불의의 기습을 당했다. 코르시카 동해안을 지나 남쪽으로 향하는 프랑스 함대를 빠르게 항진시킨 강풍이 서쪽에서 갑자기 사나운 폭풍으로 변해 넬슨 함대에 심한 타격을 주었다. 넬슨은 배를 수리하기 위해 사르데냐 섬에 정박할 수밖에 없었다. 6월 7일이 되어서야 트루브리지의 소함대가 넬슨과 합류해 영국 함대 규모는 전함 13척으로 늘었다. 6월 15일 넬슨은 해군본부에 편지를 보냈다.

"프랑스가 시칠리아를 지나간다면 알렉산드리아를 공략하려는 의도라고 판단됩니다."

18일 그는 프랑스 함대가 몰타로 향했다는 소식을 들었다.

나폴레옹은 6월 12일 몰타 섬을 점령했다. 내부적으로 약해진 성요한 기사단에 관한 그의 정보가 정확히 적중했던 것이다. 1천500자루의 총으로 무장한 막강한 발레타 요새의 병력은 하루 동안의 형식적인 저항 끝에 결국 함락되었다. 수비대는 기껏해야 1천 명도 넘지 않았다. 몰타인들은 그들의 통치자에 대해 냉담하거나 적대적이었고, 그곳에 망명한 프랑스인 기사들 중 일부는 동포와 맞서 싸우기를 거부했다. 드 로한 기사단장의 후계자인 프로이센 출신 홈페쉬는 패배주의자였고, 방어를 위한 아무런 조치도 취하지 않았다. 그것은 16세기 성 요한 기사단이 투르크 정예 보병에 맞서 1년 동안 몰타를 지킨 그 위대한 날들에 비하면 너무도 슬픈 몰락이었다.

나폴레옹은 함대에 식량을 보급하기 위해 몰타에 1주일밖에 머물지 않았지만 그 기간동안 몰타에 완벽한 군사·민간 행정조직을 수립했다. 기사단장과 기사들은 연금을 주고 추방했고, 그들의 재산과 수도원의 많은 재산은 물론 보물창고와 교회에 있는 금덩어리, 귀금속도 모두 압수했다. 귀족과 노예제도도 철폐되었다. 모든 몰타인은 프랑스 시민으로서의 권리와 의무를 갖게 되었다.

심지어 나폴레옹은 대학을 재건하고, 60명의 몰타 젊은이를 프랑스에서 교육받도록 배려해주기도 했다. 그는 군인 총독 하에 수비대 3천 명을 남겨두고, 이집트가 그의 최종 목적지임을 처음으로 알리면서 곧바로 알렉산드리아로 출항했다.

"제군들! 그대들은 지금 정복에 나섰다. 이 정복이 문명과 세계무역에 미칠 효과는 이루 헤아릴 수 없다. 그대들은 영국에 치명타를 날릴 때까지 영국에 대해 할 수 있는 가장 강력하고 고통스러운 타격을 가하게 될 것이다."

한편 넬슨은 몰타 함락 소식을 듣고, 재빨리 알렉산드리아로 출항해 나폴레옹보다 이틀 앞서 그곳에 도착했다. 그러나 프랑스 함대의 출현 징후를 발견하지 못한 채 그는 식량보급을 위해 시칠리아로 돌아왔다.

마침내 그는 그리스 앞바다에서 브뤼예스가 이끄는 프랑스군이 알렉산드리아를 향해 출항했다는 결정적인 소식을 듣고, 7월 31일 알렉산드리아로 다시 돌아갔다. 프랑스군이 하선하기도 전에 넬슨은 아부키르 만灣에서 프랑스 함대를 잡아 전멸시켰다.(1798년 8월 1일 나일 강 전투)

프랑스 전함 13척 중 겨우 2척만이 파손을 면했다. 브뤼예스 제독은 수심이 얕은 여울 가까이에 배를 정박하고, 바다 쪽으로 포를 이동 배치하면 영국 해군의 우위를 무너뜨려 공격을 막을 수 있을 것으로 보았다. 그러나 영국 함대는 넬슨의 용맹과 선박 조종술, 그리고 휘하 함장들의 기지로 프랑스 전함과 여울 사이로 슬쩍 끼여들어 양쪽에서 맹공격을 가했다.

한편 몰타 섬을 떠난 나폴레옹은 7월 2일 상륙 2시간 만에 기습적으로 알렉산드리아를 점령했다. 겨우 며칠 전 넬슨 함대가 거기 머물고 있었다는 사실을 알면서도 나폴레옹은 전군의 상륙을 강행하여 알렉산드리아를 신속히 점령했다. 점령 후 곧바로 그는 클레베르에게 병력 6천을 주어 알렉산드리아를 지키게 하고, 자신은 2만5천 병력을 데리고 카이로로 향했다. 2주일간의 지독한 사막 행군이었다. 물과 식량은 적군인 베두인족에게 목숨을 걸고 빼앗아야 했다.

나폴레옹의 전략은 이집트의 수도를 불시에 점령해 저항을 신속히 진압하는 것이었다. 7월 21일 드디어 그는 엠바베에 있는 맘루크 캠프에 도착했다.(피라미드 전투)

이집트를 점령하고 있던 투르크의 우수한 맘루크 기병대 6천이 오합지졸 보병 1만2천의 지원을 받으면서 프랑스 진지를 쳐부수기 위해 필사적으로 항쟁하였다. 그러나 프랑스군은 1세기 후 옴두르만에서 키치너가 그랬던 것처럼 포도탄과 소총부대로 완전한 압승을 거뒀다. 이 피라미드 전투에서 프랑스군은 단지 병사 30명을 잃었을 뿐이었다. 드디어 7월 24일 나폴레옹은 카이로에 입성했다. 상륙한 그 순간부터 나폴레옹은 4월의 원정 지침서에 이미 계획되어 있던 정책을 선포했다.

"이슬람교를 존중하고, 약탈과 강간을 삼가도록 군에 경고한다. 제군들은 이곳의 관습이 유럽과는 다르다는 것을 알게 될 것이며 거기에 익숙해져야 한다."

또한 이집트인들에게는 자신이 침략자인 맘루크들의 폭정으로부터 이집트를 해방시키러 온 술탄과 이슬람의 동맹자임을 자처했다.

7월 2일 알렉산드리아에서 공포한 선언문에서는 이렇게 말한 바 있었다.

"이집트인들이여, 여러분은 내가 이슬람교를 파괴하러 왔다고 하는 말을 듣게 될 것입니다. 그런 말은 믿지 마십시오! 나는 여러분의 권리를 회복하고, 침략자들을 벌주기 위해 왔노라고, 그리고 맘루크보다 더 당신들의 신과 그의 예언자와 코란을 존중한다고 답변하십시오… 우리야말로 수세기 동안 술탄의 친구가 아니었습니까?"

우선 나폴레옹은 9명의 이집트 원로에게 카이로 행정을 맡겼다. 비슷한 방식으로 다른 지방 행정부에도 원로들이 임명되었다. 최종적으로 이집트 전체 원로들로 구성된 국정회의를 1798년 10월 협의차 소환했고, 거기에 프랑스 위원도 2명 배속했다.

이러한 주민 대표제 방식은 이집트에서는 완전한 혁신이었다. 임명된 2명의 프랑스 위원이 탁월한 과학자 몽주와 화학자 베르톨레였다는 사실은 나폴레옹이 이 기관을 얼마나 중시했는지를 말해준다. 국내 행정의 중요 사안은 이 기관에 회부되었다.

한편 나폴레옹이 전문가 집단을 주축으로 설립한 학사원도 쉬지 않고 움직였다. 8월 초 나폴레옹은 카이로에 이집트연구소를 건립했다. 여러 동의 자체 건물과 도서관, 실험실 등을 갖춘 건물로 건설 작업의 지휘는 몽주가 맡았다. 각종 도구와 서적, 군용 기술장비 대부분은 함대와 함께 잃어버렸지만 실험기구 책임자인 콩테는 임시 장비제작소를 신속히 마련했다. 그때까지 이집트에는 전혀 알려지지 않았던 인쇄기로 『이집트 통신』을 포함한 2종의 신문을 발행했다. 또한 이집트의 지리조사가 즉시 시작되었다. 낯선 기후에서 생활하는 군대의 보건을 위해 위생상태를 유지하고, 생소한 질병을 통제하는 것 역시 반드시 필요한 일이었다. 군용 병원을 설립한 데 이어 원주민용 민간 병원도 세웠다. 건축가와 고고학자들은 테베, 룩소르, 카르낙의 그림들을 발굴해 내었다.

1799년 7월 이집트연구소는 후일 샹폴리옹이 이집트 상형문자 해독을 가능케 한 로제타 석Rosetta Stone 보고서에 관해 논의했다. 이 학술회의는 마침내 이집트학學을 탄생시켰다. 나폴레옹 자신도 일단의 학자를 이끌고 고대 수에즈운하 유적을 조사했다. 이 운하는 나중에 더욱 상세히 조사하게 된다. 수에즈운하 건설계획은 1832년 생시몽 주의자들에 의해 받아들여져 드 레세프에 의해 실현된다. 이집트연구소의 업적은 1809년~28년에 출간된 방대한 분량의 『이집트지誌』에 고스란히 담겨 있다.

이와 같이 이집트에서 나폴레옹은 독립적인 통치자로 활동했으며, 이집트의 국정회의 시스템은 이후 통령정부 때 '국가참사원'에서 확연히 드러나게 될 나폴레옹식 행정기구를 미리 보여주는 것이었다.

7월 24일 카이로에 입성한 나폴레옹도 8월 중순에야 브뤼예스의 프랑스 함대가 아부키르에서 넬슨 함대에 패해 전멸했다는 소식을 들었다. 그러나 나폴레옹은 근심을 감추고, 이집트의 너저분함에 환멸을 느끼고 있는 장군들의 불안을 진정시켰다.

그는 유명한 모슬렘대학인 엘 아자르 회교사원의 법률고문들로부터 **"회교도들이 나폴레옹 통치에 충성을 맹세하는 것을 허용한다"**라는 선언을 얻어내려고 노력했다.

"이 종교계의 명사들로부터 프랑스를 지지한다는 선언만 얻어낸다면, 피라미드 전투의 승리는 도덕적으로도 완성되는 것이다."

그러나 회교 법률고문들은 나폴레옹과 그의 군대도 이슬람교로 개종하라고 제안하는 식으로 이에 반대했다.

종교적인 논쟁이 오래가자 나폴레옹이 개종改宗을 심각하게 고려 중이라는 소문이 퍼졌다. 실제로 메누 장군은 개종을 하고, 이슬람교도 여성과 결혼했다. 한참을 옥신각신한 끝에 나폴레옹은 **"프랑스인은 이슬람의 동맹자이며 할례와 금주 의무는 면제된다"**는 선언을 얻어내어 메카의 확인까지 마쳤다. 동시에 그는 '이슬람의 친구'가 되겠다는 의사를 재확인시켜주기 위해 메카의 셰리프(지사知事)뿐 아니라 트리폴리의 베이(지방장관), 아크레와 알레포의 파샤이슬람 고관인 태수를 일컫는 칭호에게 직접 편지를 보내는 등 세심한 배려를 아끼지 않았다. 8월 21일 모하메드 탄신 축하행사에도 공식 참가했다.

그러나 나폴레옹의 정치선전이 단기적으로는 공포를 완화시키고, 광적인 흥분을 진정시키는 역할을 하긴 했지만 이집트인들로 하여금 프랑스인이 이교도 침략자가 아니라고 믿게 만들 수는 없었다. 나폴레옹 자신도 안전의 토대가 '무력과 공포'라는 점을 잊지는 않았다.

그는 7월 말 메누 장군에게 편지를 보냈다.

"우리는 앞서 저질러진 만행의 악명을 불식시키기 위해 이집트인들을 부드럽게 다루어야 했소. 그러나 지금은 그들을 복종시키기 위해 필요한 어조를 선택해야 하오. 그들을 복종시키기 위해서 필요한 것은 이제 공포올시다…."

프랑스인의 무력과 정복의지에 대해 이집트인들이 품고 있는 불신이야말로 가장 큰 위험이었다.

한편 프랑스 해군이 아부키르에서 참패했다는 소식이 전해지자 즉각적으로 알렉산드리아 쪽이 반反프랑스적인 봉기를 일으키지는 않았지만 이러한 세력들이 여러 방면에서 침투해 올 가능성이 있었다. 넬슨이 봉쇄용으로 남겨둔 소함대와 이집트 북부 및 시리아에 피난처를 둔 맘루크 투사들, 그리고 투르크의 콘스탄티노플(이스탄불) 쪽이 그러했다.

아부키르에서의 패전소식이 콘스탄티노플에 전해지자마자 투르크인들은 9월 9일 프랑스에 전쟁을 선포했고, 이 소식은 곧 카이로에 전해졌다. 이때 카이로에서는 프랑스인들이 강제로 원주민에 공출을 할당하고, 새로운 세금을 부과하기 시작하면서 불안이 증폭되고 있는 상황이었다. 이런 과도한 조치들은 프랑스 기함 오리엔트 호號와 함께 심해로 가라앉은 금덩어리들을 하루 빨리 보충하기 위한 성급한 시도였다.

급기야 10월 21일 카이로에서 엘 아자르 대학 광신자들의 주도로 대규모 봉기가 일어났다. 이를 진압하는 데에만 이틀이 걸렸고, 이 과정에서 프랑스군 250명과 이집트인 700명이 숨졌다. 나폴레옹은 이 봉기를 신속하고 무자비하게 진압하는 한편 정치적인 회유책도 구사하여 12월까지는 국정회의를 원상 복구시켰다. 많은 프랑스인들이 나폴레옹이 이번 봉기를 너무 관대하게 처리했다고 불평했으나 사실 나폴레옹은 나름대로 보다 안전하게 카이로를 통치하기 위한 요새망 조직을 신속히 준비하고 있었다.

나폴레옹의 원래 의도는 새 식민지를 개척하고, 몇 달 뒤 유럽으로 돌아가는 것이었다. 프랑스와 유럽의 상황은 정치적 위기나 군사적 위기 또는 두 가지 모두가 곧 발생할지 모를 정도로 불안했다. 그러한 위기가 발생할 경우 그는 이집트에서 빠져나갈 수가 없는 상황이었다. 나일 강 전투의 패배는 해상 봉쇄로 말미암아 그의 처지를 완전히 바꾸어 놓아 유럽으로부터 아무 소식도 들을 수가 없었다. 7월 이후 우편물을 하나도 받지 못했다고 12월 17일 그는 총재정부에 서신을 보냈다.

"시리아에 투르크 군대가 일부 집결해 있습니다. 7일이나 걸리는 사막횡단만 아니라면 나는 그들한테 가서 담판을 지으려 했을 것입니다… 우리는 프랑스와 유럽의 소식을 간절하게 기다리고 있습니다. 조국의 영광이 우리를 필요로 하는데 우리가 거기 있지 않다면 그것이야말로 감내하기 힘들 것이기 때문입니다."

또한 탈레랑이 협상차 콘스탄티노플로 떠났는지 확인하려고 나폴레옹은 총재정부에 몇 차례 전갈을 보냈다. 그러나 탈레랑은 핑계를 대며 가지 않았을 뿐더러 대신 지명된 특사조차 출발하지 않고 있었다.

이듬해 2월 10일 그는 해믈린이라는 한 프랑스 상인이 영국 해군의 포위망을 뚫고 베네치아 배편으로 이집트에 도착하여 프랑스는 지금 대프랑스 동맹군과 대치중이며, 정복 지역 대부분이 위협받고 있다는 소식을 전했다.

나폴레옹은 이 소식을 듣고, 오스트리아가 아직 전쟁을 시작하지 않았으므로 시리아로 진군할 것을 건의했다. 그렇게 함으로써 투르크의 공격을 예방하면서 "남은 겨울 두 달 동안 전쟁과 협상을 통해 지중해 일대를 우리편으로 만든다"는 계획이었다.

나폴레옹은 "만약 3월 중으로 해믈린의 말이 사실로 확인되고, 프랑스가 유럽의 왕들과 싸워야 한다면 나는 프랑스로 돌아갈 것입니다"라고 보고했다.

그러나 언급하지는 않았지만 전투를 서두른 또 다른 동기가 있었다. 그의 군대는 열대지방에서 백인들이 겪는 극도의 우울증으로 사기가 저하되어 있었고, 유럽식 카페와 여흥을 제공한 나폴레옹의 노력에도 불구하고 병사들은 카이로의 권태로움과 지저분함에 빠져들었던 것이다.

1799년 봄 그는 서둘러 1만3천의 병력만을 이끌고 시리아로 진군했다. 1799년 1월 그가 마이소르(인도 남부 지역)의 왕인 티프 사히브[24]에게 "그대에게 씌워진 영국의 멍에를 벗겨낼 일념으로 천하무적의 대군을 이끌고 홍해 연안에 도착했다"고 선언한 편지를 쓴 것은 사실이나 결국 실현되지는 못했다. 이 시리아 원정을 강행한 나폴레옹의 의도는 아마 인도에서 영국인에 대한 저항을 강화하려던 목적에서였다. 동방을 정복한다거나 콘스탄티노플을 경유해 유럽으로 돌아가겠다는 그의 꿈은 이미 나일 강 전투에서 넬슨에게 패함으로써 사라져

---

[24] 마이소르의 술탄(왕)으로 1799년 4월, 영국의 침략군과 싸우다 죽었다. 프랑스의 나폴레옹과는 우호적인 관계를 유지했다.

버렸고, 더구나 곧 맞이하게 될 시리아에서의 운명을 놓친 것은 바로 동방 정복 실패의 전주곡이었다고 후에 나폴레옹은 회고했다. 그러나 그는 과거 이집트시절을 돌이킬 때면 "내 생애 최고로 가장 이상적이었던 한때" 라고 말하곤 했다.

그 당시 그는 시리아 원정을 극히 제한적인 작은 사건으로 보았음이 분명하다. 유럽이 계속 조용히 있고, 나폴레옹이 막강한 증원군을 얻을 수 있었더라면 문제는 전혀 달라졌을 것이다. 1797년 7월에 훗날 웰링턴 공작[25]이 되는 아서 웨즐리는 이미 인도에서 프랑스군의 침투 가능성에 대해 다음과 같이 보고한 바 있다.

"프랑스가 모리셔스에 상비병력을 주둔시키는 한 영국은 인도에서 안전하다고 할 수 없습니다. 프랑스인이 인도 왕자의 군대에 복무하겠다고 여기로 올 것이며, 그런 상황에서는 그들은 모두 똑같이 영국에게는 위험한 인물들이 될 것입니다. 그들은 곧 유럽에서 채택한 새로운 방식으로 수많은 군대를 훈련시킬 것입니다. 대개 소수의 전사로 구성된 영국의 보병 중대들에게 이보다 더 위험한 것은 없습니다."

1799년 3월 7일 기습적으로 자파요르단 강 위쪽의 도시 이름를 점령하면서 나폴레옹은 포로 3천 명을 총살하라고 명령했다. 이 사건은 나폴레옹에게 도덕적인 오점을 남겼다. 평상시에는 인간적인 지휘관이었던 그도 이번만큼은 군사적 필요 때문에 어쩔 도리가 없었다. 포로들한테 줄 식량도 호송 인력도 없는 상태였다. 그러나 동양에서의 전쟁 법칙은

---

25 1769~1852년, 영국의 군인·정치가. 1809년 스페인과 포르투갈이 나폴레옹의 지배에 대항해 일으킨 반도전쟁에 참전, 영국군을 지휘해 전쟁을 승리로 이끌고 개선한 뒤 웰링턴 공작 칭호를 받았다. 워털루 전투에서 나폴레옹을 물리쳤다.

달랐던 만큼 자파의 사령관은 담판을 위해 파견한 나폴레옹이 보낸 특사의 목을 베었다.

자파가 너무도 쉽게 함락되는 바람에 나폴레옹은 아크레 요새 접수의 어려움을 과소 평가했다. 포위 공격용 포병부대 없이 시도한 첫 번째 기습은 실패했고, 그는 두 달 동안 꼼짝할 수가 없었다.

아크레에서 이렇게 고전을 면치 못하게 된 요인은 나폴레옹의 해상통신을 두절시킨 영국의 시드니 스미스 경의 해군 소함대 때문이었다. 이 두 달 동안 영국 함대는 그들의 해군 포병대와 전문가들로 수비를 강화할 수 있었다. 그런데 그 전문가들 중에는 아이러니컬하게도 프랑스에서 망명한 왕당파 피가르 드 펠리포가 끼어 있었다. 그는 나폴레옹과 사관학교를 같이 다닌 동기생이었다.

포위 공격을 하는 동안 나폴레옹은 급히 남쪽으로 진군하여 타보르 산에서 투르크 구원군을 하루 빨리 그리고 완벽하게 궤멸시키고자 했다.(4월 16일)

5월 17일 아크레 포위공격을 포기하고 다시 이집트로 퇴각하기로 한 결정이 나폴레옹의 위세에 큰 타격이 되긴 했지만 군사적으로는 그리 중요하지는 않았다. 만약 아크레 점령을 강행했다면 많은 희생이 따랐을 것이며, 마을에 번진 페스트는 나폴레옹 군대에 훨씬 더 치명적이었을 것이다.

여름철 몇 달 동안은 투르크가 해상으로 이집트에 침공할 가능성이 있었다. 게다가 나폴레옹은 총재정부로부터 러시아와 투르크가 프랑스에 전쟁을 선포했으며, 러시아군이 이탈리아를 침공했음을 알리는 급전을 받았다. 퇴각의 어려움에 페스트의 공포마저 가중되었다. 나폴레옹은 환자들에게 나중에는 치사량의 아편을 쓰게 했다는 비난을 받았다. 그러나 그가 페스트에 걸린 환자들을 방문하여 어루만지기까지 하면서 그들을 위로했다는 기록을 보건대 그를 무정하다고 비난할 수는 없다. 실상 나폴레옹은 후송 불가능한 부상병들을 안락사시키자고 제안했으나 의무관들이 반대하자 이 제안을 철회한 것으로 보인다.

카이로에 다시 돌아왔을 때 나폴레옹 군대는 거의 절반 가량 줄어들었다. 6월 말 나폴레옹은 총재정부에 증원군 6천 명을 요청했다. 증원군이 없으면 실제 동원할 수 있는 병력은 이듬해까지 1만2천으로 줄어들 지경이었다.

7월 15일 나폴레옹의 예상대로 투르크가 해상을 통해 이집트를 침공하려고 아부키르 만에 상륙했다는 소식을 기병대가 전해왔다.

나폴레옹은 3일 만에 알렉산드리아에 1만 명을 집결시켜 공격을 개시했다. 투르크 군은 병력면에서 거의 2대 1로 우세했으나 완패당하고 사령관은 생포되었다.(1799년 7월 25일)

8월 2일 영국과 투르크 연합군에 대한 포로교환 협상 과정에서 시드니 스미스 경이 나폴레옹에게 1799년 6월 10일자 『프랑크푸르트 가제트』와 『런던 통신』 신문을 전달했다. 그제서야 그는 프랑스가 이탈리아에서 러시아군에 패해 이탈리아를 빼앗기고, 주르당은 라인 강에서 패했음을 알게 되었다.

이로써 나폴레옹은 즉시 프랑스로 돌아가기로 마음먹고, 극비리에 프리깃함 2척과 소형선박 2척을 준비하라고 명령했다.

8월 24일 그는 소수의 장군, 과학자들과 함께 프랑스를 향해 출발했다.

클레베르는 나폴레옹이 떠난 후에야 비로소 서면으로 이집트 통치 지휘권을 넘겨준다는 통보를 받았고, 당연히 군에서는 나폴레옹의

'도망'과 '유기'에 대해 상당한 분노가 일었다. 특히 클레베르는 나폴레옹에 대한 분노를 참지 못해 드세에게 다음과 같은 편지를 보냈다.

"보나파르트가 떠나기 전 이미 오랫동안 그는 이 나라를 출세의 희생양으로 삼은 것으로 의심의 여지가 없소. 평소 도망칠 기회만 노리고 있었고, 그는 항복이라는 파국을 면하기 위해 달아난 것이오."

당시 상황으로 보아 이는 부당한 평가이며 사실도 아니었다. 출항을 비밀로 하는 것은 불가피했다. 그것은 영국의 봉쇄망을 뚫을 수 있는 가장 좋은, 그리고 아마도 유일한 방법이었기 때문이다. 나폴레옹은 클레베르에게 준 지침에서 이렇게 말하고 있다.

"우리 브레스트 함대가 툴롱에 도착하고, 스페인 함대가 카르타게나에 도착하면 틀림없이 목록에 실린 그대로 우리가 두 차례 전투에서 입은 손실을 보충하기에 충분한 소총과 기병대, 권총 그리고 탄환을 신병과 함께 이집트로 수송할 수 있을 것입니다… 장군은 이집트를 점령하고 있는 것이 프랑스에게 얼마나 중요한지를 아실 겁니다."

그는 클레베르에게 만약에라도 이듬해 5월까지 프랑스로부터 아무 지원도 받지 못하고 페스트로 인해 군 병력에 심각한 손실이 발생할 경우 이집트에서 철수할 수밖에 없게 된다면 철수 전에 꼭 투르크와 평화조약을 반드시 맺어야 하며, '전반적인 평화'가 올 때까지 협상을 최대한 지연시켜야 한다고 명령했다. 여기서 나폴레옹이 '전반적인 평화'라고 말한 것은 총체적인 그의 전략을 시사하는 것이었다.

나폴레옹은 함대의 움직임으로 보아 총재정부가 이집트와 연락을 취하려 하고 있다고 생각했다. 총재정부가 프랑스 육군을 이집트에 묶어 놓고 있다는 격렬한 비난에 직면해 결국 이집트를 포기하고 이집트로부터 군대를 철수시키기로 결정했다는 사실을 그는 알지 못했다.

유럽에서의 승리는 이집트를 누가 보유하느냐 하는 것이 관건이었으므로 이집트 점령은 원정 초기부터 나폴레옹과 총재정부 사이에 이미 동의된 결정이었다. 나폴레옹이 이집트를 점령하고 있는 것이 유럽의 형세를 일변시킬 수 있는 최상의 수단이란 점을 총재정부는 잘 알고 있었다.

그러나 나폴레옹은 1년 이상 총재정부로부터 아무런 소식도 받지 못해 프랑스의 상황을 전혀 모르고 있었다. 설사 총재정부가 이와 같은 상황 때문에 여론의 비난에 직면하고 있다는 사실을 알고 있었더라도 나폴레옹이 함부로 명령을 어길 사람이 아니었다는 것은 분명하다. 하지만 그 동안 정보의 극단적인 결핍과 안개와 같은 불확실성 속에서 나폴레옹은 프랑스의 운명과 자신의 출세가 막다른 골목에 와 있다고 판단해 모험을 강행했다.

영국 순양함에 붙잡히지 않는다면 최고 권좌에 오르느냐 아니면 단두대의 이슬로 사라지느냐 하는 순간이 바로 코앞에 있었다.

5

'브뤼메르 쿠데타'와 '마렝고 전투'

나폴레옹이 7월 25일 아부키르 만에서 투르크(터키)군을 격퇴시 켰다는 소식이 두 달이 훨씬 지난 10월 5일에서야 파리에 도착 했다. 또 같은 달 13일 나폴레옹이 이집트를 떠나 프로방스의 생 라파엘 만에 상륙했다는 소식도 전해졌다.

나폴레옹의 함대는 강톰 제독의 탁월한 조종술과 끝없는 행운 덕분에 프랑스로 오는 도중 단 한 차례 코르시카 근처에서 영국 배를 목격했을 뿐 이집트를 떠난 지 6주 만에 안전하게 프로방스에 도착할 수 있었다. 아프리카 해안 가까이를 지날 때는 북서풍이 거세게 불었으며, 곧이어 강한 남동풍이 불어와 함대는 코르시카까지 신속히 도착할 수 있었다. 그러나 역풍 때문에 5일간 코르시카의 아작시오에 갇혀 있어야 했는데 나폴레옹은 "좀 더 지체된다면 프랑스에 너무 늦게 도착할 지도 몰라"라며 하루빨리 프랑스로 돌아가고자 조바심을 냈다.

프로방스를 지나 파리로 향하는 동안 내내 그는 대중들의 열광과 환호를 받았다. 이러한 대대적인 환영은 언뜻 봐선 매우 놀라워 보이지만 나폴레옹이 거둔 투르크 전투의 승리는 하늘이 그에게 내려준 선물이었다. 그는 이 전투에서의 승리로 시리아 전쟁에서 각인된 음울한 인상을 일소시켜 버렸다. 프랑스 국민들에게 나폴레옹은 아직도 '캄포 포르미오 조약의 사나이'였고, 그 이름은 곧 '승리와 평화'를 의미했다.

나폴레옹이 파리에 도착해 총재들과 처음 만난 자리는 어색하면서도 냉담했다. 말은 하지 않았지만 총재들은 마음속으로 '나폴레옹이 자기 군대를 버리고 떠났기 때문에 그를 부임지 이탈죄로 체포할 수도 있다'고 생각했다. 나폴레옹의 프랑스 귀환을 허가한 정부의 9월 서한에는 '이집트 주둔 프랑스 군대와 함께'라는 단서가 붙어 있었다. 전쟁장관이 된 데지레 클라리의 남편 베르나도트 장군은 나폴레옹을 페스트 검역 규정 방임 및 회피라는 이유로 체포하자고 제안했다. 그러나 총재들은 감히 이 사안을 공식적으로 거론하지 못했다.

1799년 말 총재들과 의회위원들의 권력은 화려한 그들의 공식 복장과 반비례했다. 집정관들은 3피트 높이의 깃털장식이 달린 모자를 썼고, 원로원과 500인 회의 의원들은 로마식 토가(고대 로마 시민의 긴 겉옷)로 온몸을 감쌌는데 그들은 매우 불안정한 상황에 처해 있었다.

'프뤽티도르의 쿠데타'와 '캄포 포르미오 평화조약' 이후 상황은 내외적으로 더욱 급격히 악화되었다. 넬슨의 나일 강 승리는 곧바로 제2차 대對프랑스 동맹을 결성하게 만드는 연쇄반응을 촉발시켰다. 처음에는 투르크가 그리고 곧이어 나폴리가 넬슨과 해밀턴 가家의 압력에 자극 받아 프랑스에 전쟁을 선포했다.

한편 러시아의 차르(황제) 파벨 1세_{예카테리나 2세²⁶의 아들}는 프랑스의 몰타 섬 점령 소식을 듣고 몹시 격분하고 있었다. 그는 몰타에서 기사단 단장으로 선출되기 위해 기사들과 음모를 꾸미고 있는 중이었으며, 또한 프랑스가 투르크 제국 분할의 경쟁자로서 동지중해에 출현한 것도 그의 심기를 건드렸다.

1789년 상트페테르부르크에 온 몰타 기사단 단장 출신의 리타는 한때 예카테리나 2세의 애인이었으며, 파벨 1세와도 친하게 지냈다. 황제는 기사도의 전통에 따라 기사단이 반혁명의 선봉이 되어야 한다는 무모한 생각을 품고 있었다.

이런 악화 일로의 상황 속에 파벨 1세는 1797년 1월에 기사단 소속 러시아수도원을 설립하고, 프랑스 망명귀족 출신의 호전적인 지도자 콩데 공_公을 원장으로 임명했다. 1798년 11월 나폴레옹에게 몰타 섬이 점령당하자 성 요한 기사단은 프로이센 출신의 기사단장 홈페쉬의 파면을 선포하고, 몰타 기사단 단장으로 파벨 1세를 임명했다.

결국 러시아와 오스트리아 양국은 1799년 3월 제 2차 대프랑스 동맹군을 결성해 프랑스군이 점령한 나폴리를 침공하면서 전쟁이 시작되었다.

한편 총재정부는 나폴레옹이 확신을 가지고 조심스럽게 진행중이던 '이탈리아 통일' 정책을 폐기하고 말았다. 이탈리아와 스위스를 '혁명화' 함으로써 재정적 수탈을 강화하려는 무모한 정책을 펼치기

---

26 1729~1796년, 러시아 차르(황제)로 재위기간은 1762~1796년. 남편 표트르 3세를 쫓아내고, 차르가 됐으며 행정개혁을 추진하고, 영토를 크게 확장해 러시아를 강대국으로 만들었다. 18세기 후반의 대표적인 계몽 전제군주.

위험이었다. 그러나 교황 비오 6세는 로마에서 추방되었으며, 거기에 친프랑스계 소수 자코뱅파의 지원으로 '로마 공화국'이 설립되었다. 로마의 총독이었던 마세나 장군은 이미 극성스런 부패와 휘하 부대의 반란으로 욕을 당한 처지였다. 휘하의 샹피오네 장군은 무모하게 로마 진격을 시도한 '나폴리 공화국' 페르디난도 왕의 군대를 별 어려움 없이 무찔렀다. 결국 페르디난도는 시칠리아로 퇴각했고, 나폴리 공화국에는 '파르테노피아 공화국'이 세워졌다. 그러나 나폴리의 천민 lazzaroni과 칼라브리아 농민들은 카톨릭 교황권을 무시하는 프랑스에 매우 적대적이었으며, 루포 추기경이 칼라브리아에서 일으킨 반혁명 십자군은 게릴라식 시민전쟁을 촉발시켜 이베리아 반도에 공포의 전조를 드리웠다. 결국 파르테노피아 공화국은 피비린내 나는 보복전의 혼란 속에서 완전히 붕괴되었지만 프랑스군 역시 나폴리와 로마를 포기해야 했다.

이어 1799년 4월 수보로프 장군이 이끄는 오스트리아-러시아 대프랑스 동맹군이 밀라노를 점령했고, 8월 15일 프랑스의 이탈리아 원정군 새 지휘자인 주베르 장군은 노비에서 패배해 전사했다. 다뉴브에 있던 주르당의 군대가 4월 슈토크아흐에서 카를 대공에게 패해 프랑스 남부에 대한 침공 위협도 있었을 뿐 아니라 영국-러시아 군대가 홀랜드(네덜란드)에 주둔하기도 했다.

이처럼 나폴레옹이 이집트 원정으로 프랑스를 떠나 있던 17개월의 공백기간 동안 프랑스 내부와 주변국의 상황은 매우 불안정했다. 그러나 나폴레옹이 프랑스에 도착한 이후 군사적인 상황이 어느 정도 안정을 되찾기 시작했다. 마세나는 9월 26일 취리히에서 러시아 군을 패퇴시켰고, 브륀은 홀랜드(네덜란드)에 주둔중인 영국 요크 공의 원

정대를 내쫓았다.(10월 18일)

돌아보건대 총재정부는 나폴레옹이 없는 동안 새로운 국내외에서 벌어지고 있는 위기상황들을 견뎌낼 만한 상태가 아니었다. 이 시기의 프랑스 정부에 대해 정당한 판단을 내리기는 쉽지 않다. 통령정부 시대의 영광과 나폴레옹의 신화 때문에 많은 역사가들은 총재정부의 무능과 부패를 과장해서 대비시키곤 했다. 5인 총재 중 바라스가 1795년부터 99년까지 계속 총재로 재직했다는 것이 눈길을 끄는 점이지만 그는 능력 있는 인물이었음에도 불구하고 부패하고, 방탕한 생활로 너무 빨리 피폐해졌다. 1797년 '프뤽티도르의 쿠데타' 때 추방된 카르노나 뢰벨, 메를랭, 프랑수아 드 뇌프샤토 같은 인물은 정치적으로 탁월하진 못했지만 나름대로 최선을 다했다.

그러나 의도가 어떠했든지 간에 그들은 결함 있는 총재정부 체제의 죄수들이었다. 권력은 행정권을 가진 5인으로 구성된 총재정부와 입법권을 지닌 양원의회(원로원과 500인 회의)로 엄격히 양분되었다. 총재정부는 의회에 의해 선출되지만 총재정부와 입법부의 재구성 규정은 총재정부 다수가 입법부의 정치적 태도에 영향을 주지 못하도록 못박아 놓았다. 분쟁은 비헌법적인 숙청으로만 극복할 수 있었다. 이런 분쟁 해결 방식의 첫 본보기인 1797년 '프뤽티도르의 쿠데타'는 이 체제의 도덕성과 영구성에 대한 신뢰에 크나큰 손상을 주었다.

1799년, 이런 혼란의 와중에 시에예스, 고이에, 물랭 장군, 그리고 뒤코가 새로 총재정부에 들어왔다. 시에예스를 제외하면 나머지는 모두 허수아비에 불과했다. 그러나 시에예스는 혁명의 창시자 중 한 사람으로 삼부회와 1789년 국민의회의 지도적 일원이었고, 현명하게 은둔함으로써 공포정치에서도 살아남은 인물이었다. 그는 헌법 개혁에 관해 나름의 단호한 신념을 지닌 사제 출신의 온건파였다. 1799년 5월 (혁명력·플로레알) 의회 선거는 나폴레옹이 없는 동안의 군사적 패배를 반영하듯 정부의 좌경화를 더욱 촉진시켰다. 선거 결과 100명 이상의 의원이 지나치게 자코뱅적이며 '무정부주의자'라는 이유로 추방되었다.

또 하나 총재정부의 두 번째 큰 핸디캡은 재정적 취약성이었다. 그들은 국민공회로부터 엄청난 빚과 인플레이션을 물려받았다. 혁명시 지폐 아시냐는 1797년 그 가치가 1퍼센트로 하락했다. 국민공회 때 발생한 채무와 아시냐 지폐에 대한 지불을 거부하고 화폐를 모두 경화로 바꾼 총재정부의 조치는 높이 평가할 만한 것으로서 이후 통령정부에 이득이 되었다.

그러나 교회와 망명귀족들의 토지를 국유화해 이를 담보로 발행한 새 정부채권은 곧 그 가치가 하락했다. 혁명 이후 주요 직접세로 걷어들인 토지세와 더불어 새로 간접세를 도입하려는 총재정부의 시도는 각 지방의 지방정부를 적절히 통제하지 못해 좌절되고 말았다. 점령지가 줄어들어 재정난에 쪼들리면서 상황은 더욱 절망적이었다. 1799년 예산적자는 4억 프랑에 달했다. 군대에 더 이상 봉급을 줄 수 없게 되자 탈영병이 늘어나 프랑스 전역에 산적들이 횡행했다. 서부 지역 올빼미 당과 방데의 내란이 다시 기세를 올렸다.

"왕당파의 계속적인 저항은 프랑스 혁명의 안정을 지속시켜주지 못한다"는 루이 18세의 베로나 선언으로 왕당파의 대의명분이 불신당하고 있는 가운데 시에예스 같은 온건파들은 행정권을 더욱 더 공고히 할 수 있는 헌법 개정을 심각하게 고려하고 있었다.

시에예스는 '프뤽티도르 쿠데타' 시기에 오제로가 맡았던 역할을 해낼 수 있는 장군을 찾고 있었다. 주베르가 이런 목적으로 이탈리아 원정군에 임명되었다. 그러나 주베르가 갑자기 죽자 그 후임자로 모로가 물망에 올랐지만 그는 망설였다. 이러한 시점에 모로는 나폴레옹이 프로방스에 도착했다는 소식을 듣고, 시에예스에게 "당신이 찾는 적임자가 왔군요. 그 사람이 나보다 당신의 쿠데타를 더 잘 해낼 겁니다."라며 나폴레옹을 추천했다.

한편 베르나도트는 주르당과 500인 회의의 자코뱅파와도 제휴했다. 이들은 1793년 '공안위원회'식 독재와 공포정치로 돌아가는 체제를 계획하고 있었다. 그들은 망명귀족의 친척을 투옥시킬 수 있는 인질법을 통과시켰는데 이것은 공포시대를 연상시키는 법이었다. 또 소득세법을 통과시킴으로써 자본가와 부르주아를 놀라게 했다. 9월 14일 헌법의 중단과 독재를 의미하는 계엄 선포 동의는 500인 회의에 의해 가까스로 부결되었다.

후에 마르보가 회고록에서 밝혔듯이 베르나도트는 엄청나게 우유부단하고, 어떤 사안을 결정하는 데 매우 소심하기까지 했지만 이를 과장된 허풍과 말 속에 숨기고 있었다.

결국 시에예스와 온건파들은 베르나도트에게 반격을 가해 왔다. 그들은 베르나도트를 전쟁 장관직에서 밀어내고, 새 원로원과 500인 회의 의장을 선출하는 데 성공했다.

나폴레옹은 파리에 돌아오자마자 베르나도트가 이끄는 공안위원회와 대결할 수도 있었다. 그러나 새로 뽑힌 500인 회의 의장이 바로 나폴레옹의 동생 뤼시앵이었으므로 나폴레옹은 도착하자마자 서둘러 주도권을 잡을 필요가 전혀 없었다. 뤼시앵과 당시 장관직에서 물러나 새 정부 수립 음모를 꾸미고 있던 탈레랑, 그리고 학사원 출신의 저널리스트 뢰데레르가 상황의 추이에 뒤떨어지지 않게 나폴레옹을 보좌해 주었다. 그는 각 당파가 차례로 자신의 의향을 타진해 올 때를 기다리기만 하면 되었다.

이집트에서 돌아왔을 때 나폴레옹은 이미 조제핀과 이혼하기로 마음먹은 상태였다. 그는 이집트에 도착하자마자 조제핀이 젊고 잘생긴 경기병 샤를과 불륜에 빠졌다는 소식을 들었다. 이보다 더더욱 나쁜 소식은 둘이 부패한 군납업자들의 도움으로 돈을 모으고 있다는 점이었다.

1798년 7월 25일 이집트에서 나폴레옹은 형 조제프에게 이렇게 편지를 썼다.

"개인적으로 내 인생은 정말 불행해. 마침내 내 눈에 덮였던 베일이 걷혔지… 나의 모든 생각이 한 사람의 마음에만 집중되어 있다는 건 참으로 슬픈 일이야… 진정한 바람이 무엇이었든지 간에 적어도 그것만은 확실해. 내 유일한 친구인 형. 난 결코 형을 나쁘게 생각한 적이 없어. 내 말 이해하겠지? 안녕."

마지막 문장은 마치 수수께끼 같다. 이는 나폴레옹이 데지레 클라리 대신 조제핀과 결혼한 것을 후회하고 있음을 의미한다. 또한 클라리의 아버지가 반대하는 바람에 그가 약혼을 밀어붙이지 않았음을 시사하는 것으로 보인다. 만약 약혼을 감행했다면 클라리 집안의 사위인 형 조제프가 난처해졌을 것이기 때문이다.

그러나 이런 번민의 와중에서도 나폴레옹은 이집트까지 남편 푸레스 중위를 따라온 폴린 푸레스와 사귀면서 위안을 얻었다. 그녀는 매력적이고 쾌활한 금발 여성으로 나폴레옹은 그녀를 '벨리로트'_{'아름다운 노예'라는 뜻}라는 이름으로 불렀고, 이집트 주둔군들은 '클레오파트라'라고 불렀다.

조제핀은 나폴레옹이 이집트를 떠나 프로방스에 도착했다는 소식을 듣자마자 그를 만나기 위해 필사적으로 출발했으나 가는 도중 그를 놓치고 말았다. 그녀가 파리 빅투아르 가의 집에 돌아왔을 때 나폴레옹은 만남을 회피했다. 그러나 그날 밤 그는 으젠과 오르탕스의 애원을 받아들여 그녀와 화해했다. 물론 결혼생활은 상호 편의와 관용에 의한 것이었지만 두 사람의 화해는 영구적이었다. 나폴레옹은 푸레스 부인을 다시는 안 만난다고 합의했고, 조제핀도 다시는 연애사건으로 자신의 위치를 위태롭게 하지 않았으며, 비록 스쳐 지나가는 정도지만 한두 번이 아닌 남편의 외도에 항의할 수도 없었다.

한편 나폴레옹은 시에예스를 '형이상학적인 수다쟁이'라며 개인적으로는 좋아하지 않았지만 파리에 돌아와 여러 중요한 인물들과 접촉한 이후 곧 그와 함께 일해야 한다는 것을 깨달았다. 처음에 그는 자신이 5인 총재 중 한 명으로 선출되기를 기대했다. 그러나 정치인들은 "총재가 되려면 적어도 40세 이상이 되어야 한다"는 규정을 폐기할 수 없다고 분명히 밝혔다.

오랜 후원자였던 바라스는 나폴레옹에게 이탈리아 원정군 사령관직을 제의하여 그를 멀리 떼어놓고 싶어했다. 나폴레옹은 그가 부패하고, 멸시받고, 소외당하고 있음을 알고 그를 가까이 하지 않았다.

자코뱅파 장군들, 즉 베르나도트, 주르당, 오제로 역시 나폴레옹을 자기들 편으로 끌어들여 군사독재를 제안하려 했다. 그러나 그는 자코뱅식 정치를 시에예스보다 더 싫어했다. 게다가 그는 군부나 인기 없는 당파에 예속될 생각은 전혀 없었다.

나폴레옹과 시에예스는 탈레랑과 뤼시앵의 중재로 마침내 11월 1일(1799년) 만나 쿠데타 계획에 관해 최종적인 협상에 착수했다. 나폴레옹은 시에예스에게 단순히 그의 '칼' 노릇만 할 의향이 전혀 없으며, 3인의 통령—즉 시에예스·로제 뒤코 그리고 나폴레옹으로 구성된 임시정부가 설립되어야 한다는 점을 분명히 했다. 나폴레옹의 분명한 태도에 시에예스는 깜짝 놀랐다. 그는 '나폴레옹의 칼이 너무 길까봐' 군부를 장악한 나폴레옹의 권력이 막강해진다는 뜻 두려워했지만 달리 의지할 만한 다른 장군 역시 없었다. 둘 중 누가 말이 되고 누가 기수가 될 것인가가 남은 문제였다.

시에예스는 나폴레옹을 이용하고 난 다음 버릴 것을 희망하고 있었다면 나폴레옹은 정확히 그 반대의 결과를 확신하고 있었다.

나폴레옹이 파리에 머문 지 벌써 3주일째 이제 행동할 시간이 되었다. 나폴레옹이 파리에 도착한 시점이 바로 그가 권력을 장악할 수 있었던 순간과 맞아떨어진다는 점은 그가 행운을 타고났음을 보여주는 전형적인 사례이다. 그보다 조금 일찍 왔거나 늦게 왔다면 여론은 그를 지지해주지 않았을 것이다.

그러나 나폴레옹이 위대한 사람들에 대해 말한 것처럼 "그들이 위대하게 된 것은 운이 좋아서일까? 아니다. 위대했기 때문에 운을 지배할 수 있었던 것이다."

쿠데타 준비는 조급하고, 막연했으며, 손발이 잘 맞지 않았다. 시에예스와 나폴레옹이 서로에게 속셈을 숨기고 있는 것이 주원인이었다. 이 '브뤼메르 쿠데타'(1799년)는 즉흥적이고, 서툴렀으며, 나폴레옹이 직접 개입해 상황을 호전시킨 것도 아니었다.

시에예스는 입법의회를 민중의 시위로부터 격리시키기 위해 군대로 둘러싸여 있는 생클루 성으로 옮기고, 합법적인 권한을 가진 원로원을 설득시킨 후, 새로운 임시정부 체제에 가결토록 만들자는 계획안을 내놓았다. 나폴레옹은 이 계획을 내심 썩 마땅해 하지는 않았지만 받아들였다. 나폴레옹은 시에예스에게 의회를 생 클루 성으로 이전하고, 임시정부를 세우는 것에만 전념하라고 말했다. 나폴레옹은 파리 수비대 사령관으로 임명될 계획이었고, 서류상으로 모든 작전은 무리 없이 합법적으로 진행돼야 했다. 자코뱅파 장군들인 베르나도트, 주르당, 오제로를 제외한 나머지 장군들은 나폴레옹을 따를 것이다. 이탈리아 원정 때 동료였던 코르시카인 세바스티아니와 뮈라는 주요한 두 연대를 지휘하도록 배정했다. 시에예스와 뒤코는 다른 총재들과 원로원을 맡도록 했다. 동생 뤼시앵은 500인 회의 의장이었다. 치안장관 푸셰는 사태를 수수방관할 것이다. 총재 중 한 명인 저널리스트 뢰데레르는 나폴레옹을 위해 선언서 인쇄 준비를 비밀리에 꾸려 갔다.

드디어 1799년 11월 9일(브뤼메르·안개달 18일), 별 어려움 없이 원로원은 내일 의회를 생클루 성으로 옮겨 나폴레옹을 국민의 안전을 보장할 사령관직에 임명토록 가결한다는 데 동의했다. 이 시점에서부터 시에예스는 상황 통제능력을 잃기 시작했다. 그는 나폴레옹의 지휘권을 상비군으로 국한시키고, 총재정부와 입법부를 지키는 수비대는 자기가 계속 지배하려 했다. 그러나 나폴레옹은 조용히 징병 법령을 바꿔가며 양쪽의 지휘권을 장악해 나갔다. 탈레랑과 브뤼 제독은 바라스의 총재직 사임을 얻어냈다. 총재정부 의장인 고이에와 물랭 장군이 총재직 사임을 거부하자 강제로 뤽상부르 궁에 가둬버렸다. 나폴레옹은 많은 장군들을 동반하고, 원로원 회의에 나타나 외부에 있는 군중들에게 총재정부의 무능을 격렬히 비난하는 열변을 토함으로써 시에예스를 당황하게 만들었다.

"나는 정복을 위해 여러분 곁을 떠났습니다. 그런데 지금 적들이 우리의 국경을 침범하고 있습니다."

이로써 쿠데타 첫날인 안개달 18일 나폴레옹은 시에예스로부터 주도권을 탈취하였지만 그 대가로 다음날은 더 위험해졌다.

19일 나폴레옹의 친구이자 비서인 부리엔은 생클루 성에서 빠져나와 루이 16세의 처형 현장을 지나가면서 친구인 라발레트에게 다음과 같이 말했다.

"내일 우리가 뤽상부르 궁에서 자게 되지 않는다면 우리 역시 여기에서 끝장날 것이네."

시에예스가 구상했던 계획의 약점은 의회 개최 장소인 생클루 성의 준비를 미적거리는 바람에 포고령을 가결할 의회 소집이 하루간 지체된 것이었다. 이로 인해 500인 회의 내의 자코뱅파들은 나폴레옹이 튈르리 궁 광장에 병력을 집결시켜 놓은 것에 격분해 그들도 경계 상태에 돌입했고, 나폴레옹에 대응하기 위해 반대파들과 공조할 시간도 벌었다.

시에예스는 나폴레옹에게 자코뱅파 의원들의 위험을 경고하고 급기야 그들 중 40명을 체포하자고 제안했다. 나폴레옹은 "나는 그런 연약한 적은 두려워하지 않는다"면서 이 제안을 거절했다. 나폴레옹은 이미 자코뱅파의 수장인 베르나도트가 파리에서 살아 남기 위해서는 강경한 태도를 취하지 않고 중립을 지키며 생클루 성 회의의 표결 결과를 기다리고 있을 것이라고 확신했기 때문이었다.

다음날 19일 생클루 성의 홀 준비가 늦어지는 바람에 500인 회의는 정오 이후에도 모이지 못했다. 정오를 지난 얼마 후 500인 회의와 원로원 회의가 양쪽 모두 열리긴 했지만 자코뱅파가 공세를 취하는 등 격렬한 분위기로 진행되었다. 원로원은 긴급회의 소집통고를 받지 못했다고 불평하면서 총재들에게 긴급회의 소집에 대한 설명을 요구했다. 원로원은 총재 바라스와 고이에, 물랭 장군이 사임했다는 소식을 듣고서야 헌법 규정에 따라 새 총재로 지명할 사람들의 명단 작성을 위해 500인 회의를 재소집하겠다는 통보를 보내는 것으로 회의를 끝마쳤다. 그러나 오후 3시30분, 마침내 나폴레옹은 참을성을 잃고 자기가 직접 나서 개입하기로 결정했다. 오제로와 주르당은 입법부의 태도를 전해듣고, 나폴레옹과 담판을 지으러 생클루 성으로 찾아왔으나 나폴레옹은 이를 거절하고 부관들과 함께 원로원 홀에 나타났다. 의원들은 공식 회의를 마치고 막 일어서려던 참이었다. 나폴레옹이 서투른 연설을 길고 산만하게 늘어놓자 반대파들이 이를 저지했다. 당황한 나폴레옹은 부관들 쪽으로 시선을 돌리면서 갑자기 군부에 직접적인 호소를 하고 말았다.

"나를 무법자라는 둥 그런 이야기가 들리면 나는 귀관들, 즉 나의 용감한 전우들에게 호소할 것이다. 나는 승리의 신, 행운의 신과 함께 진군한다는 것을 기억하라."

원로원 의원들에게 이보다 더 나쁜 인상을 줄 수는 없었다. 이를 보다 못한 비서 부리엔이 "장군님, 장군님은 지금 자신이 무슨 말을 하고 있는 지나 아세요?"라며 그를 홀 밖으로 끌어냈다.

홀 밖에서 그는 파리의 푸셰와 탈레랑으로부터 더 이상 허비할 시간이 없으며, 지금 당장 결론을 내려야 한다는 전갈을 받았다. 나폴레옹은 의회의 교착상태를 타개할 마지막 시도로 이번에는 500인 회의가 열리고 있는 생클루 성 옆의 오랑주리 관으로 향했다.

500인 회의 의장으로서 회의를 주재하던 뤼시앵은 모든 의원들이 '혁명력 3년의 헌법'에 충성할 것임을 선서하는 절차를 막을 수가 없었고, 이로써 회의가 1시간이나 더 지체되고 있었다. 나폴레옹은 총재들의 사임에 관한 500인 회의의 토론을 갑자기 중단시키고 혼자 홀 앞으로 나갔다. 그가 연설도 하기 전에 성난 의원들이 그를 둘러싼 채 멱살을 잡아 흔들며 주먹으로 얼굴을 때렸다. 그는 반쯤 기절한 채로 4명의 군인들에게 구조되었다. 이 소식은 상비군을 성나게 했고, 뮈라와 시에예스는 군대를 출동시키자고 건의했다.

나폴레옹은 여전히 불법적인 조치에 공공연히 의존하는 것을 꺼렸지만 500인 회의 홀에서 '무법자' 로베스피에르의 몰락을 재촉한 부시부시한 단어 라는 외침이 들리자 지금까지 망설이고 있었던 의회 수비대에 직접 호소하기로 결심했다. 그는 뤼시앵을 불러오라고 사람을 보내고, 말도 한 마리 요청했다. 뤼시앵은 나폴레옹을 '무법자'로 규정해 이를 표결에 부치자는 500인 회의 의원들의 모든 요구에 저항했으며, 그가 자리를 뜨자 공식적인 절차는 더 이상 진행될 수 없었다.

형제는 의회 수비대 앞에 함께 나타났다. 뤼시앵이 먼저 연설을 시작했다. 500인 회의 의장으로서 그의 호소는 교묘하고도 과단성이 있었다.

"나는 500인 회의 의장으로서 선언하건대 지금 이 순간 대부분의 의원들이 단도로 무장한 몇몇 의원들에게 위협받고 있다."

그리고 이들 '대담한 약탈자들'은 의심의 여지없이 영국 측에 고용된 자들이라고 덧붙였다. 그의 이런 암시를 알아차리고 나폴레옹은 "나는 대화를 하려고 그곳에 갔다. 그러나 그들은 나에게 칼로써 대답했다."고 과장되게 말했다. 나폴레옹의 얼굴에서는 흥분한 나머지 스스로 할퀸 자국에서 피가 흐르고 있었다. 장교들은 사병들에게 500인 회의서 나폴레옹 암살 시도가 있었다는 소문을 퍼뜨렸다. 그러자 수비대는 더 이상 망설이지 않았고, 뮈라는 척탄병특공대 종대를 거느리고 500인 회의 홀로 진군했다. 의원들은 총과 칼로 무장한 그들을 보자마자 창문을 타넘고 달아나 버려 군대는 한 방울의 피도 흘리지 않고 의회를 장악했다.

19일 오후 7시, 원로원은 마침내 시에예스·뒤코·나폴레옹 3인의 통령으로 구성된 '임시 통령정부'를 공포했다. 오후 9시 뤼시앵은 원로원의 결정을 비준하기 위해 100명 남짓밖에 안 남은 500인 회의 재소집했고, 이제 새 헌법을 만들 때에는 통령들과의 협의를 거쳐야 한다는 규정을 추가로 선포하였다.

파리로 돌아와 나폴레옹은 선언서를 구술하면서 단도뿐 아니라 화기火器까지 운운했다. 그리고 뤼시앵이 수행한 그 중요한 역할은 무시했다. 뤼시앵의 충성이 없었다면 '브뤼메르'는 실패했을 것이 분명하다. 물론 나폴레옹이 지지자들에게 버림받고 매장될 뻔한 순간에도 엄청난 위험을 무릅쓰고 합법의 절차를 밟아 쿠데타를 성공시켰지만 이는 군사 쿠데타를 피하는 데만 성공한 것이었다. 그는 소수의 '암살자들'로부터 의회를 보호한다는 구실로 최후의 보루였던 파리 수비대에는 의존하지 않고, 의회 수비대에 호소했지만 그날 그의 역할이 자랑할 만한 것은 아니었다. 그의 출현은 비효과적이고, 무분별했으며, 500인 회의 의원들의 격렬한 적의를 불러일으켰다. 그는 자기 태도가 적절치 못했고, 그 순간 어쩔 줄 몰랐다는 사실을 나중에 시인했다. 정치적인 회합을 싫어하고 두려워하는 성향은 이미 혁명의 여러 현장을 목격한 뒤 더욱 심해졌으며, 이 '생클루 성의 날' 이후에는 강박관념으로까지 발전했다.

나폴레옹은 통령 중에서 마지막 세 번째로 지명됐지만 그 위치는 아직까지도 불확실했다. 반면 그가 대중들로부터 다른 통령보다 훨씬 높은 지지를 얻고 있음은 분명했다. 파리는 완벽하게 고요했다. 이는 나폴레옹 개인에 대한 열광과 더불어 그 동안 총재정부와 입법부에 대해 가졌던 불신과 반감 때문이었다.

마침내 생클루에서의 하루는 중요한 그러면서도 유례없는 결과를 가져왔다. 이제 총재정부뿐 아니라 의회까지 사라져버렸다. 사태가 좀 더 유연하게 진행되었다면 통령들에 대한 견제장치로 의회가 살아남아 있을 수도 있었을 것이다.

나중에 시에예스는 "나는 브뤼메르 18일을 만들었지만 19일은 내가 만든 게 아니었다"고 말했다. 18일까지는 총재정부와 의회가 있었지만 19일부터는 나폴레옹에 의하여 사라진 상태

미오 드 멜리토는 회고록에서 "우리는 보나파르트가 자기 권력의 기초를 세운 그 날 수행한 너무도 작은 몫에 무엇보다도 놀랐다"고 썼다. 이 말은 '브뤼메르 쿠데타' 19일까지 한해서는 사실이다. 그러나 브뤼메르 20일과 그 이후 여러 날에 대해서는 아니다.

실제로 '브뤼메르 쿠데타'는 별개의 두 쿠데타로 완성되었다. 첫 번째는 '브뤼메르 쿠데타' 18일과 19일에 자코뱅파에 도전한 시에예스를 따르던 브뤼메르파의 승리이고, 두 번째는 그 다음달에 '혁명력 제8년 헌법' 공포로 끝나는 시에예스 쪽 브뤼메르파에 대한 나폴레옹의 승리이다.

두 번째 승리에 있어서는 총재정부와는 전혀 다른 정부의 형태를

만들어냈다는 점에서 더욱 중요하다. 이것은 브뤼메르파가 의도하거나 예기치 못한 것이었다. 그들은 행정부와 입법부의 권력 배분에서 급격한 변화가 아니라 어느 한쪽에 권한을 더 주는 정도의 변화만을 원했다. 말하자면 '브뤼메르 쿠데타'는 나폴레옹의 의지력과 인내심 그리고 놀라운 수완에 여론 장악력까지 뒷받침되어 만들어진 승리였다.

'브뤼메르 쿠데타' 이후 몇 달에 걸친 임시의회와 입법위원회간 토론에서 시에예스는 자신의 새 헌법에 대한 구상을 펼쳐 보였다. 그는 헌법의 원칙을 **'위로부터의 권위·아래로부터의 신뢰'**라고 묘사했다.

그는 헌법 제정을 담당할 위원회 구성에 있어 종신 대선거관 제도를 주장했는데 이는 종신 대선거관을 수장으로 원로원과 입법원, 법제심의원으로 구성되는 피라미드식 의회제도였다. 외형상 보통선거로 보이지만 실상 선거인단 임명은 위에서부터 이루어졌다.

이론적으로 보통선거가 프랑스 역사상 처음 실시될 예정이었다. 1791년과 1795년의 헌법은 재산에 따라 유권자의 자격을 제한했고, 1793년의 민주 헌법은 시행되지 못하고 있었다. 실제로 선거인은 그 역할이 지역 및 전국의 '명사' 名士명단을 작성하는 것으로 한정됨을 의미했다.

즉, 각 코뮌(지방자치제)의 유권자는 전체 유권자의 10분의 1을 기초로 선발한다. 여기에 뽑힌 선거인은 코뮌의 여러 직책에 나갈 수 있다. 또 코뮌 명단에 오른 사람의 10분의 1은 현縣목록에 오르는데 다시 이 중 10분의 1이 전국 '명사' 명단을 구성한다. 이들이 중앙 정부에 나갈 자격을 갖게 된다.

이렇게 제한된 전국 '명사' 명단에서 원로원이 법령을 심의할 법제심의원과 법령제정을 투표할 권리를 가진 입법의회를 지명한다. 법제심의원은 심의는 할 수 있지만 투표는 할 수 없고, 입법의회는 투표는 할 수 있지만 심의를 할 수는 없다.

원로원에 의해서만 면직될 수도 있는 한 명의 '종신 대선거관' 大選擧官은 임의로 두 명의 통령을 지명할 수 있었다. 그러나 대선거관은 허울좋은 임명권만을 가진 허수아비에 불과했다.

통령 중 한 명은 대외 업무를, 다른 한 명은 국내 업무를 맡았으며, 각각 독립적인 행정조직을 가지고 있었다. 통령들은 국가참사원의 보좌를 받았다. 현의 지사와 코뮌의 시장을 포함한 중앙과 지방 정부의 관리들은 통령들에 의해 전국 '명사' 명단에서 지명되었다.

이런 행정 조직 구성의 아이디어 일부는 새로운 것이 아니었다. 시에예스는 1795년에 이미 종신 대선거관 제도를 제안했었다. 통령과 지사도 1798년 로마 공화국 헌법에서 이미 나타난 바 있었다. 시에예스의 계획은 교묘히 민주주의를 무력화시키고, 의회 내 시에예스를 추종하는 브뤼메르파를 보호함으로써 나폴레옹의 절대권력을 분산시켜 독재를 확실히 막고자 하는 것이었다. 만약에 그의 이런 계획이 실현되었다면 아마도 정부 기능은 완전히 마비됐을 것이다.

그는 존경은 받지만 실권은 없는 종신 대선거관직을 나폴레옹에게 주어 그를 무력화시키고자 했음이 분명했다. 나폴레옹은 시에예스의 선거 체계 제안에 전혀 반대하지 않았으나 행정권 계획에는 격렬히 반대했다. 그는 '살찌운 돼지' 같은 역할에 불과한 대선거관직을 자신에게 맡기려는 계획에 완강히 저항했다. 그러자 브뤼메르파의 일원인 도누는 '3인 통령'을 부활시키되 동등한 투표권을 부여하고, 제1통령이 군을 지휘하거나 재선되지 못하도록 하는 초안을 제출했다. 이는 보통선거를 옹호하는 시에예스의 '명사' 명단에 거부하는 것이었다.

헌법 초안에 대한 마지막 토의에서 나폴레옹은 완전한 승리를 거두었다. 3인 통령들은 이제 10년 동안 재직하며 재선도 가능했다. 그러나 제2·제3통령은 자문 역에 머물렀고, 봉급이 제1통령의 3분의 1에 불과한 15만 프랑이라는 사실로도 그들의 열세를 드러냈다.

원래 3명의 통령은 입법위원회에서 비밀투표로 선출할 계획이었다. 그러나 나폴레옹은 마지막 순간에 시에예스에게 직접 통령들을 지명하라고 제안함으로써 브뤼메르파의 허를 찔렀다. 이렇게 함으로써 그는 어쩔 수 없이 보답의 의미로 나폴레옹측 후보인 캉바세레스와 르브렝을 지명했다. 캉바세레스는 루이 16세의 처형에 찬성한 국민공회 의원 출신이었고, 르브렝은 왕당파 출신이었다. 사실 나폴레옹은 비밀투표에서 도누가 제3통령으로 선출되는 것을 두려워했다.

시에예스가 캉바세레스와 르브렝을 지명한 대가로 시에예스의 '명사' 명단이 부활되고, 그에게는 원로원 의장직이 주어졌다. 의장은 원로원 의원의 3분의 1을 지명할 권리를 가졌고, 또 국가재산 교부권도 받았다. 이는 그의 정치적 명성을 효과적으로 파괴하게 만든다.

나폴레옹은 이 '혁명력 제 8년 헌법'(1799년 12월 25일)을 가능한 한 빨리 공포해야 한다고 주장하면서 세부사항도 완성하지 않은 채 1800년 2월 새 헌법을 국민투표에 부쳤다. 투표의 결과는 찬성 300만 표, 반대 1천500표였다. 나폴레옹은 혁명력 제 8년의 헌법을 국민들에게 선포하면서 "헌법은 짧고 모호해야 한다"는 대담한 주장을 폈다.

"시민들이여! 혁명은 이제 그것이 시작된 본질 위에 확립되었고, 이로써 혁명은 완수되었다."

'명사' 명단이 1년 후에도 준비되지 않았으므로 민사와 군사부문의 모든 관리는 제1통령인 나폴레옹이 지명하고, 법제심의원과 입법의회 구성원은 원로원이 지명했다. 임시 통령으로서 나폴레옹은 재치 있게 제 1통령직을 돌아가면서 맡자고 제안했다. 그러나 '혁명력 제8년 새 헌법' 아래 제1통령으로 취임하기도 전에 이미 그는 정부의 수장으로서 주도권을 쥐고 있었다.

애초부터 그의 궁극적인 목적은 '국가적인' 정부를 이룩하는 것이었다. 그는 당파들로부터 독립할 뿐만 아니라 당파 자체를 없애고 싶어했다. 그가 캉바세레스와 르브렝을 제2·제3통령으로 선택한 것은 이러한 정책의 한 상징이었다. 그는 '프뤽티도르 쿠데타' 때의 전례에 따라 주르당 장군을 포함해 많은 반대파가 기아나^{남미의 북동부지방}로 추방되어야 한다는 시에예스의 제안을 거부했다. 반대파 추방은 몇몇 경우 단기간의 가택연금 정도로 끝났다. 공안위원회 식의 인질법과 부자들에게 부과된 특별소비세는 즉각 폐지되었다. 조제핀과 탈레랑은 귀족층과의 연고를 활용하여 귀족들을 새 체제 안으로 규합했다.

더불어 나폴레옹은 회유와 무력을 적절히 사용해 아직까지도 끊이지 않고 분쟁이 벌어지고 있는 방데[27]역 내전을 끝내고 싶어했다. 1799년 12월 28일 그는 서부 현 지역에 대한 포고문에서 인질법이 폐지됐음을 지적하고 그들에게 예배의 자유를 보장했다. 1800년 초 몇 달간 그는 내란을 조장하고 있는 왕당파 지도자들인 이드 드 뇌빌, 당디네, 카두달과 별로 소득 없는 비밀회담을 갖는 동시에 군대를 재조직하는 데 힘썼고, 브륀 장군을 임명해 서부 현에서 군사작전을 가속

---

27 프랑스 서부에 있는 현, 프랑스혁명 때 왕당파에 의한 농민의 반란.

화시키도록 했다.

그러나 통령 정부의 가장 당면한 문제는 재정상태이었다. 총재정부 하에서 전쟁 장관으로 있던 뒤부아 크랑세는 군의 급료와 군수품 보급이 완전히 바닥상태임을 시인했다. 정부는 은행가들에게 1천200만 프랑을 미리 빌려달라고 요구했지만 그들은 특별소비세가 철폐된 이후에도 아직 새 체제의 안정성에 대해 의구심을 갖고 있는 나머지 은행가들은 300만 프랑의 국가복권을 발매하자고 제안했다.

그러자 나폴레옹은 군수품 공급업자였던 우브라르를 체포해서 그가 전쟁중에 챙긴 재산의 일부를 토해내게 한 뒤 이 수입으로 정부 보조용 민간은행인 프랑스은행을 신설했다. 또 재정 분야에서 그가 취한 가장 중요하고 성공적인 조치는 '앙시앵 레짐'(구체제) 때 재무 관료로 활약했던 고댕을 설득해 재무장관 자리에 앉힌 것이었다. 세금 징수관들은 예상 세액의 일부를 미리 공탁해야 했고, 1800년 말쯤 가서는 세수稅收를 고스란히 다 거둬들일 수가 있었다.

이러한 조치들은 1800년 2월 헌법에서 구체화된 지방정부의 근본적인 개혁 없이는 불가능한 것이었다. 프랑스혁명기간에 국민의회는 '앙시앵 레짐' 시절 봉건 제도 개편의 일환으로 종래의 불균형하게 정해진 각 주州와 지방장관 제도를 폐지하고 새 행정단위로서 전국을 83개의 현縣으로 개편하고, 지방의회를 구성하는 한편 이들에게 막중한 지방자치권을 부여했었다. 하지만 중앙 정부는 세금을 효과적으로 징수할 힘이 없었다. 공안위원회가 잠정적으로 중앙집권적 통제를 회복시켰지만 이는 1795년 공안위원회와 함께 소멸되었다. 총재정부가 세금 사정 및 징수를 위해 중앙집권적 행정기구를 설립하려 했지만 이미 기득권을 장악한 지방자치권을 능가할 만큼 강력하지는 못했다.

그러나 이제 새 헌법 공포와 더불어 나폴레옹은 시에예스가 고안한 현의 '지사'志士 개념을 '앙시앵 레짐'의 지방장관보다 훨씬 강력하고 효율적인 것으로 바꿔놓았다. 총재정부 시대의 소군小郡은 억압되었고, 이제는 오직 현과 군, 코뮌만이 존재했다. 현의 지사·군의 부지사·코뮌의 시장은 내무장관의 추천으로 제1통령이 직접 임명했다. 각 지방행정 단위의 의회도 지명제로 하되 순전히 자문 역에 불과했다. 또한 지방 당국이 아닌 전문 세무공무원에게 직접세 징수를 일임했다.

알렉시스 드 토크빌이 『앙시앵 레짐과 프랑스혁명』에서 지적한 것처럼 현의 지사는 부르봉 왕조 시대 지사 제도의 확대판이었다. 1794년 수기手旗신호 전보가 급속히 발달하면서 지방자치제의 통제가 확립되어 지사의 파리 의존도도 더 높아졌다.

새 지사들을 고르는 일은 주로 내무장관 뤼시앵 보나파르트의 업무였다. 뤼시앵은 1800년 1월 라플라스 후임으로 내무장관직을 맡았다. 과학자이자 예전 군사학교 시험관이었던 라플라스는 임시 통령정부 시대에 나폴레옹이 학술원의 오랜 친구들에게 경의를 표하는 의미에서 임명되었다. 그러나 그는 추진력이 부족하여 사임되었고, 그 자리에는 동생 루시앵이 '브뤼메르 쿠데타' 때 세운 공적을 보상해주기 위하여 새로이 임명되었다.

뤼시앵이 임명한 사람들은 대부분 나폴레옹의 추인을 받았는데 거의가 혁명 온건파였다. 공안위원회 위원이었던 장 봉 생 앙드레와 삼부회의 입헌군주파 지도자였던 무니에도 발탁되었다.

3월 5일 카두달과의 회견에 관해 브륀 장군에게 편지를 쓰면서 나폴레옹은 이렇게 말했다. "이제 모든 것이 점점 좋아지고 있소. 지사들은 자신의 임지로 가고 있어요. 내가 바라던 대로 프랑스는 한 달 안에 마침내 제대로 조직된 국가가 될 것입니다."

지사 제도의 경우처럼 나폴레옹은 시에예스가 새로이 고안한 국가참사원 제도를 채택해 그것을 다시 변형시켰다. 원래 시에예스는 국가참사원을 법률안을 작성하는 독립기구로 생각했던 반면 나폴레옹은 이를 통령들이 지명하는 전문가 기구로 만들어 주요 정책을 입안하는 도구로 활용했다. 처음부터 그는 가장 유능한 사람들을 끌어들이고자 애썼고, 과거의 정치색은 무시했다.

"나는 나의 국가참사원에 제헌의회 전 멤버, 온건파, 1792년의 혁명클럽 회원, 왕당파, 자코뱅파 등을 총망라했다. 나는 국민을 대표한다. 나는 정치색을 막론하고 정직한 사람을 좋아한다."

스탕달은 통령정부 때 심의관으로 근무한 경험을 바탕으로 볼 때 나폴레옹이 "국가참사원에 가장 덜 멍청한 프랑스인 50명을 모았다"고 썼다.

나폴레옹은 전 혁명당원들에 대해 이렇게 말했다. "그들 중에는 훌륭한 일꾼도 있었다. 그러나 문제는 그들이 하나같이 모두 건축가가 되고 싶어한다는 것이었다." 원로원 서기였던 사무총장 로크레를 포함해 그들 중 많은 사람이 통령정부 시대와 제국 시대를 거치면서 제 역할을 다했다.

제국 말기에 나폴레옹은 혁명에 참여한 사람들의 힘과 능력에 대해 논평하면서 그들을 누구로 대신할지 고민했다. 탁월한 과학자인 샤프탈은 1801년 뤼시앵의 후임으로 내무장관이 됐다가 말년에는 나폴레옹에 대한 지독한 혹평가로 변했다. 그는 회고록에서 통령정부 시대에 대해 다음과 같이 썼다.

"보나파르트는 모든 것을 결합해 융합시킨다는 생각을 갖고 있었다. 그는 국가참사원에 지난 10년 동안 성격과 의견이 서로 반대됐던 사람들, 서로 혐오하는 사람들, 서로 배척하는 사람들을 나란히 배치했다. 보나파르트가 모든 부문의 인재를 모으고 모든 당파를 융합시킨다는 것은 이런 식이었다. 혁명의 역사는 우리에게는 그리스나 로마인들의 역사만큼이나 동떨어진 것이 되어 갔다."

국가참사원에서 나폴레옹은 자신을 한 가족의 일원으로 생각하고 자유토론과 심지어는 격렬한 논쟁까지 벌이도록 권장했다. 국가참사원은 5개 주요 분과 ─ 전쟁·해군·재정·입법·내무로 나누어졌는데 통령정부 산하의 내각과 유사한 집합적 성격을 갖고 있던 정부의 최고 기관이었다. 나폴레옹은 주도면밀하게 모든 각료에게 집단적 책임을 허용하지 않았고, 국가참사원을 관료제를 감독하는 유용한 견제장치로 간주했다.

그는 총재정부 시대의 국무장관 자리를 그대로 활용해 그 자리에 마레를 앉혔다. 그는 별다른 자기 의견이 없는 실무형의 인간으로 내각을 조율해 나갔다. 나폴레옹은 장관 수를 늘리면서 그들끼리의 비공식 모임은 허가하지 않았지만 장관들과 개인적으로 작업하는 것을 좋아했다.

통령정부 시대의 행정제도는 이런 식으로 확립되어 '브뤼메르 쿠데타' 몇 달 뒤부터 가동되기 시작했다. 프랑스 정부조직은 벌써 통합된 의지와 정신력으로 한데 뭉쳐 원활히 돌아가는 것처럼 보였다. 그러나 최종 결과가 나타나려면 시간이 좀 걸릴 터였고, 나폴레옹은 성공한 장군일 뿐만 아니라 정치가이기도 하다는 것을 입증해야 했다.

왕당파들의 희망대로 통령정부는 군주제 회복의 전주곡이며 나폴레옹은 대장 수도사의 역할로만 만족할 것인가? 나폴레옹은 프랑스 국민이 새 헌법 투표를 통해 그에게 권력을 부여한 것은 그만이 명예로운 평화를 가져다 줄 수 있다고 보았기 때문임을 잘 알고 있었다.

1799년 12월 25일 나폴레옹은 영국왕 조지 3세와 오스트리아 황제 프란츠 2세에게 개인적으로 평화협상을 제안하는 편지를 쓴 바 있다. 그러나 1800년 2월 그는 외무장관 탈레랑을 통해 오스트리아 측에 프랑스는 캄포 포르미오 조약의 토대 위에서만 협상할 것임을 분명히 했다. 제2차 대프랑스 동맹은 아직 효력이 강력하게 유지되는 상태였으므로 이러한 평화제의는 프랑스 국민 여론을 겨냥한 제스처일 뿐이었다.

그러나 늘 그래왔듯이 정치적 문제 해결의 관건은 전장에서의 승리였다. 그리하여 1800년 초, 나폴레옹은 제 2차 대프랑스 동맹군에 대항해 다시 이탈리아 원정길에 오르게 된다. 1799년 겨울 나폴레옹은 군대를 개편하고 오스트리아를 공격하기 위해 이탈리아로 출발했다. 그는 1월 25일 극비로 베르티에에게 디종에 집결한 예비 지원군을 준비시키도록 지시했다. 2월에는 브뤼 제독에게 신속히 지중해로 진출해서 스페인 함대와 연합해 영국의 몰타 섬 봉쇄를 철폐하고, 쾌속 호위선을 보내 이집트 원정군의 보급을 지원하라고 명했다.
  이렇게 군대를 집결시키면 적들은 침략 방어용이든지 아니면 라인방면군이나 이탈리아 원정군을 보강하기 위해서다라는 등등 추측이 분분할 것이다.
  한편으로 이탈리아에서 잔여병력을 이끌던 프랑스의 마세나 장군은 피에몬테에서 두 배나 되는 병력을 거느린 오스트리아 장군 멜라

1800년 마렝고 전투 당시 알프스 산맥을 넘는 나폴레옹의 모습. 다비드가 그린 이 유명한 기념화에서 나폴레옹은 말을 타고 있으나 실제 그는 노새를 타고 알프스를 횡단했다.

스에게 심한 압박을 받고 있었다. 3월 1일 나폴레옹은 운송용 노새를 사들이고, 대포를 싣고 알프스 산맥을 넘기 위한 썰매를 만들도록 지시했다. 그의 전략은 라인방면군을 지휘하는 모로와 지원군을 지휘하는 베르티에, 그리고 마세나에게 급히 보낸 문서에서 차츰 드러난다. 모로가 라인 강을 건너 공격을 가하는 동안 마세나는 피에몬테에서 멜라스를 속여 묶어두고, 그 사이 나폴레옹의 지원군이 알프스 산맥을 관통해 멜라스를 배후에서 습격한다는 것이었다. 상당한 규모의 대군을 험준한 지역을 거쳐 이동시켜야 하는 대담한 작전이었지만 실행 가능한 계획이었다.

비록 오스트리아-러시아 연합군 장군인 수보로프가 작년 겨울 생 고타르를 넘었던 역사적인 기록이 있었지만 나폴레옹은 자신의 알프스 횡단이 한니발 장군 이래 미증유의 사건이라는 인상을 주고자 했다.

나폴레옹은 이탈리아 제노바에서 오스트리아 다뉴브에 이르는 전선 전체를 하나로 보았다. 4월 9일 베르티에에게 말했듯이 "지원군은 거대한 작전 전선의 중심부를 형성하며 그 우측은 제노바, 그 좌측은 다뉴브였다." 이는 전략적 규모면에서 적의 심장부를 바로 침투하는 것이었다. 나폴레옹은 전술적 규모로 볼 때 카스틸리오네 전투에서 이를 이미 성공시킨 바 있었다.

한편 오스트리아는 프랑스군의 6만 병력이 프랑스 방데 내전에 묶여 있고, 영국-러시아군이 해협제도 프랑스 북서부 영국령 섬에서 상륙을 위협하고 있는 만큼 마세나가 지휘하는 지원군은 신병으로 된 1개 사단이 넘지 않을 것이라고 추정했다.

실제로 4월 말쯤 4만의 병력이 디종에 집결되었는데 이들 예비 지원군은 대부분 신병이었다. 또 1만여 명의 추가 병력이 라인방면군에서 나뉘어져 생 고타르 통로를 거쳐 롬바르디아로 입성할 예정이었다. 멜라스는 마세나를 계속 공격함으로써 자신도 모르는 사이에 나폴레옹의 전략에 휘말려들고 말았는데, 마세나는 4월 말 한달 분 식량만 남긴 채 제노바에서 발이 묶였다고 보고해 왔다.

나폴레옹은 베르티에에게 알프스 산맥의 생 베르나르 고개를 뚫고 나가 아오스타와 이브레아로 진입하라고 지시했다. 그는 제1통령의 위치에서 현장을 직접 지휘할 수는 없었지만 작전이 시작되자마자 상비군에 합류하기로 결심했다. 그는 생 베르나르 요충지를 횡단해 1800년 5월 9일 제네바에 도착한 다음 같은 달 21일에는 아오스타에 도착했으며, 도중 3일 밤을 수도원에서 머물렀다. 그는 아오스타 남부 협곡이 내려다보이는 바르도 요새 접수가 늦어지자 대포 이동이 늦어질까봐 불안해했다. 그는 베르티에에게 다음과 같은 편지를 썼다.

"멜라스에게서 물러서되 포로가 발생하지 않도록 제노바에서 철수하여 보르게토 전선이나 다른 전선으로 투입하는 경우와 마세나가 제노바에서 완전히 발목을 잡힐 수도 있는 경우가 있다. 이 둘 중 어떤 것이든지 간에 2만 이상의 병력을 거느린 귀관보다 멜라스 장군이 제노바로부터 먼저 아오스타에 도착한다면 우리의 이탈리아 입성은 큰 어려움에 직면할 것이다."

바르도 요새는 6월이 시작될 때까지도 접수하지 못하고 있었다. 야음을 틈타 산을 우회하여 충분한 양의 대포가 도착했다. 만나는 것이라곤 약체인 오스트리아군뿐이었으므로 5월 26일 나폴레옹은 3만 병력과 함께 이브레아에 입성했다. 다음날 그는 통령들에게 이렇게 썼다.

"마침내 우리는 여기 이탈리아의 심장부에 들어섰다. 10일이라는 시간 안에 엄청나게 많은 일이 결말을 보게 될 것이다. 만사가 잘 돼가고 있다. 나는 플로레알 혁명력·꽃달 말 이전에, 즉 3주 내에 파리에 도착할 것이다."

이러한 낙관주의는 주요 전략이 제대로 실현되고 있음을 시사하는 대목이다. 오스트리아의 멜라스 장군은 제노바를 함락시킬 요량으로 피에몬테에 머물러 있었고, 나폴레옹은 그의 병참선과 롬바르디아에 있는 기지들을 장악할 참이었다. 이제 가까운 장래에 제노바가 항복하느냐 하는 것은 중요한 문제가 아니었다. 나폴레옹은 이브레아에 머물면서 멜라스 군 전체를 잡는다는 계획을 위해 그보다 덜 중요한 제노바 구원을 포기한 것으로 보인다.

한편 영국의 피트 총리는 프랑스 배후로 상륙할 수 있는 절호의 기회를 놓치고 말았다. 전체의 전선으로 보아 만약 이때 제노바가 좀 더 일찍 함락됐더라면 나폴레옹의 1800년 전쟁은 완전히 수포로 돌아갈 뻔했다.

나폴레옹은 6월 2일 밀라노에 입성했다. 그는 여기에서 생 고타르와 코모 방면에서 합류하러 오는 몽세이 군을 기다렸다.

6월 8일 우연히 오스트리아군의 급전을 가로채 나흘 전 마세나가 제노바를 적에게 넘겨주었다는 사실을 알게 된 나폴레옹은 서둘러 서쪽으로 진격하기 시작했다. 다음날 6월 9일 오스트리아군은 몬테벨로에서 패배했다.

1800년 6월 14일 마렝고[28]에서 멜라스의 군대와 마지막으로 결정적인 전투가 벌어졌다. 이 전투에 관해 나폴레옹은 13일 편지에서 란 장군에게 눈앞에 보이는 것은 무엇이건 공격하라고 명령했는데 전투가 끝난 후인 15일 나폴레옹이 다시 쓴 전투보고서 사이에는 중요한 차이가 발견된다. 보고서에서 그는 어떤 면에서 전투는 패한 것처럼 보였다는 점을 인정하면서도 갑자기 사태가 바뀌어 오스트리아군을 패주시킨 것은 미리 자기가 계획한 것이라는 인상을 주었다. 아직도 이에 대해 군사역사학자들 사이에 논쟁이 되고 있지만 아마 그는 잘못된 정보를 받고 보르미다 다리가 파괴됐다고 오인하여 오스트리아

---

28 이탈리아 북서쪽의 마을로 1800년 나폴레옹이 오스트리아군에게 대승을 거뒀다.

군을 잡아야겠다는 욕심에 드세 휘하의 2개 사단을 남쪽으로 보내고, 라포와이프 휘하의 1개 사단을 북쪽으로 보낸 것으로 보인다.

실제로 멜라스는 기존의 오스트리아 장군들과는 달리 나폴레옹의 핵심 전투 전략인 '병력의 집중' 방식으로 공격해 왔다. 그는 군대를 치밀하게 밀집시켜 알렉산드리아에서 유일하게 온전히 남아 있던 보르미다 다리를 넘어 진격해왔고, 이 갑작스런 진격에 나폴레옹은 탁 트인 평야에서 92문의 대포로 무장한 3만 규모의 오스트리아 군대와 마주쳐야 했다. 그의 군대는 고작해야 2만2천 명에 대포 15문뿐이었다.

나폴레옹이 넓게 분산 배치됐던 사단들을 급히 불러들였지만 이집트 주둔 사령관인 드세만이 1개 사단을 이끌고 오후 4시에야 전장에 도착할 수 있었다. 이때 프랑스군은 혼란 속에 퇴각하고 있었다. 목격자들에 따르면 길 옆에 있던 나폴레옹은 말채찍을 신경질적으로 휘두르며 "힘내! 지원군이 온다!"고 소리치며 군대를 한데 모으려고 노력했다고 한다.

나폴레옹, 드세, 마르몽 장군은 긴급회의를 열어 드세의 지원군으로 오스트리아군을 반격할 준비를 했다. 마르몽은 가까스로 18문의 대포를 모아 드세 사단의 소총 사격 엄호를 받으면서 전진하는 오스트리아군을 불시에 기습했다. 켈레르만의 기병대도 오스트리아군을 혼란에 빠뜨렸다. 오스트리아군은 반격 과정에서 3천 명을 잃고 사령부는 급기야 무너졌다. 승리를 확신하던 멜라스는 예기치 못한 패배에 자신감을 잃고, 다음날 롬바르디아에서 철수해 만토바로 퇴각한다는 내용의 휴전협정에 서명했다.

이 전투에서 드세는 반격을 지휘하다가 전사했다. 이집트에서 방금 도착해 바로 며칠 전 본부에 합류한 그였다. 후에 나폴레옹은 파리에서 뢰데레르에게 "드세는 그날 총알이 더 이상 나를 알아보지 못한다"고 말하는 등 이미 죽음을 예감하고 있었다고 밝혔다. 나폴레옹은 전투보고서에 마렝고 전투에서 드세가 해낸 역할을 제대로 인정하지 않고 특히 드세가 했다고는 도저히 생각할 수 없는 유언, 즉 "나폴레옹께 가서 전하라. 나는 후손에 길이 남을 만큼 충분히 일하지 못하고 죽는 것이 가장 유감이라고…"라는 내용을 보고서에 끼워 넣어 세인의 비난을 받았다.

　이 전투보고서보다 더 진실에 가까운 내용은 나폴레옹이 6월 15일 서둘러 통령들에게 보낸 편지일 것이다. 그는 이 편지에서 "저는 제가 사랑하고, 최고라고 평가했던 한 인간의 죽음에 깊은 슬픔을 느낍니다"라고 썼다. 나폴레옹은 만약 그때 드세가 살아남았더라면 프랑스군에서 가장 으뜸가는 장군이 됐을 것이라고 아쉬워했다.

　마렝고에서 나폴레옹은 분명 자신의 전쟁 전략을 최고 한계치까지 펼쳐 보였다. 그리고 운 좋게도 성공했다. 그러나 전략적으로는 전투에서 이겼을지 모르지만 자칫 잘못하면 순간적인 전술적 잘못으로 패배할 수도 있었다. 그렇기 때문에 나폴레옹의 전투 방식을 무시한 드세의 주도적인 역할 덕에 간신히 패배를 면했다는 비판도 있다. 1796년 전쟁을 분석해보면 독립된 사단들을 분산·집중시키는 그의 전투방식은 전투에 따르는 위험과 가변성을 전제로 한 것임을 알 수 있다. 리볼리 전투에서 그는 예기치 않게 전투 경험이 전무한 신참 사단이 도착함으로써 평정을 잃은 적군을 잡을 수 있었다. 마렝고에서도 그랬지만 시기가 딱 맞아떨어졌기에 가능한 승리였다. 마렝고에서 일부 병력의 미숙함을 그나마 상쇄시켜준 것은 드세, 란, 뮈라, 마르몽처럼 이탈리아 원정과 이집트 원정에서 수많은 시련을 함께 겪은 여러 장교들의 통솔력과 전술의 우수함 때문이었다.

나폴레옹이 세인트 헬레나에서 말한 바와 같이 "모든 전투에는 아주 사소한 작전이 결정적인 역할을 하면서 우위를 가져다주는 순간이 있다. 또 한 방울의 물 때문에 컵의 물이 넘쳐흐르게 되듯이." 전투상황은 늘 가변적인 위험으로 가득했다.

제1통령

만약 나폴레옹이 마렝고 전투에서 패했다 하더라도 군사적으로는 그리 치명적이지는 않았을 것이다. 나폴레옹이 지휘하던 병력의 절반만이 참전한 데다 또한 만약 궁지에 몰렸다 하더라도 오히려 최상의 능력을 발휘하여 잘 싸웠을 것이다. 그러나 패배했다면 정치적으로 볼 때 '브뤼메르 쿠데타' 후 얼마 지나지 않은 통령정부 체제의 상황으로는 처참했을 것이다. 그러므로 마렝고 전투에서 보여준 극적이고 위험천만한 전략은 정치적인 초석을 다지기 위한 목적에서 시도한 것이었다.

파리에 승전보가 전해지자 국채가 7 포인트나 올랐다. 왕당파 행동대원이었던 이드 드 뇌빌조차 "마렝고의 승리는 하늘이 나폴레옹 개인권력에 베푼 세례였다"고 말할 정도였다.

나폴레옹은 다른 통령들에게 가능한 한 파리를 비우지 않도록 종

실물크기의 반신상

용했다. 셋 다 반대파의 음모를 두려워했기 때문이다. 대부분 브뤼메르파인 정치인들은 입법부를 지배하고 있으면서 여전히 나폴레옹의 행정권을 견제하고자 했다. 유명한 브뤼메르파 인사 중 한 명인 도누는 호민관 의장으로 뽑혔고, 반대파는 벌써 지방정부법과 지사들의 권력을 능가하는 듯이 보였다. 이때 나폴레옹이 패배하거나 피살되었다면 군주제나 또 다른 형태의 총재정부가 시작됐을지도 모를 것이다. 나폴레옹이 마렝고 전투에 참가하느라 파리를 비운 동안 오테유에 있는 시에예스 그룹과 스탈 부인㉮파리 사교계의 여류인사의 살롱에서는 반대파들이 음모를 꾸미는가 하면 카르노, 모로 장군, 오를레앙 섭정공㉮루이 14세의 동생으로 루이 15세를 보좌하며 섭정같은 사람들이 나폴레옹의 후계자로 거론되기도 했다. 나폴레옹의 성공을 시기하는 베르나도트 같은 장군들은 음모의 초점이 되었다.

이런저런 공론들은 마렝고에서 날아온 승전 소식으로 유야무야되고 말았지만 나폴레옹의 권력과 정책은 점진적인 단계를 밟아가면서 확립되었다. 그는 자신이 성취해낸 정치적·행정적 업적이 증명될 때까지 시간을 걸고 내기를 해야 했다. 이후 그는 1802년 오스트리아 및 영국과 평화조약을 맺고 이어 '정교政敎협약'을 통해 교황과 평화를 이룩함으로써 국가적으로 누구도 넘볼 수 없는 권위를 갖게 되었다. 그리고 이를 토대로 민중의 지지를 받지 못하는 정치적 반란 무리를 제거할 수 있었다.

마렝고 승전 자체로는 오스트리아를 항복시킬 수 없었다. 나폴레옹은 오스트리아 황제에게 평화조약을 체결하자는 선전호소문을 보냈다. 그러나 오스트리아는 영국과의 조약과 보조금 때문에 적어도 그 다음해까지는 영국과 협의 없이 독자적으로 프랑스와 평화조약을 체결할 수 있는 상황이 아니었다. 오스트리아 황제는 영국의 참여를 전제로 뤼네빌에서 예비평화협상을 하려고 준비하고 있었지만 나폴레옹은 오스트리아에 대한 압력을 늦추지 않았다. 여전히 이탈리아와 다뉴브에서 프랑스군이 공세를 취하는 가운데 전투는 계속되고 있었고, 마침내 1800년 12월 모로가 호엔린덴에서 카를 대공에게 결정적인 승리를 거두자(1800년 12월) 오스트리아는 뤼네빌에서 단독 평화조약에 서명했다.(1801년 2월)

이 조약의 핵심은 '캄포 포르미오 조약'을 재확인하는 것이지만 어떤 면에서 프랑스는 '캄포 포르미오 조약'에서 획득한 것을 회복하는 데 그치지 않고, 그 이상의 것을 얻었다. 이탈리아의 토스카니 공화국에서는 오스트리아의 합스부르크 대공을 물러나게 하고, 프랑스 쪽에 우호적인 파르마 대공을 앉혔다. 또한 오스트리아는 프랑스에 벨기에와 룩셈부르크의 영유를 인정했다.

이로써 제2차 대프랑스 동맹은 이제 완전히 붕괴되었다. 영국-러시아 연합군이 홀랜드(네덜란드) 상륙에 실패하자 러시아 차르 파벨 1세는 그만 넌더리가 나서 군대를 철수시켰다. 나폴레옹은 이 기회를 틈타 동맹국들이 파벨 1세에게 품고 있는 분노를 최대한 이용했다. 그는 러시아 포로들을 조건 없이 돌려보내는가 하면 망명 기사들에 의해 성 요한 기사단장으로 선출된 차르에게 몰타 섬을 차지해도 좋다고 제안했다. 그러나 1800년 9월 몰타가 영국에 항복하자, 파벨 1세는 바로 태도를 바꿔 북부 강국들에게 영국에 대한 무장중립을 다시 복구시켰다.

1801년 1월 러시아 황제 파벨 1세는 파리에 사절을 파견해 중앙아시아를 거쳐 인도에도 원정대를 파견하자는 이야기를 전했다. 나폴레옹은 프랑스 전권대사로 뤼네빌 회담에 참여중인 형 조제프에게 "러시아는 영국에 매우 적대적이야. 형도 우리가 너무 서두를 필요가 없다는 걸 금세 알 수 있을 거야. 오스트리아 황제와의 평화협상은 장차 영국을 정복하고, 이집트를 우리 것으로 만들어줄 동맹국들에 비하면 아무 것도 아니기 때문이지."라고 썼다. 그러나 황제 파벨 1세가 아들에게 암살되고, 넬슨의 코펜하겐 공격(1801년 3~4월)으로 북부 유럽 강국들의 중립성이 붕괴됨으로써 이런 희망은 사그라지고 말았다.

그럼에도 불구하고 총리 피트는 영국이 평화협상에 나서야 한다는 결론에 도달했다. 유럽대륙에서 영국은 더 이상 행동할 기회가 없었다. 영국은 오랜 전쟁에 지쳐있었고, 중립국들의 무장은 밀 시장에 공황을 야기해 밀 값이 쿼터당 평균 60~70실링에서 150실링으로 치솟았다. 피트는 카톨릭 해방 문제로 사임되고, 이 중재 역할은 애딩턴의 임시내각이 맡았다. 1801년 3월에 이미 포로교환 문제로 런던에 온 프랑스 관리 오토는 영국 측으로부터 처음으로 평화협상 의사 타진을 제의 받았다. 그러나 나폴레옹은 마지막 희망이 사라지기 전까지는 결코 이집트를 포기하고 싶지 않았으므로 영국과 '아미앵 평화조약'(1802년 3월)이 최종적으로 맺어지기까지는 1년이 더 걸렸다.

한편 프랑스의 이집트 주둔군 사령관 클레베르는 1800년 2월 시드니 스미스 경과 이집트 철수조약에 서명했지만 양쪽 정부는 이 조약을 거부했다. 클레베르는 투르크(터키)의 침공을 물리치고, 카이로를 탈환했으나 1800년 6월 광적인 회교도들에게 암살당했고, 후임에는 별로 유능하지 못한 메누 장군이 부임되었다.

나폴레옹은 강톰 제독을 종용해 마침내 1801년 1월 이집트로 전함을 출범하도록 했지만 1799년 브뤼 제독의 구조대보다 나을 게 전혀 없었다. 강톰 제독은 결국 툴롱 항으로 피신하고 말았다. 메누는 1801년 3월 에이버크롬비 장군에게 패해 항복문서에 서명했다. 그러나 나폴레옹은 아직도 외교 협상으로 이집트를 유지할 수 있기를 바랐다. 그래서 스페인 정부를 설득해 프랑스 군대의 도움을 받아 포르투갈을 점령하고, 영국에 압력을 가하도록 유도했다.

1801년 10월 런던에서 서명한 예비협상과 별 차이가 없는 마지막 평화협상에서 영국은 이집트를 투르크에, 몰타를 원래 주인인 성 요한 기사단에, 그리고 희망봉은 홀랜드(네덜란드)에 돌려주기로 약정했다. 영국에게는 정복한 식민지 중 실론과 트리니다드만이 남았다. 나폴리에서 프랑스가 철수함으로써 포르투갈과 이오니아 제도는 독립을 보장받게 되었다. 결국 나폴레옹은 전략상 이집트로 향한 전진기지인 몰타가 없으면 이집트가 떨어져나가게 되어 프랑스 입장에서는 다시 되찾을 수 없게 된다는 사실을 인정하지 않을 수 없었다. 의회에 조약을 상정하면서 나폴레옹은 "앞으로 여러 해 동안 우리에게는 승리도, 개선도, 국가의 운명을 결정하는 위대한 협상도 없을 것입니다"라고 선언했다.

나폴레옹은 코르시카, 이탈리아, 그리고 이집트에서 종교적 감정의 힘과 종교적 투쟁의 위험을 목격해온 만큼 로마 교황청과의 평화는 통령정부 초기부터 나폴레옹 정책의 초석들 가운데 하나였다. 1797년 톨렌티노 조약을 체결할 때의 엄청난 교황의 위상과 1년 후인 1798년 약화된 로마 교황청 공화국의 위상을 비교해보면 현저한 대조를 이룬다. 제헌의회는 1789년 교회 소유지를 국유화했고, 또 교회를 재조직해 시민헌법에 따라 주교와 성직자가 국가의 봉급을 받는 것은 물론 선출직 관리에 지나지 않았다. 이런 과정에서 종교적 분열이 일어나 종교정책에 있어서 혁명은 확실히 실패했다.

국민공회는 카톨릭에 그다지 적대적이지는 않았지만 의회의 목표는 갈리아주의[29] 원칙을 밀어붙임으로써 '국가 내 교회'를 만들어내는 것이었다. 카톨릭을 믿는 군주국들조차도 18세기 들어서는 교황을 무시하곤 했다. 1774년 교황 클레멘트 14세는 스페인의 압력으로 어쩔 수 없이 예수회를 억압했고, 이탈리아 합스부르크가의 조제프 2세는 공공연히 교권에 반대하는 정책을 추진했다. 대부분의 주교들이 교황에게 '시민 헌법'을 받아들이라고 충고했지만 교황은 성직자를 선거로 뽑는다는 원칙이 교회법에 어긋난다는 이유로 반대입장을 표명했다. 그러나 소수의 주교와 대다수 성직자들이 '시민 헌법'을 받아들였다. 나머지는 국왕과 헌법에 충성을 바치겠다고 선서를 거부한 비선서 사제, 또는 반혁명 활동 혐의를 받는 망명 왕당파가 되었다.

국민공회는 비선서 사제와 카톨릭교를 억압하는 정도로 끝냈지만

---

29 프랑스에서 시작된 운동으로 각국의 로마 카톨릭 교회에 대한 교황의 통제로부터 행정적인 독립을 주창했다.

브리타니와 방데에서는 이로 인해 종교전쟁이 촉발되었다. 파리의 광신적인 에베르파자코뱅당의 극좌파는 노트르담의 이성축제 같은 이교도적인 행사에 탐닉했다. 부르제에서는 지방자치단체가 대성당을 파괴해야 한다고 선언했지만 다행히 손을 대지는 않았다.

로베스피에르는 나폴레옹에 앞서 종교분쟁의 정치적 위험성을 인식한 바 있었다. 그가 '초월적 존재의 제의의식'祭儀儀式을 도입한 것은 그 자신 외에는 아무도 만족하지 않았지만 타협과 '이교異敎의 용인'이라는 틀을 찾아보려는 시도에서였다. 그가 몰락한 후 공식 정책은 교회와 국가와 개인 단위의 신교의 자유를 완전히 분리하는 것이었다. 총재 라 레블리에르는 '신神박애주의'라는 나름의 종파를 육성하고 있었다. 반면 카톨릭 교도들은 정치상황에 따라 박해를 당하기도 하고 격려를 받기도 했다. 방데 지역은 여전히 고름이 흐르는 종기 같은 종교분쟁지였다.

대부분의 동시대인들처럼 볼테르주의와 계몽주의의 전통 위에서 자라난 나폴레옹은 불가지론不可知論자였으나 훨씬 이데올로기적인 성향이 덜하고 현실적이었다. 교황과의 '정교협약' 협상에서 그는 대부분 불가지론자인 정치인이나 장군들의 반대에 부딪힐 여지가 있었다. 샤토브리앙의 1802년작 『그리스도교의 정수』 출판과 더불어 모습을 드러내기 시작하여 왕정복고 시대에 정점에 달한 '종교 부흥'은 이미 계몽주의의 종교적 회의론에 도전하고 있었다. 종교적 회의론은 이제 지식인 사회에서조차 더 이상 논의의 여지가 아예 없는, 한물간 학설이었다. 보날, 드 매스트르, 샤토브리앙, 그리고 퐁탄느는 혁명의 무정부성이 종교적 신념과 권위를 해치는 양상을 밝혀내는 사상운동을 이끌고 있었다. 망명 왕당파들은 이미 그들이 젊은 시절 가졌던 무신론을 버리고 종교적 정통성으로 돌아섰다.

그러나 나폴레옹에게 이보다 더 중요한 것은 농민들 대부분이 혁명의 선전에 영향을 받지 않고, 제단과 성직자들에게 여전히 애착을 갖고 있다는 보고였다. '정교협약'에서 얻는 정치적 이득은 굉장했다. 프랑스 국내로 보면 카톨릭을 왕당파와 분리시키고, 종교분쟁지 방데를 달래면서 국유화된 교회토지를 사들인 부르주아와 농민들을 안심시킬 수 있었다. 국외적으로는 이탈리아나 벨기에 같은 카톨릭 국가나 라인 강 유역에서 프랑스의 영향력이 커질 수 있다는 점이었다. 극소수의 프로테스탄트파와 종파분리적인 합헌 교회를 바탕으로 사태를 처리했다면 이와 같은 성과는 전혀 거두지 못했을 것이다. 그렇지만 나폴레옹은 "영국에 의해 고용된 50인의 망명 왕당파 주교들이 현재 프랑스 성직자의 지도층인 만큼 이들의 영향력을 없애기 위해서는 내가 교황의 권위를 가져야 한다"고 주장했다.

교황 비오 6세는 1799년 프랑스 발랑스에서 망명 생활을 하던 도중 숨졌다. 새 교황 비오 7세는 베네딕트파 수도사 출신으로 치아라몬테 추기경을 지냈는데, 이탈리아 주교들은 그를 자코뱅파로 간주했다. 이몰라 주교 시절 치스파다나 공화국을 통치하던 프랑스 행정부에 협력한 이력이 있었기 때문이다. 나폴레옹은 마렝고 전투 이전인 1800년 6월 5일 밀라노 대성당에서 성직자들에게 한 연설에서 놀랄 만큼 솔직하게 자기의 태도와 의지를 표현했다.

"본인의 확고한 의지는 기독교, 카톨릭, 그리고 로마 카톨릭을 온전히 보전하며 공식적인 종교 의식은 내가 처음 이 행복한 땅에 도착했을 당시처럼 완전히 자유롭게 치르도록 한다는 것입니다. 특히 당시에 발생했던 도덕성의 문란과 같은 것은 본인의 희망과 사고방식에

어긋나는 것이었습니다. 어떤 사회도 도덕 없이는 존재할 수 없습니다. 종교 없이는 바람직한 도덕도 없습니다. 그러므로 국가를 확고하고도 지속적으로 뒷받침하는 것은 종교뿐입니다.

…서거하신 교황 비오 6세가 어떤 대우를 받았는가 하는 점 때문에 두려워하지 마십시오. 비오 6세의 불운은 부분적으로는 그가 신임했던 사람들의 음모 때문이며, 총재정부의 잔인한 정책 때문이기도 합니다. 나는 새 교황과 협의를 시작하자마자 프랑스와 교회 수장 사이에 완전한 화해를 막는 모든 장애물을 제거하고 행복을 누릴 수 있기를 희망합니다."

마렝고 전투 직후 나폴레옹은 베르첼리의 마르티니아 주교에게 '정교협약' 협상을 하고 싶다는 뜻을 비오 7세에게 전해달라고 부탁했다. 길고도 어려운 협상 끝에 협상을 시작한지 1년이 채 지나지 않아 1801년 7월에 드디어 교회와 혁명을 화해시키는 '정교협약'을 체결했다. 이 협약에서는 로마 카톨릭을 교황이 희망했듯이 '국교'나 '지배적인' 종교가 아닌 '시민 절대다수의 종교'로 규정했다.

"예배는, 공공의 평화를 위해 적당한 경찰의 규제가 따르는 한에서 공개적으로 볼 수 있다."

'합헌' 성직자와 선서 거부 성직자간의 분열은 망명 왕당파 주교를 포함한 주교들 전체의 사임으로 끝나고 새 주교단이 임명되었다. 새로운 고위 성직자들은 제1통령이 지명하고 교황이 서임하게 되었다. 프랑스 정부는 주교와 성직자의 봉급 지불을 떠맡음으로써 혁명기간 동안 암묵적으로 이루어졌던 교회 토지의 국유화의 환원을 보장할 수 없음을 분명히 했다. 교황은 프랑스 정부가 주는 봉급보다는 기부금을 받으려고 열심히 싸웠지만 허사였다. 그러나 교회 토지권의 완전

포기는 거부했다.

'정교협약'을 적용할 시점이 됐을 때도 프랑스와 교황 사이의 분열은 완전히 끝나지 않았다. 93명의 선서 거부 주교 중 38명이 사임하며 '정교협약' 인정을 거부했다. 이들 중 일부는 점점 수가 줄고 있었지만 '작은 교회'라는 모임을 지속하기도 했다. 교황은 나폴레옹이 지명한 '합법' 주교 출신 인사 12명에 대한 선임을 거부했다.

새 주교 가운데 일부가 전직 '합법' 성직자들을 축출하고 박해했다는 불평의 소리가 있었다. 교황은 '정교협약'을 프랑스에서 법제화하는 방식이 약속과 위반된다고 생각한 나머지 항의를 계속했다. 나폴레옹은 교황과 협의도 거치지 않은 채 '정교협약'을 '공중예배에 관한 일반법'과 '국가 기본법'의 일부로 의회에 제출했다. '공중예배에 관한 일반법'은 프로테스탄티즘(신교)과 다른 종파들을 규제하는 내용이며, '국가 기본법'은 극단적인 갈리아주의 원칙을 포함하는 내용으로 이 같은 조치는 로마카톨릭을 정부와 경찰의 엄밀한 규제 하에 두는 것을 뜻했다.

나폴레옹은 '정교협약'에 의거해 로마카톨릭이 프랑스 정부에 재정적·행정적으로 의존하기를 원했다. 그러나 이에 대한 불가피한 반동으로 교황권 지상至上운동이 조장될 줄은 예견하지 못했다. 장차 벌어질 나폴레옹과 교황의 분쟁은 이미 '정교협약'에 그 싹이 내재해 있었던 것이다.

그렇지만 나폴레옹을 올바르게 평가하려면 그가 '정교협약'의 승인을 위해 거의 혼자 싸웠다는 사실을 인정해야 한다. 비오 7세 자신도 이 사실은 인정했으며, 제국 시대하에 비록 나폴레옹과 오랜 다툼을 하여 왔지만 '제단을 복원시켜준 점'에 대해서는 그에게 계속 감사의 뜻을 표했다. 교황 입장에서는 당시 완고한 카톨릭 교도들로부터 엄청난 비난을 견뎌내야 했다.

입법의회 내 '정교협약'에 관한 논쟁에서 정치적 반대가 정점에 달했다. 이 법은 처음 논의된 이후 철회될 뻔했는데 '아미앵 평화조약'으로 나폴레옹이 압도적인 대중적 지지를 얻게 되어 호민관의 3분의 1을 교체함으로써 가장 적극적인 반대파를 제거할 수 있게 되자 그때서야 겨우 통과되었다. 노트르담의 비선서 사제들을 강제로 쫓아낸 후 이루어진 '정교협약'을 축하하는 공식 감사예배에서 일부 장군들은 우려를 표명했다. 델마 장군은 그날 밤 튈르리 궁에서 열린 축하 리셉션에서 "멋진 수도사들의 쇼구먼. 그런데 이런 작태를 끝장내려고 목숨 바쳤던 수백 수천 명은 다 어디 갔지?"라고 말해 나폴레옹을 화나게 했다.

레지옹 도뇌르 훈장[30](1802년 5월)도 나폴레옹의 개인 정책이었는데, 국가참사원과 의회 양쪽에서 강력한 반대에 부딪혔다. 그것은 혁명의 철학 가운데 '평등'이라는 민감한 부분에 함부로 손을 대는 것이었다.

군주제 시대 기사들의 계급 중에서 성령聖靈, 성 미셸, 성 루이 등은 1793년까지 존립이 허용되었다. 그러나 그해 국민공회가 특권의 잔재라고 폐지했다. 때때로 포고령에 따라 '시민의 영관榮冠'을 수여하기도 했으나 총재정부는 탁월한 공헌에 대해 어떤 형태로든 국가에서 표창하는 문제를 보류시켜 왔었다.

그러나 군사 지도자로서 나폴레옹은 개인에게 부과되는 영광과 명예라는 감정이 엄청난 힘을 촉발시킨다는 점을 잘 알고 있었다. 장군이자 제1통령으로서 그는 공을 세운 사람들에게 '명예의 검'을 수

---

30 '명예의 군단'이라는 뜻으로 프랑스에 다방면의 기여를 한 사람들에게 주는 최고의 훈장. 수훈자를 군대식으로 편제한다.

여했고, 통령부 수비대를 엘리트 부대로 창설했다.

1802년 그는 레지옹 도뇌르에 관한 포괄적인 계획을 제시했다. 16개의 군대와 원로장교, 사령관, 기사 등 여러 계급에 따라 다양한 종신 연금이 주어졌다. 나폴레옹은 군인은 물론 시민 훈장 수혜자를 선발했다. 이런 식으로 그는 주요 인사에 대한 후원권을 장악해 나갔다. 사실 그의 직접적인 의도는 1801년 시에예스 후원 하에 마련된 '명사' 名士 명단을 무력화시키려는 것이었다.

혁명파 출신 티보도가 국가참사원에서 훈장은 '값싼 것'이라며 반대하자 나폴레옹은 "당신은 훈장을 '값싼 것'이라고 불러서 기분 좋겠군. 그런데 말이야. 인간을 지배하는 것은 이 '값싼 것'이지!"라고 답했다.

"프랑스인들은 아마도 평등을 제외하고는 진정으로 바랄 수 있는 것이 없을 것이다. 그렇다 해도 그들은 누구나 정상에 오를 수 있다는 희망을 가질 수 있다면 이 평등을 기꺼이 포기할 것이다. 모두가 주인이 될 수 있다는 의미에서의 평등, 바로 거기에 여러분의 모든 허영의 비밀이 있다. 그러므로 우리가 할 일은 모두에게 누구나 성공할 수 있다는 희망을 심어 주는 것이다."

1815년 그는 이것을 다음과 같은 유명한 문구로 요약했다.

"나의 모토는 항상 신분에 의한 차별 없이 모든 인재에게 성공의 길을 열어주는 것이었다." 이 레지옹 도뇌르 훈장 계획은 호민관과 입법부에서 간신히 과반수 표를 얻어 통과되었다. 통령정부 시대와 제정 시대하에서 무려 4만8천 명이나 훈장 수혜자가 지명되었다. 여기에는 시민 1,400명도 포함되었다. 이탈리아인들은 레지옹 도뇌르 훈장에 대해 지독한 풍자시[31]를 지었는데 내용은 이렇다.

옛날 흉포했던 시절에는 도둑들을 십자가에 매달아서
먹고 살았다네
그러나
보다 자비로운 우리 시대에는 오히려 도둑들에게 십자가를
걸어주고 있다네

다른 한편 헌법개정과 관련하여 나폴레옹은 1804년 '민법 제정'을 공포하였고, 1807년에는 이것을 '나폴레옹 법전'으로 개명했다. 박애의 이상, 즉 프랑스 국민 전체의 통합을 위해서는 성문법 제정이 시급했다. 1789년 당시 프랑스에는 366가지나 되는 지방 법률이 존재해 있었고, 남부의 랑그도크 법률은 북부와는 다른 법률원칙에 기초를 둔 것이었다. 재산법의 경우 프랑스 남부는 유스티니아누스 법전을 바탕으로 한 로마법을 구체화한 것이었고, 북부에서는 튜턴의 관습법에 기초를 둔 것이었다. 봉건법의 잔재와 교회법, 왕실법이 뒤얽혀 상황은 더 복잡해졌다. 토지에 관련하여 혁명은 봉건적 권리를 일소하고, 교회와 망명 왕당파들의 토지를 팔아치우거나 국유화함으로써 막대한 양의 토지를 재분배해 프랑스의 소유권 체계에 일대 격변을 초래했다. 이와 같은 불확실한 상황하에서 혁명적인 토지문제 해결에 있어서 신뢰나 안정은 있을 수 없었다.

1792년에 와서 국민공회는 779개 조항으로 늘어난 법전 계획을 빨리 마무리하기 위해 기초위원회를 지명했다. 1796년 이 계획은 1,104개 조항을 담은 법전으로 수정되었다. 1800년 작업을 시작한 이래 통틀어서 5개의 법전 초안이 국가참사원에서 완성되었다.

---

31 이탈리아를 정복하고 보물을 약탈한 공으로 나폴레옹이 레지옹 도뇌르 훈장을 수여하는 광경을 보고 이탈리아 사람들이 비아냥거리며 지은 풍자시.

국가참사원은 새 체제의 기초법을 무엇으로 정할 것인가를 결정해야 했다. 과거의 전통과 편견을 무시하고 추상적인 자연법을 택할 것이냐 아니면 기존의 법전—남부의 로마법과 북부의 관습법—또는 봉건법 중에서 어느 것을 선택할 것이냐가 관건이었다. 기초위원회에서 혁명파 베를리에와 티보도는 관습법과 자연법을 지지했다. '앙시앵 레짐'의 저명한 법학자 트롱셰와 포르탈리스는 나폴레옹과 캉바세레스의 지원을 받아 로마법을 지지했다. 결국 법전은 1789년 이래 여러 의견의 변화를 감안, 다양한 원칙을 절충한 형태로 완성되었다.

1793년 국민공회가 마련한 법률초안은 절정에 달한 합리주의의 철학적 영향력을 담고 있었다. 이 초안은 부권의 전제적 권위를 강조하며 재산을 유증으로 처분할 수 있는 자유를 부여했던 로마법과는 정반대였다. 그리고 부모의 권한을 제한하고, 가족 내에 상속재산의 분배를 보호하는 등 관습법보다 자유롭고 호의적이었다. 남녀의 평등, 민법상의 결혼, 성격차이로 인한 이혼, 부모가 인정할 경우 사생아에 대한 상속, 입양상속인들 간 재산의 평등분배를 허용했다. 그러나 1795년부터 이 초안들은 로마법을 선호하는 반동적인 경향을 보이면서 계몽주의의 합리주의 원칙과는 멀어졌다. 2,287개 조항으로 된 국가참사원의 최종 초안에서는 로마법 편향이 훨씬 두드러졌다. 아버지의 권위와 기혼여성 및 어린이의 종속성이 되살아났다. 이혼사유는 엄격히 제한되었으며, 간통한 아내는 남편의 뜻에 따라 수감될 수도 있었다. 사생아 인정도 무위로 돌아갔다. 상속인 사이의 재산분배는 유언자가 가족으로부터 재산의 4분의 1까지를 떼어 유증할 수 있는 권리로 수정되었다.

이런 규정들은 부분적으로는 전쟁의 공포와 인플레이션 하에서 사회기초질서가 붕괴되었던 총재정부 시대의 도덕적 해이를 바로잡

통령 공식 관복을 입고 있는
나폴레옹의 초상

고자 취한 고의적이고 불가피한 조치였다. 또 부분적으로는 가족의식이 강하고 정치나 사회 문제에 있어서 여성이 영향력을 미치는 것을 싫어하는 나폴레옹의 개인적 성향을 반영한 것이기도 하다. 그는 한 토론에서 "남편은 아내에게 '여보, 밖에 나가지 마시오, 극장에 가지 마시오, 여차여차한 사람을 만나지 마시오, 당신이 낳을 아이는 다 내 것이오'라고 말할 수 있을 만큼 절대적인 힘과 권리를 가지고 있어야 한다"고 주장했다.

한편으로 그는 간통이 아닌 다른 이유로 이혼하는 것은 옹호했다.

"결혼의 안정성은 사회적 도덕에 이바지한다. 따라서 더 이상 같이 살 수 없는데 억지로 같이 살게 되면 공동의 재산을 탕진하고, 가족을 깨뜨리며, 아이들을 내버리게 될지 모를 남편과 아내는 이혼할 필요가 있다. 그러한 결합을 강요하는 것은 오히려 결혼의 신성함을 해치는 것이다."

이러한 민법제정은 프랑스혁명을 일으켰으며 또한 거기서 이득을 본 중간계급(부르주아)의 소망대로 개인 재산권에 관한 혁명의 원칙들을 확인시켜준 것이었다.

나폴레옹의 주도로 국가참사원은 1801년부터 형법·상법·지방법·민사소송법을 기초할 제헌위원회를 발족시켰지만 이들 법전은 제정 시대 중반까지도 마련되지 않고 있었다. 이들 법전에 관해서는 통령정부 시대보다는 제정 시대 제도의 일부로 논하는 편이 나을 것이다. 아직 완성되지 않은 교육, 재정, 경제 관련 제도도 마찬가지로 제정 시대 때 다루겠다.

1802년 나폴레옹은 자신이 장군일 뿐만 아니라 지성과 의지와 나름대로의 정책을 가진 정치가임을 입증했다. 나폴레옹이 지배한 시대에는 자주 '군사독재'라는 딱지가 붙곤 한다. 이는 명백히 잘못 사용하는 단어이다. 나폴레옹이 아닌 다른 장군이 쿠데타를 일으켰다면 어떤 일이 벌어졌을까를 생각해 보면 알게 될 것이다. 군사독재자로서 그는 6개월도 채 버텨내지 못했을 것이다. 정치인들에 의해 떠밀리거나 군주제 회복의 전주곡으로서 '대장 수도사' 역할밖에 수행할 수 없었을 것이다. 나폴레옹은 "나는 장군 자격으로서가 아니라 국민의 눈에 정부의 수반으로서 적임이라고 비칠 수 있는 시민적 자질로서 통치한다. 만약 국민이 더 이상 그런 눈으로 나를 보지 않는다면 정부는 지탱될 수 없다. 군사령관이었던 내가 '학술원 회원'에 뽑혔을 당시 나는 이미 내가 무엇을 하고 있는지를 잘 알고 있었다."고 하였다.

통령정부의 성공은 바로 정부를 민간화 그리고 국가화하면서 과거를 불문하고 유능한 행정가를 정부에 끌어들인 나폴레옹의 과감한 인사정책의 성공과 비례하는 것이었다.

1803년의 법령공포로 시작된 나폴레옹 시대에 가장 흥미 있고 독창적인 작품 중 하나는 국가참사원 소속 심의관이었다. 이들은 구귀족에서 상류층 부르주아까지 여러 계층에서 선발한 장래가 촉망되는 젊은이들이었다. 국가참사원 위원 3명이 인터뷰를 거친 후 지명하여 선발된 이들은 고급 공무원 훈련을 받게 된다. 그들은 국가참사원 산하 여러 위원회와 함께 일하면서 국가참사원 총회에 옵서버로 참가했다. 나폴레옹은 때때로 이들을 격려하는 차원에서 국가참사원 총회에서 발언할 수 있는 기회를 주었고, 여기서 능력과 독창적인 생각을 보이면 흡족해하곤 했다. 1803년에 처음 16명이 지명된 이후 심의관은 1809년에는 60명으로, 그리고 1811년에는 300명 이상으로 늘어났다. 1813년 1월의 법령에서 심의관 후보는 대학 학위를 소지해야 했으며, 1810년 이후 심의관 선발이 급격히 확대되었는데 선발과정에서 정실을 배제하고 실력에 따랐던 것으로 보인다.

소설가 스탕달로 잘 알려진 앙리 베일은 1810년에 심의관을 지냈다. 그는 확실히 유능한 심의관이었지만 문학적 천재성이 남달랐으므로 심의관의 전형적인 사례라고 하기는 어려웠다. 그들 중 42명이 제정시대 때 지사로 임명되었고, 나머지는 나폴레옹에게 직접 보고를 담당하는 특별임무를 맡거나 점령지의 행정관으로 일했다. 이러한 그들의 특권은 관료계와 군부의 질시대상이었지만 나폴레옹은 대부분의 심의관들을 후원했다.

나폴레옹 후기에 비서였던 팽fain의 말처럼 그의 이런 의도는 군사나 관료 행정에서 방대한 제국의 조직을 이끌기 위한 방책이었던 것으로 보인다. 이런 점에서 훈련받은 고급 공무원을 키운다는 나폴레옹의 생각은 적어도 50년이나 시대를 앞선 것으로 보인다.

1816년 세인트 헬레나에서 그는 "공무원교육을 마치고 적당한 나이가 되면 심의관들은 어느 날 제국의 자리를 모두 채울 것이다. 지금까지의 그 어떤 정부보다도 가장 신속히 움직이면서 가장 정력적으로 활동하는 탄탄한 행정부를 만들어냈다."고 주장했다. 뿐만 아니라 "병사와 심의관의 도움만 있으면 전세계를 정복해 다스릴 수 있으므로 내가 해내지 못할 정복이란 없다"고 호언장담했다.

한편 장군들은 나폴레옹의 총애를 받았지만 행정가로서의 능력을 인정받은 몇 명을 빼놓고는 정부 안으로 들어오는 것을 엄격하게 제한당했다. 장군 중에 6명만이 국가참사원에서 일했다. 나폴레옹은 그들의 음모가 주로 질투 때문이나 특별히 위험한 인물은 거의 없다는 점을 잘 알고 있었다. 그러나 특히 공화주의적 성향이 강한 라인방면군 출신 장군들은 산 도밍고_{서인도 제도에 있는 히스파니올라 섬의 중심 도시, 현 도미니카 공화국의 수도}를 재정복하기 위한다는 구실로 배에 실어 멀리 보내 버렸는데 이들의 지휘자인 레클레르는 나폴레옹의 여동생 폴린과 결혼했다는 이유로 거만하게 구는 장군이었다. 모로는 허약함을 버리지 못하는 다소 악의에 찬 당파주의자였다. 브리타니군을 지휘하던 베르나도트는 실제로 비밀리에 반反나폴레옹 선언서를 인쇄하는 단계까지 성공했지만 계획이 발각되자 용케도 참모에게 그 책임을 전가했다.

나폴레옹이 개인적인 토론에서는 반대의견에 놀랍도록 관대하지만 공적인 반론에는 병적으로 민감하다는 사실은 일견 이상해 보인다. 그는 "제도가 오래 전에 확립된 나라에서의 자유토론과 아직 정착되지 못한 나라에서의 반대의견 사이에는 큰 차이가 있다"고 주장했다. 1803년 형 조제프와 나눈 대화에서 그는 "나는 아직도 반대에 무슨 좋은 점이 있는지 이해할 수 없어. 뭐라고 하든 반대의 유일한 결과는 국민들이 보기에 권력의 힘을 감소시키는 것이야."라고 말했다. 그가 정적을 비난하는 말로 잘 쓰는 용어는 '이상주의자'나 '형이상학자'였는데 국가참사원 소속 호민관들 중에는 "연못에 처넣어야 할 형이상학자가 열 둘 혹은 열 다섯이나 된다"고 공공연히 말하곤 했다.

이미 1800년 1월 포고령에 따라 파리의 정치잡지 73종 중 60종이 발매금지되었다. 이들 중 대부분이 값싸고 저질스러운 것들이었다. 『르 모니퇴르』는 주로 정부 홍보물을 실었는데 정치 기사 중 상당수를 나폴레옹이 직접 썼다. 나폴레옹은 "언론에 굴레를 씌우지 않는다면 나는 3일도 권좌에 앉아 있지 못할 것"이라고 말했다. 통령정부 시대에 나폴레옹의 비서였던 부리엔은 나폴레옹이 면도하는 동안 『르 모니퇴르』부터 시작해서 온갖 신문을 읽어주곤 했다. 나폴레옹은 프랑스 신문들에 대해서는 "그냥 넘어가, 넘어가!"라고 말하곤 했다. "난 뭐가 실려 있는지 다 알아. 그들은 내가 시킨 말만 하거든."

마렝고 승전 이후 6개월도 채 지나지 않아 1800년 12월 24일 생 니케즈 가街에서 테러가 발생했다. 나폴레옹과 조제핀은 하이든의 오라토리오 「천지창조」[32]를 관람하러 가는 길이었다. 이 거리는 튈르리궁에서 오페라극장으로 가는 길목이었는데 나폴레옹이 탄 마차가 급히 지나가는 도중 옆에 서있던 수레에서 폭발물이 터졌던 것이다. 간발의 차로 나폴레옹은 폭발물 사고를 피할 수 있었지만 많은 사람이 죽거나 다쳤다. 두 사람이 다행히 목숨을 구한 것은 마부 때문이라는 얘기가 전해진다. 마부 세자르는 나폴레옹이 마렝고 전투에 함께 참

---

32 하이든의 「천지창조」는 1798년 구약성서 '창세기'와 '실낙원'을 바탕으로 한 영어 대본을 바탕으로 하여 작곡되었고, 1798년 4월 49일 비엔나의 슈바르첸베르크 궁에서 작곡자 자신의 지휘로 초연되었다.

전했다는 이유로 고집을 부려 채용한 사람으로 대개 술취한 상태에서 과속으로 마차를 몰곤 했다. 그가 조금만 늦게 마차를 몰았다면 나폴레옹은 이 테러로 목숨을 잃었을 것이다.

나폴레옹은 이 사건을 자코뱅파 세력을 제거하는 구실로 이용했다. 며칠 전에도 자코뱅파 일부를 체포했음에도 그는 이 사건이 방데의 왕당파 조르주 카두달의 음모라고 유력한 증거를 제시한 자코뱅파 치안 장관 푸셰의 주장을 무시하고, 원로원을 설득해 자코뱅파 130명을 해외로 추방시켰다.

마렝고 전투 이후 왕당파들은 나폴레옹이 부르봉 왕가 군주제를 회복시켜 줄 것이라는 희망을 버려야 했다. 루이 18세가 나폴레옹에게 개인적인 서한을 보냈을 때 그는 단호하게 다음과 같이 잘라 말했다.

"프랑스로 돌아오겠다는 기대는 아예 하지도 마십시오. 만일 귀국을 강행한다면 당신은 십만의 시체를 밟고 넘어와야 할 것입니다."

나폴레옹은 이번에는 호민관을 공격했다. 헌법에 따라 호민관 의원 중 5분의 1이 1802년에 바뀌어야 했지만 그 절차는 아직 미정이었다. 나폴레옹은 원로원을 이용해 퇴임한 의원 중에서 새로운 의원을 재지명하면서 반대파 인물 중 가장 강경한 20명을 제거했다. 그런 후 호민관을 입법·내무·재정 등 3개 분과로 나눠지도록 유도했다. 1803년 윤리와 정치 발전에 이바지했던 학술원이 억압당했고, 사교계의 명사인 스탈 부인의 살롱도 해산되면서 그녀는 파리 거주가 금지되었다.

지방에서 나폴레옹의 인기는 '정교협약'과 영국과의 아미앵 평화조약 협정 체결로 정점에 달했다. 그는 이 기회에 헌법까지 개정하려고 했다. 원로원은 나폴레옹의 제1통령 임기를 다시 10년으로 연장하자고 제안했으나 나폴레옹은 국가참사원에 종신통령제를 표결에 붙이는 국민투표안을 내놓아 그들을 무력하게 했다. 공식 투표결과는 찬성 3천500만 표 대對 8천 표였는데 반대표에는 카르노 군의 내부 표가 상당수 포함되어 있었다.

종신통령이 되자마자 나폴레옹은 원로원의 결의를 얻어 헌법에 중요한 수정을 가하도록 했다.(1802년 8월 4일) 3인의 통령은 이제 모두 종신직이지만 제1통령이 나머지 두 통령과 자신의 후계자도 지명할 수 있게 되었다. 위원을 11명으로 제한한 새 비밀자문위원회가 만들어져 원로원의 결의를 기초하거나 조약 및 선전포고를 인가할 수 있는 권한을 갖게 되었다. 원로원의 힘은 커졌지만 독립성은 훼손당했다. 이와 함께 나폴레옹은 선거제도까지 바꿈으로써 시에예스의 '명사' 명단도 아예 없애버렸다.

나폴레옹은 부르봉 왕가의 그 어떤 군주들보다도 훨씬 절대적인 권력을 장악했다. 고등법원과 같은 '앙시앵 레짐' 시대의 독립기관이 혁명으로 모두 사라진 마당이어서 더욱 그러했다. 티보도는 나폴레옹에게 종신통령의 의미에 대해 경고하는 편지를 썼다.

"당신은 공화국에 치명타를 가하는 것을 가볍게 보아서는 안됩니다. 이것은 동시에 프랑스혁명도 죽이는 셈입니다. 모든 봉건적인 제도가 당신의 왕좌를 에워싸게 될 것입니다. 아마 그러길 바라시진 않겠지만 그럼에도 불구하고 봉건적인 제도는 당신의 의사와 관계없이 다가올 것이고, 당신은 거기에 굴복함으로써 끝나게 될 것입니다."

하지만 프랑스인 대다수가 이런 우려에 공감했던 것 같지는 않았다. 통령정부는 혁명으로 이룩한 주요한 사회적·물질적 성과를 보호했으며, 어쨌든 단기적으로는 이런 토대가 정치적 자유보다도 훨씬 중요한 것이었다.

자유·평등·박애는 혁명의 세 가지 정신을 구현하는 것으로 이 세 이념은 단일체가 아닌 동시적으로 이루어진 세 가지 정치적·사회적·행정적인 혁명이었다. 평등과 박애는 특권 귀족층의 파괴와 국가적 통합의 실현이라는 점에서 확실한 성과였다. 반면 자유라는 측면은 실패한 듯 보였다. 이런 의미에서 자신이 혁명 그 자체를 상징한다는 나폴레옹의 주장은 이해할 만하다.

더욱이 이런 나폴레옹의 권위주의적인 요소는 초기부터 혁명철학에 존재하고 있었다. 많은 철학자들이 예전부터 개혁을 실천하기 위해 강력한 계몽전제군주를 기대하지 않았던가? 이를테면 볼테르는 루이 16세가 통치 초기에 고등법원을 부활시키자 개탄하지 않았던가? 또 루소는 『사회계약론』에서 입법자에게 "일반의지를 계몽시킬" 필요가 있다고 단언하지 않았던가? 로베스피에르는 바로 이러한 근거로 공안위원회의 독재를 정당화하지 않았던가?

1802년 당시 나폴레옹은 현존하는 가장 눈부신 계몽군주의 화신 같았다. 1790년 미라보[33]는 루이 16세와의 비밀 서신에서 누차 특권 계급을 철폐하고, 국가를 현대화함으로써 혁명을 주도하라고 촉구했었다. 그는 혁명과 군주제가 서로 배치되지 않아야 왕가는 전보다 더 강건해지리라고 예상했었다.

미라보와 나폴레옹은 둘 다 교조적인 혁명 이론가들 가운데 가장 탁월한 현실주의자였던 셈이다. 미라보의 이러한 예측은 마침내 1802년 나폴레옹에 의해 실현되었다. 나폴레옹은 미라보가 말했듯

---

[33] 프랑스혁명 초기에 프랑스를 이끌었던 국민의회의 가장 위대한 인물로 꼽힌다. 입헌 군주제를 옹호한 온건주의자.

이 군주제와 혁명간에 전혀 모순점을 찾을 수 없었다. 부르봉가 군주제의 몰락은 루이 16세의 유약함과 부르주아들의 '허영심'에서 기인한 결과였다. 부르봉가가 이 난국을 제대로 풀지 못했으므로 이제 나폴레옹이 "도랑에 떨어진 왕관을 주워" 프랑스의 '네 번째 왕조[34]'를 세울 수 있는 절호의 기회였다. 물론 혁명이 가져온 사회적인 변화를 토대로 해서 말이다.

---

[34] 나폴레옹 왕가가 샤를마뉴 대제의 카롤링 왕조 이후 카페, 발루아, 부르봉 왕조를 잇는 네 번째 왕실 혈통이 될 것이라는 의미.

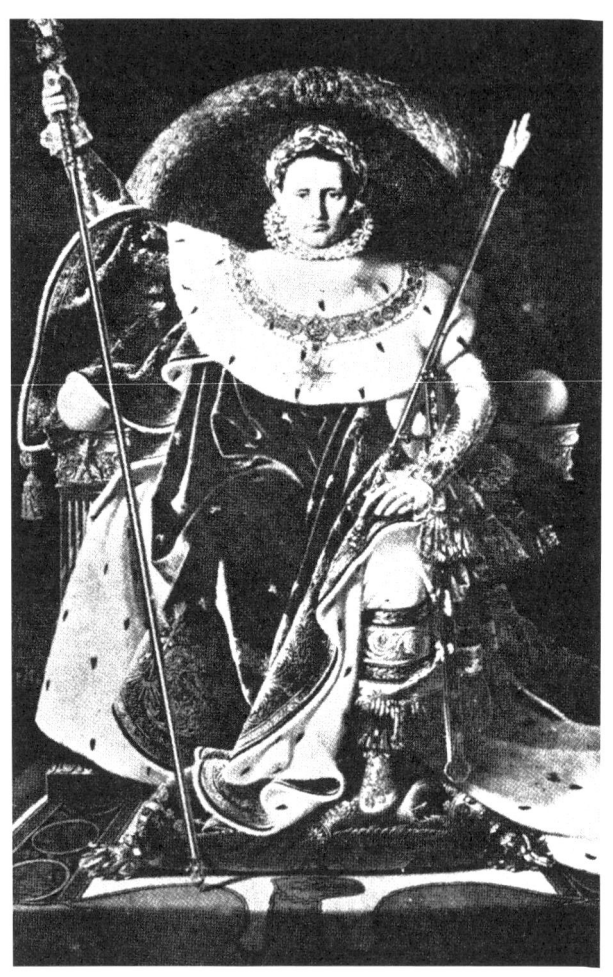

황제 대관식에서 예복을 입은 나폴레옹 1세

7

새로운 샤를마뉴 대제

1802년 영국과의 아미앵 평화조약[35] 체결이 임박하자 나폴레옹은 영국 관광객이 몰려들 것으로 예상해 프랑스 북부 칼레에서 파리에 이르는 도로를 정비하라는 명령을 내렸다. 영국 의회의원으로 후에 총리직에 오른 찰스 제임스 폭스는 그 중에서도 더욱 특별한 방문객이었다. 폭스는 나폴레옹과 여러 번 대화를 나누고 난 후 그의 의도와 성격을 간파하고는 피트의 전쟁정책에 반대의사를 표명해 왔던 자신의 생각이 착각이었음을 깨달았다.

급기야 런던 예비회담에서 평화협정 조약의 초안이 확정되기도 전에 영국 내 여론은 이미 프랑스와의 평화에 반대하는 쪽으로 흐르고 있었다. 맘즈베리는 **'일주일간의 평화·한달간의 전쟁'**이라고 지

---

[35] 1802년 3월, 영국이 몰타 섬에서 철수하고, 프랑스는 점령중이던 나폴리 항구에서 철수하기로 약정한 평화협정.

적할 정도였다. 이 조약만 맺으면 1786년의 자유무역통상협정이 원상복구될 것이라는 런던의 희망은 곧 꺾여버렸다. 나폴레옹이 자기 통제하에 있는 모든 해안선에서 영국제 상품을 취급하지 못하게 하려는 의도를 명백히 했기 때문이다. 그는 이 정책을 국민공회와 총재정부로부터 위임받아 훨씬 효과적이고 광범위하게 수행할 수 있었다.

뤼시앵 보나파르트의 후임으로 내무장관이 된 저명한 과학자 샤프탈과 런던 주재 프랑스 상무대표 코케베르 드 몽브레는 프랑스 산업을 보호하는 안전장치로서 자유무역협정을 되살리기 위한 논의를 시작했다. 그러나 공무원과 기업가들은 이에 강경하게 반대했다. 1786년의 자유무역협정으로 인해 프랑스 섬유산업은 심각한 타격을 받아 결국 프랑스혁명을 촉발시키는 결과를 가져왔기 때문이었다. 이 논쟁에서 나폴레옹이 어느 쪽을 지지할지는 의심의 여지가 없었다. 즉각 재정의 안정과 금 부족문제를 해결하기 위해서는 수입을 줄이고 수출을 장려하는 정책이 필수적이었다. 그는 섬유산업 기계화를 추진하고 있던 리샤르 르누아르 같은 개척자들에게 지대한 관심을 보였다.

초기의 붐 이후 영국의 수출량은 1802년 말부터 감소하기 시작했다. 나폴레옹의 수입금지정책이 계속되었고, 기존의 금지령을 여러 부문에까지 추가로 적용했던 것이다.

나폴레옹은 스페인에게서 받은 루이지애나를 점령하여 지중해와 인도양에서의 영향력을 확대하려고 했다. 또한 반란이 일어나 잃었던 산 도밍고를 되찾으려고 원정대를 파견하자 새로운 식민 제국이 등장해 식민지 무역 경쟁이 더욱 심해질 것이라는 우려의 소리가 높아졌다.

영국의 여론을 더욱 불안하게 하는 것은 유럽에서의 프랑스 세력의 확장이었다. 이는 정치적인 힘의 균형뿐 아니라 영국의 수출시장에 큰 영향을 미치는 문제였기 때문이다.

나폴레옹은 러시아와 영국에 대한 화해의 제스처로 나폴리와 교황령에서 프랑스군을 철수시켰다. 그러나 홀랜드(네덜란드)에는 구실을 붙여 철군을 미뤘고, 이탈리아의 피에몬테와 엘바 섬을 프랑스에 합병시켰으며 파르마를 점령했다.(1802년 8월~10월)

스위스 연방에는 스위스 자국내의 분쟁을 구실 삼아 중재법(1803년 2월)에 따라 연방헌법의 적용과 더불어 프랑스와 방어동맹을 체결하도록 강요했다. 나폴레옹은 이탈리아 원정의 경험으로 알프스 통로의 중요성을 이미 알고 있었다. 그래서 그곳을 장악하겠다고 결심하고, 롬바르디아와 계속 긴밀하게 연락을 취하기 위해 스위스에 전략적인 도로망을 건설했다.

이탈리아의 치살피나 공화국은 1802년 '이탈리아 공화국'으로 바뀌고, 나폴레옹이 이탈리아 대통령으로 취임했다. 뤼네빌 평화조약[36]은 독일 지역의 분할과 재편성을 가져왔는데, 이는 라인 강 서안지역을 프랑스에 양보한 독일 군주들에 대한 보상책이었다. 군주들에 대한 세부적인 보상 과정에서 오스트리아나 러시아에게 더욱 치욕스러운 것은 이러한 모든 재편성에 관한 문제를 독일 군주들이 파리와 외무장관 탈레랑의 처분에만 의존한다는 점이었다.

1803년 2월 들어 나폴레옹은 독일의 프로이센, 바이에른, 바덴, 뷔르템베르크, 헤세-카셀과 같은 많은 교회 공국과 자유도시들을 진압해 프랑스에 합병시켰다. 오스트리아는 이제 프랑스로 기울어버린 라인란트라인 강에 인접한 유럽의 국가들와 독일 남부의 여러 공국에 대한 통제권을

---

36 1801년 프랑스와 오스트리아 사이에 체결된 조약. 오스트리아가 '캄포 포르미오 조약' 조항들을 재확인한 것으로, 벨기에와 룩셈부르크를 프랑스가 영유했다.

사실상 상실했다.

통령즉위 후 팽팽한 유지 속의 평화, 즉 현대적인 용어로 '냉전'을 지속했던 것이 나폴레옹에게는 확실히 이롭게 작용했다. 루이 14세를 능가하는 샤를마뉴 대제[37]의 제국이 프랑스 봉건왕조제도의 폐허에서 부상하는 듯 보였다. 나폴레옹이 영국과의 결별을 전혀 서두르지 않고 있는 것은 식민지 정복 계획에 지장을 초래할 수 있을 뿐만 아니라 프랑스 함대를 회복시켜 영국의 해군력과 견주려면 수년이 걸린다는 점을 잘 알고 있었기 때문이었다. 해군장관 드크레와의 대화에서 그는 "우리로선 적어도 10년 정도는 지난 뒤에야 스페인과 네덜란드의 도움을 받아 대영제국에 도전해 볼 만하다"라고 말했다.

런던에서는 '아미앵 평화조약'이 곧 유럽의 평화 유지를 의미한다고 생각했다. 이는 거론하기조차 딱한 일이었다. 왜냐하면 사실상 평화유지는 아미앵 조약이 아니라 영국이 참여하지 못한 채 프랑스와 오스트리아 간에 맺은 '뤼네빌 평화조약'에 의해 보장되고 있었기 때문이다. 그 즈음 영국의 피트는 전쟁 재개가 불가피하며 전쟁이 '잠정적인 평화유지' 보다도 덜 위험하다고 확신했다. 그는 '아미앵 조약' 이후 프랑스가 유럽의 대부분을 차지한 것에 대한 보상책으로 영국이 몰타 섬을 계속 보유해야 한다는 조건을 프랑스에 요구했다.

1802년 9월 파리 주재 영국대사로 임명된 위드워스 경은 몰타 철수에 관해서 나폴레옹과 아무 말도 하지 말라는 지시를 받았다. 한편 10월에 영국의 외무장관 혹스베리는 프랑스의 침공에 대항하는 동맹문제를 러시아와 의논했다.

---

37 프랑크 왕국의 왕(재위기간:768~814년), 로마 제국 멸망 이후 스페인과 이탈리아 남부 및 브리튼 제도를 제외한 서유럽 대부분 지역을 통일하였다. '유럽의 아버지 왕'이라 불렸다.

1803년 1월 『르 모니퇴르』에 세바스티아니 장군의 이집트 방문 공식 보고서가 실렸는데 "6천 명이면 이집트를 재정복하기에 충분할 것"이라는 그의 공격적인 발언이 그대로 실렸다. 나폴레옹은 이렇게 자극적인 발언을 그대로 게재함으로써 영국이 몰타에서 철수하도록 압력을 가해 아미앵 조약을 완성하려는 의도였던 것으로 보인다.

위드워스는 이미 나폴레옹이 이집트를 재정복하려 한다고 경고하는 보고서를 영국 정부에 보낸 바 있었고, 영국내각은 세바스티아니의 이 보고서를 트집잡아 몰타가 1801년의 상태(성 요한 기사단의 통치)로 복귀될 때까지 영국이 계속 몰타 섬에서 철수하지 않겠다는 선언의 구실로 이용했다.

영국대사 위드워스는 거만하고 딱딱해서 나폴레옹이 '영국식 과두정치'로 묘사하곤 하던 자들의 전형이었다. 어느 날 다른 대사들이 보는 앞에서 나폴레옹과 위드워스 사이에 폭력적인 장면이 벌어졌다. 나폴레옹은 "탈레랑과 영국문제를 논의하던 중 화가 잔뜩 나 있는데, 그 순간 이 얼간이 같은 영국대사가 와서는 내 코앞에 얼굴을 들이밀고는 얼토당토않은 말들을 지껄였다"라고 말했다. 이 사건은 나폴레옹이 영국과의 불화를 조장하려고 교묘히 계획한 것이었을지도 모른다. 그러나 위드워스가 언쟁 직후 "제1통령은 전쟁으로 가는 것을 진심으로 바라지 않는 것이 확실하다"고 보고한 것으로 보아 일부러 의도한 것 같지는 않다.

위드워스의 몇몇 편견도 나폴레옹이 어이없는 판단을 내리는 데 일조했다. 그는 나폴레옹을 '차르(러시아 황제)의 복제품'으로 묘사하면서 프랑스에 "반란의 기운이 무르익었다"는 잘못된 의견을 내놓았다. 그러나 이 언쟁사건 이후 나폴레옹의 즉각적인 전쟁 재개는 없었다. 산 도밍고에 가 있는 주요 원정함대와 데캉 장군 지휘하의 인도양에 급파된 나폴레옹의 해군이 영국 해군에 의해 모두 희생될 우려가 있었기 때문이었다.

그렇지만 영국 내각은 10년간의 몰타 섬 보유와 람페두사의 영구 점령, 네덜란드와 스위스에서 프랑스군 철수 등의 요구를 계속 고집했고, 이에 대해 러시아의 중재를 받자는 최후통첩안을 나폴레옹에게 제시했으나 중재는 거부당하고, 결국 위드워스는 1803년 5월 12일 파리를 떠났다.

한편 나폴레옹은 무책임하기 짝이 없게 저속한 신문들을 포함해 여러 영국 신문들을 읽어보고는 분노했다. 저명한 『모닝 포스트』조차도 그의 출신에 대해 "나폴레옹은 뭐라고 정의하기 어려운 인물이다. 반은 아프리카인이고, 반은 유럽인인 지중해 코르시카 섬 출신 흑백 혼혈아."라고 비방할 정도였다. 나폴레옹이 이러한 언론의 공격을 대사를 통해 공식항의하자 영국 측은 도리어 언론의 자유를 침해한다고 항의했다. 영국 측의 이런 반응은 정부와 언론의 유착관계를 나름대로 파악하고 있던 나폴레옹으로서는 충격적으로 받아들여졌다. 실제로 많은 언론이 상당한 액수의 정부보조금을 받고 있었기 때문이었다.

그렇지만 영국의 폭스나 캐닝 같은 인사들은 좀 더 이성적인 판단을 내릴 수 있었다. 캐닝은 1803년 "나는 보나파르트의 찬양자는 아니지만 그의 탁월한 재능과 욱일 승천하는 천재성을 인정하지 않을 수 없다"고 썼다.

한편 나폴레옹은 혁명 당시부터 받아온 영국에 대한 이미지를 떨치지 못했다. 아작시오의 독립운동가 파울리 장군이 만들어낸 '장사꾼의 나라' 라는 그 유명한 말을 그는 좀처럼 이해하지 못했다. 그는 영국이 프랑스식 평등원리를 받아들이고자 하는 많은 프롤레타리아(무산계급)를 억압하는 거만하고 차가운 '과두정치의 나라'라고 생각했다. 프랑스에서는 혁명 이후 없어진 태형笞刑과 같은 구태의연하고 야만적인 징벌이 영국군에서는 아직도 행해지고 있는 것에 그는 심한 충격을 받았다.

또한 소박한 생활을 했던 나폴레옹은 영국 사람들의 엄청난 술 소비량을 보고 매우 놀랐다. 세인트 헬레나 유배 시절 그는 영국 상류층 사람들의 나쁜 술버릇에 대해 자주 얘기하곤 했다. 영국 정부와 사회에 품은 그의 오해는 이후 대륙봉쇄정책을 논의하는 과정에서 더욱 분명하게 나타날 것이다.

이렇게 의견 교환 부족으로 생긴 쌍방간의 오해는 늘 잠재해 있는 분쟁의 불씨를 촉발시키는 원인이 되면서 양국의 관계를 더욱 악화시켰다. 어느 편이 '아미앵 평화조약'을 결렬시켰는가에 대한 논쟁은 끝이 없었다. 엄밀히 말하자면 조약에 명시된 몰타 철수조건을 거부한 영국 정부의 잘못이었다.

그러나 영국 측이 러시아의 중재를 받자고 제시한 최후통첩안을 프랑스가 거부한 것은 나쁜 인상을 주었다. 당시 캐슬레이는 "프랑스가 몰타만을 위해 싸우는 것이 아님을 세계에 납득시키기는 어려울 것"이라고 썼다. 유명한 프랑스 역사학자 알베르 소렐은 "영국이 벨기에를 점령한 것을 보더라도 그들이 진정코 프랑스와 약속을 지킬 준비가 전혀 되어있지 않다"고 주장했다. 이러한 가정으로 본다면 나폴레옹은 '혁명의 계승자'로서 '자연국경'을 지킬 의무가 있었으므로 영국에 대한 일련의 방어전을 펼쳤다고 주장할 수도 있다. 소렐은 "실제로 700년 역사의 영국은 700년 역사의 프랑스와 700년 동안 계속 투쟁해왔다"고 썼다. 물론 이러한 견해는 결정론자의 정말 위험한 역사관이다.

1797년 릴과 1801년 아미앵에서 영국은 분명 프랑스가 더 이상 팽창을 계속하지만 않는다면 프랑스의 '자연국경'을 승인할 준비가 돼 있었다. 그러나 영국 정부로서는 유럽에서의 세력균형이 완전히 뒤집힌다거나 프랑스가 유럽 대륙의 주도권을 장악하는 것은 받아들일 수 없었다. 그렇게 되면 영국의 입장에서는 스페인의 필립 2세, 프랑스의 루이 14세, 독일의 빌헬름 2세와 훗날 히틀러의 위협에 대항했던 때처럼 저항할 수밖에 없을 터였다. 그것은 생사가 달린 문제였다. 왜냐하면 대륙을 지배하는 강국은 유럽의 선박 건조 자원을 조직해 영국의 제해권制海權에 도전할 수 있기 때문이었다.

경제사학자들은 나폴레옹이 군대해산이라는 극복하기 어려운 문제 때문에 어쩔 수 없이 전쟁과 계속 불가피한 관계일 수밖에 없다고 주장하기도 했다. 실제로 퇴역 장성들은 다루기 어려워졌고, 계속되는 징집과 전쟁으로 인한 소모는 인구증가 추세를 약화시켰으며, 노동계급의 저임금화 추세를 혁명 전으로 되돌려 놓았다. 그러나 1802년 당시 나폴레옹의 막강한 위세와 혁명의 대격변 이후 프랑스 국민이 휴전에 대해 갖는 열망을 기억한다면 평화유지는 불가능할 것도 없었다.

세인트 헬레나에서 나폴레옹은 이것이 진정한 자기 의도였다고 술회했다.

"나는 진심으로, 나와 프랑스의 미래는 아미앵에서 결정되었다고 믿었다. 이제부터 나는 오로지 프랑스를 경영하는 데만 전력하려고 했고, 아마도 여러 가지 기적들을 행했을 것이라 믿는다. 또한 나는 더 이상 전쟁을 벌이지 않아도 유럽을 도덕적으로 정복하고 말았을 것이

제1통령으로서
군 사열을 받는 나폴레옹

다. 당시 나는 군대의 힘으로 그것을 가능케 할 수 있었다."

나폴레옹의 이전 행적과 그의 성격으로 보건대 이 말은 거짓처럼 들린다. 프랑스 역사학자 알베르 방달이 제대로 요약했듯이 "그가 가진 천부적인 능력으로 전쟁수단만이 아니라 도덕적인 방법을 통해 유럽을 정복하는 것이 불가능한 일이라고만 말할 수는 없을 것이다. 이 시기의 프랑스의 국력 팽창을 억제시키는 데는 엄청난 자제가 필요했으리라 보는데 그러므로 이는 체질상 나폴레옹의 성격과 야망에 전혀 걸맞지 않았을 것이다."

위대한 나라, 프랑스는 당시 같은 혈통을 지닌 2천800만의 국민이 혁명으로 활력이 넘치고 있었으며 나폴레옹의 의지에 전적으로 따르는, 유럽에서 가장 크고 잘 조직된 국가였다.

이 시기 나폴레옹의 진심은 다음과 같은 말에서 드러난다.

"낡은 군주제 국가들과 새로운 공화국 사이에는 적대감이 존재할 수밖에 없다. 현 상황에서 평화조약은 내게는 다만 아주 잠깐동안의 휴전을 의미한다. 그리고 현재 내 직무를 수행하는 동안은 거의 끊임없이 전쟁을 치르는 것이 내 운명이라고 믿는다."

이런 점에서 볼 때 그가 집정관 자리에 있을 당시 말메종의 별장에 있던 서재가 야전 텐트 모양이라는 사실은 시사하는 바가 많다.

1803년, 아미앵 조약이 결렬되었을 당시에도 프랑스 국민들은 나폴레옹이 자신들을 어떤 '영광의 고지'와 아니면 어떤 '치욕의 구렁텅이'로 이끌지를 알지 못했다. 전쟁이 처음에는 늘 그렇다시피 전선 여기저기서 산발적으로 재개되었다. 영국은 바다에서, 나폴레옹은 육지에서 우세했으므로 어느 쪽도 주도권을 잡을 수 없었다. 영국이 최후통첩의 효력이 만료되기도 전에 프랑스 배를 나포했다는 소식을 접하자 나폴레옹은 그 보복으로 영국 배를 빼앗고, 징집 연령에 해당되는 프랑스 거주 영국인들을 감옥에 감금해 버렸다. 18세기식 전쟁 기준으로 볼 때 이는 전대미문의 만행이었다. 더 치명적인 것은 프랑스가 하노버를 신속히 점령한 것이었다. 영국의 유럽 대륙 침공 위협이 고조되면서 그 규모도 점점 커졌다. 이제 전쟁이 임박하자 나폴레옹은 두 소형 함대를 영국해협 측 여러 항구에 준비시켰다.

다시 일어난 전쟁의 첫 번째 직접적이고도 중요한 결과는 보나파르트 왕조가 세습제를 선언한 것이었다.(1804년 5월) 이 조치는 나폴레옹의 야망과 일치할 뿐만 아니라 혁명으로 얻은 성과를 보전하는 것이기도 했으므로 '종신통령' 시대가 필연적으로 가야 할 종착점이었다. 교회와 망명귀족의 땅을 국유화해 그 혜택을 받고 있던 시역자들, _{루이 16세의 처형에 찬성한 국민공회 의원}부르주아계급, 그리고 농부들은 체제의 생존 여부가 오로지 나폴레옹의 목숨에 달려 있는 한 절대적인 안전을 보장받을 수는 없었다. 만약 그가 전투중 암살되거나 죽는다면 그들은 자코뱅당의 무정부 상태나 부르봉 왕가의 복귀라는 정치적 위험에 처하게 될 것이다.

뢰드레르는 일찍이 1800년 8월 나폴레옹과 나눈 대화를 회고록에 자세히 기록하고 있는데, 거기서 그는 이런 혼란을 막기 위하여 유일하고도 가능한 해결책으로 나폴레옹에게 세습제를 역설했다. 나폴레옹은 형 조제프의 가까운 친구인 뢰드레르가 이 문제를 거론하는 것이 껄끄러웠다. 그는 자기 마음대로 후계자를 지명하고 싶어했던 만큼 조제프나 다른 형제 중 누구를 후계자로 삼는다는 생각을 탐탁해하지 않았다. 그래서 그가 왕조유지를 이유로 조제핀과의 이혼문제를 심사숙고하게 되기까지는 오랜 시간이 걸렸다. 실제로 그는 후일 레옹 백작으로 알려진 사생아가 태어난 1807년 이전까지만 해도 아이가 생기지 않는 것이 조제핀 탓이라고 확신하지 못했다. 동생 뤼시앵이 1800년 11월「카이사르, 크롬웰, 몽크, 그리고 보나파르트 비교」라는 제목의 세습제를 암시하는 팜플렛을 냈으나 이 제안은 받아들여지지 않았다. 루시앵은 이 때문에 내무장관직에서 물러나 마드리드 주재 대사로 쫓겨났다. 1802년 동생 루이와 의붓딸 오르탕스 사이에서 아들, 나폴레옹-샤를이 태어난 뒤에야 비로소 나폴레옹은 이 조카를 후계자로 입양하겠다고 생각하게 된다.

또한 영국의 사주를 받아 그의 목숨을 노리는 카두달 일당들의 음모가 시작되자 제정 세습에 관한 논의는 더욱 박차를 가하게 되었다. 영국 정부는 통령정부 체제가 허약하다는 위드워스의 잘못된 보고만을 믿고, 프랑스 내 왕당파에 '제5열'^{적과 내통하여 국내에서 파괴행위를 하는 일단의 사람들을 지칭함}이라는 집단을 재정비했다. 올빼미당원 왕당파 조르주 카두달은 생 니케즈가街 테러사건의 주모자였으며, 아미앵 평화조약 이전에 이미 영국 관리들에게 제1통령을 '납치'하는 계획을 제시한 바 있었다. 이 계획은 아미앵 조약의 체결로 연기됐지만 영국 정부는 나폴레옹의 항의에도 불구하고 카두달과 올빼미당원들을 계속 후원했고, 전쟁이 재개된 후 이들은 아르투아[38]백작의 후원도 받았다.

영국에 체류중이던 카두달 일당은 1803년 8월 영국 해군본부의 지시에 따라 라이트 함장의 주선으로 도버해협을 건너 프랑스 연안에 몰래 상륙했다. 한편으로 자코뱅 당원이었던 메에 드 라 투슈는 나폴레옹에 반대하는 자코뱅파와 왕당파를 한 데 모으고, 망명한 피슈그뤼 장군과 모로 장군의 회동을 주선할 계획으로 런던에 도착했다. 모로는 피슈그뤼와 만나 보나파르트가 제거되면 기쁘겠지만 자신은 카두달이나 왕당파 등의 당파들과 관련되고 싶지는 않다고 말했다.

투슈가 런던으로 떠났을 때 이중간첩이었을 가능성도 있었지만 지금으로선 증명할 길이 없다. 그러나 프랑스로 돌아오자마자 암살계획을 치안장관 푸셰에게 털어놓음으로써 그는 진짜 이중간첩이 되고 말았다. 푸셰는 매우 기뻐하며 이 정보를 나폴레옹에게 보고했다. 푸셰는 경찰 총수로서 아미앵 평화조약 기간 내내 별 성과를 거두지 못한 것을 이번 일로써 만회하고 싶었다.

나폴레옹은 이로써 카두달과 피슈그뤼가 프랑스에 잠입해 들어와

---

[38] 루이 15세의 둘째아들이며, 루이 16세의 동생으로 왕정 복고 후 샤를 10세로 등극한다.

모로와 암살음모를 꾸미고 있다는 것과 부르봉 왕가의 왕자 하나가 모로를 따라올 것이라는 사실을 알게 되었다. 그는 계획의 부분 부분만 짐작할 수 있었으나 마렝고 전투로 자신이 자리를 비웠을 때 후계자에 관해 여러 공론들이 떠돌았던 경험으로 미루어보아 자신이 암살되면 프랑스를 혼란에 빠뜨릴 인물이 주위에 수두룩하다는 것을 잘 알고 있었다. 세심하게 사전 보안조치를 취하는 법이 없었으므로 영국의 음모로 암살위협이 계속되자 신경이 날카로워진 나폴레옹은 폭력적인 방법으로 보복을 감행하기로 결심했다.

결국 1804년 2월 모로가 체포되었고, 뒤이어 피슈그뤼, 카두달, 그리고 파리에 은신해 있던 약 20명의 다른 왕당파 망명객들의 체포 소식이 잇따랐다. 모로가 체포되자 장군들은 모두 경악해했지만 피슈그뤼와 카두달을 체포했을 때는 이 암살음모가 왕당파에 의한 것임이 명백하다는 여론이 지배적이어서 정부의 이런 조치에 동조하는 분위기였다.

피슈그뤼는 재판을 받기 전에 감옥에서 자살로 추정되는 의문의 죽음을 맞았고, 겨우 2년형을 선고받은 모로는 감형에 이어 추방당했다. 카두달과 19명의 다른 공모자는 사형을 선고받았다. 이들 중 귀족 8명은 형 집행을 연기해 투옥되었다.

그러나 이 사건에 관련된 부르봉가의 왕자는 아직까지 미궁에 싸여 있었다. 헌병대장 사바리 장군은 아르투아 백작을 잡으려고 영국해협 일대의 항구를 지키며 꼬박 한 달을 허비했다. 이 소식을 이미 투슈에게 들었던 푸셰는 앙기앵 공의 존재에 주목했다. 앙기앵 공은 1792년 발미 전투 때 프로이센이 프랑스를 침략하자 바덴의 에텐하임에서 망명군을 이끌었던 부르봉 왕조 루이 18세의 사촌인 콩데 공작의 아들이었다.

1803년 나폴레옹의 초상

투슈는 이중간첩으로서 뮌헨에서 활약하는 영국 측 요원 드레이크와 협의했다. 드레이크는 대륙에서 전쟁이 터지면 앙기앵 공이 망명 왕당파 군을 이끌고 알자스로 진군할 것이라는 계획을 그에게 털어놓았다. 추방되었던 프랑스 장군 뒤무리에와 영국 대령 스미스가 앙기앵과 함께 있다는 경찰의 보고를 받자 나폴레옹은 앙기앵 공이 바로 카두달이 기다리던 그 부르봉가의 왕자라고 성급하게 결론짓고는 바덴에 쳐들어가서라도 그를 체포해오라고 명령했다.

나폴레옹은 앙기앵 공을 파리로 끌고 와서 그가 소지한 서류를 살펴본 결과 '뒤무리에'는 '튀메리' 후작이라는 별 볼일 없는 망명객이었고, '스미스' 대령은 '슈미트'라는 독일인과 혼동한 것이 분명한 것을 알았다. 앙기앵이 카두달의 음모에 연루됐다는 증거는 어디에도 없었다. 그럼에도 불구하고 나폴레옹은 앙기앵을 지체없이 처형하기로 결심했다. 비밀위원회는 파리 치안군 사령관인 뮈라가 지명하는 군사위원회에서 앙기앵을 재판하기로 결정했다. 이후 탈레랑과 푸셰는 본인들은 부인했지만 앙기앵 공의 사형을 권한 것이 확실한 것 같다. 제2통령 캉바세레스만이 이에 반대했다.

결국 1804년 3월 21일 새벽 1시 앙기앵은 방센 교도소에서 군사위원회에 출석되어 새벽 2시 30분 총살당했다. 사바리 장군은 현장에서 재판관들을 위협하고 있었고, 앙기앵은 나폴레옹을 만나야겠다고 끝까지 호소했지만 무시당했다.

이 '살인재판'은 나폴레옹이 통령정부 시기에 영웅이자 정치가로서 누려온 명성에 도덕적으로 막대한 상처를 안겨주었다. 앞날을 예언이라도 하듯 베토벤은 앙기앵 공의 처형과 제정 선포 소식을 듣고 「영웅교향곡」 헌정을 취소해버렸다. 베토벤은 분노하여 외쳤다.

"그래, 그도 보통 사람에 지나지 않는단 말인가? 이제 그는 인류의 권리를 짓밟고, 자기만의 야망에 빠져들 것이다. 누구보다도 뛰어나므로 이제부터 그는 전제군주가 되고 말 것이다."

프랑스에서는 샤토브리앙만이 이 문제로 용기 있게 사임했고, 바덴의 공작은 너무 놀라 아무 말도 못했다. 러시아 법정이 유일하게 공식적인 항의를 했다. 러시아 측의 항의에 대해 탈레랑이 만약 당신들의 차르 파벨 1세가 이런 암살 위기를 당했다면 어떻게 하겠냐고 되받아치자 금세 무력해졌다. 나폴레옹은 러시아가 기회를 잡기만 하면 어떤 식으로든 영국과 손잡을 것이라는 점을 미리 예견하고 있었던 것으로 보인다.

앙기앵 공의 처형이 암살음모를 잠재우기 위해 필요했다는 주장은 더 이상 설득력이 없어 보인다. 암살음모는 피슈그뤼와 카두달을 체포함으로써 충분히 증명되었으므로 앙기앵의 죽음으로 프랑스 내 여론은 반정부 쪽으로 급선회했다. 나폴레옹 역시 앙기앵의 서류를 보자마자 그는 죄도 없고 위험하지도 않다는 것을 알았음에 틀림없다. 그러나 그는 의도적으로 재고의 여지를 남겨두지 않았다. 그는 조제핀의 간청에 대해서도 "내가 살해되는 걸 보고 싶은가?"라며 귀를 기울이지 않았다.

임종시 구술한 유언장에서 나폴레옹은 "나는 아르투아 백작이 봉급을 주며 파리에서 60명의 자객을 양성하고 있음을 공공연히 시인하고 있는 상황에서 프랑스 국민의 안전과 이익, 그리고 영광을 위해 앙기앵 공을 체포하고 재판에 넘겼다. 같은 상황이 또 벌어진다 해도 나는 그렇게 하겠다."고 썼다.

궁중 시종의 아내이자 나폴레옹과도 가까운 사이였던 레뮈자 부인은 이 사태가 미리 계획된 정치적 행동이라고 생각했다. 아마도 진실에 가까운 생각일 것이다. 전 혁명파들을 안심시키기 위해 치러야 할 대가라고 나폴레옹은 확신하고 있었다. 부르봉 왕가의 피를 흘림으로써 그는 시역자로서 그들과 공범자가 되었으며, 부르봉 왕가의 왕정복고를 원천적으로 막아버린 것이다. 그는 미오 드 멜리토에게 "나는 앙기앵 공 사건을 후회하지 않는다. 그래야만 진정한 내 의도에 대한 전 혁명파들의 의심을 일소하고, 부르봉 왕가 지지자들의 희망도 분쇄해버릴 수 있을 것이다."라고 말했다.

카두달 음모의 근원을 살펴보면 나폴레옹의 주장이 전혀 사실무근이 아니라는 걸 알 수 있다. 나폴레옹은 결코 유럽의 강국들로부터 정통성 있는 통치자로 인정받지 못했다. 나폴레옹이 치른 전쟁들은 미국 독립전쟁이나 제2차 세계대전처럼 16세기식 전쟁, 즉 부르봉 왕가나 합스부르크 왕가와 같은 정통체제의 후계를 위한 다툼이 아니라 이데올로기적인 투쟁전에 지나지 않았다. 오랜 군주체제의 열강들 머

1804년 거행된 대관식 장면

리 속에는 새로운 체제의 나폴레옹을 정통성 있는 군주로 보지 않으려고 하는 것이 지배적이었다.

더욱이 이 무시무시한 본보기는 한 가지 실질적인 효과를 가져왔음은 부인할 수 없다. 즉 나폴레옹의 목숨을 노리는 왕당파의 음모가 이후 다시는 없었다. 이 사건을 보건대 나폴레옹은 잠재의식 속에서건 어디서건 한 일파의 구성원(아르투아 백작과 카두달, 모로 등의 자코뱅 일파)이 취한 공격에 대해 그 일파의 다른 구성원(앙기앵 공)의 죽음으로 복수하는 코르시카식 '방데타' 규칙을 기억하고 있었다.

중요한 사실은 이후 루이 18세가 왕정복고 후 앙기앵의 죽음에 대한 조사를 허락하지 않았다는 사실이다. 카두달의 음모에 아르투아 백작과 영국 관리들이 연루돼 있다는 사실이 확인되면 매우 난처한 문제일 것이다. 영국 사학자 홀랜드 로즈는 20세기 초에 "모든 것이 밝혀진다면 영국 정부는 '가장 가증스런 범죄자'라는 비난에 직면하게 될 것"이라고 언급한 바 있다.

감옥에서 카두달은 "우리는 원래 바랐던 것보다 더 많은 것을 해버렸다. 프랑스에 '왕'을 다시 세우려 했으나 결국 '황제'를 세우고 말았다."고 말했다.

4월 23일 이제 나폴레옹에 의해 완전히 길들여진 호민관은 세습제에 찬성하는 투표를 실시했다. 1804년 5월 18일 원로원 결의로 국민투표를 거친 후 **"공화국 정부는 세습 황제에게 위임한다"**는 내용이 선포되었다. 아직까지 아들이나 양자가 없었으므로 조제프가 나폴레옹의 계승자가 될 수 있었다.

지난 5월, 세습제에 대한 국민투표를 거친 후 1804년 12월 2일 파리 노트르담 대성당에서 거행할 대관식에 참석해 달라는 나폴레옹의 제안을 교황이 받아들이자 극단적인 보수주의자들은 노발대발했다. 대관식에서 교황은 머리에 기름을 붓는 의식 후 나폴레옹이 왕관을 직접 쓰는 것까지도 동의했다. 이에 대해 드 매스트르는 "알렉산데르 6세[39]가 저지른 죄도 지금의 저 허약한 계승자가 저지른 이 가증스런 배교背敎행위보다는 덜 불쾌하다"고 썼고, 겐츠는 이를 두고 "혁명이 합법화되고 급기야 신성화되기까지 했다"고 묘사했다.

동생인 뤼시앵과 제롬은 나폴레옹이 반대하는 결혼을 하는 바람에 눈밖에 나서 황제 대관식에 참석하지 못했다. 이제 '황모후皇母后 마마'가 된 어머니 레티치아도 대관식에 참여하기를 거부하고 로마로 추방된 뤼시앵을 만나러 갔다. 그런데도 어머니 레티치아는 다비드가 그린 거대한 대관식 그림에는 등장한다. 나폴레옹이 어머니도 참석한 것처럼 그려달라고 요청했기 때문이다. 나폴레옹은 코르시카에 있는 늙은 유모까지 대관식에 부르는 배려도 아끼지 않았다.

식이 거행되기 전 나폴레옹은 조제프에게 "형, 아버지가 지금 우리를 보고 계셨더라면…"이라고 속삭였다.

한편 나폴레옹이 불로뉴에 집결해 있던 '영국원정군'을 이끌고 영국을 침공할 의도가 진짜 있었는지는 의문이다. 메테르니히와 미오드 멜리토는 나폴레옹이 후일 자신들에게 "불로뉴 캠프는 작전상의 계략이며, 군대는 언제든 대륙에서 써먹을 계획"이라고 말했다고 기록하고 있다. "평화시기에 그런 힘을 비축하기 위해서 나는 그럴듯한 구실이 필요했다. '영국침략'이란 명분은 눈가림에 지나지 않았다."

그러나 이는 나중에 영국 침공 실패를 변명하기 위해 한 말로 짐작된다. 침투용 소형 선대들을 파견하려던 시도가 단순히 눈속임이었다

---

[39] 1431~1503년, 뇌물을 써서 교황이 됐으며 교황 재임 기간에 가문의 재산을 늘리는 데 열중했다.

고 믿기는 어렵다. 불로뉴에 '영국원정군'이 집결해 있었던 것은 두 가지 목적에서였던 것 같다. 첫째는 침공이 성공하지 못한다 하더라도 신속히 방향을 돌려 대륙의 강대국들에 대항할 수 있도록 완벽한 훈련을 겸할 수 있는 것과 둘째는 침공계획이 성공할 경우 소형 선대 계획으로 근 10만의 병력과 장비 수송을 담당할 모든 종류의 보트를 2천 척 가까이 건조할 예정이었다. 그러나 나폴레옹이 전투함대로 영국해협을 일시 장악하지도 못한 상태에서 소형선대로 건너는 문제를 심사숙고하고 있었는지는 의심스럽다. 어쨌든 소형 선대 일부만이 조수에 맞춰 몇몇 항구에서 빠져나올 수 있었다. 그러는 동안 나머지는 영국 전함에 희생되고 있었다.

1804년 봄, 나폴레옹은 툴롱 함대의 사령관 라투슈 트레빌 제독에게 본함대와 소함대의 복합연합작전에 대한 상세한 작전지시를 내렸다. 그는 영국의 넬슨 제독이 펼친 지중해 봉쇄망을 피해 빌뇌브 제독의 로슈포르 함대와 연합해 영국해협으로 진입하려고 했었다.

"프랑스 육군이 영국에 상륙하기 위해 6시간만 도버 해협을 장악할 수만 있다면 우리는 세계를 장악하게 될 것이다"라고 나폴레옹은 장담했으나 프랑스 최고의 제독 라투슈 트레빌이 1804년 8월 급사해 이 계획은 몇 달 동안 보류되었다.

프랑스군이 이렇게 영국 해군에게 맥을 못 쓰고 있던 차에 영국이 스페인 보물 호송선을 탈취한 사건이 벌어져 1804년 12월 스페인이 영국에 선전포고를 하자 정세가 일변되었다. 스페인 마드리드 주재 프랑스 대사는 스페인이 몇 달 안에 30척의 선단을 준비할 수 있을 것이라는 낙관적인 보고를 파리에 보내왔다.

나폴레옹은 트레빌이 죽자 툴롱 해군 사령관으로 임명된 빌뇌브와 스페인 함대가 결탁해 마르티니크 섬에서 브레스트, 로슈포르, 페롤 연합함대를 이끄는 강톰 제독과 합류하는 원대한 계획을 고안해냈다. 프랑스와 스페인 연합함대가 영국 함대들을 유인해 서인도제도를 방어하도록 뿔뿔이 흩어놓고, 그러는 사이에 빌뇌브는 빨리 유럽으로 되돌아와 영국해협을 일시에 장악하면서 소형 선대의 해협횡단을 엄호하도록 할 예정이었다.

1805년 3월 말 빌뇌브는 프랑스 함대를 이끌고 툴롱을 빠져 나와 카디스로 향했다. 넬슨은 프랑스 함대들의 시칠리아, 몰타, 이집트에 대한 위협으로 괴로움을 당하고 있었다. 넬슨은 4월 18일까지도 빌뇌브가 지브롤터 해협을 빠져나간 사실을 알지 못하고 있었다. 그러나 5월 중순 빌뇌브는 마르티니크 섬에 도착해 스페인 함대와 합류했다. 그때서야 넬슨은 지름길로 맹렬히 뒤쫓아갔다.

한편 강톰은 넬슨의 지중해 봉쇄를 깨뜨리는 데 실패했고, 빌뇌브는 강톰이 40일 내에 합류하지 못하면 페롤로 돌아가라는 명령을 받았다. 넬슨은 배를 급파해 해군본부에 빌뇌브가 서인도제도로 출발한다고 알렸다. 영국 칼더 제독의 함대는 빌뇌브의 페롤 귀환을 저지하러 어선트 항을 떠났다. 칼더와 몇 차례 교전을 벌인 후 빌뇌브는 코루냐로 피신했다. 7월 18일 넬슨은 지브롤터로 돌아와 빌뇌브가 지중해로 다시 들어가지 못했음을 확인하고는 칼더와 합류하기 위해 북으로 향했다.

나폴레옹의 계획이 시작은 순조로웠지만 영국 함대를 흩어놓는 데는 결국 실패했다. 멜빌 경 헨리 던더스의 후임인 영국의 바햄 경 미들턴 제독은 냉철하고도 빈틈없이 병력 집중의 원칙을 적용했기 때문이었다. 넬슨이 지중해로 돌아갔다고 생각한 나폴레옹은 7월 16일 빌뇌브에게 브레스트에서 강톰과 합류하라고 지시하면서 '예기치 못한 사태가 발생할 경우'에는 카디스로 철수하도록 명했다. 이에 8월 14일 빌뇌브는 다시 바다에 나갔지만 예상치 못한 5척의 선단을 보자마자 카디스로 철수하기 위해 남으로 기수를 돌렸다. 그러나 이것은 운명의 장난인가! 그가 본 5척의 배는 영국 함대의 전위가 아니라 그에게 합류하러 오던 알레망 제독의 로슈포르 함대였다.

나폴레옹은 육군을 배에 승선시키려고 불로뉴에서 대기하고 있었다. 8월 23일 그는 탈레랑에게 "아직 시간은 있다. 나는 영국의 지배자다!"라고 써보냈다. 그러나 영국 함대를 분산시킬 수 있다고 확신하지 못했던 해군장관 드크레 제독은 나폴레옹에게 빌뇌브가 파멸이 자명한 북쪽으로의 출항을 하지 못하도록 명령해줄 것을 간청했다.

그러자 나폴레옹은 도버해협을 건너 영국으로 침공하겠다던 본래 계획이 카디스로 피신해서 여태껏 합류하지 못하고 있는 빌뇌브 때문에 실패하자 계획을 수정했다. 8월 24일 나폴레옹은 베르티에에게 프랑스 대육군의 불로뉴 캠프를 해체하고, 독일을 거쳐 오스트리아 다뉴브로 진격하라는 명령을 시달했다.

영국 함대가 집결되면 빌뇌브로서는 카디스에 처박혀 있는 것이 치명적이었다. 그는 가능한 한 빨리 지중해 연안의 툴롱을 향해 떠나야만 했다. 9월 말쯤 넬슨은 30척의 배를 이끌고 33척의 프랑스-스페인 연합함대를 제치며 카디스에서 빠져나왔다.

넬슨이 유일하게 걱정한 점은 빌뇌브가 밖으로 나올 생각을 하지 않는다는 것이었다. 그는 주력군을 먼바다에 숨겨놓았다. 빌뇌브는 자포자기 상태였다. 그는 넬슨 함대에 비해 선박 조종술이나 포술, 전술에서 열세를 뼈저리게 느끼고 있었고, 나폴레옹에게 지휘권을 박탈당하게 되리라는 걸 알고 있었다. 마침내 빌뇌브는 대육군의 측면을 위협하고 있는 영국-러시아 원정대를 물리치도록 무슨 수를 써서라도 빨리 나폴리로 향하라는 명령을 받았다.

10월 21일 카디스에서 빠져나온 빌뇌브는 27척의 넬슨 함대를 발견하고, 뱃머리를 돌려 카디스로 되돌아가는 중 전투를 시작해보기도 전에 그의 함대는 혼란에 빠져들었다. 넬슨은 이 싸움을 마지막 전투로 여기고 영국을 떠나기 전에부터 전술을 궁리한 바 있었다.

"로드니는 한 지점에서 적 함대의 진을 깨뜨렸지만 나는 두 지점에서 분쇄해버릴 것이다." 증원 함대만 있었다면 그는 2열 종대 대신 3열 종대 공격을 목표로 했을 것이고, 이 해전은 나일 강 전투의 승리를 능가하는 규모의 적을 전멸시키는 승전이 될 것이었다.

"나는 적함 20척 이하의 격파로는 만족할 수 없다."

전투의 결과는 의심의 여지가 없었다. 넬슨과 콜링우드는 2열 종대로 프랑스의 방어선을 깨뜨렸고, 중앙과 후위도 분쇄해버렸다.

어느 역사학자도 당시 상황을 이보다 더 간단히 요약할 수는 없을 것이다.

"부분적인 발포 상황이 4시 30분까지 계속되다가 승리의 소식을 보고받은 후 넬슨 경은 부상으로 숨을 거두었다."

프랑스와 스페인 배 18척은 침몰하거나 투항했다. 영국은 한 척의 배도 잃지 않았다. 프랑스 함대 전위 4척은 달아났지만 나중에 나포되었다. 10척이 카디스로 돌아왔지만 쓸 만한 것은 3척뿐이었다. 빌뇌브 자신도 포로가 됐다가 나중에 풀려났으나 파리로 돌아오는 도중 자살했다. 연합함대는 용감하고 끈기 있게 싸웠지만 사상자 수에서 양측의 차이는 엄청났다. 영국 함대는 450명이 전사하고 1천200명이 부상했다. 연합함대는 4천 명이 죽고 2천500명이 다쳤다. 포로와 전투에 뒤이어 몰아닥친 폭풍으로 인한 손실을 감안한다면 연합함대측의 인적 손실은 1만4천 명에 달했다.

당시 이러한 손실은 놀라운 숫자였다. 트라팔가스페인 최남단 지브롤터 해협 부근의 곶 해전은 넬슨의 천재성을 증명하는 더할 나위 없는 본보기일 뿐 아니라 전술, 선박 조종술, 포술 면에서 영국 해군의 우수성을 증명하는 최상의 증거였다. 나폴레옹은 1798년(나일 강 전투)과 1802년불로뉴 항에 집결해 있던 영국원정군 수송선이 영국군의 공격을 받았던 일이미 두 차례의 경험으로 이러한 사실을 알고 있었지만 그것이 초래할 결과에는 눈을 돌려버렸다. 프랑스 해군은 몇 년간 끈기 있게 재정비한 후에야 나름대로 당시의 손실을 만회할 수 있었다.

결국 바햄 경의 정확한 해상 전략으로 나폴레옹의 영국 침공은 실패로 돌아갔다. 1805년 10월 21일 트라팔가 해전에서 거둔 넬슨의 압승으로 여러 해, 아니 한 세대 동안 영국에 대한 직접적인 해상 위협은 없었다.

나폴레옹은 독일 울름에서 오스트리아에게 크게 승리한 다음날 빌뇌브의 해군이 트라팔가에서 참패했다는 소식을 들었다. 세인트 헬레나에서 그는 당시를 이렇게 불평했다. "내 모든 구상을 수포로 돌아가게 만든 이 분야(해군)에는 어떤 특수성이 있다. 훌륭한 수병水兵은 요람에서부터 키워진다는 생각을 결코 지울 수 없다."

미국 독립전쟁에서 프랑스 함대는 영국과 대등하게 싸웠었다. 아이러니컬한 것은 독립전쟁과 나폴레옹 전쟁에 참전한 영국 해군 최고의 전함들이 프랑스로부터 빼앗은 것이라는 점이다. 프랑스에는 과학적인 군함 설계자들이 있었지만 영국의 선박건조는 숙련공들에 의존했다. 그러나 해군 인력에 있어서 프랑스는 많은 인력을 잃었다. 처형이나 해외이주로 숙련되고 경험 많은 장교들을 잃었고, 이들을 대체할 수 있는 인력은 없었다. 해군 포병대는 해체되었다. 그러한 훈련과 경험은 하루아침에 얻을 수 있는 것이 아니었다. 영국 해군의 지속적이고도 긴밀한 봉쇄정책은 프랑스에 선박 조종술이나 포술을 훈련할 기회를 주지 않았다.

그렇지만 영국 해군도 조직 면에서 눈에 띄는 결함을 가지고 있었다. 승진체계가 경직되어 나이 많고 무능한 제독들이 지휘권을 갖는 경우가 많았다. 그러나 이러한 결함은 특별추천권을 선별적으로 사용해 넬슨처럼 젊은 장교에게 실전의 기회를 줌으로써 일부 상쇄되기도 했다. 넬슨 역시 해군 감사관이던 삼촌과 세인트 빈센트 경의 후원이 없었다면 절대 고위 지휘관에 임명되지 못했을지도 모른다. 넬슨의 계급은 중장 이상으로 올라갈 수 없었으며 대장이 되려면 적어도 1844년까지 살아 있어야 했다.

이 때까지만 해도 해상 전투는 횡대형으로 벌어졌으므로 단번에 승패가 결정나는 경우가 드물었다. 넬슨의 전멸작전은 나폴레옹식 전투의 해상판이라 할 수 있다. 횡대가 아닌 180 '종대 공격' 전술은 프랑스 함대의 일부를 고립시켰을 뿐만 아니라 화력의 효과를 극대화시켰다. 승리는 복식발사형으로 돼 있는 현측舷側 대포 전열의 선제 포격에 달려 있었다. 고물(선미)에서 대포를 발사해 적함 전체를 뚫고 들어가 타격을 가했고, 영국 함정은 횡대의 전열을 무너뜨렸다. 현측 대포 전열을 한번 발사하면 250명을 죽일 정도의 위력이 있었다. 스코틀랜드 로우벅의 캐런 제철소에서 주조한 단거리용 캐러네이드 함포는 특히 파괴력이 뛰어났으며 선체에서 떨어져 나온 거대한 참나무 파편도 강렬한 포탄만큼이나 치명적이었다. 나폴레옹은 "이 전쟁에서 영국은 캐러네이드 함포를 처음 썼는데 가는 곳마다 우리에게 막대한 손상을 입혔다"고 썼다.

영국은 전통적인 전술에 따라 선체에 포격을 집중시킨 반면 프랑스는 돛대와 삭구를 집중 포격했다. 그래서 영국 측 사상자가 적었다. 게다가 영국 선원들은 발포 준비가 될 때까지 누워 있도록 훈련받았다. 영국 배들은 트라팔가 해전에서 적진에 접근하는 데 혹독한 어려움을 겪었는데 만일 프랑스 함대가 이들의 돛대를 부러뜨렸다면 넬슨의 전술은 실패로 돌아갔을 것이다. 승리는 오직 넬슨이 아군의 규율과 훈련내용, 포술의 취약점 등을 정확히 평가하여 대담하고도 결정적인 전술을 사용했기 때문에 가능했다. 빌뇌브는 영국 해군의 이런 우월성을 잘 알고 있었다. 트라팔가 해전 직전에 그는 "우리의 해상 전술은 시대에 뒤져있다. 우리는 횡대로 이동할 줄만 아는데 이것이 바로 적이 원하는 것이다."라고 썼다. 1789년 이래 벌어진 영국 해군과 프랑스 해군의 격차가 어떠한 변명의 여지도 없다는 것을 그는 잘 알고 있었다.

나폴레옹은 트라팔가 해전의 참패가 결코 최종적인 실패라고 인정하지 않았다. 그는 스페인 해군을 재건하려는 희망으로 1808년 스페인에 점점 끌려 들어갔다.

나폴레옹은 손꼽히는 군함 설계자 포르페에게 중무장 프리깃함과 96문의 포를 탑재해 운반할 수 있는 비교적 작은 규모의 전열함戰列艦 등 신형 선박을 만들어내라고 끊임없이 재촉했다. 1807년 나폴레옹에게는 전열함이 35척밖에 남아있지 않았다.

나폴레옹은 1812년까지는 배를 102척으로 늘려 영국 침공계획을 재개할 수 있기를 원했으나 1813년 영국 해군이 235척을 보유한 반면 나폴레옹의 전열함은 고작 71척이었다.

8

'아우스털리츠' 전투의 승리
— 제3차 대프랑스 동맹군의 참패

1805년 초여름, 트라팔가 해전이 벌어지기 전 영국의 넬슨 제독은 양兩시칠리아 왕국[40]의 여왕 마리아 카롤리나마리 앙투아네트의 언니에게 "아마도 유럽이 지금보다 더 위태로운 지경에 처했던 적은 결코 없었으며, 세계적인 군주제가 그 코르시카인에 의해 실현될 가능성이 이보다 더 컸던 적도 결코 없었을 것입니다. 열강들의 가장 대담한 조치가 바로 가장 안전한 조치라는 점을 잊지 않기를 바랍니다."라고 썼다. 그러나 넬슨의 이토록 강력한 전쟁 주장을 유럽대륙의 열강들이 받아들이기까지는 많은 시간이 필요했다. 1802년과 1807년 사이 유럽 열강들은 나폴레옹만큼이나 서로를 의심하고 있었다. 따라서 그들이

---

40 이탈리아 남부 나폴리 왕국과 시칠리아 섬의 시칠리아 왕국이 통합해 세운 왕국.

시늉으로라도 합동작전을 펼치게 된 것은 나폴레옹의 침략이 계속됐기 때문이었다.

프로이센의 결단력 없고 이기적인 프리드리히 빌헬름 3세는 1795년 '바젤 평화조약' 이래 지금껏 추구해온 외교적 중립을 고집했다. 나폴레옹은 하노버 양여와 북부 독일에서의 헤게모니를 미끼로 프로이센을 계속 붙잡아 두고 있었다.

오스트리아는 프랑스와의 오랜 분쟁으로 피폐해지면서 인플레이션이 위험한 단계에까지 접어들었다. 오스트리아는 더 이상 분쟁을 계속할 마음이 없었고, 이탈리아는 신성로마제국의 잔재들 가운데 합스부르크 왕가의 영지들을 합병하는 데 몰두하고 있었다.

1804년 프란츠는 드디어 오스트리아 황제의 칭호를 차지했다. 러시아가 폴란드와 중부 유럽에 관심을 갖자 오스트리아는 의구심을 갖지 않을 수 없었다. 러시아의 젊은 차르 알렉산드르는 부왕을 암살한 죄책감으로 기묘한 감정적 교착상태에 빠져 러시아의 외교정책 방향을 예측 불가능하게 만들었다. 알렉산드르가 통치한 기간 내내 러시아는 유럽의 중재자로서 나폴레옹과 겨뤄야 하는 서방정책과 더불어 투르크(터키)의 고립과 분할이라는 동방정책 사이를 오가느라 바빴다.

알렉산드르의 통치 초기에 그의 은밀한 조언자는 친영파인 보론초프 장관과 러시아의 보호하에 통일 폴란드의 재건을 위해 뛰고 있는 폴란드 왕자 차르토리스키였다. 그 또한 친영파로서 자신의 폴란드 재건 계획에 치명적이라는 이유로 프랑스-러시아 협상에 반대하고 있었다. 알렉산드르는 나폴레옹이 하노버를 점령하고, 서·남부 독일 왕자들에 대한 영향력을 넓혀가자 불쾌해했다.

러시아는 프랑스 측이 세바스티아니의 이집트 침공계획 보고서를 발표하고, 영국과 전쟁을 재개한 후 나폴리를 재점령하자 프랑스가 투르크(터키)제국에까지 침공하지 않을까 하고 새삼 우려하게 되었다. 또 나폴레옹이 파리 주재 러시아대사 마르코프가 반反프랑스 음모를 꾸몄다는 이유로 소환할 것을 러시아에 요구한 데 이어 앙기앵 공 사건에 대해 양국간에 공격적인 문서들이 오고감으로써 양국 외교관계는 완전히 결렬되었다.

폴란드의 왕자 차르토리스키는 1804년 러시아 외무장관이 되자 알렉산드르 황제를 설득해 영국의 총리 피트와 협상을 조율할 사절단을 런던에 파견했다.

1805년 드디어 오스트리아와 프로이센은 러시아와 조약을 맺었는데 이는 장차 있을지 모를 프랑스의 근동지방 침공을 대비하는 차원에서 실시한 제 3차 동맹조약이었다.

결과적으로 보면 프랑스에 대항하는 제3차 대프랑스 동맹이 구체화된 것은 '이탈리아 공화국'을 세습 왕국으로 만든 나폴레옹의 결정 때문이었다. 나폴레옹은 '이탈리아 국왕'으로서 밀라노에서(1805년 5월) 대관식을 갖고, 제노바를 프랑스에 합병시킴으로써 프랑스와 오스트리아 간에 맺었던 뤼네빌 조약을 위반했다. 이는 오스트리아의 프란츠 황제로서는 오스트리아가 이제 이탈리아에서 완전히 배제된다는 뜻을 예고하는 것이었다. 나폴레옹은 형제인 조제프와 루이가 모두 이탈리아 국왕 자리를 거절하는 바람에 잠시동안만 자신이 이탈리아를 통치하겠다며 오스트리아 황제를 달래려 했다. 그러나 그의 진짜 의도는 북부 이탈리아를 확고히 장악할 필요에서 나온 듯하다. '이탈리아 공화국'의 부통령 멜지가 이탈리아 자치권 확보에 진척이 없자 불만을 품고 오스트리아와 비밀협상을 가졌다는 소문이 나돌았다. 그러자 나폴레옹은 유능하고 충실한 의붓아들 으젠 보아르네를 이탈리아의 부왕으로 책봉했다.

마침내 1805년 4월 영국-러시아 조약이 상트페테르부르크에서 조인되었다. 이번 동맹의 목적은 '아미앵 평화조약' 이후 나폴레옹이 획득한 영토를 해방시키는 것이라고 명시되어 있었다. 전쟁이 성공할 경우 비밀조항은 더 추가될 예정이었다. 즉 네덜란드를 독립 홀란드로 합병시키고, 제노바는 복권된 '피에몬테 왕국'에 귀속시킨다는 것이었다.

1805년 8월 오스트리아는 영국-러시아 간에 맺은 이 조약을 지지하고 나섰다. 그러자 나폴레옹은 바이에른, 뷔르템베르크, 바덴과의 동맹관계를 더욱 공고히 했다. 그는 프로이센에게는 동맹을 제안하면서 하노버를 주겠다고 유혹했지만 프로이센은 중립을 지키면서 기다리는 쪽을 택했다.

영국·러시아·오스트리아 동맹국들은 전처럼 이탈리아가 주요 싸움터가 되리라는 가정하에서 행동했다. 8만 병력이 베네치아와 티롤의 카를 대공에게 할당되었지만 독일의 마크 장군에게는 후에 합류할 러시아 선발대와 6만밖에 없었다.

양시칠리아 왕국의 페르디난도는 트라팔가 해전 이후까지도 공개적으로 동맹군에 합류할 엄두를 내지 못했고, 2만의 영국-러시아 원정대는 11월 중순까지도 나폴리에 상륙하지 못했다. 그러는 동안 나폴레옹은 페르디난도의 동의하에 나폴리에서 군대를 철수시켰고, 북부 이탈리아를 장악하기 위해 4만2천의 병력을 마세나 휘하에 집결시켰다. 동맹군은 이탈리아에서 프랑스군을 꼼짝 못하게 붙잡아두고 있었지만 사실 나폴레옹에게 이탈리아 쪽은 전체적인 전략적으로 볼 때 시급한 문제가 아니었다.

동맹군 사령부는 남부 독일로 진격하고 있는 나폴레옹의 군사력과 속도를 과소평가 하는 치명적인 실수를 범했다. 독일의 마크 장군은 나폴레옹이 7만이 넘는 병력을 이끌고 라인 강을 건널 수 없고, 80일 이상은 걸려야 다뉴브 강 연안에 도착할 수 있을 것으로 예측했다. 이런 예측을 꿰뚫어본 나폴레옹은 역으로 1805년 9월 11일 바이에른을 침공했다. 나폴레옹의 첫 소대는 8월 26일 프랑스 북단에 위치한 불로뉴를 출발해 9월 말에는 19만 군사와 함께 라인 강을 넘은 상태였다.

동맹군 측이 승리할 기미가 보이기 전까지는 적어도 프로이센이 동맹군에 합류하지 않을 것으로 판단한 나폴레옹은 베르나도트 장군이 이끄는 하노버 점령군도 남쪽으로 불러냈다. 마크는 위험을 미처 깨닫기도 전에 울름에서 가로막혀 포위당했다. 그는 10월 20일 5만 병력과 함께 항복하지 않을 수 없었다.

오스트리아-러시아군을 지휘하던 러시아의 장군 쿠트조프는 나폴레옹의 추적을 교묘히 벗어나면서 모르티에 장군 휘하의 사단 하나를 패퇴시켰으나 이 때문에 그는 비엔나를 포기하는 대가를 치러야 했다. 드디어 나폴레옹은 11월 14일 오스트리아 비엔나에 입성했다.

하지만 쿠트조프와 결정전을 치르지 못한 나폴레옹의 입지는 매우 불리해져서 곧 위험에 직면하게 될지도 몰랐다. 쿠트조프 군은 지원병을 받아 9만으로 늘어났고, 카를 대공은 아디게 강 전선의 칼디에로에서 마세나와 별 볼일 없는 전투를 치르고 라이바흐로 철수중이었다. 나폴레옹의 기동타격대는 병력 손실과 위축된 병참 조직의 열세를 이미 드러내고 있었다. 프로이센이 이러한 상황을 이용해 침공한다면 큰 위험에 처하게 될 터였다. 나폴레옹은 베르나도트에게 남진을 재촉하며 프로이센 영토인 안스파흐를 통과하라고 명령했다. 이러한 모욕을 당하자 프로이센의 프리드리히 빌헬름은 대프랑스 동맹군에 가담하는 쪽으로 생각이 기울었다.

그러자 러시아 차르(황제) 알렉산드르가 10월 말 베를린에 와서 빌헬름을 설득해 '포츠담조약'(11월 3일)에 서명하도록 종용했다. 이 조약은 빌헬름이 18만 병력으로 무장해 중재역할을 맡도록 하는 것이었다. 그러나 프리드리히 빌헬름은 나폴레옹이 오스트리아와 별도의 강화조약을 맺음으로써 자신의 입지가 불안해질까봐 두려운 나머지 러시아와의 조약체결을 거부했다. 한편으로 그는 사절 하우크비츠를 나폴레옹의 비엔나 사령부에 보내 '12월 15일까지 점령 만료'라고 명기된 최후통첩을 전달하겠다고 고집했다. 그러나 하우크비츠는 12월 초까지도 비엔나에 도착하지 못했고, 탈레랑과 협상은 시작조차 되지 않았다.

나폴레옹은 프로이센의 개입을 알리려는 하우크비츠 사절단을 만날 필요가 없었다. 그는 당시 군사·외교적 책략을 총동원해 알렉산드르 황제가 결정적인 전투의 위험을 무릅쓰도록 유인해 이들의 동맹을 먼저 좌절시키려 했다. 쿠트조프는 교활해서 그런 책략에 속을 사람이 아니었지만 알렉산드르는 돌 고루키 왕자를 사절로 보내 외교방향을 결정해버렸다. 돌 고루키 공작은 11월 30일 나폴레옹과 회견한 후 "나폴레옹은 나약하고 우유부단하므로 쉽게 쳐부술 수 있다"고 러시아 측에 보고했다.

회견 후 나폴레옹은 위장전술로 퇴각하는 척하였고, 이에 1805년 12월 2일 아침 동맹국측 군대는 프랑스군 우익의 퇴각선을 막고자 방어선을 길게 펴며 아우스털리츠로 진격했다. 나폴레옹은 동맹군 중심부인 프라첸 고지가 매우 약해졌음을 발견하자마자 고지를 차지하기 위해 강공을 퍼부어 동맹군을 양분해버렸다. 이날은 나폴레옹이 거둔 승리들 가운데 가장 결정적인 승리를 거둔 날이 되었다. 이 아우스털리츠에서 싸운 프랑스 대육군이 앞으로 나폴레옹이 지휘하게 될 가장 무섭고 고도로 훈련된 도구였다는 사실을 입증했다.

1805년 이 전투에서 나폴레옹은 이전의 그 어떤 전투보다 훨씬 규모가 큰 대군을 지휘하면서 방대한 규모로 작전을 펼쳤다. 이런 거대한 병력을 신속히 움직이는 데 혼란과 실수도 범했지만 전략·전술적으로 군이 장악만 되면 이런 엄청난 규모로도 전쟁을 치를 수 있음을 증명했다. 8만7천의 병력에 대항해 7만3천의 군사를 가지고 그는 동맹군 측에 사상자와 포로를 합쳐 2만7천의 손실을 입혔다. 프랑스 측 사상자는 8천을 넘지 않았다. 오스트리아-러시아 연합군이 괴멸되자 질서는 무너지고 사기 또한 떨어졌다. 굴욕감을 느낀 러시아 차르 알렉산드르는 러시아로 퇴각할 생각만 하다가 오스트리아 프란츠 황제가 제의한 정전 및 개별 평화조약안을 받아들였다.

1805년 12월 27일 나폴레옹이 오스트리아와 체결해 조인된 '프레스부르크 평화조약'으로 오스트리아는 잘츠부르크 대신 이탈리아 영토 베네치아, 이스트리아, 달마티아, 티롤, 포어알베르크를 잃었다. 또 바이에른, 뷔르템베르크, 바덴을 독립왕국으로 승인함으로써 이탈리아뿐만 아니라 독일에서도 마지막 발판을 상실했다. 결국 오스트리아는 '캄포 포르미오 조약'에서 얻은 베네치아 영토의 전부를 나폴레옹의 이탈리아 왕국에 양도했고, 티롤 등 몇몇의 소규모 영토를 바이에른에, 합스부르크 왕가의 서부 영토는 뷔르템베르크와 바덴에 양보한 셈이었다.

아우스털리츠 전투 소식을 전해들은 프로이센의 하우크비츠는 프랑스와 '쇤브룬 조약'을 서둘러 체결했다. 이 조약으로 프로이센은 하노버를 합병하는 대신 프랑스에 안스파흐와 노이샤텔을 내주었고, 클

1805년 영국 길레이의 풍자화

레베스 공국 일부를 포기하고 영국에 대해 항구를 봉쇄했다.

프로이센은 영국과 러시아가 나폴레옹과 화해하면 대프랑스 동맹국들에게 위신을 깎이면서까지 획득한 하노버를 다시 잃을지 모른다는 우려로 절망적인 상황에 내몰렸다. 이기적인 중립작전으로 인해 결국 1805년의 제3차 대프랑스 동맹을 결렬시킨 프로이센은 1806년 말에는 나폴레옹과 단독으로 대결하려는 자살행위를 감행하는 지경까지 치달아 뒤늦게 전쟁에 뛰어들었다. 나폴레옹은 싸울 생각이 없었기 때문에 프로이센이 프랑스의 속국屬國 체제로 들어올 각오가 돼 있기만 하다면 프로이센과 동맹을 맺는 쪽을 선호했다. 이러한 조건으로 프로이센에 북부 독일 연합을 주도할 권한을 허용할 생각이었다.

프랑스군은 아우스털리츠 전투 이후에도 계속 남부 독일에 주둔해 있었으며, 1806년 7월에는 독일 지역에 '라인연방'을 결성했는데 서부 독일 공작 16명이 연방 속으로 합류해왔다. 그들은 프랑스군에 병영을 제공하고, 6만에 달하는 병력을 파견하는 일도 맡았다.

1805년 12월 이미 **"부르봉 왕가의 나폴리 왕조 통치는 끝났다!"**고 선언한 바대로 나폴레옹은 양시칠리아 왕국을 점령하려던 의도를 구체화했다. 마세나가 나폴리를 재점령하자 영국-러시아군은 이탈리아 남단 시칠리아와 코르푸로 철수해야 했다. 페르디난도와 왕비 마리아 카롤리나는 시칠리아를 점령한 영국군의 보호하에 팔레르모로 피난을 갔다. 1806년 3월 나폴레옹은 나폴리 공화국의 왕관을 형 조제프에게 씌워주었다.

한편으로 영국의 스튜어트 장군은 시칠리아에서 5천 병력으로 이탈리아의 칼라브리아로 쳐들어왔는데 때마침 도착한 보병 화력의 도움으로 마이다에서 레이니에 장군 휘하의 6천 프랑스군을 몇 분 만에 괴멸시켜 버렸다. 그후 스튜어트는 칼라브리아에서 군대를 철수시켰지만 가공할 만한 게릴라의 저항이 전개되었다. 게릴라 운동은 성직자들이 주도하기도 했다. 한편 마세나는 야만적이고도 값비싼 대가를 치르는 진압작전에 몰두했다. 이 때문에 그가 이끄는 4만 프랑스군은 남부 이탈리아에서 꼼짝 못하고 있었다. 마이다 전투와 게릴라전에 사용된 영국군의 전술은 이후 1808년 스페인에서 벌어질 반도전쟁의 향방을 예고하는 것이었다. 그러나 나폴레옹은 그에게 던져진 이같은 경고를 무시하는 듯했다.

1806년 1월, 피트가 죽자 영국의 총리가 된 폭스는 프랑스와 유화정책을 펼치려 했으나 시칠리아를 프랑스에 넘기라는 제안에 경악했다. 영국군이 주둔하고 있는 몰타에 식량을 공급하려면 시칠리아가 절대적으로 필요했기 때문이었다. 이 때문에 폭스는 1806년 6월 협상을 위해 야머스 경을 파리로 파견했고, 뒤이어 러시아 공사 우브릴도 도착했다. 7월 20일 우브릴은 양시칠리아 왕국의 페르디난도가 나폴리와 시칠리아를 잃는 대신 발레아레스 제도를 차지하도록 한다는 예비조약에 서명했다. 이로써 러시아는 이오니아 제도를 차지하고 발칸

반도에서 자유롭게 행동할 수 있게 되었다. 반면 나폴레옹은 독일 지역에서 철수해야 했다.

이 조약으로 나폴레옹은 잠시동안이나마 러시아와 영국 사이를 반목하게 만들어 어부지리를 얻는 데 성공한 것처럼 보였다. 그러나 조약이 체결되자 야머스는 나폴레옹이 받아들일 만한 조건, 즉 형 조제프를 양시칠리아왕국 국왕으로 승인하는 대신 영국은 몰타와 희망봉을 계속 보유함과 더불어 하노버를 돌려 받는다는 제안을 했다.

그러나 외교상황이 갑자기 급변했다. 양국간의 '평화'란 하노버를 영국에 반환해야 한다는 뜻임을 야머스가 은밀히 프로이센 정부에 알리자 마침내 프리드리히 빌헬름은 베를린의 주전파 쪽으로 기울어졌다. 이로 인한 프로이센측 태도 변화에 자극 받은 러시아 황제는 우브릴이 제시한 조약안 재가를 거부했다. 영국정부는 즉시 야머스를 소환하고 협상대표를 로더데일로 교체했다. 그는 훨씬 강경한 평화조건을 주장하는 인물이었다.

1806년 8월 17일 나폴레옹은 대육군에 독일 철수 명령을 내렸다. 그러나 이 명령은 9월 3일 취소되었다. 프로이센의 최종통첩을 받은 10월 7일 나폴레옹과 그의 대군은 이미 프로이센과 작센 지방이 만나는 밤베르크의 야전사령부에 있었고, 불과 일주일 후 프로이센군은 사실상 괴멸당하게 된다.

이때 러시아와 영국군까지 모두 합치면 프로이센의 총 병력은 대략 잡아 25만쯤이었다. 10월 당시 프로이센의 기동타격대가 13만으로 프랑스 대육군에 필적하는 규모였다. 나폴레옹은 아직 프로이센과 싸울 필요가 없었고, 프리드리히 대왕의 군대를 힘겨운 상대라고 생각했다. 프로이센군은 신속한 기동전을 펼치는 나폴레옹식 전쟁, 즉 발달된 전략·조직·전술 중 그 어느 것도 확실하게 알지 못했다. 그들의

1806년
프랑스의 황제이자
라인 연방 동맹국들의
수호자로서의
나폴레옹

군대는 유연한 군단 조직조차 완성되지 않은 경직된 구조였다.

1799년 『최신 전쟁시스템의 정신』을 펴낸 프로이센의 대표적인 군사이론가 빌로브는 경직된 프리드리히식 전술을 별 내용 없는 기하학적인 명제들로 제시하는 것에만 몰두했다. 반면 마렝고와 아우스털리츠 같은 전투에서 나폴레옹이 거둔 승리에 대해서는 어떻게 설명해야 할지 알 수 없었다. 외국인 용병 비율이 매우 높은 프로이센군은 경직된 기율에 규모는 거창하지만 기동성은 형편없이 떨어지는 보급부대에 지나지 않았다. 장군들은 나이가 많았고, 대부분이 옹색한 자부심을 가진 군사훈련이라고는 별로 받지도 못한 융커(지주귀족) 출신들이었다. 이런 군대로 나폴레옹의 대육군과 맞붙어 보았자 결과는 이미 정해진 것이나 다름없었다. 그러나 프로이센은 조급한 마음에 러

1807년
쾨니히스베르크에서
프러시아의 루이즈 왕비를
영접하는 나폴레옹

시아의 합류를 기다리지 않고 단독으로 공격을 감행하는 바람에 나폴레옹의 승리는 훨씬 빨리 그리고 쉽게 이루어졌다.

그들은 라인 강을 통과하는 프랑스 병참선을 위협하겠다는 막연한 목표 아래 3열 종대로 튀링겐 쪽을 향해 진군해갔다. 나폴레옹은 라인 강에 약간의 병력만 배치한 채 뉘른베르크 주위에 병력을 집중시켰다. 프로이센군이 엘베 강에서 진군해온다는 사실을 알게 되자 곧 그는 프로이센 병참선을 끊기 위해 북동쪽으로 신속하게 이동했다. 프로이센군의 퇴각이 늦어져 1806년 10월 14일 양쪽 군은 예나와 아우어슈테트에서 충돌했다. 나폴레옹의 5만6천 병력은 정오쯤 총 9

만으로 불어났다. 나폴레옹은 15만 병력의 프로이센 주력부대와 부딪힐 거라고 예상했지만 4만에 불과한 프로이센의 왕자 호엔로에가 이끄는 제2파견대와 충돌해 그들을 완패시켰다. 2만6천의 다부 장군의 군대는 아우어슈테트에서 15만의 프로이센 주력군에 격렬히 저항하다 마침내 이들을 전멸시켰다. 베르나도트는 이때 다부 장군을 도우러 왔어야 했으나 전투에 참가조차 하지 않았다. 15만 병력 중에 프로이센군은 4만5천의 병력을 사상자와 포로로 잃었고, 100여 문의 대포를 빼앗겼다.

마침내 프로이센군은 뮈라 기병대의 냉혹한 추격으로 완전히 붕괴되었다. 10월 25일 프랑스군은 베를린에 입성했고, 11월 중순 프리드리히 빌헬름은 쾨니히스베르크로 피신했다. 프로이센 요새는 대부분 항복했다.

프리드리히 빌헬름은 예나 전투가 끝난 직후 곧바로 평화를 간청해왔고, 11월 6일 나폴레옹이 제시한 조건에 대부분 동의했다. 그러나 나폴레옹은 베를린에 입성하자 마음을 바꿨다. 프리드리히 빌헬름이 여태까지 이중외교를 펴왔다는 증거가 입수되자 그는 격노했다. 이제 러시아가 폴란드에서 나폴레옹과 한 판 싸움을 벌일 준비를 하고 있음이 분명해졌다. 그는 프로이센과 협상하는 대신에 작전기지 겸 볼모로 프로이센을 점령하기를 원했다. 그렇게 되면 이제 유럽 전체의 평화는 요원한 상태가 될 것이다.

러시아군이 폴란드 바르샤바에 입성했다는 소식을 전해듣고, 나폴레옹은 이번 기회에 폴란드가 독립을 되찾을 수 있게 도와주겠다고 설득했다. 당시 폴란드는 프로이센·오스트리아·러시아 세 나라의 분할 통치를 받고 있었다. 이런 명목으로 나폴레옹은 폴란드 병력 3만을 끌어 모을 수 있었고, 프랑스에서 신병 8만을 징집하는 법령을 공포하여 1807년 봄까지는 러시아와 전투준비를 완료할 예정이었다.

러시아군과의 첫 번째 전투는 폴란드의 풀투스크에서 있었다. (1806년 12월 27일) 이 전투는 폴란드의 겨울 진흙탕에서 벌어졌으므로 결과는 지지부진했다. 그러나 상황이 너무도 끔찍해 대육군의 베테랑 병사들도 끈기 있게 견디지 못하고 심지어 자살하기까지 했다.

계속되는 전투와 열악한 보급 상태 때문에 병력이 많이 줄어든 프랑스 대육군은 나폴레옹이 여름작전을 구상하는 동안 겨울용 막사에 흩어져 지내야 했다. 그러자 러시아 사령관 베니그센은 흩어진 프랑스군에 기습공격을 가해 아일라우의 눈보라 속에서 전투(1807년 2월 8일)를 벌였다. 나폴레옹은 6만 병력으로 8만의 러시아와 프로이센 연합군에 대항해 승리했다. 그러나 프랑스 측의 희생이 워낙 커서 이름뿐인 승리였다. 오제로의 군대는 베니그센 군에 기습을 당해 거의 전멸당했다. 뮈라의 기동대와 네이 원수의 뒤늦은 지원군으로 러시아의 반격을 겨우 이겨내고 무사히 후퇴할 수 있었다.

나폴레옹이 조제핀에게 쓴 편지를 보면 '이 아일라우 전투가 매우 힘들었고 처참한 전투'였음을 시인했지만 공식적으로는 프랑스군 사상자를 8천 명으로 추정해 발표했다. 그러나 사상자는 모두 1만8천 명이나 되었다. 이는 러시아 측에 비해 적지 않은 숫자였다.

아우스털리츠 전투 이전인 1805년 겨울처럼 나폴레옹은 이제 오스트리아가 측면에서 군대를 동원해 진격할지 모를 위험에 빠져 있었다. 그는 아우스털리츠 전투 때처럼 동맹국들의 불화를 틈타 재빠르게 조직을 재편해 위험에서 빠져나왔다.

신병이 많이 들어와 조직력은 상당히 약해졌지만 1807년 여름 동안 대육군의 규모는 1806년보다 더 커졌다. 오스트리아는 아직도 아우스털리츠 때의 충격에서 벗어나지 못하고 있어 사실상 끼여들 처지가 아니었다. 1807년 3월 오스트리아가 중재 제의를 해오자 나폴레옹은 이를 거절하는 빌미로 5월까지 시간을 벌 수 있었다.

나폴레옹이 프로이센과 개별적으로 강화 협상을 재개하려 하자 깜짝 놀란 러시아 황제는 서둘러 메멜로 가서 프리드리히 빌헬름을 설득해 '바르텐슈타인 협정'(1807년 4월 23일)을 맺었다. 이로써 러시아는 프로이센과 동맹을 확보했지만 러시아는 5월 24일 함락된 단치히를 구원하지 못함으로써 오히려 비난을 받게 되었다.

또한 러시아 황제는 영국 측의 태도에 점점 초조해지고 용기를 잃고 있었다. 1806년 영국의 폭스 총리마저 죽자 영국정부는 차츰 유럽에서의 전쟁을 반대하는 쪽으로 노선을 바꾸어 새로운 시장인 남미 지역을 개척하는 쪽으로 눈을 돌렸다. 그곳에서 실패하긴 했지만 그들은 적지않은 병력을 모아 부에노스아이레스에 원정대를 파견하기도 했다.

한편 나폴레옹은 영국과 러시아가 중동 침공에 몰두하고 있는 상황을 이용할 수 있었다. 그는 이들과 전쟁중이던 투르크(터키)와 페르시아 사절을 폴란드에서 접견했다. 그로 인해 1807년 2월, 영국은 투르크로부터 다다넬스[41] 해협을 빼앗아 프랑스에게 선전포고를 하도록 만들려던 계획이 4월에 이집트에 상륙했던 더크워스 제독의 군대가 알렉산드리아에서 투르크군에 포위당해 실패하고 말았다. 게다가 또한 영국은 1807년 3월에 치른 총선거로 정권이 교체되어 혼란스러운 상황이었다. 캐슬레이, 캐닝 등이 새로 입각한 포틀랜드 정부 구성원들은 피트처럼 극단적인 전쟁론자들이었다. 그러나 그들은 대륙에

---

41 그리스 동쪽에 위치한 에게 해와 투르크(터키) 북쪽의 마르마라 해를 연결하는 평균 3km 폭에 60km 길이의 해협.

서 벌어지는 전투에 동원할 수 있는 정규군이 1만2천에 불과하다는 사실을 곧 알게 되었다.

1805년부터 하노버 점령을 둘러싸고 벌어졌던 여러 조약으로 인해 깨어진 영국과 러시아 양국의 관계는 1807년 4월 말이 되어서야 회복되기 시작했다. 레비슨 가우어는 5월 러시아 주재 영국 대사로 임명됐고, 6월 초 차르 알렉산드르를 만났다. 러시아 황제는 영국군 파견이 지연되는 것에 대해 지독한 불평을 늘어놓았다. "왜 당신들은 민병대라도 보내지 않는 거요?"라고 큰소리로 떠들었다.

러시아 진영에서는 황제의 동생인 콘스탄틴을 중심으로 평화파가 세력을 강화해 가고 있었다. 이처럼 일이 꼬여 가는 상황에서 동맹국들은 군사적으로 다시 한번 결정적인 패배를 당하자 그 충격을 견뎌낼 수 없었다.

폴란드의 나쁜 기후와 겨울 진창 때문에 소강 상태에 접어들었던 전투가 여름이 되자 재개되었다. 프랑스군은 뮈라의 조급함 때문에 하일스베르크에서 처음으로 격퇴당했다.(6월 10일) 그러나 1807년 6월 14일, 마렝고 전투 기념일이기도 한 이 날 나폴레옹은 프리트란트에서 러시아의 베니그센 군을 완전히 궤멸시켰다. 프랑스 선발대가 하나뿐이라고 속은 베니그센은 전 부대가 알레 강을 건너가도록 했다. 날이 밝자마자 겨우 1만 병력을 거느린 란 원수는 척후병의 도움을 받아 베니그센의 4만6천 병력을 교묘히 피해 가면서 아일라우 사령부의 나폴레옹에게 급전을 띄웠다.

주력 부대와 함께 도착해 격전지를 둘러본 나폴레옹은 프리트란트의 다리와 마을이 병목현상을 이루고 있어 이를 작전상 이용할 수 있다는 걸 즉시 알아챘다. 물론 병력 3만이 여기저기 산재해 있어 전

병력을 전투에 참가하기는 어려운 상황이었다. 그는 오후 5시 30분까지 군대를 쉬게 한 후 우익의 네이 장군에게 러시아군을 강 쪽이 아니라 프리트란트 시내를 향해 왼쪽으로 유인하라고 지시했다. 마을과 다리들은 프랑스 측 포격으로 불타올랐고, 강에 면한 좁은 공간으로 떠밀린 러시아군은 그 자리에서 처참히 학살당했다. 러시아 측에 2만 5천의 사상자를 내고 전쟁은 밤 11시에야 끝났다. 이 날이 마렝고 전승 기념일이어서 나폴레옹은 더욱 의기양양하여 "이 전투는 아우스털리츠, 마렝고, 예나에 이어 우리의 결정적인 승리"라는 편지를 파리에 보냈다.

그러자 차르 알렉산드르는 즉시 정전을 요청해왔다. 프로이센 북부 러시아 국경과 가까운 틸지트의 니에멘 강에 띄운 뗏목에서 벌어진 나폴레옹과의 이 역사적인 회담에서 그는 나폴레옹의 개성에 매혹되어 외교정책에 전면적인 수정을 가하게 되었다. 이 '틸지트 조약'으로 나폴레옹은 유럽 대륙을 동서 세력권으로 나눠 러시아가 핀란드, 스웨덴, 투르크(터키)를 통치하고, 두 제국은 영국에 대항해 투쟁할 것을 확약했다.

'틸지트 조약'의 공포로 프로이센은 서부와 폴란드 지역을 상실하였다. 프로이센이 통치하던 폴란드 지역 당시 프로이센·오스트리아·투르크가 분할 통치를 받고 있었음에 나폴레옹은 베스트팔렌 왕국을 세워 동생 제롬이 지배하도록 하고, 나머지 폴란드에 바르샤바 대공국을 설립해 작센 독일 북부 엘베 강 유역의 주의 왕이 통치하도록 했다. 프로이센은 막대한 전쟁 배상금을 지불하기 전까지는 여전히 피점령 상태일 수밖에 없었다.

러시아는 이오니아 제도와 카타로만을 잃었다. 비밀 조항에서 알렉산드르는 만일 영국이 러시아의 중재를 거부하면 영국에 전쟁을 선포하고, 러시아의 항구를 폐쇄하며, 덴마크, 스웨덴, 포르투갈도 영국에 대해 항구를 봉쇄하기로 약속했다. 또한 투르크(터키)가 러시아와의 강화를 거부한다면 프랑스-러시아 연합군은 유럽 쪽 투르크(터키) 제국 영토를 루멜리아와 콘스탄티노플(터키의 이스탄불) 지역으로 축소시킬 것임을 명시했다.

9

인간 나폴레옹과 그의 제국

　나폴레옹 제국은 1807년 말 이후 스페인과 전쟁이 불거지고, 로마 교황과도 사이가 틀어지면서 균열되기 전까지 가장 찬란한 시절을 보냈다. 이제 나폴레옹 제국과 그 제국의 통치자를 좀 더 자세히 살펴보도록 하자.

　1807년, 러시아와 틸지트 조약 체결 이후 나폴레옹은 제국의 권위를 확립하기 위한 마지막 여러 조치들을 취했다. 1804년 고위직(대선거관, 총리, 재무장관 등등) 6개와 조신朝臣, 원수들을 임명했고, 1806년에는 군인과 일반인에게도 이탈리아 지역 세습봉토를 나눠주었다.

　베르나도트 장군에게 폰테코르보의 왕자 자리를 주고, 탈레랑에게는 베네벤토의 왕자 자리를 하사했다. 1808년에는 공公 소규모 공국의 군주·공작·백작·남작·기사라고 하는 서열구조가 완성되었다. 후작은

나폴레옹 황제의 초상

'앙시앵 레짐' 시절의 냄새가 너무 난다고 빼버렸다. 이러한 작위는 그 직위에 걸맞는 수입만 확보되어 준다면 세습되었으며, 작위에 딸린 기본재산은 빼앗을 수 없었다.

평등 원칙을 공공연히 침해하는 이러한 행위는 매우 조심스럽게 이루어졌는데, 르페브르와 같은 사람은 하사관 출신으로 그의 아내는 전직 세탁부였지만 나폴레옹은 그를 독일로부터 합병한 단치히의 공작으로 책봉했다. 프랑스 제국에서 출신에 관계없이 영토와 직위를 동시에 부여한 경우로는 처음이었다.

제국의 권위는 갑작스레 군주가 된 나폴레옹이 단지 겉치레로만 꾸민 것은 아니었다. 그가 추진한 정책 중 어느 것도 더할 나위 없이 깊게 그리고 신중히 준비하지 않은 것이 없었다. 세인트 헬레나에서 구술한 비망록에서 그는 이렇게 얘기했다.

"후대까지 숭고함을 전하는 데 있어 나, 나폴레옹은 다음 세 가지 목적을 갖고 있었다. 첫째, 프랑스와 유럽을 화해시킨다. 둘째, 낡은 프랑스와 새 프랑스를 화해시킨다. 셋째, 숭고함이라는 가치와 공익성이라는 가치를 결합시키고, 봉건적인 개념은 어떤 것이든 분리시켜 유럽에서 봉건주의의 잔재를 일소한다."

그는 자신의 정책을 비판하는 자코뱅파 출신들에게 "나는 이제 과거와 같은 출신위주의 인사책봉에서 탈피해 공적에 따라 작위를 수여함으로써 평등의 원칙을 손상시키지 않는다"고 단언했다.

"이 세상에서 구귀족이 마침내 사라졌음을 여러분은 기뻐해야 한다."

1804년 제국을 선포하고, 1810년 조제핀과 이혼한 후 오스트리아 황녀 마리 루이즈[42]와 결혼한 뒤에는 더욱 더 많은 구귀족들이 새 궁정으로 몰려들었다. 이들 중 많은 수가 제국이 수여하는 작위를 받았지만 나폴레옹이 세인트 헬레나에서 지적한 대로 공작보다 더 높은 지위를 받은 사람은 없었다. 예외적이라면 콜랭쿠르가 국가에 대한 봉사의 대가로 참모였다가 외무장관이 된 정도였다. 나폴레옹은 장군들을 정치에서 떼어놓는 반면 그들의 운명이 자신의 운명과 동일한 것임을 보여주기 위해 충분한 보상을 해주어야 했다.

한편으로 총재정부 시대에 만연했던 느슨한 정부의 재무 구조도 강화해야 한다고 생각했다. 그는 1808년 조제프에게 "내 의도는 장군들이 탐욕으로 인해 군인이라는 가장 고귀한 직업의 명예를 손상시켜서 병사들로부터 경멸을 받지 않도록 충분한 부를 보장해주어야 한다는 거야"라고 썼다. 그러나 결국 이것은 자멸 정책이었다. 나폴레옹이 추종자들에게 부추긴 사치는 도덕적 부패를 야기시켰다. 그리하여 마침내 제국이 붕괴될 때 그들은 최후까지 자기 은인을 위해 싸우기보다는 자신의 목숨과 재산을 보존하는 데 더 신경을 썼다. 1814년 나폴레옹이 몰락했을 때 "우리가 작위와 명예와 토지를 받았다고 자기를 위해 목숨을 버릴 것으로 믿었단 말인가?"라며 장군들의 당시 심정을 무심결에 내뱉은 사람이 단치히 공작으로 책봉된 르페브르였다는 사실은 아이러니컬하다.

나폴레옹은 자기가 차지한 왕권과 왕조에 합법성과 전통을 부여하는 데 골몰했다. 오스트리아와의 결혼동맹에 지나치고 순진하기까지 할 정도로 중요성을 부여한 것도 바로 그 때문이었다. 그는 심지어

---

42 합스부르크 왕가 프란츠 2세의 딸로 오스트리아의 황녀, 부르봉 왕가의 카를 5세와 루이 14세의 손녀이기도 하다.
43 오스트리아의 황녀 마리 루이즈가 루이 16세의 부인이었던 마리 앙투아네트의 조카딸이므로 루이 16세는 이제 나폴레옹의 '아저씨'가 되는 셈이다.

대화 중 루이 16세를 '아저씨'[43]라고 부르는 우스꽝스런 모습을 보이기도 했다.

스탕달은 『나폴레옹의 생애』에서 "나폴레옹은 벼락출세한 사람이면 누구나 갖게 되는 결점, 즉 자신이 속하게 된 계급을 너무 대단하게 생각하는 결점을 갖고 있었다"고 말했다.

제국 시대에는 '앙시앵 레짐' 궁정 관리들의 도움으로 부르봉가 군주정 당시의 예법禮法이 많이 되살아났다. 제국의 궁정에서 행하는 공식 의식은 그 웅장함에 있어서 루이 16세의 왕실을 무색케 했다. 나폴레옹은 "군주는 언제나 그럴듯하게 보여야 한다. 왕위에 오르면 연기자가 돼야 한다"라고 생각했다. 그러나 외국인 방문객의 한 사람인 돌고루키 공비는 "거기에 존재하는 것은 화려한 궁정이 아닌 권력뿐이다"라고 말했다.

나폴레옹은 부르봉 왕조를 파멸로 이끌었던 여자들의 섭정을 경계하여 베르사유 체계가 재등장하는 일이 없게 하도록 엄격히 단속했다. 그는 레뮈자 부인에게 "내 궁정에서는 여자가 통치에 관여하는 일이란 없을 것이오. 여자들이 헨리 4세와 루이 16세를 망쳤으니 말이오."라고 말했다. 마리 루이즈는 말할 것도 없고, 조제핀이나 그의 애인들 중 그 누구도 정치적으로 영향을 끼치지 못했다.

이런 면에서 그가 스탈 부인을 가혹하게 대한 것도 상당 부분 그녀가 정치적 여성임을 자처했기 때문이다. 언뜻 보면 나폴레옹이 정치가이자 작가로서 상류층에 막대한 영향을 끼치던 그녀를 자기편으로 끌어들이려 하지 않은 것 역시 정치에서 여자를 배제하려는 의도였음을 엿볼 수 있다.

스탈 부인은 1789년 루이 16세 때 재무장관을 지낸 스위스 출신 은행가 네케르의 딸로 굉장한 부자였으며, 나폴레옹의 형제인 조제프와 뤼시앵, 그리고 베르나도트 장군, 쥐노 장군 등과도 아주 가까운 관계였다. 게다가 전 유럽에 걸쳐 평판 있는 작가이기도 했다. 1797년 그녀는 영웅이자 이탈리아를 막 정복하고 돌아온 나폴레옹을 유혹하려 했다.

그녀는 나폴레옹에 대해 "그토록 용맹한 전사, 가장 심오하게 생각하는 사람, 역사상 가장 비상한 천재"라고 썼다. 그녀가 '브뤼메르의 쿠데타'를 열광적으로 환영하자 그녀의 아버지 네케르는 빈정대는 투로 편지를 써 보냈다. "네가 그의 영광에 행복을 느낀다니 축하한다."

그러나 나폴레옹의 눈에 네케르 가문은 가장 혐오스럽고 위험해 보였다. 그들은 프랑스혁명의 혼돈으로 야기되었던 이데올로기에 흠뻑 빠져 있었다. 스탈은 나폴레옹이 되살리려 한 예법과 가족생활의 규율을 무시하고 애정행각을 공공연히 과시하는 색정광이었다. 그런 만큼 나폴레옹은 스탈의 추근거림에 대해 냉담하게 쏘아붙였다.

1797년 탈레랑이 주최한 한 저녁 모임에서 그녀가 "산 사람이고 죽은 사람이고를 불문하고 가장 위대한 여성은 누구죠?"라고 묻자 나폴레옹은 "아이를 제일 많이 낳는 여자"라고 답했다. 스탈의 애인인 방자맹 콩스탕은 호민관내 반대파의 지도자였다. 그래서 나폴레옹은 그녀가 1802년 베르나도트의 실패한 음모에 연관됐을 것이라는 강한 의혹을 품고 있었다. 1803년 이후 그녀는 파리 거주가 금지되었다. 나폴레옹은 "제네바 근처 코페에 있는 그녀의 집이 나에게 대항하는 진짜 무기고이다"라고 불평했다.

1808년 12월 그녀의 아들인 오귀스트 드 스탈이 어머니의 파리 추방을 취소해 달라고 탄원하러 나폴레옹을 찾아왔다. 나폴레옹은 스탈의 아버지 네케르 얘기가 나오자 갑자기 "네 할아버지는 몽상가이고,

미친 사람에다 노망한 편집광이었어!"라고 소리쳤다. 그러나 그는 호의의 표시로 오귀스트의 귀를 꼬집으면서 이렇게 말했다. "네 솔직함에 화가 나기는커녕 오히려 기분이 좋군. 나는 어머니를 변호할 줄 아는 아들을 좋아해. 네 어머니는 동정 받아 마땅해. 정말로! 파리만 빼고 온 유럽이 그녀에겐 감옥이니까. 네 어머니가 더 이상 정치 얘기를 하지 않는다고 약속한 것은 기적이야."

하지만 나폴레옹이 스탈 부인을 박해한 사건은 오히려 그녀에게 유리하게 작용했다. 이 일로 그녀는 전 유럽에 걸쳐 반反 나폴레옹 지식인들의 선두에 서게 되었다.

이 두 사람의 오랜 다툼을 보면 확실히 아이러니한 점이 있었는데 서로에 대한 반감만큼이나 기질상 유사성이 두드러졌다. 두 사람의 마음속에는 계몽주의의 관념과 낭만주의의 감정이 불안하게 충돌하고 있었다. 둘 다 천재성이 있었는가 하면 또한 영광을 추구하는 천재로 통상적인 규칙 따위는 무시해도 된다는 지독한 이기주의자들이었다.

나폴레옹은 공적인 생활과 사생활을 엄격히 구분했다. 황제이면서도 사생활은 여전히 간소하고, 근면했다. 그는 루이 16세 시절 전직 근위대 요원들의 개인 호위대를 다시 만들자는 제안을 거부했다. 부르봉 왕가 궁정처럼 거창한 공식 접견 행사 따위에는 관심이 없었다.

파리 중심부에 있는 튈르리 궁의 내부 경호는 최소한의 인원으로 축소되었다. 순찰을 담당하는 군인 몇 명과 시종, 콩스탕, 그리고 맘루크노예와 같은 하인루스탕이 침실 문 밖에서 잠을 잤다.

1806년 나폴레옹은 새로 나폴리 왕이 된 조제프에게 안전을 위한 예방조치에 대해 이렇게 충고했다. "호위대 지휘관을 한 사람만 임명하면 안돼. 그리고 밤에는 시종이나 보좌관 외에 누구에게도 문을 열어 주지 말아."

그는 변덕스런 파리 사람들의 의견에는 별로 주의를 기울이지 않았다. 1814년 형 조제프에게 "나는 절대 파리 사람들의 칭찬을 받으려고 애쓰지 않아. 난 오페라의 스타가 아니야."라고 썼다.

고려할 만한 가치가 있는 것은 '부유한 농민'의 생각뿐이었다. 그는 파리 노동계급에 대한 식량공급 대책과 이들의 고용문제에 큰 관심을 기울였다. 그는 "나는 빵이 부족하면 벌어지게 될 폭동이 두렵다. 20만 대군을 상대로 하는 전투보다도 더." 라고 염려했다.

32권에 이르는 나폴레옹의 서한집은 그의 근면함을 나타내는 징표이다. 그는 15년의 통치 기간동안 약 8만 장의 편지와 명령서를 하루 평균 15건 꼴로 비서에게 받아쓰도록_{그의 필적은 판독이 거의 불가능할 지경이어서 자기도 알아보지 못하는 경우가 많았음}한 것으로 추정된다. 그는 보통 아침 7시에 일어나 사신私信검열소에서 가로챈 편지와 개인 정보원들이 보낸 것들을 포함해 각종 보고서를 읽은 후 9시까지는 여러 편지를 받아쓰게 했다. 그런 다음 주치의 코르비사르와 각료들을 개인적으로 접견했다.

대개 그는 근위대 엽기병獵騎兵의 단순한 녹색 제복이나 척탄보병擲彈步兵의 감청색 제복을 입었다. 전쟁터에서 늘 서커스 단장같이 옷을 입는다고 나폴레옹으로부터 꾸지람을 듣기도 할만큼 멋쟁이였던 뮈라는 나폴레옹의 의상이 너무 유행에 뒤졌으며, 별로 멋지지 않다고 말했다. 나폴레옹의 재단사도 그가 옷차림에 너무 돈을 쓰지 않는다고 늘 불평이었다.

또 그는 식사하는 데 15분 이상 걸리는 경우가 거의 없었으며, 항상 평범한 샹베르탱산 포도주를 마셨다. 한번은 오제로 장군이 황제의

식사에 초대되어 값비싼 와인을 권하자 그는 무뚝뚝하게 "나는 이미 더 좋은 것을 마시고 있어"라고 말했다.

그는 나머지 일과를 책상에서 보내거나 회의를 주최했고, 보통 밤 10시에 잠자리에 들었지만 때때로 밤에도 일을 계속했다. 저녁때면 궁정 대원수 뒤로크 장군만 데리고 평복을 입고 신분을 숨긴 채 파리 시내를 이리저리 거닐기도 했다.

튈르리 궁에서 있었던 진풍경 중의 하나는 아마도 나폴레옹과 지도 전문가인 바클레르 달브 방위사령관이 거대한 지도 위를 엉금엉금 기어다니다가 가끔 서로 머리를 부딪치고는 날카로운 비명을 지르는 장면일 것이다. 이런 모습은 부리엔과 메네발에 이어 임명된 비서 팽만이 목격할 수 있었다.

나폴레옹의 각료 중 한 사람인 몰리앙은 "진중陣中이나 군사작전 중에 그는 오직 혼자서 프랑스를 다스리고 통치하고자 했다. 그리고 그는 성공했다"라고 단언했다.

한 지사知事는 "황제는 부하들이 아무리 멀리 떨어져 있어도 그들 앞에 진짜 나타나는 것 같은 기적을 행했다"고 쓰고 있다.

자주 논쟁의 대상이 되는 나폴레옹의 건강과 체질에 관한 의문점에 대해 최근 한 의학 전문가가 재검토했다. 나폴레옹은 맥박이 비정상적으로 느렸으며, 잠을 안 자고도 견딜 수 있었다는 전설 같은 얘기는 이로써 사라질 것이다. 보좌관 마르몽은 그는 잠이 많이 필요했지만 마음대로 뒤로 미룰 수 있었다고 말했다. 나폴레옹은 부족한 잠을 전쟁 도중에 보충했다.

또 그는 툴롱에서 걸린 피부병 후유증으로 이탈리아 원정과 이집트 원정 때 많은 고생을 해서 통령이 된 이후에는 코르비사르에게 전

1804년 영국 길레이의 풍자화

문적인 치료를 받았다. 승마를 너무 격렬하게 해 피로로 쓰러지기도 하고, 식사습관이 그토록 검소했는데도 체중이 불었다. 사실 나폴레옹이 일을 추진하는 힘은 어떤 특별한 체력에서 나온 것이 아니라 신경을 고도로 긴장시킬 수 있는 정력과 의지력에 기인하는 것 같다.

이렇게 온 신경의 힘을 소모하자 마침내 때 이른 노화가 그에게 찾아왔다. 1805년 이전에도 과도한 긴장으로 간질과 비슷한 증상을 두 차례나 겪었다. 나폴레옹 그 자신이 전쟁을 몇 년 더 치를 수 있을 만큼 건강이 허락하지 않는다는 것을 아우스털리츠 전투 이후부터 알고 있었다. 그럼에도 너무 무리하게 일을 감행했다. 이후 샤프탈은 "그가 모스크바에서 돌아온 후 만나는 사람마다 그에게 육체적·정신적으로 큰 변화가 왔음을 알아챘다"고 했다.

나이 들고, 살이 쪘으며, 자주 꾸벅꾸벅 조는 이 남자가 그 호리호리하고 늘 긴장된 모습의 정력적이었던 바로 그 제1통령이라고 보기에는 어려웠다. 1812년 보로디노 전투가 벌어진 날 그는 심한 감기와 방광에 생긴 병으로 고통을 겪었다. 또 드레스덴 전투 이후 그는 위장이 안 좋아 꼼짝할 수도 없었다. 워털루 전투에서는 내내 평소대로 사태를 이끌어 갈 만한 체력이 받쳐주질 못했다. 티보 장군은 워털루 전투에 출정하기 바로 전 튈르리 궁에서 그를 만났다. "나는 나폴레옹에게서 결코 눈을 뗄 수 없었다. 자세히 보면 볼수록 강력하고 위대했던 시절의 그는 더더욱 발견할 수 없었다… 그의 모든 것은 그 본성을 잃고 흩어져버린 것 같았다. 창백했던 피부는 놀랍게도 엷은 납빛을 띠고 있었다."

나폴레옹은 통치기법에 관한 자신만의 명확한 이론이 있다고 공언했고, 이를 형제들에게 상세히 설명하곤 했다. 그것은 절대적인 힘의 집중과 지속적인 통제, 그리고 공포였.

"해외에서나 국내에서나 나는 내가 불러일으킨 공포만으로 통치한다."

그는 홀랜드(네덜란드) 왕이 된 동생 루이에게 "통치 첫해에 자비롭다는 평판을 들은 군주는 이듬해에는 비웃음을 당하게 된다"라고 말했다.

그는 아마 "관대함이란 거의 쓸모가 없다. 인간의 가장 위대한 것 중의 하나인 부와 권력 또는 관능적인 즐거움을 추구하는 사람들한테는 특히 그렇다. 기대해도 좋을 만한 열정은 바로 공포다."라고 한 『리바이어던』의 저자 토마스 홉스와 같은 견해를 갖고 있었다.

그는 세인트 헬레나에서 이렇게 말했다.

"사람들은 내가 생각했던 만큼 매우 사악함에 틀림없다. 내가 왕으로 만들어 준 그 많은 사람 중에서 내게 고마워하는 이는 하나도 없고,

인정 있는 사람도 하나 없고, 나를 사랑하는 사람도 하나 없다."

그는 비서인 부리엔에게 "우정은 말뿐이다. 나는 그 누구도 좋아하지 않는다."고 밝혔다. 팽에게는 자신이 화내는 것은 단지 의도적인 연출로 공포를 불러일으키기 위한 경우가 많다고 했다. "그렇지 않다면 그들은 내 손을 물어뜯을 거야."

마세나는 1814년 나폴레옹 몰락 후 "나폴레옹은 생애에서 누구도 사랑하지 않았다. 여자건 남자건 아이들이건 자기 외에는 누구도. 그는 자신의 야망에는 정열적이었지만 그 외 다른 모든 것에는 강철처럼 냉혹했다."고 말했다. 이는 나폴레옹 덕분에 에슬링의 왕자가 되고, 4천만 프랑이라는 엄청난 부를 쌓은 사람이 한 말 치고는 그렇게 관대한 평가는 아니었다.

나폴레옹 자신이 이렇게 음울하고, 냉혹하며, 가까이하기 어려운 폭군이라는 이미지에 딱 맞게 살고 있다고 생각했다면 그 스스로 자신을 속인 것이다. 그런 이미지를 계속 유지하기에 그는 너무나 복합적인 성격인데다 생기 넘치고, 말하기 좋아하며, 사교적이었다.

나폴레옹은 자신에 대해 "내 안에는 별개의 두 사람, 즉 '머리의 사람'과 '마음의 사람'이 있다"고 말한 바 있다.

조제핀은 "그가 나약하게 보일지 모른다는 생각에 감정표현을 삼가서 그렇지 만약 그렇지 않는다면 사람들은 그의 진면목을 더 잘 알게 될 것"이라고 언급했다. 나폴레옹을 만나는 사람들은 그가 얕잡아 볼 수 있는 인물이 아닐 뿐더러 매력적인 인물이라는 사실을 발견했다.

참모였다가 외무장관으로 10년 동안 가까운 동반자였던 콜랭쿠르는 "황제는 온몸 구석구석으로 감정을 표현했다. 그가 결정만 하면 그의 결정은 늘 누구보다 더 매력적이었다."고 말했다. 콜랭쿠르는 편견 없는 관찰자였다는 사실을 인정해야 한다. 나폴레옹도 그에게 "당신이 나를 좋아하지 않는다는 것을 알고 있소. 하지만 당신은 내게 항상 진실만을 말하지. 그래서 당신을 곁에 두는 것이오."라고 말했을 정도였다.

나폴레옹이 1815년 세인트 헬레나를 향한 벨레로폰 호號에 승선하자 이제 참으로 볼품없이 살찌고, 패배한 모습의 그였지만 그는 이틀 만에 영국 해군본부에서 경계할 정도로 승선했던 장교와 선원들의 마음을 사로잡았다. 제독 키스 경은 "빌어먹을, 그가 전하와 회견만 할 수 있었더라도 반시간 안에 영국의 가장 좋은 친구가 됐을 텐데…"라고 말했다.

메이트랜드 선장은 변명조로 당시 상황을 이렇게 기록하고 있다.

"조국에 그토록 엄청난 재난을 가져왔던 인물에 대해 호감을 갖는 영국 장교가 있을 수 있다는 사실은 놀라울 수도 있다. 그러나 그는 그만큼 남을 유쾌하게 하는 힘을 지니고 있었다. 그렇기 때문에 그토록 매력적인 자질에 그토록 높은 지위를 차지했던 한 남자가 지금처럼 몰락해 있다는 사실에 대해 나처럼 슬픔 섞인 연민을 느끼지 않고, 근 한 달 동안 그와 같은 테이블에 마주 앉아 있을 수 있는 사람은 거의 없을 것이다."

키가 비교적 작았지만 나폴레옹의 풍채는 인상적이었다. 비서 메네발은 "그의 머리와 상반신은 가장 아름다운 고대 유물 반신상에 뒤질 게 전혀 없었다"고 회고했다. 왕정복고 시대에 그에 대해 적대적인 회고록을 썼던 레뮈자 부인조차도 같은 표현을 사용했다.

"그의 이마, 눈의 위치, 코의 선은 한결같이 아름다워서 고대의 원형 양각을 연상시킨다." 샤토브리앙은 나폴레옹과의 첫 만남에 대해

맥퍼슨의 시 「오시안」의 한 구절처럼 지난날
자신이 세운 승전을 회고하고 있는 나폴레옹의 모습.

"그의 미소는 아름답고 부드럽다. 눈은 이마 밑에 놓여있고, 눈썹으로 둘러싸여 감탄할 만했다."고 말한다. 직접 그를 본 사람들의 증언과 이상화시킨 초상화들은 조금 과장될 수 있겠지만 몇 개 남아있는 데드 마스크는 생전의 그의 외모를 짐작케 해주는 결정적인 증거다. 데드 마스크는 마지막 앓았던 병으로 지나치게 살이 쪘던 황제 때의 얼굴이 아니라 제1통령 당시의 날씬한 선으로 흐른 모습이다. 그것은 고전적인—아니 시적詩的이라고 말할 수 있을 것이다—아름다움을 지닌 얼굴이다. 이러한 천부적인 신체적 자질에 매우 명석하고 기민한 지성을 더해 보라. 그 효과는 사람을 압도하는 바로 그것이다.

또한 나폴레옹은 만족을 모르는 독서가여서 전투중에도 이동도서관을 갖고 다닐 정도였다. 사극 외에 특히 비극작가인 코르네이유와 라신의 작품에 열광했다. 연극을 보러 극장에 자주 다녔으며, 위대한 비극배우 탈마와 매우 친했다. 그가 비극에 특히 흥미를 느낀 것은 인간의 동기를 분석할 수 있기 때문이었다. "나는 후대에 태어나 코르네이유 같은 시인이 내 생각, 느낌 그리고 내가 했던 말로 무엇을 만들어 낼지 보고싶다."

맥퍼슨의 「오시안」아일랜드의 전사戰士 오시안의 무훈 서사시에 나오는 별 볼일 없는 시詩를 유달리 좋아한 것은 이상해 보이지만 아마도 시의 주제가 영광을 갈망하는 내용이어서 흥미를 가졌던 것 같다.

그는 세인트 헬레나에서 말콤 제독의 아내에게 "평상시 나는 사람들로부터 「오시안」 때문에 총명함이 흐려졌다는 비난을 받곤 했지요"라고 말했다.

샤토브리앙과 스탈 부인이 주도한 낭만주의 문학이 도래하자 그 광포한 감정에 혐오감을 느낀 그는 고전적인 전통을 오히려 선호했다. 젊었을 때 느꼈던 루소에 대한 열광으로부터는 오래 전에 벗어났지만 세인트 헬레나에서 루소의 『신新 엘로이즈,1761』를 다시 읽고는 "정열과 감동과 가슴 두근거리게 하는 것으로 가득한 작품"이라고 다시금 감탄했다.

그는 이탈리아 유파의 음악을 즐겼고, 루소의 오페라 「마을의 점쟁이」의 한 소절을 콧노래로 따라 부르곤 했다. 그러나 예술과 문학에 대한 태도는 지극히 정치적이어서 예술과 문학을 선전매체로 사용하고자 했다. 문학과 연극 분야는 나폴레옹의 억압으로 숨이 막혔다기 보다는 지나친 장려와 지도로 질식당했다.

나폴레옹은 평범한 대화에서는 빛을 발하지 못했지만 구체적인 주제가 주어지면 대화는 높은 수준에까지 미칠 수 있었다. 오스트리아의 대사 메테르니히는 1820년에 다음과 같이 썼다. "처음 나를 가장 놀라게 한 것은 그가 놀랄 만큼 명쾌하고 매우 단순한 지성으로 대화를 이끌어 나간다는 것이었다. 그와 얘기를 나눌 때면 나는 늘 매혹당하곤 했다. 뭐라 정의하기는 힘들지만 그는 주제의 요점을 파악하고, 쓸모 없는 군더더기들은 제거해 버리면서 생각을 발전시켜 나가되 철저하게 명료하고 결정적일 때까지 끊임없이 몇 번이고 정렬하는가 하면 항상 적합한 단어를 발견해내고, 언어가 제 역할을 못하면 직접 만들어내기까지 했기 때문에 그와의 대화는 항상 흥미로웠다. 또 그는 다른 사람들의 비평이나 반대에도 귀를 기울였다. 업무의 경계를 벗어나지 않은 한 대체로 의견을 받아들이고 질문을 던지거나 반대 의사를 표명했다. 그리고 그로서는 즐거울 리 없는 얘기일지라도 내가 옳다고 믿는 것을 그에게 이야기하는 데 어려움을 느껴 본 적이 없다."

나폴레옹은 유머 감각도 뛰어나 때로는 변덕스럽게 보일 정도였다. 28세의 나이로 스페인에서 전사할 당시 이미 여단장이었던 예쁘장한 외모의 생 크로아를 나폴레옹은 항상 '생 크로아 양'이라고 불렀다. 또 레뮈자에 이어 의전관이 된 튀렌느는 영국광狂이어서 나폴레옹은 그를 '킨세스터 나리'라고 불렀다.

1812년 모스크바 전투에서 콜랭쿠르만 대동하고 돌아오는 길에 나폴레옹은 그를 놀려 주려고 "내가 프로이센군에 붙잡혀 철제 우리에 갇힌 채 런던 한복판에 전시될지도 모른다"라고 농담을 던졌다. 그들은 나폴레옹이 고심해서 만들어낸 이 우스꽝스런 이야기 때문에 몇 킬로미터를 포복절도하며 달렸다.

또 바크람 전투가 벌어지기 전 비엔나에서 어느 날 밤 나폴레옹은 저녁식사 때 찬 닭고기를 가져오라고 시켰다. 음식이 나오자 나폴레옹은 "언제부터 닭이 다리 하나에, 날개 하나로 태어났지? 내가 하인들이 먹다 남긴 찌꺼기로 목숨을 부지하게 된 줄 알겠군" 하고 불평했다.

나폴레옹은 보좌관, 비서, 시종 등 아랫사람들한테 놀라울 정도로 높은 점수를 얻고 있었다. 그들이 경험한 바에 따르면 그는 본래 친절하고 사려 깊은 사람이었다. 격노한 뒤에도 금세 화를 풀었고, 대개 그만큼의 보상을 해주었다. 한번은 해군장관 드크레에게는 다음과 같은 편지를 보냈다. "당신이 나로 인해 울화통을 터뜨릴 수밖에 없었다는 사실은 유감이다. 그러나 한 마디로 말해서 나는 뒤끝이 없는 사람이다. 그러니 내게 나쁜 감정을 갖지 않기를 바란다."

그는 "아랫사람들이 자신과 동류라고 느낄 정도로 친근하게 대함으로써 오히려 자신에게 더욱 헌신하게 만드는 재주"를 갖고 있었다.

나폴레옹은 자신의 매력을 파렴치하다고 할만큼 능수능란하게 발휘해 사람들의 마음을 더 강력하게 장악했다. 그는 콜랭쿠르에게 "내가 누군가를 필요로 할 때, 나는 까탈부리지 않고, 그의 엉덩이에 입이라도 맞추겠다"고 했을 정도이다. 그의 이런 처세가 병사들에게도 발휘됐음은 물론이다. 승전과 전문적인 노하우는 지휘관이 병사들의 신뢰를 얻는 것이 첫째 요건이다. 그러나 나폴레옹은 여기에 더해 병사들의 심리상태를 꿰뚫어 보는 섬뜩한 통찰력까지 지니고 있었다.

"군대는 프리메이슨_{회원 상호간의 부조와 우애를 목적으로 하는 중세의 비밀결사}과 같다. 그리고 나는 그 단장이다."

그는 전쟁터를 부단히 시찰하고, 직접 참전함으로써 특히 근위대와 개인적으로 긴밀한 관계를 확립할 수 있었다. 다음의 편지 한 통은 그가 군의 사기에 얼마나 세세한 관심을 쏟았는지를 보여준다. 1807년 5월 그는 폴란드에서 레지옹 도뇌르 훈장 관리를 담당한 장관에게 이런 편지를 보내왔다.

"13연대 베르노데 상병에게 편지를 보내 이제 술은 조금 자제하고, 좀 더 예절 바르게 행동하라고 하시오. 그는 용맹함으로 레지옹 도뇌르 훈장을 받았소. 포도주를 좀 즐긴다고 해서 뭐라 할 수야 없지만 훈장이 부끄럽게 생각될 정도로 술에 빠지면 잘못이라는 점을 이해시키도록 하시오."

부관 마르몽은 "황제가 병사들로 하여금 자신을 숭배하도록 만든 것은 바로 이런 친밀함이었다. 그러나 이는 무수한 승리로 존경받는 지휘관만이 구사할 수 있는 것이지 만약 다른 장군이 그렇게 했다면 평판에 금만 가고 말았을 것이다."라고 하였다.

전투시에도 나폴레옹은 영광, 모험심 그리고 우애라는 감정을 마술에 가까울 정도로 군의 유대감을 확립하는 데 이용했다. '앙시앵 레짐'의 생존자이자 예순이라는 나이에 러시아 원정에 참전했던 나르본 백작은 나폴레옹 군대의 정신을 '평민적인 기사도 정신'이라고 설명했다. 영국의 웰링턴은 군대가 나폴레옹과 함께 있으면 그 정신적 효과는 4만 병력과 맞먹는다고 평가했다. 웰링턴 군대의 한 수송병도 일기에 '보니'Boney, 나폴레옹 보나파르트의 영국식 애칭에 대한 감탄을 기록해 두고 있다.

대량 인명 손실이나 패전도 나폴레옹 군의 유대를 깰 수는 없었다. 손실이 컸던 1809년 오스트리아 에슬링 전투에서 근위대는 황제가 노출되지 않는 위치로 물러나지 않으면 싸우지 않겠다고 했다. 또 모스크바에서 철수하던 그 무시무시하던 때에도 폭동은커녕 불평의 기미조차 없었다. 당시 스페인 부르고스에서 퇴각중이던 웰링턴 군대의 경우와 비교해보면 패전했음에도 불구하고 여전히 살아있는 나폴레옹의 권위를 짐작할 수 있다.

나폴레옹이 상대를 압도하는 놀라운 능력을 보여주는 가장 비범한 사례는 1815년 엘바 섬에서 귀환하는 모습에서 찾을 수 있다. 나폴레옹은 자신을 저지하기 위해 파견된 부대에 혼자 맞서 "원한다면 너희들의 황제를 죽여라!"라고 외쳤다. 그러자 그들은 장교들의 발포 명령을 무시하고 대열을 이탈해 그의 주위에 몰려들었다.

나폴레옹의 인간생명에 대한 무관심과 전쟁터에서의 냉담함에 대해서 이런저런 비난이 많았다. 그러나 전장에서의 이런 냉담함은 직업군인들에게는 그리 충격적인 것이 아니다. 여러 전쟁들에 참전한 신출내기 병사나 민병 전투대원들도 처음에는 전투의 열기와 포화 속에서 부상으로 인한 불구나 죽음과 같은 참상을 겪게 된다. 그런 공포감 가운데 기이하고도 불행한 인간의 한계를 체험하면서 점차 냉정을 되찾게 된다. 그러므로 나폴레옹과 그의 병사들은 상황에 따라서는 질질 끄는 소모전보다 단번에 결판나는 전투가 인명 손실이나 비참함의 정도가 훨씬 덜하다는 것을 잘 알고 있었다. 나폴레옹 군대의 백전노장이라면 바로 황제의 눈앞에서 결정적인 전투가 벌어진 날을 '축제의 날'이라며 축하했을 것이다.

질병과 보급품의 부족은 전사하는 것보다 훨씬 더한 공포의 대상이었다. 나폴레옹 군대는 보급·이동·의료 심지어 훈련까지도 G. 르페브르 교수의 용어에 따르자면 '즉석에서 계속 해결하기'라는 혁명군대의 전통을 이어받았다. 군대는 농촌에 의존해 생존을 이어가야 했다.

그리고 기동력을 최대한 발휘하면서 신속한 타격을 가하기 위해 다른 모든 것을 희생시켰다. 경험없는 신병이 늘어나고, 이탈리아와 독일의 비옥한 지역을 벗어나 척박한 폴란드, 스페인, 러시아에서 전투가 벌어지자 이런 체계는 적응력이 계속 떨어졌고, 전쟁으로 인한 소모, 약탈, 무질서도 늘어갔다.

　나폴레옹이 치른 전쟁으로 인한 인력 손실은 종종 과장되곤 했다. 이폴리트 테느는 제2제정 시대가 비참하게 실패로 돌아간 즉시 쓴 책에서 170만의 프랑스 병사들이 1804년과 1815년 사이에 사망했다고 추정했다. 이 시기 프랑스의 모든 현에서 실제로 병적부兵籍簿에 등재된 남자의 총수가 200만보다 약간 많았으므로 이 숫자는 사상자 비율이 100퍼센트에 육박한다는 것을 의미한다. 1800년에서 1812년 사이에 징병 연령에 달한 435만 명 가운데 140만 명이 병적에 올라 있었다. 1813년 러시아에서 패한 후 80만 명이 소집당했고, 1814년 처음으로 예외 없이 전 계층을 징집했는데도 실제로는 겨우 신병 10만 명만 복무했다.

　1만5천 명의 장교가 1800년에서 1815년 사이에 전사하거나 부상한 것으로 알려져 있다. 이에 따른 비례로 볼 때 사병들의 사상자수는 모두 합해 40만을 넘지 않을 것이다. 그러므로 나폴레옹 전쟁이 프랑스의 인구증가를 지속적으로 방해했다는 증거는 없으며, 오히려 제국시대 마지막 3년간은 징병을 기피하기 위해 많은 사람들이 조혼을 하여 출생률은 두드러지게 상승했다. 흔히 나폴레옹이 그랬다고 전해지는 "파리에서 하룻밤만 지나면 전투의 인명손실을 만회할 수 있다"는 말은 실은 훨씬 오래 전 17세기에 콩데가 이미 한 말이다.

　징병이 환영받지 못하게 된 것은 1813년부터였다. 그 전에는 불공평한 징집제도에 대해 분개하는 목소리도 있었지만 정부에 그리 과도한 부담은 아니었다. 선발은 제비뽑기로 했고, 재산 있는 계층은 대리인을 사서 병역을 기피할 수도 있었다.

　한편 원수나 장군, 참모들은 응석받이 프리마돈나 같은 행동이 잦

1805년 당시
나폴레옹의 초상

았다. 나폴레옹은 그들을 때리고 어르고 함으로써 그들이 총애를 받고자 끊임없이 경쟁하고, 질투하도록 조종하기를 즐겨했다. 란 원수는 나폴레옹에게 화가 났을 때 "저런 매춘부에게 내가 애처로운 열정을 품었으니 동정 받아 마땅하지!"라고 외치곤 했다.

그러나 란 원수가 에슬링 전투에서 전사하자 나폴레옹은 그의 아내에게 "가장 훌륭한 장군을 잃었습니다. 16년간 군에서 나의 동료이자 최고의 친구라고 생각하는 바로 그 사람을 말입니다"라는 편지를 보냈다. 에슬링 전투가 끝난 저녁에 나폴레옹은 수프 접시에 눈물을 뚝뚝 흘리며 앉아 있었다. 1813년 뤼첸 전투에서 베시에르와 바우첸 전투에서 뒤로크가 죽었을 때 보인 슬픔 역시 분명 그의 진심에서 나온 것이었다.

젊었을 적부터 친구였던 쥐노와 세인트 헬레나까지 따라와 그를 수행한 보좌관 구르고는 나폴레옹에게 잘 보이려고 서로 다투는 바람에 그를 어지간히 괴롭혔다. 나폴레옹은 쥐노가 '독일 소년처럼 감상적'이라고 불평했다. 구르고에 대해서는 "질투가 심할 정도로 나를 사랑하고 있다. 나, 원, 이런… 난 그 친구의 아내가 아니다. 내가 그 친구와 잘 수는 없는 노릇 아닌가?"라고 투덜거렸다.

나폴레옹은 장군들의 실수를 자주 비난하곤 했지만 그들에게 자기 식의 방법을 가르치기 위해 참모대학을 만든다거나 체계적인 지도를 하려고 하지는 않았다. 그는 전적으로 자신에게 의지했다. 또한 그는 휘하 장군들의 자질과 한계를 날카롭게 꿰뚫어 보았다. 그는 드세가 마렝고에서 전사하지만 않았어도 '프랑스 제1의 군인'이 됐을 것이라고 평가했다. 란 장군도 그럴 수 있었다. 네이와 뮈라는 전쟁터에서는 비할 수 없이 용감한 지휘관이었지만 그 이상은 아니었다. 베르티에는 최고의 참모장이었지만 혼자 내버려두면 행동이 혼란스런 사람이었다. 대규모 군대를 독립적으로 지휘할 수 있는 사람은 마세나와 다부 정도였고, 술트도 그럴 능력이 있을 듯했다. 나폴레옹은 1809년 으젠에게 "마세나는 누구도 인정하지 않을 수 없을 만큼 군사적인 재능이 있다"고 칭찬했다. 그러면서 또 조제프에게는 "마세나는 민간정부에는 전혀 어울리지 않아. 훌륭한 군인이긴 하지만 돈을 너무 밝혀 거기에 빠져있지."라고 말했다.

그런데 왜 그는 쥐노가 지휘에 부적합한 사람임을 알면서도 포르투갈군의 지휘를 맡겼을까? 또 왜 마르몽을 원수로 임명해 웰링턴과 맞서게 했을까? 또한 1809년 그 자신이 간파한 대로 베르나도트는 신뢰할 수 없는 음모꾼이었다. 그 때문에 예나 전투에서는 거의 질 뻔했고, 바크람에서는 그저 그랬으며, 아일라우에서는 지원군으로 합류하지도 않았다. 아우스털리츠에서는 해야 할 일도 하지 않았다. 그럼에도 불구하고 그는 왜 베르나도트를 계속 기용했을까? 이에 대한 답들은 쥐노와 마르몽이 젊은 시절 그의 친구였다는 사실에서 찾을 수 있을 것이고, 베르나도트는 자신이 사랑했던 데지레와 결혼하여 형 조제프와는 동서지간이었기 때문에 어쩔 수 없었을 것이다. 나폴레옹 자신은 인정하지 않았으나 그는 가족의 유대와 오랜 친구 사이의 관계에 깊은 영향을 받고 있었기 때문이다. 이는 코르시카 출신 가문의 끈질긴 특성일 것이다.

이런 점은 그가 가족들을 대하는 태도에서도 매우 분명하게 나타난다. 나폴레옹의 형제들은 나폴레옹만큼은 아니지만 대체로 개성과 고집, 야망을 선천적으로 타고났다. 그래서 좀처럼 이 빛나는 형제(나폴레옹)에게 압도당하지도 않았다. 나폴레옹은 형제들의 불평, 불만과 토라짐, 이런저런 온갖 요구에 너무 화가 나서 "그들이 말하는 걸 가만히 들어보면 사람들은 내가 아버지의 상속재산을 독차지한 게 아닐까라고 생각할 것"이라고 투덜거렸다.

나폴레옹에 의해 나폴리 왕에 이어 스페인 왕위에 올랐던 형 조제프와 홀랜드의 왕이 된 동생 루이, 그리고 베스트팔렌 왕 제롬은 다른 지사들처럼 나폴레옹의 명령에 복종해야 한다는 사실을 깨달았지만 그렇게 하지 않았다. 엄밀히 말해 그들이 자기들의 능력으로 그런 자리를 차지했다고 할 수는 없다.

조제프와 뤼시앵은 통령정부 시대에 야당과 결탁해 정치적 음모를 꾸몄다. 결국 뤼시앵은 1802년 세습제에 관한 팜플렛을 써서 마드리드로 쫓겨났다. 또 나폴레옹의 그의 두 번째 결혼에 대해 신분이 낮은 사람과의 결혼이라며 심하게 반대하자 그는 로마에 정착해 평민으로 생활했다.

1807년 12월 나폴레옹은 만토바에서 뤼시앵을 만나 두 번째 부인과 이혼하고, 황가皇家의 일원으로서 책임을 다하라고 설득했다. "네가 나와 함께 있지 않는다면 유럽이 우리 두 사람에게 무슨 큰 의미가 있겠니?" 그러나 뤼시앵은 이 제안을 거절했고, 나폴레옹은 조제프에게 "뤼시앵이 이성을 찾도록 내 힘이 닿는 한 모든 수단을 다했다"고 말했다.

수년간 뤼시앵 편에서 나폴레옹에게 용감히 맞서 왔던 어머니조차도 마침내 그에 대한 인내심을 잃고 말았다. 2년 후 뤼시앵은 가족들을 데리고 미국으로 건너가려다 영국군에 붙잡혔고, 영국 서남부의 우스터셔라는 시골에서 몇 년을 보내면서 그는 샤를마뉴 대제에 바치는 긴 시를 지었는데, 이 시에서 교황 편을 들어 다시금 나폴레옹을 화나게 했다.

나폴레옹의 의붓딸 오르탕스 보아르네와 결혼해 홀란드 왕위에 오른 루이는 아내와 다투고는 스페인 왕이 되는 것을 거부했고, 대륙봉쇄에 저항하는 네덜란드인들에게 너무 동정적이었던 나머지 마침내 1810년 홀란드의 왕좌에서 쫓겨났다.

제롬은 미국 출신의 엘리자베스 패터슨과 결혼함으로써 나폴레옹을 불쾌하게 만들었다. 결국 이 결혼은 취소됐고, 제롬은 뷔르템베르크 왕의 캐더린 공주를 아내로 맞아 신생 베스트팔렌 왕국을 다스리게 되었다. 이 두 번째 결혼은 성공적이었는데 제롬은 유쾌하고 돈을 물쓰듯하는 생활을 한 탓에 나폴레옹의 문관들이 그를 감독했다.

코르시카 출신 장교 박치오키와 결혼한 나폴레옹의 여동생 엘리자는 이탈리아 토스카니 공화국의 대공비가 되었으나 별 볼일 없는 지위라 하여 늘 불만스러워했다.

뮈라와 결혼한 여동생 카롤린은 처음엔 베르크 대공비였다가 나폴리 여왕에 올랐는데 역시 자기 지위에 전혀 만족하지 않았다. 나폴레옹은 "나폴리 여왕과는 항상 대접전을 벌여야 한다"고 불평했다.

천박하고 낭비벽이 심했던 폴린은 첫 남편 레클레르 장군이 산 도밍고에서 황열병으로 죽자 보르게세 왕자와 재혼했다.

황모후가 된 어머니 레티치아는 정치에는 관여하지 않았으며, 조용하고 검소한 생활을 좋아했다. 그녀는 철저한 절약생활로 유명했다. 그녀는 "언젠가 내가 낳은 이 왕들을 위해 빵을 구하러 다녀야 할지도 모른다"고 말하곤 했다. 나폴레옹은 그녀에게 브리엔 근처의 큰 성을 사주고, 100만 프랑의 연금도 보장해 주었다. 제국이 몰락한 후 그녀는 가족들에게 거의 1천만 프랑을 나눠준 것으로 추정된다. 그리고 임종시에도 상당한 재산을 남겼다.

가족 문제에 있어서 그녀는 여가장이나 다름없었다. 나폴레옹이 한 번은 통치권자로서 자기에게 예를 갖추라는 의미로 손에 입맞추게 하려다 손가락을 호되게 얻어맞았다. 그녀는 나폴레옹과 자주 사이가 틀어졌는데 조제핀과의 결혼을 찬성하지 않았기 때문이었으며, 나폴레옹과 뤼시앵이 말다툼하면 늘 동생 뤼시앵 편을 들었다. 그녀는 단순하게 "내가 제일 좋아하는 아이는 곤란한 처지에 있는 아이야"라고 생각했기 때문이었다.

늙어서 구술한 미완의 회상록에서 그녀는 다음과 같이 썼다. "사람들은 다들 내가 세상에서 가장 행복한 어머니라고 하지만 내 일생은 슬픔과 고통의 연속이었다. 편지가 올 때마다 나는 황제가 전쟁터에서 죽었다는 비참한 소식을 읽게 될까봐 두려웠다."

스탕달은 그녀에 대해 "레티치아 보나파르트 부인만큼 위선이 없고, 그토록 고귀한 사람도 별로 없다"고 칭송했다.

보나파르트 가문의 의견이 유일하게 하나로 통일되었던 때는 오르탕스와 루이를 결혼시키려는 나폴레옹의 의견에 모두 반대한 일뿐이었다. 나폴레옹은 자기 가족들보다도 의붓자식인 으젠과 오르탕스와 함께 있을 때를 훨씬 더 편안해했다. 그는 1815년 "으젠은 근심이라곤 전혀 끼치지 않는 내 유일한 가족"이라고 했고, 오르탕스와 그녀의 맏아들 나폴레옹-샤를을 아끼다 보니 근친상간이라는 비열하고 말도 안돼는 소문까지 나돌 정도였다.

그러나 보나파르트 가문은 결국에는 단결했다. 1815년 나폴레옹이 퇴위하자 뤼시앵을 포함한 형제들은 그에게로 달려왔다. 카롤린만이 1814년의 1차 퇴위로 몰락하면서 남편 뮈라를 따라 비열하게 배신했으며, 이로 인해 나폴레옹은 결국 파국을 맞게 되었다.

이처럼 강력한 가족의 충성심에 의지해 나폴레옹은 1806년과 1810년 사이에 가신들과 형제들을 모아 여러 명의 왕으로 구성된 '유럽연합' 제국을 건설했다. 그러나 보나파르트 가문처럼 극도로 이기적이고, 제멋대로인 가족들로는 연합제국을 유지시키기 어려웠다. 오직 의붓아들 으젠만이 나폴레옹의 희망을 충족시켜 주었다.

세인트 헬레나에서 나폴레옹은 "내 가족은 늘 나를 도와주지 않았다"고 회상했다.

두 번째 아내 마리 루이즈로부터 아들 '로마왕'이 태어나자(1811년 3월) 나폴레옹은 이와 같이 가족들의 협조가 이루어지지 않고 있는 만큼 연합제국방식에서 벗어나고자 했다. 그래서 점점 더 많은 영토를 직접 통치하려 했다. 1809년에는 이탈리아의 달마티아와 교황령을,

1810년 홀랜드와 하노버, 1811년에는 한자동맹에 속한 도시들과 올덴부르크 공국을 직접 관할했다. 로마를 유럽제국 '제2의 도시'로 삼을 예정으로 1811년에는 거대한 황궁을 로마 카피톨 언덕_{로마 시대 주피터 신전이 있던 언덕}에 건립하는 계획까지 마련했다.

통령정부 시대와는 비교할 수 없을 정도로 제국이 유지된 10년간은 내부를 개혁하는 면에 있어서 별 성과를 거두지 못했다. 이는 나폴레옹이 외교정책과 전쟁에 여념이 없어서이기도 하지만 그의 강력한 독재정치가 별 효과를 보지 못했기 때문이기도 하다. 1802년 이래 무력해졌던 호민관은 1807년 마침내 폐지되고 말았다. 1808년에는 주화에서 '프랑스 공화국'이라는 명문銘文도 사라졌다.

원로원에는 '개인의 자유'와 '언론의 자유'를 다루는 두 개의 상임위원회가 있었지만 명목상으로만 '자유의 수호자'일 뿐이었다. 개인의 자유를 다루는 상임위가 정부의 결정을 파기한 것은 몇몇 경우에 불과했다. 언론의 자유를 다루는 상임위는 일간지와 정기간행물에 대한 검열권이 없어 10년동안 심의 건수가 불과 8건에 지나지 않았다.

1802년 사실상 활동이 중단됐던 경찰청은 1804년 들어 활동을 재개했다. 처음에는 푸셰가 총수를 맡았는데 1810년 이후에는 푸셰보다 고압적이지만 덜 음흉한 사바리가 맡았다.

'앙시앵 레짐' 시대의 체포영장 제도가 1810년 포고령으로 공식 부활되었다. 이 포고령으로 정치범 교도소가 생겼고, 감찰원의 명령으로 재판 없이 구류에 처할 수 있게 되었다.

제국 시대에 탄생한 4개의 법전-민사소송법·형사소송법·형법·상법 중 민법의 경우는 '앙시앵 레짐' 방식이 훨씬 더 엄격하게 지켜졌다. 혁명기간에 도입된 배심원재판은 특히 형사사건의 경우 엄청나게 줄어들었고, 앙시앵 레짐의 임시즉결재판소를 연상시키는 특별법원은 반란·위조·밀수·무장강도사건을 관할하는 권한을 영구적으로 부여받았다.

나폴레옹은 특히 군사 보안 때문에 언론을 검열하지 않을 수 없다는 강한 확신을 가지고 있었다. 1811년까지 신문은 파리에 4개, 각 현에 하나씩 있었는데 모두 정부의 통제를 받았다. 나폴레옹 자신은 정부 기관지인 『르 모니퇴르』 편집에 많이 관여했다.

경찰청에서 하는 서적 검열을 더욱 엄격히 하고자 1811년 이 부서에 나폴레옹은 서적 검열 담당자를 특별히 임명했다. 담당자에게 그는 "내 의도는 음란물과 공공의 안녕을 어지럽히는 서적을 제외하고는 절대적으로 모든 것이 출판되어야 한다는 것이네"라고 말했다. 그러나 왕정복고 시대에 의회 통치가 이루어질 때도 사전 검열제도는 제국 시대와 마찬가지로 엄격히 유지되었다.

제국 시대에 이룩한 제도적 발전 중 가장 중요한 것은 아마도 '프랑스대학' University of France과 같은 교육의 조직화일 것이다. 이 대학은 국가참사원에서 오랜 논의를 거친 끝에 1808년 설립되었다. 나폴레옹은 훈련받은 장교와 공무원들이 필요했기 때문에 대학 설립에 많은 관심을 기울였다. 게다가 여론 형성은 중요한 '권력의 원천'이었다.

프랑스혁명은 국가의 무상 의무교육 원칙을 천명한 바 있었다. 혁명 이전까지 교육은 전적으로 교회의 손에 맡겨져 있었고, 그후 성직자들이 박해를 당하면서 특히 초등교육이 쇠퇴한 상태였다.

국민공회는 다 죽어 가는 신학대학들을 억압하는 반면 학술원, 이공대학(에콜 폴리테크니크), 그리고 약 100개에 달하는 중앙학교_{수업료를 내}

는 중등학교를 세워 고등교육 분야에서는 어느 정도 진보를 이룩했다. 이들 학교의 교과과정은 진보적이고, 현대적이어서 수학·과학·역사에 중점을 두었다. 그러나 나폴레옹과 중산계급은 이런 학교들을 대체로 불신했다. 학생을 위한 숙박 시설이 없고, 훈육이나 종교교육을 하지 않았기 때문이다.

교황청과 '정교협약'을 맺은 이후 교회측이 교육을 맡겠다고 거듭 주장하고 나섰다. 나폴레옹은 초등교육만을 성직자들에게 맡기고 싶었다.

새로운 교리문답서가 1806년 대다수 주교의 승인을 받아 작성되었는데 다음과 같은 조항이 들어 있었다.

"질문: 우리의 황제에 대해 의무를 다하지 못한 사람들을 어떻게 생각해야 하는가?"
"답변: 성 바울 사도에 따르면 그들은 신 자신이 세운 질서를 거부하고자 했으므로 스스로 영원한 저주를 받아 마땅할 것이다."

장교와 공무원을 배출하는 중산층계급의 중등·고등교육에 있어서 나폴레옹은 '이데올로기적인' 교육과 성직자가 가르치는 교육을 좋아하지 않았다. 1803년 그는 너무 '이데올로기적'이라는 이유로 학술원에서 윤리학과 정치학을 가르치지 못하게 했다.

그는 규율이 있고, 현대적이며, 과학적인 교육을 원했다. 1807년 폴란드의 핀켄슈타인 성城에 머물고 있는 동안 '콜레주 드 프랑스' College de France 개혁 계획을 제시했는데, 실현되지는 못했지만 이는 그가 현대적인 학문을 선호했음을 알 수 있다.

1802년 과학자인 푸르크르와이에 이어 뢰데레르가 내무부 산하 교육 담당 사무총장에 임명되었다. 중앙학교는 리세(인문계 고등학교)로 바뀌었다. 리세는 루이 르 그랑 대학의 후신인 프랑스 군인자제학교를 모델로 한 것으로 잘 갖추어진 기숙사 시설에 강력한 군사교육과 더불어, 과학 및 인문학을 균형 있게 가르치는 교과과정을 두었다. 그렇지만 중산계급은 국가에서 장학금을 많이 주는 공립학교 리세보다는 사립학교와 성직자들이 가르치는 교육을 더 선호했다.

또 나폴레옹은 여성 교육문제에 대해서는 일언지하에 거부했다.

"나는 우리가 젊은 여성들을 위한 교육계획을 세워 고생할 필요가 없다고 생각한다. 공적인 일을 할 필요가 없으니 공교육은 그들에게 전혀 어울리지 않는다. 그들에겐 예의범절이 가장 중요하다. 게다가 결혼이 그들이 기대하는 전부다."

나폴레옹은 교육의 국가통제라는 중대 조치를 취하게 되었는데, 이 조치는 바로 1808년 '프랑스대학'의 설립으로 그 모습을 드러냈다. '프랑스대학'은 사실상 교육부 역할을 담당했다. 총장은 황제에게 직접 책임을 일임받아 모든 교육을 관할했다. 사립이건 국공립이건 교사들은 모두 '프랑스대학'이 수여하는 자격증이 있어야 했다. 국립 교육기관에 몸담고 있는 교사들의 신분·급여·승진도 '프랑스대학'의 통제를 받았다. 나폴레옹은 국립 교육기관의 교사는 헌신적이며, 훈련을 잘 받은 예수회 평신도 같고, 특히 서열이 아래인 젊은 교사는 독신이기를 원했다.

"내가 교사 양성을 위한 공식 기구를 설립한 가장 중요한 목적은 이들을 정치적·윤리적 여론을 이끌어 갈 수단으로 삼기 위함이다. 이런 기관이야말로 수사修士가 다시 목소리 높이게 되는 상황을 막는 역할을 할 것이다. 어려서부터 공화주의자가 될 지, 군주제 옹호론자가 될지, 카톨릭 교도가 될지, 불가지론자가 될지를 교육받아 결정하지 않는다면 단일 민족국가를 형성하기란 어렵다."

사립학교들은 리세와 경쟁하지 못하도록 무거운 세금을 물렸다. 1811년 나폴레옹은 리세를 100개로 늘리도록 지시했다. 사립학교와 신학교는 점점 수가 줄고 엄중한 감독을 받았다.

고등교육 분야에서는 종합기술학교나 사범학교 같은 특수 고등교육 기관이 설립되고, '프랑스대학'은 지방 중심지에 학위 수여권을 가진 학부 설립을 장려했다. 그러나 이런 학부들이 모여 종합대학이 된 예는 별로 없었다.

1813년 2천여 명에 이르는 대학 졸업생을 배출함으로써 계몽주의와 프랑스혁명의 과학적인 성과를 물려받은 프랑스는 고등교육 분야에서 지도적인 위치를 확보했다. 그러나 나폴레옹은 예술과 문학 부문의 고등교육은 소홀히 다뤘다. 학부는 점점 직업교육에 치중하면서 실용주의화되었다.

나폴레옹은 '프랑스대학'의 총장인 퐁탄느에게 이렇게 썼다. "당신은 학술원 제2분과 위원장이다. 각종 모임에서 정치토론은 원치 않는다고 말해 줄 것을 명령한다. 그들이 복종하지 않는다면 위험한 클럽으로 간주하고 활동을 막을 것이다."

퐁탄느는 시인이자 고전학자이었으며, 왕당파이기도 했는데 왕정복고 시대에는 자신의 영향력을 발휘해 성직자에 의한 교육과 고전, 수사학, 문학 등 전통적인 연구에 유리한 입지를 마련해 줬다고 자랑하기도 했다. 세인트 헬레나에서 나폴레옹은 퐁탄느가 '프랑스대학'이라는 자신의 이상을 완전히 그르쳤다고 말했다.

공과대학과 다른 고등교육 기관들은 제국 후반기 들어 군국화 추세로 훈련받은 장교들을 절실히 필요로 하게 되면서 그 수준이 점차 떨어졌다.

결국 국가에서 독점적으로 중등교육을 실시하려 한 나폴레옹의 원대한 계획은 실현되지 못했다. 중산층 계급은 성직자들이 가르치는 교육을 여전히 더 선호해서 교회의 지위는 너무도 확고했다.

"전능한 황제, 나폴레옹도 10만 신병을 스페인과 러시아의 전쟁터에 보내는 것보다 프랑스의 학부모들이 천 명 이상의 학생을 그가 만든 리세에 보내도록 하는 것이 훨씬 어려웠다."

나폴레옹은 통일된 교육체계라는 계획을 후대에 유산으로 물려주었으며, 그의 시대 이후 모든 프랑스 정부는 교육문제와 싸워야 했다.

10

'정교협약' 파기와 '대륙봉쇄령'

교황과의 '정교협약'은 서로간의 오해를 바탕으로 두고 있었으므로 그 밀월 기간은 오래 가지 않았다. 나폴레옹은 교황과 주교들을 자기 휘하의 '도덕적인 지사知事'처럼 통제하고자 했다. 1806년 국가참사원에서 나폴레옹은 "카톨릭 성직자들은 처신을 아주 잘하고 있고 큰 도움이 되고 있다. 그들의 기여 덕에 올해 징집 인원이 이전 몇 년보다 훨씬 많았다. 또 그들의 영향하에 윤리도덕이 개선되었다. 평화와 안정을 되찾은 것도 그들을 통해서이다. 하나의 공동체로서 그들은 정부의 훌륭한 대변인으로 앞장서고 있다."라고 말했다.

공공 예배를 담당하던 참사원의원 포르탈리스는 조직조항을 도입해 **'교회 안의 국가가 아니라 국가 안의 교회'**로 위상을 정립했다. 교황이 모든 불이익을 감수하면서까지 '정교협약'을 수락한 것은 **"정교**

협약이 주교원에 대한 교황의 권리를 인정함으로써 전세계 주교단에 대한 로마의 권력을 인정했고, 또 카프라라 추기경이 콘살비 추기경에게 말한 것처럼 나폴레옹은 프랑스에서 카톨릭을 홀로 방어하고 있다"고 믿었기 때문이었다.

그러나 나폴레옹의 궁극적인 목표는 샤를마뉴 대제를 넘어서서 로마제국의 콘스탄티누스나 유스티니아누스 황제, 카이사르 같은 절대 황제권의 부활로까지 치달아 오르고 있었다.

세인트 헬레나에서 그는 "정계뿐만 아니라 종교계도 통제를 하고 콘스탄티누스 대제처럼 교회위원회를 소집했어야 했는데…"라고 아쉬워했다.

나폴레옹은 교황 비오 7세의 성격을 완전히 오해하는 실수를 범했다. 비오 7세는 정치적 성향의 성직자도 아니고, 겁을 주어 굴복시킬 수 있는 소심한 군주 스타일도 아니었다. 교황은 종교적 신념을 위해서라면 순교도 마다하지 않는 올곧은 사제였으며, 후계자 비오 9세와 마찬가지로 교황권의 독립을 위해서는 속세의 권력이 필수적이라고 보았다.

1815년 나폴레옹은 자신이 교황에게 가졌던 오해를 인정했다. "내가 눈이 멀었지. 교황을 나약한 인간이라고 생각한 거야. 내게 저항하기 시작했을 때도 그건 그가 약하기 때문이라고 치부했어. 의지가 약하니까 측근들의 사악한 충고에 굴복했다고 말이야."

1805년 이탈리아 왕국에 이혼 제도를 포함한 민법이 도입되자 교황 비오 7세는 심히 우려를 표명했다. 그해 10월 프랑스군이 교황령 항구도시 안코나를 점령하자, 비오 7세는 프랑스와 외교 관계를 단절하겠노라고 위협하는 격렬한 내용의 서한을 나폴레옹에게 보냈다. 이

서한은 아우스털리츠 전투가 있기 직전 제3차 대對프랑스동맹 연합군 원정대가 발족하려는 가장 위태로운 순간에 나폴레옹 손에 들어왔다. 이런 시기적 정황 때문에 나폴레옹은 교황이 연합군의 승리를 확신해서 이런 식으로 행동하는 게 아닌가 하고 의심했다.

나폴레옹이 안코나를 확보해야 하는 이유는 군사적인 측면에서는 너무도 명백했다. 프랑스 대육군의 측면을 위협하고 있는 영국-러시아 원정군에게 어느 순간에 점령될지 모를 급박한 처지였기 때문이었다.

이 사건 이후 교황과 나폴레옹 사이에 오간 서신들은 11세기에나 있었을 법한 것으로 두 사람의 관계를 가장 적나라하게 보여준다. 나폴레옹은 1806년 2월 비오 7세에게 다음과 같은 편지를 썼다.

"교황 성하는 로마의 군주이고, 본인은 로마의 황제입니다. 그러니 나의 모든 적은 또한 성하의 적임에 틀림없습니다. 그러므로 사르데냐 왕의 첩자나 영국, 러시아, 스웨덴의 첩자가 로마나 성하의 영토에 거주한다거나 그런 나라들의 선박이 성하의 항구에 입항하는 것은 옳지 않습니다."

이에 교황은 1806년 3월 "로마의 황제는 존재하지 않는다"고 답신을 보냈다.

이러한 반목에도 불구하고 나폴레옹이 폴란드, 스페인, 오스트리아와 외교분쟁을 벌이느라 로마 교황청과 최종 결렬을 맞은 것은 이로부터 3년이 지난 후였다.

1808년 2월, 나폴레옹은 '대륙봉쇄'와 이탈리아에 대한 통제력을 강화하려는 목적에서 프랑스군에 로마 점령을 명했다. 그러자 교황은 자기 스스로 퀴리날리스 궁에 유폐되었다. 1809년 5월 17일 비엔나에서 나폴레옹은 로마 교황이 다스리는 관할구역과 교황에게 보장되었던 수입 및 재산을 제국에 합병한다고 선포하였다. 이에 비오 7세는 교황청 침략자에 대한 파문교서로 대응하였으나 그나마도 나폴레옹의 이름을 거명하는 정도로 그쳤다.

나폴레옹은 바크람 전투 직전에 파문교서 전문을 받아 보았고, 6월 20일 "자신을 감금하다니 미쳤군. 파카 신부와 교황의 다른 추종자들을 체포하라!"고 명했다.

이에 라데 장군은 교황을 체포해 그르노블로 이송했다. 그러나 나폴레옹이 그런 끔찍한 짓을 승인하거나 일부러 의도했던 것 같지는 않았다. 그는 캉바세레스에게 "그 일은 내 명령도 없었고, 내 의지에도 반反하는 짓"이라고 말했다. 또한 푸세에게 보낸 편지에서는 "교황을 체포했다는 보고를 듣고 나는 매우 화가 났다. 정말로 어리석은 짓을 했다."라고 쓴 바 있다.

파카는 체포하되 교황은 로마에 조용히 놓아둘 필요가 있었다. 그러나 이제 돌이킬 방법이 없었다. 그는 명령을 내려 교황을 제노바 근처 리비에라 해안의 사보나에 억류시켰다. 교황은 여기서 1812년 1월까지 유배 생활을 했다.

이 파문에 따른 결과는 종종 과장돼 왔다. 실상 이 일로 프랑스의 주교들이 '쇤브룬 평화조약' 기념 '테 데움'(감사미사)에서 찬미의 노래를 바치지 않거나 카톨릭 교도인 헝가리와 보헤미아 왕이 딸을 나폴레옹에게 출가시키지 않으려 하지는 않았다.

1810년 1월 파리에서 열린 추기경회의에 29명의 대다수 추기경이 착좌했고, 이들 대부분은 나폴레옹이 주는 봉급을 받아들였다. 그러나 '검은 추기경'으로 알려진 나머지 13명의 추기경들은 나폴레옹과 마리 루이즈의 결혼식에 참여하기를 거부했다.

교황과의 분쟁중에 나폴레옹이 취한 노선은 상당한 성공을 거두었다. 그는 로마 현縣들의 신임 대표들에게 "나는 우리 사제들의 신앙을 바꿀 의향이 전혀 없다. 교회의 장자로서 나는 그 품에서 떠나기를 원치 않는다. 예수 그리스도는 성 베드로가 속세에서 통치권을 확립할 필요가 있다고 생각하지 않으셨다… 여러분의 주교가 교회의 정신적 수장이듯이 나는 교회의 황제다."라고 선언했다.

제국 시대에 경찰총장이었던 파스퀴에는 회고록에서 "나폴레옹은 교황의 적대감에도 불구하고 국민의 대다수를 차지하고 있는 카톨릭 교도뿐 아니라 성직자들의 충성까지도 힘들이지 않고 받아낼 수 있었다"고 기록했다.

망명 왕당파인 다마는 "교황의 교서는 스페인의 일부 광신자들을 자극할 것이다. 그러나 그런 사람들이 다른 곳에도 아직까지 남아있는지는 매우 의심스럽다."고 말했다.

스페인과 나폴리의 칼라브리아에서는 광신자들의 저항이 교황의 파문교서 발표 전에도 일어났고, 나폴레옹이 만든 법전을 적용하려 들면 어떤 식으로든 반드시 저항했을 것이다. 그러나 주목할 점은 종교분쟁지인 방데 지역과 카톨릭 국가인 폴란드에서조차 나폴레옹에 대한 충성심은 여전히 손상되지 않았다는 사실이다.

그러므로 나폴레옹으로서는 교황을 계속 고립시키고 압력을 가하면 "황제 다음이 교황"이라는 원칙을 받아들이도록 할 수 있을 듯 보였다.

교황의 가장 효과적인 무기는 비어 있는 주교 관할구에 대한 주교 임명을 거부하는 것이었다. 나폴레옹은 1811년 이 문제를 해결하기 위해 제국 주교회의를 소집했다. 추기경 10명으로부터 탄원서를 받아온 대표단은 회의 소집 전에 교황으로부터 원칙적인 동의를 받아내기 위해 사보나에서 비오 7세를 기다렸다.

비오 7세는 주교 임명이 6개월 이상 지체된다면 대주교가 그의 대리인으로 주교를 임명할 수 있다는 원칙에 동의했다. 그러나 대표단이 떠나자마자 교황은 동의를 철회했다.

1811년 6월 주교회의가 열리자 나폴레옹은 교황에게 노골적인 압력을 가함으로써 주교단의 거센 저항을 불러일으켰다. 대다수의 주교가 교황이 참석하지 않으면 주교회의는 무효라고 선언했다. 이에 나폴레옹은 주교회의를 해산하고, 가까스로 과반수의 주교들로부터 개인적인 동의만을 구할 수 있었다. 그는 당시 자기 힘을 과신한 나머지 주교임명 절차를 프랑스의 주교 관할구뿐 아니라 제국 전역으로까지 지나치게 확대시켰다. 1811년 8월부터 1812년 2월까지 대표단은 사보나에서 비오 7세의 동의를 얻고자 기다렸으나 허사였다.

결국 1812년 6월 나폴레옹이 러시아 원정에 나서기 직전 교황은 퐁텐블로로 이송되었다. 이송 이유는 명목상 영국이 사보나 해변을 급습해 그를 납치할 준비를 하고 있다는 것이었지만 이로써 정교협약은 파기되었다.

모스크바 퇴각 이후 나폴레옹은 퐁텐블로에서 교황과 단둘이서 타협을 이끌어 내고자 시도했다. 교황은 '정교협약' 예비원칙에 서명했다. 이는 교황의 통치권을 인정하고, 6개월 후 주교단을 대주교에게 파견하며, '검은 추기경'들에 대한 사면을 승인한다는 것이 골자였다.

나폴레옹은 1813년 1월 25일 누이동생 엘리자에게 "교황과 정교협약을 마무리하려고 해. 그는 아비뇽에 정주하게 될 거야."라고 썼다.

그러나 나폴레옹은 정식 인준을 기다리지도 않고, 정교협약 체결 소식을 공표했다. 그러자 3월 비오 7세는 서명을 거부했다.

제10장 '정교협약 파기와 대륙봉쇄령' | 243

1807년 틸지트를
떠나면서 용감한
러시아의 제국 수비대에게
레지옹 도뇌르 훈장을
수여하는 나폴레옹

　1813년 12월 라이프치히 전투 이후 나폴레옹은 교황에게 아무 조건 없이 교황령을 되돌려 주겠다고 제안했다. 프랑스 제국의 몰락이 눈앞에 보이자 비오 7세는 로마에서가 아니면 협상에 응하지 않겠다고 나왔다. 1814년 1월 21일 나폴레옹은 비오 7세를 이탈리아로 호위해 오도록 했다. 그는 나폴레옹 퇴위 후인 1814년 5월 24일 다시 로마로 돌아갔다.

　1804년 나폴레옹은 교황을 대관식에 모셔오기 위해 그의 수하들에게 "교황을 20만 병력을 거느린 존재처럼 대하라"고 지시했었다. 이렇게 탁월했던 그의 정치적 수완은 오랫동안 교황과 끊임없이 마찰을 빚어오는 과정에서 1912년에는 완전히 방향감각을 잃어버렸다.

1807년 '틸지트 조약' 이후 두드러진 점은 나폴레옹의 오만이 점점 더해졌다는 사실이다. 당시 파리 주재 오스트리아 대사였던 메테르니히는 1807년 10월 "최근 나폴레옹의 스타일이 완전히 변했다. 그는 이제 중용이란 불필요한 장애물이라고 생각하는 듯하다."고 보았다.

이미 1806년 해군장관 드크레는 비통한 나머지 자기 손을 비틀며 "황제는 미쳤어. 이제 우리 모두를 망쳐 버릴 거야!"라고 외칠 정도였다.

한편 미국의 한 각료는 "절대 권력을 지닌 채 주체하지 못하는 열정에 사로잡혀 행동하는 이 남자의 그 과격함과 방종에 익숙하지 않은 사람들은 그에게서 분명히 느껴지는 이 위험한 광기를 상상할 수 없을 것"이라고 보고했다.

동요의 조짐은 나폴레옹의 최측근들로부터 나타나기 시작했다. 가장 약삭빠르게 사태를 관망하던 탈레랑은 틸지트 조약 이후 외무장관직을 사임하겠다고 고집했다. 그는 이미 황제로부터 멀찍이 떨어져 나가기 시작했다. 1810년 탈레랑을 제외하고는 나폴레옹에게 맞설 수 있는 유일한 각료였던 푸셰가 해임되었다.

샤프탈은 회고록에서 나폴레옹은 차츰 조언자가 아니라 시종만을 원했다고 말했다. 마레와 사바리는 맹목적으로 순종하고 있었고, 탈레랑과 푸셰의 자리를 이어받은 가련한 자들도 마찬가지였다. 스탕달은 나폴레옹 정권 후기에 입각한 장관들에 대해 "유능한 자라고는 한 명도 없었다. 나폴레옹이 그런 사람을 전혀 원치 않았기 때문이다."라고 말했다.

샤토브리앙은 회고록에서 "제국에서 우리는 사라졌다. 더 이상 우리가 언급하는 법은 없었으며 모든 것은 보나파르트의 것이었다."고 썼다.

1808년 스페인 마드리드 주민에게 보내는 선언서에서 나폴레옹은 "나는 명령을 내렸고, 정복했고, 그리고 말했노라. 나의 독수리들(군대), 나의 왕관, 나의 피, 나의 가족, 나의 신민臣民들이여. 신은 내게 모든 장애물을 극복할 수 있는 의지와 힘을 주셨다."라고 썼다.

이런 식의 오만한 태도는 이후 나타날 끔찍한 불행의 씨앗이었던 셈이다.

대륙봉쇄령은 나폴레옹이 1806년 11월 21일, 프로이센과 러시아 연합군에 맞서 싸우기 위해 베를린에 입성한 후 **영국 제도諸島는 봉쇄 상태**라는 '베를린 칙령'을 공표함으로써 시작되었다. 그로 인해 영국과의 모든 통상은 금지되고, 영국 및 영국의 식민지에서 들어오는 모든 물품은 압수되었다. 나폴레옹은 독일 북부 지역의 항구들을 장악한데다 '틸지트 조약' 이후 러시아, 오스트리아와 동맹관계를 맺은 상태이므로 이 '대륙봉쇄령' 계획을 밀어붙일 수 있었다.

나폴레옹은 혁명으로부터 경제전쟁의 이론과 실제를 물려받았다. 국민공회는 1793년부터 영국 제품을 받아들이지 않았는데 나폴레옹은 1803년 이후 지속적으로 이 정책의 적용범위를 독일 북부 하노버까지로 확장시켜 '연안봉쇄체제'를 갖춰 나갔다. 트라팔가 해전 이후 영국에 직접 대항하는 해상공격은 무기한 연기되었지만 '경제전'으로 언젠가는 영국을 무릎꿇게 할 것이라는 생각에서였다.

1807년 8월 나폴레옹은 영국 선박에 대해 "쓸 데 없는 물건이나 잔뜩 싣고 대양을 떠돌아다니며 스스로를 유일한 지배자라고 떠들지만 작은 만에서 헬리스폰트_{에게 해와 마르마라 해를 잇는 다다넬스 해협의 옛 이름}까지 저들을 받아줄 항구는 눈을 씻고 찾아봐야 헛일"이라고 썼다. 또한 그는 동생인 홀랜드 왕 루이에게 "육지를 이용해 바다를 정복할 생각이야"라고 밝혔다.

대륙봉쇄는 영국으로부터 들어오는 수입품이 아니라 영국이 유럽 여러 국가에 수출하는 물품을 노린 것이었다. 이는 사실상 봉쇄가 아니라 불매운동이었다.

프랑스혁명 때 발행한 아시냐 지폐로 야기된 엄청난 인플레이션은 나폴레옹에게 깊은 충격을 준 바 있었다. 당시 인플레이션으로 인해 젊은 시절 그는 경제적 궁핍함을 겪었었다. 이러한 경험을 바탕으로 그는 바다 건너 영국에 경제적인 치명타를 주려 했다. 1802년 영국의 국가채무는 5억 파운드 이상이었다. 한 세기 이후인 1914년에도 6억 파운드가 채 되지 않았으니 당시 기준으로는 엄청난 돈이었다.

1797년 피트 총리는 어쩔 수 없이 지폐에 의존했다. 수출이 질식당하면 영국의 경제는 완전히 깨지고 말 것이기 때문이다. 그렇게 되면 유럽대륙 동맹국들에 '성 조지의 기사들'_{금화 파운드의 이름}로 지원금을 제공할 수도 없을 테고, 실업으로 폭동이 발생하거나 정부에 경제적 안정을 요구하는 국민들의 아우성이 높아질 수도 있었기 때문이다.

1806~14년의 영국 무역을 수치상으로 언뜻 살펴보면 나폴레옹의 '대륙봉쇄령'은 실효를 거두지 못한 것 같다.

총수출_{영국 측 공식집계 신고치는 1802년 4,140만 파운드, 1803년 3,140만, 1804년 3,440만, 1805년 3,650만, 1806년 3,450만, 1807년 3,450만, 1808년 3,450만, 1809년 5,030만, 1810년 4,880만, 1811년 3,240만, 1812년 4,320만 파운드.}이 상당히 하락했다고 볼 수 없다.

그러나 대륙봉쇄에 대한 변동내용을 좀 더 면밀히 분석해 보아야

이를 제대로 평가할 수 있다. 우선 대륙봉쇄는 비교적 단기간만 전면 실시되었다. 특히 1808년 반도전쟁[44]과 1809년 오스트리아 전쟁, 그리고 실패로 끝난 1812년 러시아 원정기간에는 제대로 실시되지 않았다. 또 나폴레옹 자신도 대륙봉쇄를 어떻게 적용해야 할지 몰라 정책 방향이 자주 바뀌곤 했다.

영국은 처음에 '대륙봉쇄령'을 조롱했다. 보니 나폴레옹의 영국식 별명가 달을 봉쇄하는 장면을 묘사한 풍자만화들이 나돌 정도였다. 유력 신문 『더 타임즈 The Times』는 "그의 이 포고령은 그의 해군과 마찬가지로 영국의 교역에 별 영향을 끼치지 못할 것"이라고 썼다.

결국 연안봉쇄도 프랑스를 제외하고는 유럽대륙에서 영국 무역을 몰아내는 데 그다지 효과적이지 못한 것으로 입증되었다. 영국 물품은 계속해서 네덜란드와 독일 북부 지역의 여러 항구를 통해 흘러 들어왔다. 예나 전투 이후 독일 북부 연안이 프랑스의 수중에 들어왔을 때도 당시 행정 책임자인 베르나도트와 부리엔은 많은 돈을 받고 영국의 무역을 눈감아주고 있었다. 영국 측 요원들은 대륙봉쇄가 프랑스 장군들의 호주머니를 불리는 도구에 불과하다고 생각했다.

더욱이 당시 팽창하고 있던 신세계(미주)라는 시장이 유럽시장의 대안으로 남아있었다. 1803년부터 1805년까지의 기간에 유럽은 영국 수출품의 33퍼센트를 수입하는 데 그쳤다. 반면 미국이 27퍼센트, 기타 영국 식민지들과 남미가 40퍼센트를 차지했다. 영국과 남미와의 밀무역은 상당 기간 무시 못할 정도로 이뤄졌고, 1806년 영국군이 부에노스아이레스와 몬테비데오를 장악하자 수출에 큰 희망이 보였다.

---

44 나폴레옹이 1808년 스페인을 침략해 정부를 장악하고 형 조제프를 왕으로 지명하자 영국이 이 해 말 스페인, 포르투갈 동맹군과 함께 프랑스에 맞서 싸운 전쟁. 이 전쟁으로 동맹군은 1814년 프랑스군을 이베리아반도에서 몰아냈다.

그러나 틸지트 조약 이후 영국은 상당한 압력을 느끼기 시작했다. 1807년 7월 프랑스 대육군 회보에서 나폴레옹은 "대륙봉쇄는 단지 헛소리로만 끝나지 않을 것"이라고 경고했다.

영국의 캐닝이 덴마크 함대를 나포하라고 지시함에 따라 영국행 선박들은 덴마크 항을 이용할 수 없어 스웨덴 항구 쪽으로 수송 노선을 바꾸어야 했다. 또 1807년 7월에는 영국 해군이 탈영병을 추적하는 과정에서 미국의 프리깃함 체사피크 호號를 습격함으로써 미국과의 전쟁 발발 우려까지 제기되었다.

이로써 북유럽과 미국이 동시에 영국과의 교역을 중단한다면 영국 수출의 60%가 타격을 받을 처지에 놓였고, 더욱이 나폴레옹까지 영국 선박을 더욱 탄압하자 식민지 생산품으로 유럽에서 많은 이윤을 남겼던 해상무역이 이제 중립국들에 빼앗길 처지에 봉착하고 말았다.

이런 위험한 상황에 몰리자 영국 정부는 1807년 11월과 12월, 프랑스의 '베를린 칙령'에 대항해 **"중립국 선박은 영국 해군의 합법적 나포를 피하려면 영국 항구에서 발행하는 운항 증명서가 있어야 한다"**는 칙령을 발표했다. 그러자 나폴레옹은 1807년 12월, 퐁텐블로 포고령을 더욱 강화시킨 밀라노 포고령을 발표해 중립국들에 대한 압력을 강화했다. 영국의 칙령을 따르는 중립국 선박은 영국 배로 간주하겠다는 것이었다. 이로써 중립국은 남아나지 않게 되었다.

프랑스는 여러 포고령을 발표하여 영국과의 무역을 일체 폐지하겠다고 결의했다. 영국은 이에 맞서 프랑스는 영국 외의 어느 나라와도 무역을 할 수 없다고 선언했다.

사태가 이렇게 걷잡을 수 없게 되자 미국의 제퍼슨 대통령은 1807년 12월 미국 선박에 대해 유럽과의 무역을 금지하는 동시에 영국의 특정 공산품 수입도 금하는 금수법禁輸法을 제정해 두 적대국이 상호

1808년 영국
길레이의 풍자화

규제를 포기하도록 했다. 그러나 이 조치는 두 적대국보다는 미국에게 더 많은 손해를 끼침으로써 1809년 3월 폐지되었다.

영국의 총수출은 1807년에만 해도 만족할 만했다. 그러나 그 해 후반기에 들어 심각하게 하락했고, 그런 추세가 1808년 상반기까지 계속되었다. 영국은 이같은 사실을 은폐했다. 1808년 상반기 대對유럽 수출은 1,500만 파운드로 떨어졌다. 1807년 같은 기간 1,950만 파운드에 비하면 수출량이 많이 줄었다.

1807년 당시 총리 그렌빌은 극도의 불안감을 이렇게 표명했다.

"말이 안 나올 정도로 놀랐다. 이제 우리 국민은 어떻게 살아간단 말인가? 정부와 의회에서 과연 누가 이 곤궁으로부터 야기될 엄청난 불평불만의 파도를 잠재울 수 있단 말인가?"

이런 위태로운 상황은 예기치 않게도 1808년 3월 반도전쟁 발발로 해소되었다. 영국의 오랜 동맹자였던 포르투갈이 대륙봉쇄에 잘 협조하지 않자 나폴레옹은 포르투갈을 침공하기로 마음먹고 스페인을 교두보로 삼아 리스본을 점령했다. 그러자 포르투갈 왕가는 브라질로 도주하고, 영국과 남미와의 무역은 이제 공공연하고도 공식적으로 이루어졌다.

아서 웨즐리가 이끄는 멕시코 원정대 계획은 취소되었다. 프랑스에 대한 스페인의 저항에 자극을 받은 오스트리아는 나폴레옹에게 전쟁을 선포하게 되고, 1809년의 바크람 전투기간동안 나폴레옹은 북유럽에 대한 지배력을 상실했다.

'대륙봉쇄령' 이후 1809년 3월부터 영국의 수출은 최고를 기록하는 반면 나폴레옹의 엄격한 금수정책은 동요되기 시작했다. 밀수꾼들의 교역이 얼마나 대단했던지 나폴레옹은 고율의 관세를 조건으로 프랑스산 포도주와 식민지 생산품에 한한 실크의 교역을 영국과 제한적으로 허가하는 게 낫다고 생각할 정도였다. 이러한 면허제가 1810년 트리아농 포고령으로 완전히 제도화되었다. 그러나 교역이 가장 활발하던 1812년에도 프랑스에 대한 영국 수출 비중이 3퍼센트 정도를 소화하는 정도에 불과했다.

그러나 바크람 전투에서의 승전 이후 나폴레옹은 유럽에 대한 통제력을 재장악할 만한 위치에 있었다. 홀랜드(네덜란드)와 한자 동맹(발틱 해 연안의 중세 독일 북부 여러 도시의 정치적·상업적 동맹)도시들, 그리고 올덴부르크 공국이 프랑스 제국에 합병됐고, 프랑스군이 국경 치안을 맡았다. 엄격한 다부 장군이 북부 독일을 맡게 되었다.

1810년 10월의 퐁텐블로 포고령으로 영국제 상품이 압류·소각 처분되고, 밀무역 관련자를 재판하는 특별법정이 설립되었다. 이러한 조처로 영국 경제는 또다시 타격을 받았다. 영국이 지원했던 반도전쟁과 월처런 전투는 영국의 금 보유고와 무역수지에 엄청난 부담을 안겨주었다. 남미 시장을 턱없이 과대평가하여 손해가 막심했고, 어떤 상인들은 위탁판매용으로 스케이트화를 부에노스아이레스에 보낼 정도였다.

유럽 시장에서 본 손실을 식민지와 미주 시장이 어느 정도 보상해줄 것 같았지만 결국은 유럽이 식민지 생산품을 사들이는 유일한 소비국들이었던 것이다. 1810년까지 산더미 같은 식민지 생산품이 영국의 항구마다 쌓여 있었고, 1810년 봄 미국에 대한 대량 수출로 수출량이 그나마 유지되었을 뿐이었으며 하반기부터 큰 하락세를 보였다.

나폴레옹은 영국과 미국을 다시 반목시키는 데 성공했다. 1810년 5월 영국의회는 중립권을 유지하려는 교전국들에게 프랑스와 무역을 하지 않으면 그에 따른 보상을 해주겠다고 제안했다. 그러자 나폴레옹은 이에 맞서 영국 측 칙령을 동맹국들의 재량에 따라 처리해도 좋다는 조건으로 밀라노 포고령을 철회하겠다고 선언했다.

그러자 1810년 11월 제임스 매디슨 대통령 1751~1836년, 미국의 제4대 대통령은 영국 정부에 3개월의 말미를 주고 칙령을 취소하라고 요구했다. 그러나 1811년 2월까지 만족할 만한 결과를 얻지 못하자 다시 금수조치를 내렸다. 1810년 9월 들어서 은행과 상업 부문의 연쇄도산으로 영국은 이미 심각한 경제위기가 예고됐으며, 더구나 그해 10월에는 스웨덴의 여러 항구로 향하던 영국의 대규모 호위 선단이 폭풍을 만나는 바람에 뿔뿔이 흩어져 침몰하거나 발트해 연안 항구에 발이 묶였다.

다시 거슬러 올라가 1808년과 1809년에는 밀 작황이 나빠 실업과 빈곤이 악화되자 영국 정부는 밀을 긴급 수입하지 않을 수 없었다. 나 나폴레옹은 영국의 신용위기가 임박했음을 간파하고는 대금을 금으로 받기 위해 프랑스와 홀랜드로부터 영국에 밀수출을 계속 장려했다. 그러나 당시 나폴레옹 입장에서는 수출용 밀 선적을 보류하여 1811년 영국에서 일어나는 러다이트운동 영국 가내수공업자 및 수공업 노동자들의 기계파괴운동 으로 영국의 빈곤을 더 악화시키는 편이 더 유리했을 것이다. 러다이트운동은 국지적이고 비조직적이었지만 그로 인해 야기된 사회혼란은 심각한 것이어서 이를 저지하는 데 약 1만2천의 병력을 동원해야 할 정도였다. 그러나 유럽대륙에서 수입된 밀이 영국 경제에 결정적인 도움이 된 것 같지는 않았다. 유럽 밀은 1810년 수입한 전체 밀의 26퍼센트에 불과했기 때문이다. 특히 1810년 작황이 좋아 그 다음 해에는 상황이 호전되었다.

1811년은 영국의 수출에 막심한 피해를 가져온 해였다. 나폴레옹이 모스크바에서 퇴각할 때까지만 해도 전망은 여전히 비관적이었다. 1811년에서 1812년 사이 영국은 몰타 섬을 교두보로 남부 유럽 시장의 선적량이 20배나 증가했으나 북부 유럽의 수출은 3퍼센트를 겨우 만회했다.

마침내 1812년 말, 대륙봉쇄가 무너졌고, 나폴레옹은 세입을 늘리는 수단으로 수입허가제도를 전면적으로 실시했다.

나폴레옹은 "적에게 피해를 입혀야 하는 것은 분명하지만 우선 살아 남아야 하는 게 더욱 시급한 문제이다"라고 말했다.

토리당이 집권한 영국 정부가 중립국 선박에 대한 인허가서를 계속 고집하자 마침내 미국은 1812년 5월 영국에 선전포고를 했다. 같은 달 휘그당과 기업가들의 압력으로 칙령은 폐지되었지만 이 소식은 미국에 너무 늦게 도착했다.

경제 전선에서 이처럼 '대륙봉쇄령'과 같은 정책이 극과 극을 오가는 것은 매우 중요한 의미를 갖는다. 대륙봉쇄가 강력하게 적용되었을 때 영국은 상당한 압력을 받았다. 그러나 대륙봉쇄는 장기간 시행되어야만이 경제에 큰 타격을 줄 수 있었다. 실제 효과적으로 집행된 기간은 1807년 중반에서 1808년 중반까지와 1810년 중반에서 1812년 중반까지뿐이었다. 영국이 대륙봉쇄와 더불어 미국과의 불화가 겹쳐 가장 큰 위협에 처해 있는만큼 1812년 러시아 원정에서 프랑스가 승리하면 영국의 운명도 끝장날 것이라고 생각한 나폴레옹의 판단도 그다지 틀린 것이 아니었다.

그러나 나폴레옹은 대륙봉쇄로 통상을 금지하는 과정에서 영국 경제·사회의 강인함과 탄력을 과소 평가했다. "수출이 아니면 죽음이다"라는 명제를 명확히 깨닫게 되자 영국의 지배계급과 중산계급은 똘똘 뭉쳤다. 노동계급은 정치적 자각과 조직력이 부족했으므로 이들이 이끄는 대로 따르거나 강압에 의해 따르는 수밖에 없었다. 프랑스에는 아직 확립되지 않은 은행업과 신용 시스템이 영국에서는 이미 고돌핀과 월폴 그리고 이들보다 젊은 피트 시대 이래 꾸준히 구축되어 왔었다.

무엇보다도 나폴레옹은 영국에서 일어난 산업혁명의 진행속도나 범위를 따라잡지 못했다. 1785년까지 프랑스와 영국의 경제발전 수준은 엇비슷했다. 그러나 1785년에서 1800년 사이, 프랑스가 혁명으로 인해 경제발전이 지체되고 있는 동안 영국은 인류역사상 가장 중요한 기술혁명 가운데 하나인 산업혁명이 일어났다.

1800년까지 제임스 와트와 마태 볼턴_{증기기관 제작자로 와트와 함께 일함}은 매우 중요한 방적업 분야 등에서 증기기관 수백 개를 제작, 설치했다. 1819년 와트가 사망하자 "증기기관이 없었다면 영국은 나폴레옹 전쟁에서 살아남을 수 없었을 것" 증기 기관에 의한 방적업은 대량 섬유 생산을 가능케 하였고, 이를 유럽, 미국 및 식민지 시장에 수출함으로써 전쟁 비용을 감당할 수 있었다는 뜻이라고 한 리버풀 경의 지적은 올바른 것이었다.

또한 "워털루 전투는 이미 이튼[45]의 운동장에서 승리한 것"이라고 한 웰링턴의 다소 수수께끼 같은 말도 영국 사회의 한 측면, 즉 영국 지도층의 강인한 리더십을 말해주는 것으로 들린다. 마찬가지로 전쟁은 이미 버밍엄의 소호에 있던 볼턴의 증기기관 제작공장에서 이긴 것이라 해도 맞는 말일 것이다.

나폴레옹은 대륙봉쇄로 큰 대가를 치러야 했다. 그는 대륙봉쇄를 단순한 경제전의 수단이 아니라 유럽의 무역 축을 영국에서 프랑스로 돌려놓는 결정적인 수단으로 생각했다.

처음 '대륙봉쇄령'을 발표했을 때 프랑스 산업계는 영국과 경쟁하지 않고 유럽 시장을 개척하게 되자 환영의 뜻을 표했다. 그러나 1810년 초입에 들면서 프랑스 경제는 심각한 곤경에 빠져들었다. 산업용 원자재가 턱없이 부족했고, 적국과 위성국가들이 막대한 전쟁배상금과 군세軍稅점령지 주민에게 부과하는 세금를 부담해야 했기 때문에 유럽대륙의 국가들로부터 구매력도 떨어졌다. 이때 걷어들인 세금은 1805년 이후 '특수자산'이라 불리던 나폴레옹의 군자금으로 비축되었다. 1810년까지 총 20억 프랑이 특수자산으로 지불되었다. 1811년 3월 나폴레옹은 상공위원회와 제조업자들에게 이렇게 자랑했다.

"우리 프랑스 은행은 금으로 가득합니다. 영국 은행에는 아무 것도 남아있지 않아요. 나는 1806년 이후 10억 프랑 이상의 군세를 프랑스

---

45 영국에서 가장 규모가 크고, 유명한 사립 중고등학교로 20여 명의 총리를 비롯해 많은 사회지도층 인사를 배출했다.

로 걷어들였습니다. 금을 가진 건 나밖에 없어요. 오스트리아는 파산했습니다. 러시아와 영국도 곧 그렇게 될 것입니다."

그러나 1793년부터 계속 쇠퇴하던 프랑스의 해외교역은 대륙봉쇄가 강화됨에 따라 완전히 몰락했다. 마르세유나 보르도 같은 큰 항구 상인들의 불만이 들끓어 심지어 군주제 복고를 주장하는 세력들의 기미까지 보였다.

프랑스 무역 총액은 1806년 9억 3천 300만 프랑에서 1810년에는 7억 500만 프랑으로 떨어졌다. 경제사가經濟史家들은 1810년에서 12년까지의 전반적인 불황을 19세기의 주기적 불황의 시초라고 보았다. 나폴레옹은 산업발전에 지대한 관심을 보여 기업가들에게 막대한 보조금을 지급했지만 이토록 생소하고 당황스러운 불황의 원인은 바로 그의 통제정책에 기인했다. 1811년의 밀 작황이 나빠 상황이 더욱 어려워졌지만 1812년부터는 불황에서 서서히 회복되기 시작했다. 그러나 통령정부 시기에 나폴레옹이 누렸던 부르주아계급의 신뢰와 지지는 1810~1811년의 경제위기로 돌이킬 수 없을 정도로 떨어졌다.

나폴레옹이 항상 정책 최우선 순위로 둔 농업 부문은 그나마 사정이 좀 나았다. 1810~1811년 잉여 밀과 포도주를 영국에 수출하는 한편 사탕무(설탕)와 인디고(남색 물감)를 개발해 식민지 상품의 대체 수출품으로 상당한 도움이 되었다.

1813년까지도 제국의 재정은 튼튼했다. 이는 통령정부 때 재무장관 고댕이 마련한 탄탄한 조세제도와 1806년에서 1810년 사이 특수자산으로 편입된 막대한 전쟁배상금 덕이었다. '앙시앵 레짐' 시절 간접세였던 염세와 주류·담배세가 1804년부터는 좀 더 능률적이고 합리적인 형태의 세금으로 거둬들여졌다. 1811년 담배는 국가에서 전매하게 되었다.

이렇게 확보한 세금 덕에 세입은 제국이 끝날 때까지 지속적으로 크게 늘었다. 나폴레옹은 바라스나 총재정부와 한패였던 자본가와 군납업자를 극도로 혐오했던 터라 국채발행이나 차관에는 의존하려 하지 않았다. 1814년에도 프랑스의 국채는 겨우 6천 300만 프랑뿐이었다.

그러나 1805년 당시 대규모 군대를 동원하고도 아우스털리츠 전투에서는 아직 승리를 거두지 못하고 있을 때 재무부는 심각한 현금 부족 사태를 겪고 있었다. 9월 프랑스은행은 금화 지불을 제한해야 했다. 재무장관 바르브 마르브와는 당황한 나머지 자본가이자 군납업자인 우브라르의 손아귀에 놀아났다. 우브라르는 3천만 프랑을 선불해 주었고, 그 대신 대금을 재무부 발행 증권으로 받는 조건을 내걸고 대규모 군납계약을 맺었다.

1804년 우브라르는 스페인을 방문한 뒤 멕시코 시티에서 매장돼 있는 엄청난 양의 금괴를 개발해 프랑스의 금화 부족을 해결하자고 제안했다. 스페인은 고도이[46]가 프랑스에 약속한 대로 일년에 7천만 프랑의 보상금을 지불할 계획이었지만 우브라르의 이 원대한 구상은 영국의 방해로 좌절되었다.

1806년 1월, '프레스부르크 조약'으로 오스트리아에서 전쟁배상금이 들어오면서 나폴레옹은 파리로 돌아오자마자 곧 신뢰를 회복할 수 있었다. 바르브 마르브와는 해직되고, 몰리앙이 후임에 임명되었다. 이 때문에 우브라르는 정부에 빚진 1억 4천만 프랑을 갚아야 할 처지

---

46 스페인의 총리로 왕비의 정부이기도 했던 그는 카를로스 4세의 후계자 자리를 차지하려고 섭정을 펼쳤다.

가 되었고, 마침내 1807년 어쩔 수 없이 파산을 선고했다. 1809년에서 13년 사이에 그는 국가의 채무자로서 대부분 개방교도소_{수감자에게 대폭적인 자유가 주어지는 감옥}에서 지냈다. 그러나 이후 나폴레옹은 워털루 전투에 필요한 자금 조달을 위해 그에게 대부를 요청을 하게 된다. 또한 나폴레옹의 퇴위 후 우브라르는 부르봉 왕정 복고 이후에 베어링금융회사를 끌어들여 프랑스가 막대한 정부 차관으로 정부배상금을 지불하도록 하는 협상 과정에서 상당한 역할을 했다. 나폴레옹은 우브라르를 제멋대로 취급함으로써 자본가들에게 혹평을 받았는데 우브라르는 경제에 대한 나폴레옹의 지식이 초보적인데다 반동적이기까지 하다고 평가했다.

"신용대부란 나폴레옹에게 있어서는 이상주의자들의 꿈과 경제학자들의 공허한 생각에 불과한 추상적인 관념이었다."

대륙봉쇄를 선전하기 위해 나폴레옹이 택한 노선은 '영국의 해상 독재'와 상업적 지배권으로부터 해방되기 위하여 유럽은 단결해야 하며, 일시적인 어려움은 견뎌내야 한다는 것이었다. 영국이 1807년 코펜하겐에서 덴마크 함대를 난폭하게 공격해 나쁜 인상을 남긴 것도 그에게는 유리하게 작용했다. 그가 진정으로 유럽에 자유무역지대를 구축할 의도였다면 유럽국들로부터 더 많은 지지를 받았을 것이다.

그러나 1810년 트리아농 관세법과 퐁텐블로 포고령을 발표함으로써 프랑스를 제외한 나머지 유럽국가들에게는 대륙봉쇄로 인한 고통을 고스란히 감수하라고 강요한 셈이었다.

나폴레옹은 1810년 이탈리아 부왕 으젠에게 "내 정책은 프랑스가 최우선이다"라고 썼다. 메테르니히는 "이런 식으로 법령과 포고령이 쌓이다 보면 유럽 대륙의 상인들은 모두 파멸할 것이고, 그렇게 되면 영국에게 해롭기보다 오히려 도와주는 셈이 될 것"이라고 예언했다.

더욱이 나폴레옹은 도로와 운하를 건설하기 위해 온갖 노력을 기울였지만 철도가 등장하기 이전 시대에 육상교통이 상대적으로 값싼 해상교통과 경쟁한다는 것은 거의 불가능했다.

프랑스는 물론 이탈리아, 독일, 그리고 베네룩스 3국에서도 계몽주의와 평등을 대변하는 나폴레옹의 주장에 가장 우호적인 반응을 보인 계층은 부르주아계급이었다. 그러나 대륙봉쇄로 이들의 지지마저 상실하고 말았다.

이제 곧 보게 되겠지만 나폴레옹은 대륙봉쇄에 집착함으로써 스페인과의 분규, 교황과의 불화, 러시아와의 전쟁과 같은 엄청난 파국을 불러일으키는 실수를 저지르게 된다.

11

골칫덩어리 스페인의 반도전쟁

나폴레옹이 스페인 정치에 개입하기 시작한 것은 전 유럽 해안선을 통제하기 위한 대륙봉쇄의 논리 때문만은 아니었다. 그는 퇴폐적인 부르봉 왕정이 잘 관리하고 개발하지 못한 스페인이라는 자원의 가능성에 대해 해군력의 측면과 경제적 측면에서 과도한 기대를 갖고 있었다.

부르봉 왕가의 후손인 스페인 왕 카를로스 4세와 왕비 마리아 루이자, 그리고 왕비의 정부情夫 고도이는 고야가 그린 초상화에서 가차없이 묘사된 것처럼 당시 평판이 좋지 못했다. 왕자 페르난도도 나을 게 없었다.

1804년 이래 스페인이 프랑스와 불편한 동맹관계를 유지하게 된 이유는 바로 고도이 때문이었다. 고도이는 페르난도가 스페인 왕위를 계승하면 자신이 포르투갈을 정복해 차지할 야심을 품고 있었다. 그래서 예나 전투가 벌어지는 동안 고도이는 프랑스와의 동맹관계에서 불충실한 태도를 보였다.

1806년 말 나폴레옹은 이에 대한 보복으로 스페인에게 대륙봉쇄에 동참할 것과 하노버 점령에 필요한 군대를 제공해 줄 것을 요구했다. 1807년 7월 그는 포르투갈 침공을 위해 군대를 베이욘느에 집결시키기 시작했고, 1807년 10월 퐁텐블로에서 포르투갈 분할 점령문제를 협상하기 위한 비밀협정을 맺었다. 포르투갈 남부는 공국 형태로 고도이가 맡고, 리스본은 나폴레옹이, 북부는 토스카니 공국의 에트루리아 여왕이 차지하였는데 이는 나폴레옹의 여동생 엘리자가 그녀의 토스카니 공국을 차지한 데 대한 보상이었다. 쥐노는 포르투갈군 지휘권을 맡게 됨으로써 스페인 북부 요새로 군대를 투입시켜 리스본으로 진군할 수 있었다.

한편 페르난도는 부왕이 죽으면 고도이가 스페인 왕위를 탈취할까봐 두려워 비밀리에 나폴레옹의 지지를 구하고 있었다. 나폴레옹은 고도이를 1807년 10월 페르난도 암살기도 혐의로 체포하고, 페르난도는 다음해에 복위시켰다.

이처럼 나폴레옹은 양면노선을 취했다. 그는 왕실 가족간의 불화를 이용해 부르봉 왕가 후손들을 몰아내거나 페르난도를 지원하여 보나파르트가의 공주와 결혼시켜 동맹을 맺으려 했다. 그러나 1807년 12월, 만토바에서 동생 루시앵을 만났을 때 그에게 스페인을 왕위를 넘기고, 페르난도와 루시앵의 딸 샤를로테를 결혼시키려던 나폴레옹의 계획은 뜻대로 이루어지지 않았다.

1808년 2월 그는 콜랭쿠르에게 "스페인에 관해서는 두 말할 필요도 없이 이 나라의 권력을 굳이 내가 흔들어놓을 필요가 없음을 이해할 수 있을 거요"라고 쓴 것으로 보아 스페인 내란의 조짐을 알고 있었던 것으로 보인다.

'스페인의 황제중위'라 불리던 스페인 원정군 사령관 뮈라가 1808년 3월 마드리드로 진격하고 있을 때 아랑후에즈에서 대규모 폭동이 일어나 고도이는 실각하고 카를로스 4세는 하야했다. 이 폭동으로 아스투리아스 왕자였던 페르난도가 스페인 국왕 페르난도 7세로 등극했다.

이 마드리드 사건은 언뜻 보면 나폴레옹이 꾸민 것처럼 보인다. 이 소식을 접하자마자 나폴레옹은 스페인왕가 사람들을 베이욘느로 소집시키는 한편 네덜란드 왕인 동생 루이에게는 스페인 왕위를 제안하는 편지를 보냈기 때문이다.

1808년 베이욘느에서 이들 왕가를 만난 나폴레옹은 "왕비의 애정행각은 얼굴에 씌어 있다. 더 말할 필요가 없다."고 썼다. 그리고 페르난도에 대해서는 "프로이센 왕은 이 아스투리아스의 왕자에 비하면 영웅이다. 이 친구는 나에게 아직 한 마디 말도 하지 않았다. 왕자는 만사에 무관심하고, 무척이나 물질적이며 하루에 식사를 네 번이나 하며 아무 생각도 없다."고 썼다.

결국 베이욘느 회의 결과 왕과 페르난도는 서로를 비난하던 끝에 둘 다 왕권을 포기하고 말았고, 이에 나폴레옹은 동생 루이가 스페인 왕위 제안을 거절하자 형 조제프에게 왕권을 넘겨주었다.

스페인 왕가와 고도이는 호화로운 망명생활을 떠났다. 스페인의 왕비는 퐁텐블로 섬으로, 페르난도는 탈레랑의 발랑세이 성으로 망명했다.

세인트 헬레나에서 그는 "베이욘느에서 벌어진 부도덕한 조처는 너무 심했다"고 인정한 바 있다. 사실 그것은 스페인 국민의 자존심으로서는 도저히 용서할 수 없는 충격이었다.

나폴레옹은 스페인 국민들의 기질을 전혀 잘못 해석했다. 그들이 지금까지 조용히 지냈던 것은 나폴레옹이 미운 고도이 대신 페르난도를 지원하고 있다고 생각했기 때문에 사태를 수수방관하고 있었던 것이었다.

뮈라는 자신이 스페인 왕위를 원했으므로 스페인 사람들에 대해 파리로 낙관적인 보고서를 보냈다. 그래서 나폴레옹은 뮈라에게 "스페인에서 어떤 움직임이 일어난다면 그것은 이집트에서 일어났던 봉기처럼 금방 잠재울 수 있을 것"이라고 써보냈던 것이다.

뮈라는 베이욘느 회의의 결과 조제프가 스페인 왕위를 차지하게 될 것이라는 소식을 듣고 몹시 실망했다.

한편 아랑후에즈 폭동 이후 5월 2일 스페인 왕가 전부가 베이욘느로 망명길에 오르자 분노한 마드리드 주민들은 프랑스에 대항해 봉기하기 시작했다. 이 봉기는 뮈라의 철저한 진압으로 프랑스군 150명, 스페인인 400명이 사망하는 정도로 끝났다. 나폴레옹은 이러한 위험 신호를 무시하고 동생 제롬에게 "나의 수비대대와 400명의 기병대가 사태를 완전 원상 회복시켰다"고 썼다. 그는 부르고스 지역 담당 사령관 베시에르에게 "스페인 사람들은 유별나지 않다. 그들 역시 다른 민족과 마찬가지이다."라고 써보내는 등 스페인 국민들의 저항을 가볍게 생각했다.

5월 18일 나폴레옹은 스페인 국민에게 "나는 여러분의 후손들이 그는 우리나라를 개혁한 인물이었노라고 말해주길 바란다"는 내용의 선언문을 발표했다.

나폴레옹의 주관하에 베이욘느에서는 프랑스를 모델로 스페인의 정치체제가 현대식으로 개편되는 작업이 착착 진행되는 반면 지방에서는 주로 귀족과 성직자로 구성된 비밀결사들이 주도하는 폭동이 계속 번져갔다. 영국 총리 캐닝은 폭동을 일으킨 비밀결사 측에 서둘러 지원군을 파견했다. 이에 5월 말 나폴레옹은 1개 사단을 거느린 뒤퐁 장군에게 쥐노가 이끄는 포르투갈군의 지원을 받아 안달루시아를 거쳐 카디스를 장악하라는 명령을 내렸다. 7월 베시에르 원수는 리오 세코에서 스페인 주력부대를 쉽게 물리쳤다. 영국군은 비미에로 전투(1808년 8월)에서 쥐노 군을 대파하여 생트라 협약에 따라 프랑스군은 결국 포르투갈에서 강제로 철수해야 했다. 뒤퐁은 7월 19일 바일렌에서 게릴라들의 지원을 받은 카스타노스 장군 휘하 3만 스페인 정규군에게 사로잡혔다. 베델이 지휘하는 지원 사단과 멀리 떨어진 뒤퐁에게는 대부분 신병인 9천 병력뿐이었다. 그럼에도 뒤퐁은 스페인으로부터 본국송환을 보장하는 협약을 얻어낼 수 있었다. 그러나 세비야의 비밀결사가 이 협약을 깨고, 야만스럽게도 프랑스군 2만 명을 감금시켰다. 이 바일렌 사건의 여파로 오스트리아와의 전쟁 가능성까지 대두되었다.

나폴레옹은 자기가 뒤퐁에게 내린 명령 때문에 이런 재난을 겪게 됐다는 사실은 무시하고 "바보 같으니… 그토록 어리석고, 무능하고, 비겁한 자는 없었어"라고 화를 냈다. 그는 특히 프랑스 대육군이 게릴라들에게 패했다고 하는 스페인 사람들의 억지 주장이 전 유럽에 퍼지자 더욱 격노했다.

1808년 8월 조제프가 마드리드에서 나폴레옹에게 보낸 편지에는 "네 이름이 여기서 얼마나 증오의 대상인지 넌 상상할 수도 없을 것"이라고 적혀 있었다. 벌써 그는 나폴리를 버리고 이곳 스페인으로 온 것을 후회하고 있었다. 그러나 나폴레옹으로서는 일단 조제프를 스페인 왕이라 선포했으므로 정책을 뒤집어서 위신을 떨어뜨릴 수야 없었다.

한편 스페인 내란으로 프랑스가 곤혹을 치르고 있다는 소식을 접하자 적국들은 동요되기 시작했다. 영국은 상당수의 병력을 스페인에 상륙시켰고, 오스트리아는 무장 병력을 동원하여 압력을 가해 왔다. 따라서 나폴레옹은 이들의 움직임을 막기 위해 러시아의 황제 알렉산드르와의 동맹관계를 더욱 공고히 유지해야만 했다. 그래서 나폴레옹은 1808년 9월 말, 에어푸르트에서 알렉산드르와 회담을 가졌다. 그러나 알렉산드르 황제는 나폴레옹이 요구한 오스트리아와 프랑스 사이에 외교적 개입을 꺼렸다. 이로써 틸지트 조약으로 맺어졌던 동맹관계는 흔들렸으나 나폴레옹은 적어도 러시아가 중립을 지킬 것이라 믿었다.

이로써 그는 이제 전면전이야말로 자신의 몫이라는 것을 인정하고 독일에 주둔하고 있는 대육군 상당수를 차출하여 스페인으로 보냄으로써 기나긴 반도전쟁이 시작되었다.

12월 초 나폴레옹은 수비대의 폴란드 창기병들을 동원해 부르고스와 마드리드를 잇는 유일한 통로 소모시에라 협곡을 탈취하여 마드리드에 입성했다. 전투는 멋지게 해치웠지만 희생 또한 컸다.

한편 영국 원정대 지휘를 맡은 무어 장군은 북동쪽으로 이동해 프랑스군의 피레네 산맥 스페인과 프랑스 국경을 가로지르는 산맥 연결로를 위협했다. 12월 20일 나폴레옹은 술트가 부르고스에서 무어 영국군을 붙잡고 있는 동안 배후를 습격하기 위해 네이 군과 함께 살라만카로 출발했다. 그러나 영국군의 뒤를 쫓던 나폴레옹은 파리에서 탈레랑과 푸셰, 뮈라가 공모해 음모를 꾸미고 있다는 전령의 소식을 듣고 급히 파리로 돌아가기로 결정했다.

마침내 술트는 코루냐에서 무어가 이끄는 영국군을 격퇴시켰으며, 무어 장군은 죽임을 당했다. 1809년 5월 무어에 이어 영국군 총사령관 직에 오른 웰링턴 장군은 포르투갈에 다시 나타나 술트 군을 퇴각시켰다.

돌이켜보면 이 격전이 반도전쟁의 승패를 결정짓는 계기가 됐다고 할 수 있다. 당시 스페인 주둔 프랑스군은 20만 이상으로 스페인 병력을 쉽사리 무찌를 수 있었다. 또한 1810년 들어 스페인 국내에서 게릴라들의 저항이 줄어들기 시작했다.

1809년 8월 웰링턴은 "스페인 군대는 싸우지 않을 것이다. 훈련도 안 되어 있고, 장교도, 식량도, 탄약도, 무엇 하나 쓸 만한 게 없다."라며 일찌감치 스페인 국민의 저항에 대한 기대를 버렸다. 그리고 다시 1809년 10월에는 "저항에 관해 말하자면 영국에서도 그 문제에 관해 논란이 많았지만 나는 세계가 저항이 갖는 효과를 전혀 잘못 생각했다고 확신한다. 곰곰이 따져보면 프랑스혁명이 시작될 때부터 전 유럽에 대한 저항을 성공으로 이끈 프랑스 국민들의 열광이라고 하는 것은 대중 사회라는 매개체를 통해 행동하도록 하는 힘이었다. 그 힘은 형태를 달리 하여 황제의 유럽 정복을 완성시켰고, 유럽 대륙을 여전히 굴복시키고 있다고 본다."라고 덧붙여 설명했다.

1813년까지 웰링턴은 3만여 명의 소규모 병력으로 반도전쟁을 치러온만큼 집중적인 프랑스군의 공격에 정면으로 맞설 수는 없었다. 그러나 스페인 주민들의 국지적인 저항과 게릴라들의 지독한 소모전 때문에 20만의 프랑스 대군 역시 효과적으로 병력을 집중시키지 못하고 있었다. 그 사이 포르투갈은 소규모인 영국군이 유럽 대륙에서 활동할 수 있도록 자신들의 영토를 이상적인 발판으로 제공해주었는데 이는 영국이 해상을 장악한 터라 아주 용이한 일이었다. 포르투갈에서 스페인으로 진군하기 위해서는 남쪽으로 바다호스 요새, 북으로 시우다드 로드리고와 알메이다 요새에 둘러싸인 산악 통로를 이용해야만 했다. 따라서 그토록 놀라운 효과가 발휘된 것은 스페인 사람들의 저항운동과 영국 원정군이 잘 결합됐기 때문이었다.

프랑스 측은 더구나 지휘권 분산이란 치명적인 약점을 안고 있었다. 나폴레옹은 조제프의 능력을 믿지 못한 나머지 1812년까지도 스페인에 대한 총지휘권을 주지 않았다. 게다가 무능한 주르당을 대신할 만한 적당한 참모장도 골라주지 못했다. 조제프의 생각은 자신이 진정으로 독자적인 군주임을 스페인 국민에게 과시하려면 행동의 자유를 얻어야 한다는 것이었다. 그러나 그에게 그런 생각을 행동에 옮길 만한 권위나 능력이 있었는지는 의심스러웠다. 나폴레옹이 원수들에게 내린 명령은 현지에 도착했을 즈음에는 이미 때가 늦었고, 현실에도 맞지 않았다. 1810년 2월 그는 마드리드에 있던 조제프 정부와는 별도로 스페인 북부에 군사총독부 4곳을 설치했다. 이는 이들 지역에서 군대가 자급해 나갈 수 있도록 하기 위한 조치였다.

스페인 주둔군은 급료지급이 불규칙해지거나 아예 없어졌다. 부패, 약탈, 잔학행위 등으로 원수에서부터 그 아래까지 전 계급에 걸쳐 군기가 심각하게 흔들렸다. 나폴레옹은 비엔나에 체류중이던 1809년 9월에 술트 장군이 포르투갈 북부 지역에서 마치 군주인양 행세를 한다는 뒷공론을 듣고 그에게 서한을 보내 자신의 권위를 찬탈하는 듯한 주제넘은 짓거리를 하지 말라고 강력히 경고했다. 미오 드 멜리토는 "프랑스군의 기강에 분명한 변화가 일어난 것은 이 시기부터라고 할 수 있다"고 적고 있다.

나폴레옹은 1812년 콜랭쿠르에게 "스페인에서 작전을 수행해봐야 그것은 다른 사람의 명예만 더해줄 뿐이라고 생각할 정도로 그곳 원수들은 서로를 미워하고 있다"고 말했다. 이런 상황에서는 나폴레옹이 스페인에 직접 가서 지휘해야만이 바로잡을 수 있었을 것이다. 그러나 그는 1809년 코루냐 전투 이후 한 번도 스페인에 가지 않았다. 웰링턴은 푸엔테스 도뇨로 전투 이후 "보니(나폴레옹)가 왔다면 우리는 패했을 것"이라고 말한 바 있다.

1809년 7월 웰링턴은 탈라베라 전투에서 전술적 수준의 방어전으로 비록 이기기는 했으나 운이 좋아서 포르투갈로 달아날 수 있었다. 왜냐하면 마드리드 쪽 작전과 술트의 살라만카 방면 작전을 제대로 연결시키지 못한 조제프가 퇴각하는 영국군을 눈앞에서 놓쳤기 때문이었다. 1809년 10~11월에는 갈리시아와 안달루시아에서 진격해오던 스페인 부대 둘이 북쪽 토르메스와 남쪽 오카냐에서 술트 군에게 모두 패했다.

1810년 바크람 전투 이후 나폴레옹은 이베리아반도 주둔군을 충분히 증강시켜 대군 지휘능력이 가장 뛰어나다고 생각하는 마세나 원수를 스페인에 파견했다. 그러나 마세나는 이미 조로 했고, 기마병 중위 복장을 한 여자를 같이 데리고 가 주둔군에게 좋은 인상을 주지 못했다. 1810년 8월이 되자 마세나의 포르투갈군은 총 13만 명으로 증가해 리스본으로 이동할 준비를 마쳤다. 그 동안 술트는 오카냐에서 거둔 승리의 여세를 몰아 안달루시아를 점령하고 카디스를 포위 공격했다. 그러는동안 한숨 돌린 영국의 웰링턴은 토레스 베드라스 방어선을 구축할 여유가 있었다.

마세나는 교묘한 지점에 방어선을 구축한 영국 보병의 화력과 웰링턴의 '초토화' 작전에 전혀 대비를 하지 못했다. 따라서 마세나의

밀집종대는 부사코 능선에서 엄청난 사상자를 내고 격퇴당하고 말았다.(1810년 9월)

한 달 동안 마세나는 웰링턴 군의 토레스 베드라스 방어선을 마주한 채 재공격을 감행하지 못했다. 이제 병력은 5만으로 줄었고, 이후 1811년 3월까지 넉 달간을 그는 산타렘에 더 머물면서 약속한 술트의 지원군이 남쪽에서 진격해오기만을 바랄 뿐이었다. 그러나 술트는 3월 10일까지도 바다호스를 점령하지 못했고, 마세나 군은 심각한 굶주림으로 어쩔 수 없이 퇴각했다.

1811년 포르투갈에서의 전투는 주로 국경지대에 위치한 요새를 빼앗기 위한 것이었다. 마세나는 푸엔테스 오뇨로 전투에서 이틀간의 큰 희생을 치르고도 웰링턴의 알메이다 봉쇄를 깨지 못했다. 그는 이후 지휘권을 박탈당하고 마르몽이 후임으로 임명되었다. 그러나 1811년 5월, 술트는 알부에라에서 결정적이지는 못하나 베레스포드와 한 차례 전투를 벌여 마침내 바다호스를 탈환하여 마르몽과 합류했다. 그러나 두 사람의 연합부대는 웰링턴을 칠 기회를 놓쳐버렸다. 마르몽은 웰링턴이 로드리고 지역을 위협하자 그에 맞서기 위해 북쪽으로 되돌아가지 않을 수 없었다.

1812년 1월이 되어서야 웰링턴은 동계전투에 나서 요새를 습격할 수 있었다. 이어 3월에는 바다호스를 다시 점령했다. 이때 스페인 주둔 프랑스군은 나폴레옹이 러시아 침공을 위해 그중 일부를 뽑아감으로써 세력이 약해졌다. 웰링턴은 살라만카를 습격해 마르몽을 유도해냈다. 마르몽은 북부와 마드리드에서 파견될 대규모 지원군을 기다리지 않은 채 겨우 적과 비슷한 병력 4만만으로 웰링턴의 측면을 쳐 퇴각선을 끊어놓겠다며 성급하게 달려들었다. 그러면서 전투선을 지나치게 확대하는 바람에 고립된 좌익은 여지없이 웰링턴에게 패하

카노바가 제작한
나폴레옹 조각상
-현재 런던 소재
웰링턴 공작의
소장품

고 말았다.(1812년 7월) 프랑스 측 사상자와 포로는 총 1만5천에 달했고, 마르몽 자신도 심한 부상을 당해 이 전투는 웰링턴의 유명한 승리가 되었다.

    1812년 8월, 웰링턴은 마드리드에 입성했다. 술트는 어쩔 수 없이 안달루시아에서 철수해 발렌시아에서 스페인 왕 조제프와 쉬셰 군과 합류했다. 프랑스의 스페인에 대한 장악력을 약화시키면서 웰링턴은 프랑스군을 압박해 한 곳에 집결하도록 만들었다. 그러나 웰링턴은 마드리드를 계속 붙들고 있을 수도 없었고, 한 달 동안의 포위공격에도 불구하고 부르고스 점령도 실패했다. 이제 10만에 달하게 된 술트와 주암의 연합군을 맞은 웰링턴은 어쩔 수 없이 큰 희생을 치르며 그 해 겨울 시우다드 로드리고로 퇴각했다.

이런 낙심천만에도 불구하고 웰링턴은 1813년의 결정적인 전투에 대해 확신을 갖고 있었다. 나폴레옹이 모스크바에서 퇴각했다는 소식은 논외로 치더라도 그가 이끄는 영국-포르투갈 연합군은 상당히 보강되어 병력이 총 7만5천에 달했다. 게다가 웰링턴은 마침내 카디스에서 소집한 코르테스Cortes 중간계급·귀족·로마카톨릭교회 대표들로 구성된 신분제의회에 의해 스페인 전군의 최고사령관에 임명되었다. 또 술트와 많은 선발 장교, 사병들이 봄에 벌어질 나폴레옹의 독일 원정을 위해 스페인에서 철수되었다. 웰링턴은 산탄데르에 해군 보급기지를 마련함으로써 프랑스군이 가능하다고 생각한 것보다 훨씬 북쪽인 브라간사에서 작전을 전개할 수 있었다. 1813년 5월 전투가 벌어졌다. 프랑스군은 우익이 자꾸 공격당하자 황급히 부르고스로 돌아갔다.

비토리아에서(1813년 6월) 웰링턴은 8만 병력을 집결시켜 조제프 왕과 주르당이 지휘하는 프랑스군 6만5천에 대항했다. 프랑스군은 살라만카에서보다는 병력 손실이 적었지만 웰링턴이 산 세바스티안과 베이욘느로 통하는 주요도로에서 퇴각을 차단하는 바람에 결정적인 패배를 당했다. 게다가 마드리드에서 후송해온 대포, 장비, 보물 일체를 내버려야 했다. 비토리아 패전 소식이 도착했을 때 나폴레옹은 독일에서 휴전협정을 맺고 프라하에서 평화협상을 하던 중요한 순간이었다. 그런 만큼 이 패전 소식은 오스트리아가 반反나폴레옹 동맹에 참여하기로 결정하는 데 결정적인 역할을 했다.

결국 조제프는 파리로 불명예 귀환했고, 술트는 피레네 산맥 방어를 위해 파견되었다. 1813년 12월 나폴레옹은 "나는 조제프가 스페인을 통치하도록 해주기 위해 몇 십만의 병사를 희생시켰어. 내 왕조를 지키기 위해 형제가 필요하다고 생각한 게 잘못이지!"라고 소리쳤다. 술트의 공격재개 시도는 불발됐지만 웰링턴의 프랑스 침공을 4개월간이나 지연시켰다. 나폴레옹이 동부 전선으로 2개 사단을 철수시키자 술트 군은 5만으로 줄었고, 남서부 전선은 곧 붕괴되었다. 오르테스 전투(1814년 2월)를 통해 웰링턴은 보르도로 통하는 길을 열었고, 보르도는 3월 12일 점령되었다. 술트의 마지막 툴루즈 전투(4월 10일)는 실제로 나폴레옹이 퐁텐블로에서 퇴위한 후 벌어졌다.

 나폴레옹이 페르난도 7세와 협상을 시도해 그를 스페인 왕으로 복위시킨 것은 이미 때가 너무 늦어버린 1813~1814년 겨울에 들어서였다. 발랑세이 조약(1813년 12월)에 따라 그는 페르난도를 스페인 왕으로 인정했다. 그러나 카디스에서 코르테스(신분제 의회)가 복위인준을 거부해 페르난도는 1814년 3월까지 마드리드로 돌아가지 못했다.

 나폴레옹이 1812년에 페르난도를 다시 옹립하는 쪽으로 생각을 바꿨다면 스페인에 발이 묶인 고참병들을 활용해 1813년에 독일 쪽 형세를 일변시켰을 것이라고 추측하는 것은 무리가 아니다. 그는 일찍이 1810년에 이미 그런 생각을 갖고 있었지만 1812년 초 캐슬레이에게 평화조약을 제안했을 때 아무 대답이 없자 이 계획은 실행할 기회를 놓쳤다.

 술트와 마르몽은 영국도 어차피 프랑스 못지않게 미움을 받고 있었던 만큼 페르난도를 복위시켰더라면 스페인 국민의 마음을 프랑스 편으로 끌어들였을 것이라는 견해를 기록으로 남겼다. 두 사람의 견해는 이후 1823년 프랑스가 스페인 문제에 개입했을 때 상당부분 사실로 입증되었다. 당시 복귀된 프랑스의 부르봉 왕가 정부도 나폴레옹이 1808년에 직면했던 것과 같은 곤란에 처하게 될 것이라고들 예측했다. 그러나 그런 일은 일어나지 않았다. 왜냐하면 이 경우에는 부르봉 왕가가 소수 자유주의 개혁가들에 대항해 군주제와 교회 편을 들었기 때문이다.

스페인 통치에서 나폴레옹이 범한 실수는 프랑스에서처럼 계몽주의의 개혁을 환영해줄 중산층계급이 스페인에 많을 것이라고 믿었다는 점이다. 사실 반도전쟁이 벌어지고 있던 기간에는 분명 '아프란세사도스' afrancesados라고 하는 친프랑스파가 도시와 공무원 계급에 꽤 포진해 있었다. 이들은 저항운동의 무정부적인 폭력을 혐오하고 새로 왕이 된 조제프가 시행할 계몽적인 개혁에 기대를 걸고 있었다. 그러나 그때까지도 스페인은 '성직자가 행세하는 농민들의 나라'였다. 1808년 두 지방에서 처음 발생한 봉기를 교회의 수사신부들이 주도했다는 사실은 중요한 의미를 갖는다. 나폴레옹이 이를 프랑스의 종교분쟁지인 방데의 대규모 반란과 같은 '수도사들의 전쟁'으로 규정한 것 역시 틀리지는 않았다. 카디스에서 코르테스가 주도해 일으킨 폭동은 전 지역에서 선출된 대표가 포함돼 있었던 것이 사실이나 이들 대표의 선출과정이 정당한지는 의문이다. 왜냐하면 대표의 대부분이 성직자들이었다.

코르테스(신분제 의회)는 프랑스혁명 정부의 성문법과 영국제도들에서 영향을 받은 정교하고 급진적인 헌법을 선포했다. 그러나 이 헌법은 대부분의 게릴라들이 죽음을 무릅쓰고 싸운 대의大義를 구현한 것이라기보다는 종교인들 위주의 법제정이었다. 페르난도는 1814년 마드리드로 돌아오자마자 그 자리에서 코르테스와 새 헌법을 폐지했고, 국민들은 '절대군주 만세'를 외치며 환호했다.

그러므로 나폴레옹에 대한 스페인 국민의 저항은 당시 19세기 유럽 전반에 걸쳐 중산계급층에서 싹트고 있던 민족주의 운동과는 무관한 수도사들이 주도한 반란운동으로 보는 것이 합당할 것이다.

12

유럽에서의 민족주의와 바크람 전투

나폴레옹은 스페인뿐 아니라 유럽의 여러 가신국가에서도 '나폴레옹 법전' 채택을 장려했다. 1808년 에어푸르트 회합에서 나폴레옹은 라인연방에 속한 왕들에게 '나폴레옹 법전'을 채택하도록 촉구했다. 이 법전은 멀리는 폴란드와 달마티아까지 프랑스혁명의 원칙을 전파하는 매개체였다.

나폴레옹은 베스트팔렌 왕 제롬에게 이렇게 편지를 썼다.

"독일 사람들도 프랑스나 이탈리아, 그리고 스페인 사람들과 마찬가지로 자유와 평등을 열망하고 있는 만큼 배심제와 공개 법정에서의 합법적인 재판을 다루고 있는 나폴레옹 법전이 유익할 거야. 또 이 법전은 너의 군주정치가 다른 정치와 구분되는 특징일 거야… 너희 독일 국민들도 이제껏 누리지 못했던 자유와 평등을 누려야 해."

또 당시 나폴리 왕이었던 조제프에게는 다음과 같이 설명했다.

"민법을 제정해야 해. 그래야 형의 권력을 강화할 수 있어. 왜냐하면 민법에 의해 한사상속限嗣相續 재산상속을 소유자의 직계후손이나 아들 등에게만 국한시키는 것을 모두 없앰으로써 엄청난 규모의 부동산은 더 이상 존재하지 않게 될 것이기 때문이지. 형 자신이 그런 걸 만들어내기 전에는 말이야. 내가 민법을 권장하고 어디에서든 민법을 제정하려는 이유는 바로 그 때문이야."

당시 '수도사들의 나라' 스페인과는 달리 북부 이탈리아, 서부 독일, 그리고 베네룩스 3국에는 이러한 개혁을 환영할 중산계급이 실재했다. 그러나 개혁을 환영했던 중산계급들은 이후 대륙봉쇄와 징집에 격렬하게 반대하여 나폴레옹을 크나큰 어려움에 처하게 만들었다. 특히 중산계급 사이에서 서서히 싹트기 시작한 각국의 민족의식이라는 감정은 이후 전쟁의 도화선이 되었다. 오늘날의 유럽국가들은 이때부터 민족주의를 바탕으로 독립국의 형태로 각각 태어나기 시작했다.

계몽주의의 계승자이자 뿌리를 상실한 코르시카인으로서 나폴레옹의 유럽관은 지극히 코스모폴리턴적이었다. 그는 유럽을 개념적으로 나눌 때 국적에 따라 수직적으로 구분할 것이 아니라 계급에 따라 수평적으로 나눠야 한다고 생각했다. 중산계급과 농민층이 있고, 이들의 다른 한쪽에 퇴폐적인 왕조·봉건주의가들이 서로 대결하는 구조로 보았다. 따라서 구체제의 타파는 전 유럽에 걸쳐 공통된 법전과 공통된 행정부, 그리고 같은 생각을 지닌 시민들로 가는 길을 열어주는 것이었다.

그러나 그는 구체제라는 잡동사니를 쓸어내봐도 민족감정이라는 숨은 싹이 솟아날 뿐이라는 사실을 미처 예견하지 못했다. 나폴레옹이 유럽 전역에 일깨운 민족주의는 거꾸로 프랑스에 대한 저항을 불러일으켰다. 그런 점을 깨달았을 때는 이미 너무 늦었다. 그가 계몽적인 조치를 취하면서 지지를 호소한 중산계급이 바로 이런 민족의식에 눈뜬 최초의 계층이었다.

이후 백일천하 기간에, 그리고 세인트 헬레나에서 나폴레옹은 이런 사상의 흐름을 인식하게 되었다. 그리고 지난날 자신이 이룬 업적들이 여러 민족과 국민을 대신해 봉건왕조들과 싸워온 것이라 조심스럽게 재해석했다. 그러나 나폴레옹 제국이 존속하는 동안 나폴레옹은 독일이나 이탈리아의 통일에 관심이 없었으며 민족성을 부정했고, 1810년 이후 몰락할 때까지도 마찬가지였다.

제국 초기에 나폴레옹은 이탈리아 민족의 열망을 격려해줄 것처럼 보였다. 치살피나 공화국은 1802년 부통령 멜지 치하에서 '이탈리아 공화국'이라는 이름을 얻었었다. 그러나 1806년 조제프에게 주어진 양시칠리아왕국은 1808년 그가 스페인 왕으로 책봉되자 다시 뮈라에게 넘어갔다. 보나파르트 일가와 제국의 고관대작을 위해 이탈리아 영토에는 여러 공국이 생겨나고 말았다.

또한 1806년에는 파르마 공국과 피아첸차 공국이 프랑스 제국에 합병되었으며, 1808년에는 토스카니 공국, 1809년에는 교황의 자치령이 제국에 합병되었다. 1809년 '쇤브룬 조약'으로 오스트리아에게서 빼앗은 일리리아 지방은 나폴레옹이 총독을 통해 직접 통치했다. 1811년 나폴레옹과 결혼한 오스트리아 황후 마리 루이즈가 낳은 아들에게 '로마왕'이라는 칭호를 부여한 것 역시 이탈리아를 유럽제국에 합병시키겠다는 예고였다.

나폴레옹이 이탈리아에서 추진한 개혁은 부분적이고 일관되지는 않지만 역사학자들로부터 이탈리아 통일운동에 이정표가 되었다는 평가를 받고 있다. 균일한 법과 행정제도, 징병제는 지방주의를 타파하는 데 도움을 주었다. 특히 이탈리아군은 군단과 사단으로 똘똘 뭉쳐 러시아원정에서 용맹하게 싸웠다. 더구나 나폴레옹 시대의 이탈리아 출신 장교와 관리들은 1815년 이후 이탈리아 독립운동에 있어서 선봉이 되었다.

나폴레옹이 '이탈리아 통일'이라는 그들의 오랜 숙원을 저버렸다는 이유로 공공연히 그에게 대항한 것은 알피에리나 포스콜로 같은 극소수 지식인뿐이었다. 그러나 이후 프랑스의 분할 통치에 불만을 품은 성직자와 농민들이 규합해 지방에서 적극적인 봉기를 일으켰다.

나폴리 왕 뮈라는 나폴레옹이 세인트 헬레나에서 돌아온 후인 1815년 3월 오스트리아에 대항하기 위해 이탈리아 민중들의 민족주의에 호소해 보았지만 그들에게서 거의 반응을 얻지 못했다.

독일에서 나폴레옹은 리셜리외와 루이 14세가 사용한 전통적인 프랑스식 정책, 즉 라인연방에 소속된 예속왕국들의 지방분파주의를 강화함으로써 분단된 독일을 고수하는 정책을 따랐다. 1806년까지 프로이센조차도 나폴레옹 체제의 예속국가로 남아 있었다. 나폴레옹은 예나 전투 이후 프로이센을 완전히 제거할 기회를 놓쳐버린 것을 몹시 후회했다.

1807년 바르샤바 대공국의 탄생으로 폴란드가 러시아의 지배를 벗어나 비로소 독립을 쟁취하는 것처럼 보였다. 그러나 나폴레옹이 폴란드 독립에 관심을 가진 것은 사실 자신의 전략과 외교정책을 펴나가기 위한 담보로서의 가치 때문이었다. 틸지트 조약에서 나폴레옹은 프로이센으로부터 폴란드 지역을 빼앗아 바르샤바 대공국을 세우고, 작센 왕을 새 군주로 임명했다. 바르샤바 대공국은 하나의 타협책이었다. 1812년 나폴레옹은 폴란드 독립에 관해 애매한 발표를 계속함으로써 폴란드인들이 갈피를 못 잡게 했다.

　1806년까지 유럽의 윤리적·이데올로기적 세력은 계몽적 개혁투사인 나폴레옹의 편인 듯했다. 예나 전투가 벌어지기 전날까지도 독일의 헤겔은 "전前시대에 내가 그랬던 것처럼 이제는 모든 사람이 프랑스군의 승리를 기원하고 있다"고 썼다. 그러나 예나 전투에서 프로이센이 참패한 후 피히테, 아른트, 슐레겔 같은 젊은 지식인 세대는 '독립된 통일독일'이라는 이상을 외치면서 나폴레옹에게 저항하자고 민중들에게 호소하기 시작했다. 아른트와 슐레겔이 처음부터 프랑스에 반대한 반면 피히테는 마지못해 나폴레옹에게 등을 돌렸다. 피히테는 나폴레옹에 관해 이렇게 썼다.

　"인간적인 위대함, 고요한 명석함, 천부적인 강인한 의지력, 바로 이런 요소들을 갖춘 그가 만일 인류의 윤리적 운명에 대해 조금이라도 분별심을 가지고 그의 이성을 비춰주었더라면 그는 인류의 은인이자 해방자가 될 수 있었을 것이다."

　그러나 독일 민족주의가 예나 전투와 함께 시작된 것은 아니었다. 그것은 정치에 영향을 미치기 훨씬 이전에 이미 지적인 영역에서 분명한 모습을 드러냈다. 칸트, 괴테, 쉴러와 같은 위대한 사상가와 저술가들이 앞장선 18세기 말 독일의 문화 르네상스는 처음에 코스모폴리턴적인 입장을 취했다. 19세기가 시작되면서 낭만주의 운동이 계몽주의 시대의 합리주의와 세계주의를 민족주의 쪽으로 수정해 나가기 시작했다. 관습·역사·전통 그리고 헤르더가 개척한 민족어와 민족문학에 대한 관심은 민족의식에 강렬한 자극을 주었다.

　독일 지식인들은 처음에는 프랑스혁명에 열광했지만 얼마 후 종교적인 보수반동이 득세하기 시작했다. 이들은 프랑스 공포정치 시대의 무정부 상태와 무신론을 비난하면서 독일문화 특유의 정신적 우월성을 찬양했다. 그러나 아직까지도 민족주의는 정치적이 아닌 문화적인 차원에서 이해되었다.

독일의 문호 쉴러는 1802년 "독일의 위대함은 그 문화와 민족의 특성에 있으며 정치적 운명과는 무관하다"고 썼다. 괴테는 독일의 정치적 통일에 무관심했으며, 1832년 죽을 때까지도 여전히 나폴레옹 찬양자였다. 1813년 라이프치히 전투 후 오스트리아 육군원수를 영접할 때도 괴테는 나폴레옹에게서 받은 레지옹 도뇌르 십자훈장을 달고 나갔다. 또 만초니의 「나폴레옹의 죽음에 관한 송시」를 번역하기도 했다:

> 이것이 진정 영광이었단 말인가?
> 그런 어려운 질문이랑 후대에 물어보라고 하자
> 우리의 과제는 그보다 훨씬 쉬운 것
> 그 위대한 분 옥좌 앞에 머리 조아릴 뿐
> 그 분은 높디높은 천재성으로 황공하게도
> 우리에게 창조주의 정신을 보여 주셨도다
> 그 모습, 얼마나 숭고하던가

예나 전투 이후 프로이센 정부가 실질적으로 붕괴되자 개혁주의자들이 권력을 잡게 되었다. 그들 중에 프로이센 출신은 별로 없었다는 점이 주목할 만하다. 슈타인은 독일의 라인란트 출신으로 남작(제국의 기사)이었다. 하르덴베르크_{친영파로 1807년 4월 외무장관에 임명되었음}와 샤른호르스트는 하노버 왕가 출신이었다. 그나이제나우는 작센 사람이었다. 슈타인은 1804년 베를린에서 장관이 될 때까지 베스트팔렌에서 프로이센 관리로 일했다. 그는 "나폴레옹 찬양자들은 황제가 세계적인 군주정치를 성취해 나아가길 기대하면서 그러한 체제로부터 평화가 영원하게 되고, 인간의 잠재력이 활짝 꽃피기를 바란다. 그러나 고요한 상태는 인류의 발전을 침해한다."라는 헤르더 사상에 영향을 받아 반反프랑스·반反코스모폴리턴적인 견해를 갖고 있었다.

슈타인은 무능력한 총신들로 이루어진 내각을 개혁하라고 요구하다가 1807년 2월 왕 프리드리히 빌헬름 3세에 의해 해임되었다. 그는 1807년 10월 이후에야 재임명돼 상당한 권력을 누렸다. 나폴레옹은 클라르크 장군의 추천으로 슈타인을 임명하였는데 이는 명백한 실수였다. 클라르크는 슈타인이 안전한 인물이며, 하노버 왕가 출신의 하르덴베르크보다 훨씬 낫다고 주장하였으나 사실은 이와 달랐다.

1807년 7월 프로이센 왕 프리드리히 빌헬름은 군사 재건위원회를 발족시켰는데 여기엔 샤른호르스트와 그나이제나우가 포함되었다. 프로이센의 개혁가들은 하나같이 프랑스혁명으로 발생한 그 위력을 실감하고 있었다. 하르덴베르크는 1807년 9월의 비망록에 이렇게 썼다. "프랑스혁명은 격렬하고도 피비린내 나는 상황의 와중에서 나폴레옹에게 예기치 않은 권력을 가져다주었다. 현재 벌어지고 있는 전쟁들은 이 혁명의 계속일 뿐이다. 새로운 원칙이 갖는 힘이란 그런 원칙을 받아들이기 거부하는 나라는 항복하거나 멸망하게 되는 그런 성격의 것이다… 군주제 정부에 민주적인 원칙—이것이야말로 내가 보기에 시대정신에 적합한 방식이다."

미국 독립전쟁 때 민병대의 활약상을 잘 알고 있던 그나이제나우는 "프랑스혁명은 전 프랑스인의 민족적 에너지를 촉발시켰는데 그것은 서로 다른 계급을 평등한 정치·사회 기반 위에 올려놓았다. 다시 이를 통해 그들은 생명력 넘치는 자원의 힘으로 이익을 창출해냈다. 그렇게 함으로써 전 시대 국가들간의 연고관계와 힘의 균형을 파괴시켰다. 만약 다른 나라들이 그 균형을 다시 회복하고자 한다면 문을 열고 이들과 같은 자원을 사용해야 한다."고 썼다.

당시 대부분의 프로이센 국민들은 융커[47]계급의 저항을 받지 않고, 민주주의 원칙을 수용하려면 개혁이 위로부터 이루어져야 한다는 점에 동의했다.

이러한 생각을 바탕으로 슈타인 내각(1807~1808년)은 농노 해방·도시 개혁·베를린 대학 설립·행정부 개혁·군 개혁 등 모든 개혁을 추진했다. 1807년 10월의 농노해방 포고령으로 개인의 농노제를 철폐하고, 모든 토지의 자유거래를 허용했다.

그러나 프랑스에서처럼 진정한 소ㆍ자작농 계급층을 성립시키는데는 성공하지 못했다. 토지를 소유한 융커들은 농노해방 포고령을 이용해 오히려 보유 토지를 늘리고, 소작농을 고용노동자로 전락시켰다. 그들은 여전히 장원의 사법권을 장악했고, 소작농들은 봉토세 상환에 시달리고 있었다.

슈타인의 도시행정 개혁은 훨씬 원대한 것이었다. 도시마다 자치정부가 들어섰으며, 그 동안 개혁에 대해 냉담했던 중산층계급이 1813년의 예비군 조직에서 놀라운 열광을 보여주었다. 슈타인은 이것을 기초로 국민대표 형태의 기구를 만들기 위한 디딤돌로 삼을 생각이었다.

그는 프리드리히 빌헬름의 반대를 무릅쓰고 통합전쟁부 장관에 임명되었는데 중앙정부를 5개부로 재편해 장관위원회를 구성하는 계획을 추진했다. 그후 왕의 민民·군軍내각은 1918년까지 존속되었

---

[47] 프로이센의 부유한 토지 소유자 계급. 중세 때 프로이센에 정착한 기사들의 후예로 18세기 프리드리히 대왕 때 문무관직을 독점했다. 비스마르크는 융커가 통치하던 프로이센을 1871년 독일로 통일시켰다.

다. 샤른호르스트와 그나이제나우는 1807년 창설된 군 재건위원회 위원으로 임명되었다. 장교 200명 정도가 예나 전투에서 패했다는 이유로 추출되었고, 이 위원회는 사관학교를 개혁하여 미래의 장교를 선발, 임관하는 체계를 확립했다. 군 내부에 외국 출신 용병을 없애고, 지나친 체벌을 철폐했다. 프랑스식 전술을 면밀히 연구한 끝에 새 훈련지침서도 만들었다. 위원회는 1808년 징병제에 따른 신병 선발은 예외 없이 제비뽑기로 하되 예비군을 두도록 권고했다.

이 계획은 1813년 예비군을 동원할 때까지도 실현되지는 않았었다. 왕은 일반 대중으로 구성된 시민군을 싫어했다. 그러나 예나 전투 이후 프로이센 인구는 반으로 줄었고, 재정은 파탄 상태였으며, 군 규모 역시 엄청나게 줄어들었다. 1808년 9월 '에어푸르트 회의'에 따라 나폴레옹은 프로이센군의 병력을 4만2천으로 제한했고, 시민예비군은 금했다. 1807년 샤른호르스트가 제안한 '크륌퍼 시스템'(예비군 속성훈련 체제)의 효과는 지나치게 과장된 측면이 있었다.

19세기의 역사가들은 이 시스템을 나폴레옹의 에어푸르트 회의에 따른 1808년의 규제를 피하기 위해 주도면밀하게 고안한 것으로 간주했다. 훈련받은 예비군을 합쳐봐야 정규군은 1813년 초 6만5천을 넘지 못했다. 그러나 1813년 이후 프로이센이 대불동맹에 참전한 뒤 징병제가 빠르게 확산되면서 정규군은 급속히 늘어났다. 게다가 예비군은 제2선에 12만이 대기하고 있었다.

여기서 슈타인에 대해 좀 더 살펴본다면 1808년 스페인의 봉기와 바일렌 전투에서 프랑스가 참패했다는 소식을 접하면서 슈타인은 나폴레옹에 대항해 즉시 행동에 돌입할 수 있을 것이라는 희망을 품었고, 오스트리아와 제휴해 민중으로 구성된 시민군으로 프랑스에 대항할 계획이었다. 1808년 8월 25일 프랑스 측에 체포된 한 프로이센 관리에게서 슈타인의 서신이 발견됐는데 그 서신에서 보면 "독일에서는 매일 분노가 고조되고 있다. 우리는 그런 분위기를 계속 고조시켜 국민을 선동하도록 해야 한다."라고 써 있었다.

프로이센이 오스트리아와 연합해 대프랑스전을 벌이려 한다는 이 확실한 물증을 가지고 나폴레옹은 신속하고도 거칠게 반응했다. 그는 프로이센 정부에 대해 에어푸르트 협정을 받아들이고, 슈타인을 해임하라고 윽박질렀다. 1808년 11월 결국 슈타인은 사임하고 프라하로 망명했다. 나폴레옹은 포고령에서 그를 "프랑스와 라인연방의 적"으로 선포했다. 스페인 부르고스 점령(1808년 11월)을 알리는 회보에서 나폴레옹은 프로이센에 다음과 같은 식으로 경고했다. "슈타인 선생 같은 사람들이 정규군도 부족하면서 대중을 무장시키겠다는 고상한 계획을 하시다가 그로 말미암아 비참한 불행을 겪게 되고, 그런 저항이 우리 군에게는 얼마나 보잘것없는 장애물에 불과한지를 알게 된다면 참 좋은 일이겠지."

슈타인의 실각은 그 광범위한 개혁추진 계획에 놀라 분노한 융커계급의 반대파들이 그를 프랑스에 팔아 넘겼을 가능성도 있다. 폰 요르크 장군이 슈타인의 해임에 대해 "이제 그 미친놈들 중 하나가 제거됐어. 나머지 독사의 무리들은 자기 독으로 망할 거야."라고 한 것은 바로 이러한 융커들의 감정을 대변한 것으로 보인다.

프로이센의 개혁은 부분적이고 어정쩡한 것이었지만 1807~08년은 프로이센과 독일의 점진적인 변화 발전과정에서 중요한 이정표라고 볼 수 있다. 예나 전투 이후 호엔촐레른 왕조 국가라는 인위적인 구조가 완전히 무너질 뻔한 순간도 있었다. 멸망의 위협에 직면한 상황에서 프로이센은 소수의 계몽적인 개혁가들의 손에 이끌려 억지로 19세기의 무대에 끌려나왔고, 이후 비스마르크에 의해 통일독일의 길로 나아가게 되었다.

 오스트리아에서도 개혁은 소수 애국자들의 과제였으나 그나마도 프란츠 황제가 '자코뱅주의'를 불신했기 때문에 개혁은 상당한 차질을 빚었다. 당시 오스트리아의 재정상태가 아주 나빴는데도 최고사령관 카를 대공은 군 현대화에 많은 투자를 했다. 프랑스식 전술 모델을 따라 척후병과 1급 사수로 구성된 연대를 많이 만들었다. 기병대와 포병대는 더 큰 단위부대로 통합했고, 육군은 군단으로 조직했다. 또 병참 부문을 삭감해 기동력을 강화했다. 1806년 예비군 지원병 대대가 창설됐는데 1809년이 되면서 이들 예비군 수는 15만에 달했다. 슈타디온 총리는 국가기록보관인인 호마이어와 겐츠로 하여금 스페인의 항쟁을 본보기로 하여 선전전에 나서게 했다.

 슈타인이 해임되고, 프로이센이 다시 나폴레옹에게 항복하자 독일의 애국자들은 오스트리아 쪽으로 눈을 돌렸다. 슈타인은 프라하로 갔고, 프리드리히 슐레겔과 아우구스트 슐레겔 형제, 스탈 부인은 비엔나로 갔다. 프루시아 정부가 고취시키는 선전활동은 합스부르크 왕가의 역사적 사명과 영광을 상기시켰다. 오스트리아에서의 선전활동은 나폴레옹 제국에 대항하기 위해 독일이라는 민족주의보다는 오히려 정통성과 왕조에 대한 충성에 호소했다. 티롤서부 오스트리아와 북부 이탈리아에 걸쳐있는 알프스 산맥 중의 한 지방출신인 호마이어는 티롤에서 바이에른바바리아, 독일 남부의 주과 함께 반反교권적인 나폴레옹에 대항하는 폭동을 준비했다.

 1808년 9월 겐츠는 "행운은 이제 보나파르트를 떠나고 있다. 그의 놀라운 성공도 정점에 달했다. 유럽은 스스로를 구할 의지와 결단력만 있다면 스페인을 통해 구원받을 수 있을 것."이라고 썼다. 겐츠는

1809년 초 나폴레옹의 대육군이 스페인에서 꼼짝못하고 잡혀 있을 때 이 기회를 이용해 오스트리아가 프랑스를 '혼자서 해치워야' 한다고 슈타디온에게 건의했다. 오스트리아의 공격이 성공하면 프로이센과 러시아까지도 끌어들일 수 있었을 것이다. 물론 러시아 황제 알렉산드르는 중립을 지키겠다고 다짐했지만 전쟁이 벌어지면 입장을 달리할 것이 분명했다. 영국 역시 지원금을 약속하고 북유럽에서 양동작전을 펼 준비가 돼 있었다.

파리 주재 오스트리아 대사 메테르니히까지 이에 설득당해 이제때가 무르익었다고 생각했다. 전쟁의 열기가 높아지고, 병력동원이 착착 진행되면서 오스트리아 황제와 카를 대공은 신중함을 잃었다. 비엔나 주재 프랑스 외교관은 1809년 3월 "1805년 당시 오스트리아에서는 정부만 전쟁을 원했고 군이나 국민은 바라지 않았다. 그러나 이제 1809년엔 정부와 군과 국민이 프랑스에 대항하기를 원하고 있다."고 보고했다.

나폴레옹은 때맞춰 이런 오스트리아의 전쟁준비 상황을 예의주시하고 있었다. 프랑스 병력은 라인방면군엔 아직 9만의 가용병력이 있었고, 여기에 동맹국과 가신국가들의 파견부대 10만이 더해졌다. 1809년도 징집 예정자들을 1808년 1월에 앞당겨 소집했다. 1809년 1월에는 1810년 신병들도 소집되었다. 수비대 대부분은 1809년 봄 스페인에서 철수함으로써 중부 유럽의 가용병력은 30만으로 늘었다. 갓 징집한 신병이 아주 많아 1805년 당시와 같은 최상의 군은 아니었다. 하지만 나폴레옹이 스페인과 오스트리아에서 동시에 전투를 벌일 수 없을 것이다라는 추측은 곧바로 깨지고 말았다.

이상과 같이 나폴레옹에 의해 민족주의가 싹트게 되는 유럽의 군

1809년 나폴레옹의 초상

주국들의 흐름은 이 정도로 접어두고 바크람 전투에 대해 살펴보기로 하자. 반도전쟁을 한참 치르고 있던 1809년 4월 9일 오스트리아마저 전쟁을 선포했을 때 프랑스 측 수비대는 아직 스페인에서 오지 않은 상태였다. 독일 주둔군은 100마일에 이르는 전선에 걸쳐 흩어져 있었다. 오스트리아의 명장 카를 대공은 티롤, 크로아티아, 갈리시아에 병력을 파견해 놓고도 보헤미아보헤미아 왕국, 체코의 서부 지방에 20만 병력을 거느리고 있었다. 그러나 카를 대공은 프랑스군이 집결하기 전에 집중 공격을 퍼부을 기회를 놓치고 말았다.

4월 17일 나폴레옹은 사령부에 도착, 베르티에가 병력을 잘못 배치해 야기된 혼란을 즉시 평정했다. 그리고 4월 18일 마세나에게 "이제 잽싸게 쳐야 할 때요. 당신을 기다리고 있겠소."라고 써보냈다.

4월 20일부터 24일까지 바이에른(바바리아)에서 벌어진 일련의 전투(아벤스베르크, 란츠후트, 에크뮐)에 대해 후일 세인트 헬레나에서 나폴레옹은 '가장 빛나는 전투'였다고 평가했다. 에크뮐에서는 적의 측면과 배후를 급습해 소중하고도 어려운 승리를 거두었다. 그러나 1805년 울름 전투에서처럼 결정적인 승리는 아니었다. 카를 대공은 병력 3만을 잃고 나서 후퇴했다. 그는 낙담한 나머지 프란츠 황제에게 편지를 보내 "다시 이와 같은 전투가 벌어진다면 절대 병력을 잃는 일이 없도록 하겠습니다. 저는 지금 협상을 기다리고 있습니다."라고 했다.

오스트리아는 이 전투에서 주도권을 잃고 방어전에 매달리게 되었다. 5월 12일 카를 대공이 나머지 병력 10만을 다뉴브 강 좌안에 집결시키는 동안 나폴레옹은 오스트리아 제국의 수도 비엔나에 입성했다.

나폴레옹은 1805년의 경우처럼 프로이센의 개입을 예방하기 위해 적극적으로 공세를 퍼부었다. 다뉴브 강 좌안에 집결해 있는 카를 대공의 군대를 격파하기 위해서는 수만의 프랑스 대육군이 강을 건너가야 했다. 나폴레옹은 5월 20일 로바우 섬을 점령해 섬과 강을 잇는 다리를 완성시키라고 명령했다. 프랑스군은 다음날 다리를 건너 다뉴브 강 좌안에 도착해 아스페른과 에슬링의 여러 마을을 점령했다. 나폴레옹은 카를 대공의 군 병력을 과소평가해 강 좌안에 3만6천 병력만을 배치해두고 뒤따라오는 10만 오스트리아군을 막도록 했다. 카를 대공은 로바우 다리를 부수어 버리기 위해 짐 실은 바지선을 강 하류로 내려보내 다리를 폭파했다. 나폴레옹은 하루 동안 치열한 방어전을 펼친 후 다리를 복구하고 대규모 증원대를 강 건너로 보냈다.

다음날 다리가 완전히 파괴됐다는 소식에 나폴레옹은 다시 공세를 취했으나 역부족이었고, 란이 이끄는 부대는 적 중심부에 결정타를 가하고 있었다. 그러나 탄약 부족으로 공격은 중단할 수밖에 없었고, 큰 희생을 치르며 다시 로바우로 퇴각하는 도중 란은 치명상을 입고 전사했다. 결국 나폴레옹은 1807년 프리트란트 전투에서 러시아군이 처했던 위기와 비슷한 처지에 내몰린 셈이 되었다. 배후에는 위험한 병목지점이 가로막고 있었던 것이다.

수비대의 크와이네 대위는 회고록에서 "이 끔찍한 전투로 우리는 값비싼 희생을 치렀다"고 썼다. 양쪽의 사상자는 2만 명에 달했다.

그러나 이전에도 그랬듯이 나폴레옹의 군사적 천재성은 막다른 골목에 몰린 상태에서 가장 빛을 발했다. 대대적 재편 끝에 그는 로바우 섬을 요새화된 기지로 탈바꿈시켰다. 섬으로 연결된 다리를 소규모 선단으로 보호한 뒤 지원군을 불러들였다. 이탈리아에서 진격해온 으젠 부대는 라브에서 오스트리아군을 격퇴시킨 후(6월 14일) 나폴레옹 군에 합류했다. 마르몽 부대도 크로아티아에서 달려와 합류했다. 이로써 7월 초 나폴레옹은 지원군을 합해 18만 병력을 로바우에 집결시킬 수 있었다.

한편 월처런으로 향하던 영국 원정대는 7월 말까지도 출발하지 못한 상태였고, 프로이센 왕은 다음 전투의 결과를 기다리고 있었다. 그러는 동안 여기저기서 주도적으로 봉기를 일으키려고 하던 프로이센의 장교 쉴, 카테, 되른베르크, 브룬스비크 공작 등이 일망타진되었다.

나폴레옹은 6월 5일 라브에서 으젠에게 패한 후 병력을 재집결시켜 비엔나에 입성하려고 하던 카를 대공의 동생인 요한 대공 군에 공격을 감행했다.

이제 17만 병력을 보유하게 된 나폴레옹에 비해 카를 대공의 병력은 13만5천에 불과했다. 수적 열세 때문에 프랑스군의 다뉴브 횡단을 저지하지 못하자 카를 대공은 바크람 마을을 중심으로 방어기지를 구축했다. 첫날 벌인 전투는 오스트리아군 배치 상황을 탐색하기 위한 전투였다. 오스트리아 측 전선이 지나치게 확대되어 있다고 확신한 나폴레옹은 1796년 카스틸리오네 전투에서처럼 적의 심장부를 찢어놓으면 결판이 날 것이라고 판단했다. 그는 주력부대를 오스트리아 측 전선의 3분의 1 정도에 걸쳐 집결시켜 놓았는데 오스트리아군 양익兩翼은 비교적 약한데다 넓게 분산되어 있어 경계도 허술했다.

프랑스군 좌익이 취약성을 드러내자 이에 유혹을 느낀 카를 대공은 다음날 새벽 공세에 나섰다. 나폴레옹으로선 전적으로 유리한 전투를 벌일 수 있는 기회였다. 마세나는 아스페른과 에슬링을 장악하여 왼쪽 측면에서 오스트리아의 위협을 저지했고, 약해진 오스트리아군 중심부에 3만의 대규모 종대병력을 투입하자 이로써 게임은 끝났다.

이 바크람 전투 후 나폴레옹은 카를 대공을 계속 추격하지 않았고, 포로 1만2천 명 정도만 생포했다. 사상자는 양쪽 모두 2만을 넘었다. 카를 대공은 온전한 병력 8만을 이끌고서야 츠나임으로 퇴각한 후 다음 전투가 벌어지기도 전에 "노름꾼이 카드 한 장에 마지막 승패를 거는 형국"이라고 썼다.

7월 11일 카를 대공은 휴전을 요청했다. 그러나 오스트리아 프란츠 황제와 주전파가 즉각적인 휴전협정을 미루자 그는 사령관직에서 사임했다. 이 주전파들은 여전히 영국, 프로이센, 또는 러시아가 개입해서 그들을 구해줄 것이라는 희망을 품고 있었다.

그러나 가을로 접어들자 그런 희망은 사그라들었다. 오스트리아

의 메테르니히가 슈타디온의 후임에 임명되어 굴욕적인 쇤브룬 평화협정에 서명했다.(1809년 10월 14일)

오스트리아는 아드리아 해로 나가는 모든 관문과 그 일대 주민 350만 명을 포기했다. 그 지역에는 프랑스에 병합된 일리리아 정부가 들어섰다. 잘츠부르크는 바이에른에, 그리고 갈리시아의 일부 지방은 바르샤바 대공국과 러시아가 분할통치하며 오스트리아는 8천500만 프랑의 전쟁배상금을 지불하고, 군은 15만으로 제한하며 대륙봉쇄에 다시 합류해야 했다.

겉으로만 보면 바크람 전투는 나폴레옹으로서는 아우스털리츠 전투보다 훨씬 빛나는 성과였다. 그러나 나폴레옹은 파리로 돌아오자마자 한 각료가 오스트리아는 이제 강대국이 아니므로 황녀 마리 루이즈와 결혼 동맹을 맺을 필요가 없다는 발언을 하자 "분명한 사실은 당신은 바크람에 있지 않았다는 거야"라고 날카롭게 대꾸했다. 그는 오스트리아군의 완강하고 맹렬한 저항에 깊은 인상을 받았던 것이다. 바크람 전투는 당시로서는 유례없는 최대규모의 포격전이었던 만큼 최전선 바로 뒤에 있던 일부 부대는 거의 공황 상태에 빠졌으며, 전투를 자신의 장기로 생각했던 나폴레옹마저도 자신감이 흔들렸다. 전쟁이 끝난 직후 1809년 8월 그는 예사롭지 않다는 듯 "전투는 본질적으로 불확실하기 때문에 무운武運이 나쁜 쪽으로 돌아서지 않을 것이란 확신이 있을 때에만 해야 한다"고 썼다.

군사적인 면에서뿐 아니라 도덕적인 면에서도 나폴레옹의 자신감은 흔들렸다. 쇤브룬을 떠나기 직전 열병식을 하는 도중에 프리드리히 슈탑스라는 한 독일 대학생이 탄원서를 제출하는 척하며 암살을 시도하려다 라프 장군에게 발각되었다. 이 젊은이와 꽤 길게 이야기를 나누면서 나폴레옹은 이 암살범이 미쳤다고 믿고 싶어했다. 그러나 그는 자기 주장을 철회하기를 거부한 채 "독일 만세! 폭군에게 죽음을!"이라고 외치며 처형당했다.

라프 장군은 쇤브룬 시장에게 보낸 편지에서 "지난 목요일 황제 폐하를 암살하려던 녀석에 대해 들었을 거요. 바로 내가 운 좋게도 녀석을 막았지. 그는 폐하께 모든 걸 자백했소. 내일 처형될 거요. 믿기지 않는 사실은 그가 작센 출신 루터교 목사의 아들이라는 점이오."라고 썼다. 그때까지 나폴레옹을 암살하려던 음모는 부르봉 왕가 앞잡이들이 벌인 것이었는데 중산층계급 출신의 제대로 교육을 받은 젊은이가 계몽주의의 투사인 나폴레옹을 살해하려 했다는 사실에 그는 당황해했고 몹시 충격을 받았다. 유럽에 새로운 민족주의 정신이 꿈틀거리고 있다는 사실을 이제 나폴레옹도 인정해야 했다.

13

러시아에서의 파국

오스트리아의 외무장관 메테르니히는 오스트리아 혼자서 그 엄청난 피해를 입으면서 감행했던 1809년의 모험을 '쇤브룬 조약'을 체결함으로써 청산하고자 했다. 또한 이 조약의 체결로 러시아 대신 나폴레옹의 동맹국 자리에 들어서려는 의도도 품고 있었다. 프란츠 황제 역시 '애국자들'과 '자코뱅파'에 의해 전쟁에 끌려 들어갔다는 사실에 환멸을 느끼고 있었으므로 예측할 수 있는 미래를 위해 러시아보다는 나폴레옹의 지배를 받아들이는 것이 궁극적으로는 오스트리아에 이익이 된다는 메테르니히의 의견에 동의했다.

메테르니히의 회고록에 따르면 나폴레옹은 별로 내키지도 않으면서 오만하기만 한 합스부르크 왕가에게 막무가내로 결혼동맹을 요구했다고 기록했다. 그러나 비엔나 문서보관소에서 밝혀진 사실들을 보면 사정은 이와 전혀 다르다. 메테르니히는 프로이센 대사에게 러시아를 제치기 위해서는 나폴레옹과 오스트리아의 결혼동맹은 필수적이라고 말했다. 메테르니히 백작 부인이 오스트리아 황가와의 결혼 문제를 해결하기 위해 파리에 특파되었고, 계약이 성사되자 그녀는 남편에게 "성공했어요. 이제 우리가 원하는 건 다 됐어요."라고 써보냈다.

1809년 12월 비밀위원회에서 나폴레옹은 마침내 조제핀과 이혼하기로 결정했다. 그는 12월 16일자 포고문에 이혼을 공표했고, 교황이 부재한 가운데 종교의식으로 치른 1804년의 결혼은 무효라고 파리 교구 대주교가 선언함으로써 이제 법적으로나 종교적으로도 이혼이 성립되었다.

나폴레옹은 이혼이 조제핀과 자신에게 아무리 고통스런 것이라 할지라도 1807년 이후부터 줄곧 그 문제에 대해 가부간에 결정을 내리려고 애써왔다. 이혼 문제가 불거졌을 때 한 번은 "난 잔인한 여자의 아들이 아니야!"라고 소리치기도 했다. 나폴레옹이 전장에 나가 오랫동안 파리를 비우고 있는 동안 1808년 탈레랑의 음모와 1809년 푸셰의 음모가 진행되었다. 이를 계기로 나폴레옹은 황제 자리를 보전하기 위해서는 후계자가 꼭 필요하다는 확신을 갖게 되었다. 1807년 루이와 오르탕스의 맏아들인 샤를 나폴레옹이 죽자 그는 양자 후계자마저 빼앗긴 셈이 되었다. 의붓아들 으젠을 양자로 맞아 후계자로 삼는다면 보나파르트 가문에 너무도 심한 모욕이 될 것이었다.

조제핀과의 사이에서 자식이 없는 탓에 일었던 그의 생식능력에 대한 의구심은 1807년에 가서야 사라졌다. 여동생 카롤린 뮈라의 시녀였던 엘리오노르 드뉘엘과 폴란드 출신의 마리 발레프스카가 나폴레옹에게 후일 레옹 공작과 발레브스카 백작으로 알려진 사생아를 낳아주었기 때문이다.

에어푸르트 회담에서 나폴레옹이 차르 알렉산드르에게 여동생 예카테리나 대공비와 결혼해도 되겠냐고 묻자 알렉산드르는 명확한 답변을 피했다. 그러는 사이에 그녀는 올덴부르크공작_{1400년경 시작된 독일의 브레멘 항구 부근에 위치한 공국}의 상속자와 결혼했다. 그러자 나폴레옹은 열다섯 살밖에 안된 그녀의 동생 안나에게 정식으로 청혼했다. 물론 별로 큰 기대를 걸지는 않았다. 왜냐하면 당시 러시아 황가의 대소사에 전권을 휘두르고 있는 황태후가 아들 알렉산드르와 나폴레옹이 맺은 틸지트 동맹을 '악마와의 약속'으로 치부하는 등 나폴레옹에게 광적인 적대감을 보이고 있었기 때문이었다. 황태후는 또 나폴레옹이 애를 낳지 못한다는 소문도 좋지 않게 생각했다. 물론 이 소문은 궁극적으로는 필사적으로 이혼을 막으려는 조제핀의 의도에서 흘러나온 것이었다.

러시아 예카테리나 대공비와의 결혼협상 실패는 틸지트 동맹이 결렬된 원인이라기보다 결렬의 징후였다. 틸지트에서 돌아온 알렉산드르는 프랑스와의 틸지트 조약으로 인해 궁정 내부와 귀족들의 지독한 적대감에 시달려야 했다. 1807년 12월 콜랭쿠르 대신 교체된 사바리 대사는 "차르와 루미안초프 백작만이 러시아내 유일한 프랑스의 친구"라고 보고했다. 러시아가 틸지트 조약으로 대륙봉쇄에 동참한다는 것은 영국에 대량으로 목재를 팔아먹고 사는 대다수 귀족들에게는 곧 파멸을 의미했다. 법과 행정을 프랑스식으로 맞춰 개혁하려던 알렉산드르의 신임 각료 스페란스키의 노력은 곧 그의 인기를 추락시켰다. 알렉산드르의 아버지 파벨 1세와 마찬가지로 알렉산드르를 제거하기 위해서 또 다른 궁중 혁명이 필요할지 모른다는 소문까지 나돌았다. 알렉산드르는 아버지 살해에 대한 죄책감에 평생을 시달렸으며 귀족이 장악하고 있는 여론을 감히 무시하지 못했다.

새 외무장관 루미안초프는 고립주의적 성향을 지닌 인물로 틸지트 동맹으로 이익을 보는 것은 핀란드와 스웨덴 그리고 투르크(터키)라고 보았다. 나폴레옹은 러시아가 핀란드를 흡수하는 데는 전혀 불만이 없었다. 그러나 다만 한 가지 불만은 동맹을 공고히 유지하기 위해서는 러시아가 콘스탄티노플과 지브롤터 해협 스페인 남단과 모로코 사이 으로 세력을 팽창시켜도 이를 허용해야만 한다는 점이었다.

곧 러시아가 콘스탄티노플과 지브롤터 해협을 노골적으로 요구하자 회담은 교착상태에 빠졌다. 알렉산드르는 "우리는 이 동맹이 프랑스 측에만 이익이 되지 않는다는 점을 러시아 국민에게 입증할 무엇인가가 있어야 한다"고 주장했다. 그리하여 틸지트 조약으로 고조된 분위기를 유지하기 위해 1808년 2월 나폴레옹은 러시아에 '공동 인도 원정'이라는 환상적인 계획을 제시했다.

"영국을 공포에 떨며 대륙 앞에 무릎 꿇게 하려면 5만의 군대(러시아군과 프랑스군, 어쩌면 오스트리아군까지 모두 합해)가 콘스탄티노플을 경유해 아시아로 진군하기 위해 유프라테스 강에 닿기만 하면 될 것이오."

그러나 1808년 상반기 지브롤터 해협을 포함, 스페인이 이제 막 자신의 수중에 떨어질 찰나라고 생각한 나폴레옹은 지중해에 대한 야망이 되살아났다. 1808년 5월 말 그는 대사 콜랭쿠르에게 이렇게 편지를 썼다.

"러시아가 다다넬스 해협에 출구를 두게 되면 러시아는 툴롱 지중해에 위치한 프랑스 남쪽의 항구, 나폴리와 코르푸의 관문에 들어서게 되는 것이오. 따라서 러시아의 요구는 너무 지나치고, 프랑스는 그런 협정에 동의할 수 없다는 점을 분명히 해두시오. 이는 해결하기 어려운 문제요. 그래서 내가 협상과정에서 그 문제에 대한 양해를 끌어내고자 했던 것이오. 근본적인 문제는 항상 이거요. 누가 콘스탄티노플을 차지할 것인가?"

나폴레옹과 알렉산드르 쌍방이 이렇게 지중해에 대한 야망을 품은 채 에어푸르트에서 회동했을 때(1808년 10월) '틸지트 조약 정신'은 이미 사라진 상태였다. 이때 알렉산드르는 어머니인 황태후가 자신의 태도에 대해 질책하자 "제 의도는 숨쉴 공간을 확보하고, 이 귀중한 막간에 우리의 역량을 재건하는 것입니다. 그런데 나폴레옹이 우리를 일시적으로 난처하게 한다고 해서 우리의 진정한 의도를 의심받게 해 모든 일을 망치게 해서야 되겠습니까?"라고 설명했다.

에어푸르트에서 알렉산드르는 탈레랑과 콜랭쿠르, 심지어 야전사령관이었던 란 원수로부터도 은밀한 격려를 받으며 동맹자라기보다는 나폴레옹에 맞서 조정자로서 행동했다. 따라서 에어푸르트 회합은 공허한 시위에 불과했다. 알렉산드르는 오스트리아에 전쟁 준비를 중단하도록 압력을 가하는 것을 거부했고, 투르크(터키) 문제와 여동생 안나 공주와의 결혼동맹 논의도 한동안 보류되었다.

러시아 차르가 결혼 동맹 문제를 가지고 시간을 끌자 1810년 2월 초, 나폴레옹은 오스트리아 대사를 통해 정식으로 프란츠 황제의 큰 딸 마리 루이즈에게 청혼을 했다. 나폴레옹이 오스트리아 황가와의 결혼을 선택하자 프랑스와 러시아 관계는 1810년 들어 급속히 악화되었다. 이런 와중에 바르샤바 대공국(폴란드)은 늘 러시아 황제의 골칫거리였는데 1809년 10월 '쇤브룬 평화조약'으로 오스트리아가 갈리시아를 바르샤바 대공국에 할양하자 그 규모가 더 커졌다. 이에 러시아 차르는 나폴레옹에게 독립 폴란드가 부활하지 않도록 하는 보장을 요구했다.

그러나 나폴레옹은 1810년 1월 콜랭쿠르가 대신 서명한 이 합의서의 인준을 거부하고, 합의서를 수정하여 되돌려 보냈으나 이 또한 러시아로서도 수락할 수 없는 제안이었다.

스웨덴에서는 1810년 5월 카를 13세의 후계자로 선출된 아우구스텐부르크가 갑자기 죽자 친프랑스계·반러시아파가 베르나도트를 선출하려고 공작을 꾸몄다. 나폴레옹은 베르나도트를 늘 신뢰하지 않았으므로 왕위 계승자로 그의 양아들 으젠을 지목했다. 그러나 영국과의 전쟁에서 스웨덴을 앞으로 내세울 수 있다는 조건 때문에 어쩔 수 없이 나폴레옹은 러시아 황제의 분노를 사면서까지 스웨덴 의회에 베르나도트 지명을 승인했다. 대륙봉쇄령 추진과정에서 나폴레옹은 스웨덴에 올덴부르크 대공국을 합병했는데, 이 대공국의 후계자는 바로 차르 알렉산드르의 처남이었다.

그러자 1810년 12월 차르는 대륙봉쇄령에 대한 거부의사로 프랑스산 수입품에 높은 관세를 매기고, 중립국 선박에 항구를 개방한다는 칙령을 발표했다. 이로 인해 나폴레옹은 러시아가 전쟁을 결심했고, 영국 편으로 완전히 돌아섰다고 확신하게 된다. 1811년 초 나폴레옹은 폴란드측 동맹자인 포냐토프스키 공작으로부터 알렉산드르가 엘베 강 너머에 잔류해 있는 비교적 약한 프랑스군을 급습하려고 바르샤바 대공국의 국경 지대에 러시아 군대를 집결하고 있다는 정보를 들었다. 실제로 알렉산드르는 친구인 아담 차르토리스키 공작에게 폴란드 민중들을 자기편으로 끌어들일 수 없을까라고 타진한 바 있었다. 그러나 차르토리스키는 러시아가 폴란드를 통일된 자주국가로 보장해주어야만 폴란드인들을 프랑스로부터 떼어놓을 수 있다고 경고했다. 알렉산드르는 오스트리아, 프로이센, 스웨덴에게도 접근해보았으나 결과가 신통치 않자 물러서고 말았다.

1811년 6월 콜랭쿠르가 러시아에서 소환되자 그는 나폴레옹에게 러시아의 혹독한 기후와 그들의 고집, 그리고 방어전략을 이용해 그를 내륙 깊숙이 유인하려는 러시아군의 계획 등에 대해 신중히 경고했다. 그러자 나폴레옹은 "흥! 전쟁은 당신 친구 알렉산드르의 멋진 계획과 그의 모래 요새들을 날려버릴 거야. 그는 교활하면서도 나약한 인물이야."라고 대꾸했다. 그러나 러시아 주재 대사였던 콜랭쿠르는 알렉산드르의 새로운 전략을 제대로 간파하고 있었다. 즉 1811년 5월 말 프로이센 왕에게 보낸 편지에서와 같이 알렉산드르는 "웰링턴이 스페인에서 프랑스군을 탈진시켜 승리를 이끌었던 방식이 바로 내가 원하는 바입니다. 결전을 피하고 참호로 둘러싼 캠프까지 긴 병참선을 꾸려 퇴각하는 것이지요."라고 밝혔다.

　1811년 8월경 나폴레옹은 러시아와 최후의 대결이 불가피하다는 결정을 내렸다. 한 번만 더 '훌륭한 전쟁'을 치르면 모든 문제가 해결될 것 같았다. 전쟁을 통해 전 유럽국이 나폴레옹에게 계속 저항하는 것은 불가능함을 확실히 인식시켜주고, 대륙봉쇄의 틈새들을 단단히 막아 영국을 무릎 꿇게 만든다는 계획이었다. 사실상 스페인, 영국, 러시아를 제외한 유럽 전 지역을 이미 장악한 상태이므로 이번 전쟁에서의 승리는 세계를 제패함과 다름없었다.

　나폴레옹은 1812년 초 알렉산드르를 접견하고 돌아온 사절 나르본 백작[48]에게 자신의 궁극적인 야망을 넌지시 내비쳤다.

　"알렉산드르가 갠지스 강인도 북부 평원지대를 흐르는 거대한 강으로 행군할 때 그는 모스크바로부터 그만큼 멀리 떨어져 있는 것이다. 나는 이 말을 잔다르크 이래로 줄곧 되뇌곤 했네."

48　나르본 백작은 부호이자 루이 15세의 사생아로 알려진 사람으로 1792년 루이 16세의 전쟁장관이 된 이후 나폴레옹 측에 가담했다.

이에 대해 나르본은 "놀라운 사나이다! 얼마나 놀라운 생각인가! 얼마나 멋진 꿈인가! 이런 천재성을 가진 이가 어디 있을까? 그는 베들렘 영국 런던의 정신병원과 판테온 모든 신을 위한 신전 사이, 그 중간에 있다."고 평했다.

1812년 4월 알렉산드르 역시 차르토리스키에게 "프랑스와의 결렬은 불가피해 보이네. 나폴레옹의 목적은 그로부터 독립해 있는 유럽의 마지막 강국인 우리를 파괴하거나 적어도 치욕을 안겨주려는 것이지. 나폴레옹은 우리가 중립국들과 하는 모든 무역을 중단시키려 하지만 그건 우리한테 남은 유일한 거래야."라고 말했다.

그러나 나폴레옹은 1811년 하반기부터 대규모 전쟁준비를 진행시키면서 1807년 아일라우 전투의 교훈을 잊지도 않았고, 러시아 침공의 난점을 무시하지도 않았다. 원정 출발은 1812년 6월로 확정했다. 그는 한 고문관에게 "내가 지금까지 시도했던 것 중에서 가장 대단하고 가장 어려운 모험"을 시작하고 있다고 말했다. 그는 1811년 12월 으젠에게 "폴란드 전장에서 러시아와의 전쟁은 오스트리아 전쟁과는 전혀 달라. 보급선이 없으면 모든 게 허사야."라고 썼다. 또한 스페인에서 아직까지도 영국군과 전쟁중이던 프랑스 주둔군 일부를 동원하기 위해 애썼다. 나폴레옹은 폴란드에서 속국과 동맹국을 포함해 20개 국가에서 60만의 병력을 동원할 수 있었다. 이중 25만이 프랑스군이고, 나폴레옹이 무적의 무기로 생각하는 제국수비대는 5만쯤 되었다.

일찍이 1810년 8월 나폴레옹은 베시에르에게 수비대 조직에 관한 상세한 지침을 내렸다. 예비군 100개 대대를 보유한 수비대 병력은 8만 명까지 늘어났다. 제국수비대는 다른 군의 수비대 조직과는 달리 모든 부문을 두루 갖춘 독립 부대 형태였다. 수비대 최고의 포병대는 '대육군의 현자賢者'라고 불리던 드루오가 지휘했다. 제국수비대의 확대를 두고 역사가들은 종종 상비군의 질적 하락을 보충하기 위한 고육책이라고 설명해왔다. 이는 1813년 러시아 원정 후의 상황을 놓고 보면 맞는 말일 수도 있다. 그러나 이처럼 중요한 지침을 작성할 당시 나폴레옹은 병력 부족에 직면해 있지는 않았다. 수비대에 관한 더 이상의 계획은 러시아 원정으로 중단되었는데 이 수비대는 러시아 원정에서의 폭설과 추위로 파괴되어 1813년 겨우 최소한의 요원만 살아남아 재건하지 않으면 안될 처지였다. 러시아에서 추위와 폭설 그리고 굶주림만 피했더라면 나폴레옹은 전투에서 패하지도 않았을는지 모른다.

1812년 3월 나폴레옹은 프로이센과 오스트리아에게 러시아 원정 지원군을 제공하겠다는 협정에 서명하라고 강요했다. 그러나 러시아 침공에 앞서 외교전에서 나폴레옹은 허를 찔렸다. 같은 해 4월, 나폴레옹이 포르투갈을 브라간사스에게, 스페인을 조제프에게, 시칠리아를 나폴리의 전왕인 페르난도에게 맡기는 조건으로 1812년 4월 영국에게 제의한 평화조약 안건이 거부당했다. 또한 스웨덴에서는 대륙봉쇄에 따른 경제적 어려움과 1812년 1월 프랑스의 스웨덴령 포메라니아 점령 사건 때문에 여론이 절망적이었다. 스웨덴 왕위에 오른 베르나도트는 노르웨이 정복 때 러시아의 원조에 대한 보답으로 1812년 4월 스웨덴을 러시아 쪽에 넘겼다.

1812년 5월 말 러시아와 교전 중이던 투르크(터키)는 마침내 '부카레슈티 정전조약'에 서명했다. 그래서 알렉산드르는 북쪽과 남쪽의 근심을 한시름 놓게 되었고, 병력을 나폴레옹에게 집중시킬 수 있었다. 그렇다 해도 나폴레옹이 1812년 6월 25일 니에멘 강을 넘어 이끌고 온 병력 45만에 비하면 바클레이 드 톨리와 바그라티온 휘하의 2개 주력 부대는 겨우 16만에 불과했다.

1812년 6월 6일 나폴레옹은 프랑스 주재 러시아 대사 쿠라킨에게 파리를 떠나라고 명했다.

6월 22일 마침내 그는 군에 선전포고를 내렸다. "이번 2차 폴란드에서 러시아와의 전쟁은 1차 전쟁과 마찬가지로 프랑스군에 명예로운 전쟁이 될 것이다. 그리고 우리가 획득하게 될 평화는 러시아가 50년간 유럽에서 행사해온 치명적인 영향력을 종식시킬 것이다."

이에 대한 알렉산드르의 선전포고는 침략자에 대한 방어전임을 강조한 것이었다. 그는 마지막 협상시도로 발라초프 장군을 나폴레옹에게 보냈다. 발라초프는 7월 1일 빌나에 입성한 나폴레옹의 영접을 받았는데 당시 나폴레옹은 자기 군의 압도적인 규모에 대해 한껏 자랑했다. 발라초프와 접견한 후 나폴레옹은 콜랭쿠르에게 "나는 야만스러운 북방의 거인(러시아)과의 관계를 영원히 끝내려고 왔다"라고 말했다. 그러나 한 달 후에 나폴레옹은 "나는 오로지 알렉산드르와 정치적인 전쟁을 치르고 있을 뿐이오. 따라서 그가 협상하려고 한다면 우리는 곧 합의할 수 있을 거요."라고 말했다.

1812년의 원정이 나폴레옹에게 질적인 면보다 수적으로 우세한 최초의 전쟁이었다는 사실은 의미심장하다. 나폴레옹은 각국에서 제공받은 동질성이 없는 이합집산의 무리를 하나로 통합해 또 하나의 아우스털리츠나 프리트란트를 성취하려던 목적을 끝내 이루지 못하고 말았다. 러시아의 허허벌판에서 군의 기동력은 상실되었다. 보급조직에 세심한 주의를 기울였음에도 불구하고 니에멘 강을 건넌 지 며칠 만에 식량보급이 중단되었다. 수비대만 겨우 행군 군기를 지킬 뿐 약탈과 질병, 탈영이 전례 없는 규모로 횡행했다. 군대가 빌나에 도착했을 때는 이미 말 2만 마리가 죽었고, 각종 손실은 두 차례의 큰 전투에서 발생한 수준과 맞먹었다.

나폴레옹으로서는 규모는 이에 절반이라도 질이 더 높은 군대를 끌어 모았다면 훨씬 잘 싸울 수 있었을 것이다. 수적 열세 때문에 러시아군은 전투를 피하면서 계속 퇴각하는 것 외에 다른 선택의 여지가 없었다. 물론 러시아군 후위 쪽 전투력은 프랑스군 역전노장들조차 놀랄 정도로 용감하고도 집요했다. 사실 러시아의 퇴각작전은 일관된 전략에 의한 것이라기보다는 필요에 따라 불가피하게 이루어진 것이었다. 개전 초기 알렉산드르는 사령부에 있으면서 풀 장군의 작전을 믿고 있었으나 프로이센에서 망명해온 풀은 전략가가 아닌 사이비 명성의 인물로 밝혀졌다. 그의 작전은 참호로 둘러싸인 드리사 요새를 사수하는 것이었으나 이 계획은 곧 환상이자 죽음의 함정임이 드러났다. 7월 18일이 되어서야 알렉산드르는 주위의 설득을 받아들여 러시아 장군들에게 군을 맡겼다. 그러나 총사령관은 아직 임명되지 않은 상태였고, 바클레이와 바그라티온은 서로 심각한 적대감과 불신을 보이고 있었다. 바그라티온은 "바클레이 장관 자신은 달아나면서 나한테는 전 러시아를 방어하라고 한다"고 불평했다.

나폴레옹이 빌나에서 바클레이를 잡지 못하고 있는 동안 우익을 맡은 제롬 왕과 다부도 바그라티온을 잡는 데 실패했다. 나폴레옹은 동생 제롬의 굼뜬 작전을 비난했고, 7월 4일 "넌 우익의 작전을 망치고 있어. 이런 식으로 전쟁을 할 수는 없다."고 써보냈다. 또 앞으로는 다부의 명령을 받으라는 말까지 했다. 그러자 제롬은 넌더리가 난 나머지 모욕을 감내하면서 자신의 왕국인 베스트팔렌으로 돌아가 버렸다.

나폴레옹이 빌나에서 지체한 것은 폴란드 내 리투아니아의 정치적인 상황 때문이었다. 바르샤바에서 열린 폴란드 의회 대표단은 나폴레옹이 폴란드 왕국의 부활을 천명해주기를 희망했던 것이다. 그러나 폴란드에서 약탈행위를 일삼아 온 프랑스 대육군의 이미지가 실추되었음에도 불구하고 나폴레옹은 오스트리아와 맺은 협정에 묶여 있어 폴란드 독립에 관해 어떠한 약속도 할 수가 없었다. 프로이센령 폴란드 역시 '독립'에 대한 어떠한 열망도 보여주지 않았다. 결과적으로 나폴레옹이 폴란드에 기대했던 지원군과 보급품, 게릴라부대 등이 결코 전선에 나타나지 않았다.

나폴레옹은 러시아인들이 2년에 걸쳐 구축한 드리사 요새는 포기하고 퇴각했지만 비테프스크에서 대기하고 있을 것이라고 확신했다. 중앙의 뮈라 장군과 우익의 다부 장군은 오스트로프노와 모그힐레프에서 러시아군과 치열한 접전을 벌여 승리를 거두었다. 바클레이와 바그라티온이 서로 합쳐 비테프스크에서 대기하고 있을 것이라고 생각한 나폴레옹의 판단은 옳았다. 7월 27일 나폴레옹은 바클레이의 전군全軍과 마주쳤다. 그러나 바클레이는 바그라티온이 곧 스몰렌스크에서 합류할 거라는 소식을 듣고, 나폴레옹이 28일 공격을 준비하는 동안 밤을 틈타 빠져나갔다.

나폴레옹은 비테프스크에서 베르티에, 뮈라, 으젠과 전략문제를 논의했다. 이들은 막대한 손실과 보급품 부족을 들어 원정을 중단하도록 탄원했다. 그러자 나폴레옹은 1812년의 원정은 끝났다고 선언했다. 그러나 이틀 뒤 그는 마음을 바꿔 계속 전진했다. 원수들이 못마땅해하자 나폴레옹은 "장군들을 너무 부자로 만들어줬어. 그자들은 환락과 사냥에 빠져 멋진 마차를 타고 파리를 싸돌아다닐 생각만 하고 있지. 전쟁에는 넌더리가 난 거야."라고 말해 그들을 머쓱하게 했다. 나폴레옹으로서는 러시아인들이 한 번도 싸우지 않고 퇴각만 하고 있으므로 스몰렌스크나 모스크바를 내줄 것이라는 게 도무지 납득이 가지 않았다.

"위험 자체가 우리를 모스크바로 내몰고 있다. 주사위는 던져졌다. 승리가 우리의 정당함을 인정하고 우리를 구할 것이다."

8월 17일 스몰렌스크에 입성한 나폴레옹은 마침내 러시아인들을 궁지로 몰아넣었다고 생각했다. 그는 결정적인 전투를 원했기 때문에 도시 점령을 서두르지 않았다. 모스크바로 통하는 길을 차단하려고 드네프르 강을 건너 쥐노를 선발대로 보냈다. 그러나 쥐노가 머뭇거리는 바람에 포위작전은 실패했다. 이틀간의 포격을 받은 바클레이는 도시 전체에 불을 질러 껍데기만 남은 스몰렌스크를 두고 퇴각했다. 네이와 뮈라는 8월 19일 발루티노에서 러시아군 후위를 따라잡았으나 6천의 사상자를 내고도 러시아군의 퇴각을 저지하지는 못했다.

나폴레옹의 전력은 이제 16만으로 줄었고, 결정적인 승리의 가능성은 차츰 멀어져갔다. 독일 출신 대위인 뢰더는 일기에 다음과 같이 기록했다. "황제가 어찌어찌하여 모스크바에 도착한다 해도 먼저 일격을 가해 러시아를 완전히 무력화시키지 않는 한 다가올 겨울 동안 수도를 점령하기는 불가능할 것이다." 그러나 그는 후에 덧붙이기를 "이미 선택이 정해진 이상 누가 과연 도박을 하지 않을 것인가?"라고 말했다. 스몰렌스크에서 나폴레옹은 이미 돌이킬 수 없는 순간에 도달했다. 모스크바는 이제 겨우 200마일밖에 남지 않았다. 여기서 원정을 중단한다는 것은 치욕적인 후퇴를 의미했다.

8월 25일 나폴레옹은 진군을 재개했다.

한편 알렉산드르는 8월 20일 여론의 압력에 굴복해 쿠트조프를 총사령관으로 임명했다. 그는 67세의 늙은 백전노장이었지만 나폴레옹에게는 누구보다도 위험한 적수였다. 아우스털리츠 원정을 경험한 뒤 쿠트조프는 결코 나폴레옹을 과소평가하는 실수를 저지르지 않았다. 한 보좌관이 나폴레옹을 폄하하는 말을 하자 쿠트조프는 "젊은이, 누가 자네한테 그 위대한 인물을 조롱할 권리를 주었나? 그런 꼴사나운 짓거리는 그만둬!"라고 쏘아붙였다. 그는 여론이 모스크바 사수를 위해 이제 후퇴작전은 그만두고 전면에서 싸우라고 몰아칠 것을 알고 있었다. 그러나 쿠트조프는 쏟아지는 여론의 비난과 전술적인 위험을 무릅쓰더라도 퇴각을 계속하여 러시아의 광활한 공간과 기후를 결정적인 무기로 활용하고자 했다. 클라우제비츠는 1812년의 러시아 원정에 관한 설명에서 "쿠트조프는 확실히 이길 자신이 없었기 때문에 보로디노에서 전투에 나서지 않으려 한 것이 분명하다. 그러나 왕실과 군 그리고 전 러시아인들은 한 목소리로 한판 승부를 강요했다."고 썼다.

9월 5일 나폴레옹은 러시아군이 모스크바 강 강둑에 참호를 파놓고 있는 것을 발견했다. 이들의 근거지는 보로디노 마을이었다. 다음 날 나폴레옹은 대격전에 앞서 작전회의를 열었다. 이때 다부 장군은 정면 공격보다는 오른쪽 날개 쪽에서 치고 들어가자고 고집했으나 아무도 다부의 의견에 동의하지 않았다. 나폴레옹 역시 어떻게 하면 정면 공격으로 그들을 묶어둠으로써 러시아군이 또 퇴각하는 것을 막을 수 있을까에 신경을 집중했다. 그에게는 13만 병력과 600문의 대포가 있었다. 쿠트조프는 미리 준비한 요새에 그보다 약간 더 많고, 더 큰 대포들을 배치했다. 그러나 그의 병력 12만 중에는 훈련도 덜 받고 무장도 제대로 안 된 모스크바 출신 시민군 1만도 포함돼 있었다.

9월 7일 새벽, 마침내 러시아군과 대격전이 벌어졌다. 프랑스 대육군의 맹공격으로 날이 저물 무렵 진지들은 대부분 함락되었으나 러시아군은 완강히 버티고 있었다. 전투가 정점에 달하자 장군들이 몰려와 나폴레옹의 근위대를 투입시켜 달라고 요청했다. 그러나 나폴레옹은 "근위대를 투입하면 내일 나는 어떤 군대를 가지고 싸운단 말인가?"라며 거부했다. 다음날 새벽이 되어서야 러시아군은 퇴각했다. 전투에서 승리는 했지만 프랑스측 사상자도 엄청났다. 장군 50여 명과 3만의 병사가 희생되었다. 수천 명에 달하는 포로를 잡았다고 나폴레옹은 발표했지만 사실 포로는 거의 없었다. 나폴레옹은 지독한 열병성 감기에 걸려 보통 때처럼 가까이에서 전투를 지휘하지 못했으므로 러시아측 사상자의 규모를 정확히 판단할 입장에 있지는 못했다. 그는 "러시아 놈들은 기계처럼 죽어. 포로로 잡히지도 않고 싸우다 죽는단 말이야. 그 놈들은 대포로 날려버려야 할 요새야."라고 투덜거렸다. 같은 날 마르몽이 스페인 살라만카에서 웰링턴에게 패했다는 소식이 전해졌다.

세인트 헬레나 섬에서 나폴레옹은 "내가 치른 모든 전투 중 가장 혹독했던 것은 모스크바 코앞에서 벌인 전투였다. 프랑스군은 승리할 능력이 있다는 것을 입증했고, 러시아군은 난공불락이라는 점 또한 입증했다."라고 말했다.

쿠트조프는 모스크바를 포기하기로 했다. 어려운 결정이었다. "군이 존재하고 적에 맞설 수 있는 조건이라면 우리는 전쟁에서 이긴다는 희망을 가질 수 있다. 그러나 우리 군이 여기서 파멸하면 모스크바와 러시아는 망할 것이다."

9월 14일 드디어 나폴레옹은 모스크바에 입성하여 햇빛에 빛나는 모스크바의 둥근 지붕들을 바라보았다. 네이 원수는 후일 아내에게 보낸 편지에 "그 분은 기쁨에 넘쳐흘렀소. 그는 러시아인들이 평화를 간청해오고, 자신은 세계의 형국을 바꾸게 될 거라고 생각하고 있지. 아아, 그러나 이 행복의 순간은 얼마나 짧았던가!"라고 써보냈다.

나폴레옹은 자신이 모스크바에 입성하면 러시아 귀족 대표들로부터 대대적인 환영을 받을 것이라 기대했다. 그러나 그를 맞이한 것은 황량한 침묵의 도시였다. 더군다나 그날 밤부터 불이 나기 시작하면서 강한 바람을 타고 불이 닷새 동안이나 걷잡을 수 없이 번져갔다. 처음에 나폴레옹은 술 취한 군인들의 약탈 과정에서 화재가 난 것이려니 생각했다. 그러나 소화기가 모두 치워져 있는 것으로 보아 계획적인 방화임이 차츰 분명해졌다. 주민들에 의하면 로스토프친 총독이 경찰들에게 밤사이 온 도시를 불태우라고 명령했다고 말했다.

나폴레옹은 차르 알렉산드르의 밀사를 기다리느라 9월 18일까지 크렘린 궁으로 돌아갈 수 없었다. 나폴레옹은 콜랭쿠르에게 상트페테르부르크에 있는 알렉산드르에게 가서 평화조약을 맺고 오라고 했지만 그는 거절했다. 그래서 나폴레옹은 10월 4일 콜랭쿠르 대신 로리스통 장군을 파견했다.

1811년 당시 알렉산드르는 러시아 주재 프랑스 대사였던 콜랭쿠르에게 "일단 전쟁이 시작된 후에는 우리들 중 하나, 즉 나폴레옹이나 나, 알렉산드르는 왕관을 잃어야 한다는 이 가장 정직한 최후통첩을 나폴레옹에게 전하시오"라고 말한 바 있었다. 나폴레옹은 알렉산드르가 협상하지 않을 것이며, 협상할 수도 없다는 사실을 믿을 수 없었다. 그러나 알렉산드르는 만약 자신이 나폴레옹과 협상을 시도한다면 그 자리에서 축출되어 암살당하고 말 것이라는 사실을 잘 알고 있었다.

후일 1813년 9월 19일 알렉산드르의 여동생 예카테리나가 보낸 편지를 보면 당시의 상황을 짐작할 수 있다.

"모스크바 함락은 러시아 민중들의 엄청난 분노를 불러일으켰어요. 불만이 극에 달했으며, 이제 오빠도 차르라고 해서 봐주지 않을 겁니다."

차르는 공공연히 냉대와 의혹의 눈초리를 받았다. 이런 시련 속에서 알렉산드르는 성서를 읽음으로써 정신을 가다듬었고, 그는 1812년에 계시를 체험함으로써 종교적 신비주의에 빠져들었다. 계급에 상관없이 러시아 민중들은 침략자에 대한 증오 속에서 하나로 뭉쳤다. 나폴레옹은 실제로 농노해방령 초안을 작성하였으나 마지막 몇 달간의 사건 이후에 러시아인들의 지지를 만회할 기회가 거의 없었다.

나폴레옹은 러시아의 겨울이 곧 시작된다는 콜랭쿠르의 경고를 "콜랭쿠르는 자신이 이미 얼어죽었다고 상상하고 있다"라며 무시했다. 그는 러시아의 가을이 프랑스의 퐁텐블로의 가을만큼이나 좋다고 표현했다. 나폴레옹은 상트페테르부르크로 행군해 크렘린 궁에서 겨울을 보내고, 남쪽의 온전한 도로를 경유하여 칼루가를 통해 스몰렌스크로 돌아가겠다고 이야기하곤 했다. 이것으로 보아 그가 러시아 겨울이 실상 어떠한지 알아보거나 그에 대비시키는 노력을 전혀 하지 않은 것으로 보인다. 마사책임자 콜랭쿠르만이 강추위를 대비해 나폴레옹 왕실의 말들이 빙판 위를 달릴 수 있도록 편자를 박았다. 실제로 기록을 보면 1812년 10월은 예년에 비해 온화했고, 11월은 평소보다 약간 추웠고, 12월과 그 다음해 1월에만 예외적인 한파가 몰아닥쳤음을 알 수 있다.

10월 18일 쿠트조프는 빈코보에서 뮈라를 기습해 패배시켰다. 그러자 나폴레옹은 평화협상에 대한 기대가 완전히 환상이었음을 깨닫게 되어 겨울 병영을 세우기 위해 폴란드로 퇴각하기로 결정했다. 19

일 그는 칼루가 도로를 이용해 모스크바를 떠났다. 이제 남은 군대는 10만 병력이었다. 프랑스 대육군은 부상병들을 데리고 약탈물과 600문의 대포를 이끌고 힘겹게 후퇴해야 했다. 모르티에는 남아서 크렘린 궁을 폭파하라는 명령을 받았다. 이런 명령은 아무 의미도 없고 터무니없는 보복행위로 나폴레옹의 절박한 심리상태를 반영한 것이었다. "우리가 전투에서 패했기 때문에 어쩔 수 없이 후퇴했다는 말이 프랑스에 나돌아서는 안 된다."

그의 의도는 쿠트조프를 칼루가로 향하는 남쪽 루트에서 멀리 떨어지게 하여 빈코보에서의 패배를 앙갚음하려는 것이었다.

10월 24일 말로자로슬라베츠 부근에서 접전이 벌어졌다. 이 전투에서는 으젠의 이탈리아군이 러시아군을 물리쳐 이겼지만 5천 명의 사상자를 냈다. 여기서 전투를 계속한다는 것은 그 다음날 더더욱 엄청난 사상자를 내며 큰 전투를 치러야 한다는 의미였다. 그날 밤 나폴레옹은 코자크족의 급습을 받았지만 가까스로 생포를 모면했다. 코자크족의 습격을 받은 이후 나폴레옹은 마음을 바꿔 남쪽으로 가는 길을 버리고 보로디노로 가는 길을 택해 스몰렌스크로 향했다.

11월 5일까지 첫눈은 내리지 않았으나 군대는 이미 심한 굶주림으로 무너졌다. 코자크족과 빨치산의 괴롭힘 때문에 식량을 구하기가 불가능했다. 11월 7일 나폴레옹은 "추위로 말이 다 얼어죽었기 때문에 기병대도 걷고 있다"고 썼다. 콜랭쿠르는 "말을 위한 특수신발이 한 켤레도 없어 말들이 더 이상 빙판길 위로 대포를 끌 수 없었기 때문에 기병대나 포병대는 치명적인 손실을 입었다"라고 말했다.

나폴레옹은 선봉부대와 함께 11월 8일 스몰렌스크에 도착했지만 처절한 절망뿐이었다. 보급품 저장고는 대부분 지원군과 연락병들에게 다 털렸고, 남아있던 배급식량도 서로 약탈하느라 앞다투어 싸울 정도로 군기는 무너졌다.

추위와 파괴로부터 군대를 구할 수 있는 것은 아무 것도 없는 듯했다. 쿠트조프의 주력부대는 손실에도 불구하고 여전히 5만 병력으로 건재했으며, 11월 3일 비아즈마에서 프랑스군의 후위를 공격했고, 으젠은 다부를 지원하기 위하여 2개 사단을 다시 돌려보내야 했다. 11월 14일 수비대와 함께 스몰렌스크를 떠나자마자 나폴레옹은 쿠트조프가 크라스노이까지 진군하여 기다리고 있다는 것을 알았다. 나폴레옹이 나머지 부대들과 합류할 시간을 벌기 위해 공세를 취한 것은 러시아군에게는 충격이었다. 보로디노에서 지체하고 있던 나폴레옹의 수비대가 투입됐고, 이는 쿠트조프를 겁먹게 하기에 충분했다. 러시아의 빨치산 지도자인 다비도프는 "수비대는 나폴레옹과 함께 마치 100문의 포로 무장한 전함이 고기잡이 어선들 사이를 통과하듯 우리 코자크를 헤치고 나갔다"고 묘사했다.

나폴레옹은 후위 부대를 지휘하고 있는 네이를 더 이상 기다릴 수 없어 그를 포기하고 퇴각했다. 20일 오르차에서 그는 편지를 썼다. "네이의 소식을 듣지 못하고 있다. 그를 포기했다." 그러나 후퇴가 네이에게는 적의 포위망을 뚫고 빠져 나오는데 가장 좋은 시간이었다. 그는 항복을 거부하고 병사들을 격려해 여러 차례의 놀라운 무공을 발휘하면서 얼어붙은 드네프르 강 북쪽을 건너 8천 명 중에서 남은 800명의 병사를 이끌고 오르차 근처의 으젠 부대와 합류했다.

11월 22일 나폴레옹은 다음 보급 병참기지인 민스크가 쿠트조프에게 함락됐다는 소식을 들었고, 이틀 후에는 보리소프에 있는 베레지나 강 교두보가 파괴됐다는 소식을 접했다. 그는 이제 재앙의 심연을 들여다보고 있는 셈이었다. 러시아군의 포위망이 좁혀오고 있었다.

마침내 그는 콜랭쿠르에게 모든 서류를 불사르고, 자신이 쓸 무기를 준비하라고 말했다.

북부 지역 러시아군 지휘관 비트겐슈타인은 나폴레옹의 지원군 빅토르와 생 시르를 격파하고 합류하러 오는 중이었다. 남쪽에서 온 치차코프 제독은 슈바르첸베르크 군의 측면을 견제하며 보리소프를 점령하고 베네지나 강을 건너는 다리를 지키고 있었다. 비트겐슈타인과 치차코프가 합류한다면 어떤 희망도 남지 않게 된다. 나폴레옹은 오르차에 있는 가설부교를 포기하고 불태웠다.

나폴레옹은 빅토르에게 비트겐슈타인을 저지하라고 명령하는 한편 우디노에게는 보리소프를 다시 함락시켜 마을 남쪽으로 통하는 교차로를 설치하는 척하라는 명령을 내렸다. 또 한편 재기 넘치는 공병부대의 에블레 장군에게는 스투디안카에서 북쪽으로 통하는 다리 2개를 즉석에서 가설하라고 명령했다. 이 책략에 속아 치차코프는 병력을 보리소프 남쪽으로 끌고 갔다. 26일 기병대는 베레지나 강을 헤엄쳐 건넜고, 우디노 부대가 이를 뒤따랐다. 27일 나폴레옹과 수비대는 물론 빅토르 부대를 제외한 전원이 아무런 저항도 받지 않고 강을 건널 수 있었다. 27일 저녁 무렵에야 러시아 지휘관들은 프랑스군을 따라잡았다. 빅토르 후위대의 파르투노 장군 사단은 포위되어 항복하고 말았다. 프랑스 대육군 중에서 항복한 부대로는 유일했다.

11월 28일 강 양쪽 둑에서 격렬한 전투가 있었으나 빅토르는 야음을 틈타 후위대를 이끌고 강을 건넜다. 그들이 다리를 건너자 2시간 후 에블레가 다리에 불을 질렀다. 빅토르와 우디노의 지원군을 포함해 5만 명이 무사히 통과했으나 1만 2천여 명의 낙오병이 베레지나 강 왼편 둑에서 적군의 총격을 받아 숨졌다. 네이 원수는 베레지나 강둑에서 아내에게 급히 보낸 편지에서 당시 후퇴상황을 이렇게 적고 있다.

"군대는 눈송이에 덮여 행군하고 있소. 낙오병들은 코자크족의 창에 목을 맡길 수밖에 없지. 나는 후퇴를 맡고 있소. 뒤에는 열이 흐트러진 채 병사들이 줄지어 따르고 있소. 목적도 없이 굶주리고, 열병에 시달리는 오합지졸들이오. 대육군은 베레지나 강둑에서 러시아군에 포위당했다오. 다리를 설치했어야 했어. 에블레 장군의 명령에 따라 300명의 공병이 얼음 서린 강물에 뛰어들었소. 숭고한 헌신이 아닐 수 없소. 도강이 시작되자 러시아군의 포탄이 밀치고 당기는 이 혼잡한 무리 한가운데로 떨어지고 있소. 끔찍한 광경이오. 대육군을 정복한 것은 러시아군의 총탄이 아니라 바로 동冬장군과 기근饑饉이오."

11월 29일 나폴레옹은 빌나에 와 있는 외무장관 마레에게 편지를 썼다.

"식량, 식량, 식량. 식량이 없으면 이 기강 없는 오합지졸이 빌나에서 저지를 일이 공포스럽네. 아마 니에멘 강 앞에 집결하지도 않을 거요. 빌나에 외국 첩자가 한 명이라도 있어서는 안돼. 우리 군은 지금 보기 좋은 모습이 아니거든."

그러나 상황은 더욱 악화되었다. 12월이 되면서 15일간 영하 30도의 혹한이 몰아닥쳤다.

12월 6일 스모르곤에서 나폴레옹은 원수들에게 콜랭쿠르만 동반하고 파리로 가겠다고 밝혔다. 뮈라는 나폴레옹이 불가피하게 파리로 먼저 가야 했기 때문에 자신에게 지휘권을 일임했다는 사실을 밝히며 참모장 베르티에와 함께 남아 지휘를 맡았다. 뮈라는 프랑스 대육군에 후퇴에 관해 적은 제29차 전황 보고서 초안을 낭독했다.

"여러분께 모든 걸 밝히겠습니다."

12월 16일 『르 모니퇴르』에 실린 이 보고서는 후퇴시의 공포를 솔직히 인정했지만 모든 것을 예상치 못한 겨울의 혹독함 때문으로 전가시켰다.
　보고서는 "황제의 건강은 더할 나위 없이 좋았다"라는 놀라운 서술로 끝을 맺었다. 이 문장이 아무 이유 없이 삽입된 것은 아니었다. 11월 5일 나폴레옹은 그의 사망설을 유포한 말레 장군의 음모 소식을 접했었다. 그래서 나폴레옹은 이 보고서보다 먼저 파리에 도착해 새 군대를 조직해야 여론을 장악할 수 있다고 생각했다.
　군을 황폐화시킨 데 대해 그를 비난한 것은 그의 군대가 아니었다. 콜랭쿠르는 "이 천재지변과도 같은 후퇴의 전 과정에서, 황제에 반대하는 단 한마디의 불평도 듣지 못했다"고 말한다. 절대적인 재앙 앞에서 그들을 지탱해온 것은 바로 나폴레옹의 냉철함과 그의 존재 자체였다. 콜랭쿠르는 황제의 집안이 그토록 잘 응집돼 있다는 사실을 자랑스러워했다. "황제만이 후퇴기간 내내 좋은 대접을 받았다. 그는 흰 빵을 먹고, 아마亞麻 셔츠를 입었으며, 샹베르탱산 적포도주와 좋은 기름, 소고기와 양고기, 쌀과 콩 또는 가장 좋아하는 야채들을 늘 먹었다."
　아무에게도 알리지도 않은 채 극소수의 호위대와 함께 길을 떠난 나폴레옹은 12월 19일 밤 튈르리 궁에 도착했다.

　나폴레옹이 으젠이 아닌 뮈라에게 지휘권을 맡기고 전장을 떠난 것은 크나큰 실수였다. 나폴레옹이 파리로 떠난 후 뮈라와 베르티에는 겁을 먹고 아무 명령도 내리지 못했다.
　12월 12일 베르티에는 나폴레옹에게 "군 전체가 완전히 해체됐습니다. 겨우 400~500명 남은 수비대도 마찬가지입니다. 영하 25도의 추위와 폭설이 이젠 더 이상 존재하지도 않는 육군의 파멸 원인입니다."라고 보고했다. 뮈라는 빌나에서 대기하기를 거부했고, 12월 10일 꽁꽁 얼어붙은 포나르스카이아 언덕에서 수비대의 마지막 대포와 짐, 보물 등을 코자크족에게 넘겨주고 말았다.

뮈라는 자포자기한 나머지 12월 11일 나폴레옹에게 "모든 인간적인 노력은 이 혼돈을 바로잡는 데 소용이 없습니다. 운명에 따르는 수밖에 없습니다."라고 써보냈다. 1월 중순에 가서야 뮈라는 으젠에게 군대를 넘겨주고, 건강을 핑계 삼아 나폴리로 돌아갔다.

유일하게 전투태세를 잘 갖추고 있던 네이 원수가 12월 14일 후위 병력을 이끌고 니에멘 강을 건넜을 때 전투 가능한 병력은 겨우 천 명이었다. 니에멘 강 뒤편에 패잔병들이 다시 모였을 때 맥도날드와 슈바르첸베르크의 측면 부대를 빼고 대육군 중에서 살아남은 자는 4만 명도 채 되지 않았다.

14

라이프치히 전투와 퇴위

1812년 12월 20일 파리로 급히 돌아와 상원을 소집한 나폴레옹은 연설문에서 "러시아 원정 때 우리 군대가 손실을 조금 본 것은 너무 일찍 찾아든 혹독한 추위 탓이었다"고 말했다. 곧이어 1813년 1월 4일 그는 군 장교와 간부들에게 스페인 철수 명령을 내리고, 1월 9일 베르티에에게 이렇게 써보냈다.

"여기는 모든 것이 유동적이네. 부족한 것은 전혀 없어. 사람도, 돈도, 호의도 부족하지 않지만 우리는 장교들이 필요해."

1813년 들어 러시아 원정으로 인해 프랑스 육군에 닥친 재앙이 온 유럽에 알려졌을 때도 사람들은 나폴레옹 제국이 곧 붕괴될 것이라고는 전혀 생각지 않았다. 러시아군도 프랑스군만큼 고통을 당했고, 겨우 4만 병력을 이끌고 니에멘 강에 도착했다. 쿠트조프도 국경 지역에 도착한 데에 만족하고 더 이상의 유럽 해방은 러시아가 할 몫이 아니라고 생각하고는 평화를 원했다. 그러나 1813년 4월 쿠트조프가 죽자

1813년
몰락해가는
나폴레옹을 그린
독일 풍자화

차르 알렉산드르는 다시 전투태세를 갖췄다. 그는 프로이센의 총리 슈타인[49]의 조언에 의존하면서 나폴레옹을 영원히 끝장내겠다고 작정했다. 때마침 프로이센의 러시아 원정군 사령관이었던 요르크 장군이 독자적으로 12월 30일 타우로겐에서 중립협약에 서명하고, 슈바르첸베르크 또한 그의 오스트리아 지원군을 러시아 원정군으로부터 철수시킨 것은 알렉산드르에게 예상치 못한 호재였다.

그렇지만 나폴레옹에게는 여전히 길이 열려 있었다. 그는 능란한 외교술과 적절한 양보를 통해 새 동맹체를 만들겠다고 위협하면서 전쟁에 지친 유럽의 분위기와 대중의 소요에 대한 군주들의 두려움, 그

---

[49] 프로이센의 총리, 프로이센이 틸지트 전투에서 나폴레옹에게 패하고 많은 영토를 잃자 슈타인은 국왕 프리드리히 빌헬름 3세에게 개혁의 필요성을 강조, 농노제를 폐지하고 토지매매를 막는 법을 철폐했다. 또 귀족이 공업과 상업에 참여해도 작위를 박탈하지 않았으며, 낡은 중앙정부 기구를 개혁하고, 도시마다 상당한 자치권을 주었다. 그러나 슈타인은 나폴레옹의 압력으로 사임했다.

리고 이들의 영토욕을 적절히 이용하고자 했다.

그러나 진짜 그런 정책을 추진했다면 이는 '프랑스 대제국'과 라인 연방의 포기를 의미하는 셈이었다. 나폴레옹이 1813년 초에 자연국경을 조건으로 유럽국가들에 평화를 제의했다면 프랑스 전 국민은 이를 반대하고 나섰을 것이고, 강대국들로서도 이에 대해 프랑스에 맞서 투쟁을 지속하기가 매우 어려웠을 것이다.

1813년 4월 오스트리아의 프란츠 황제는 나폴레옹에게 "전쟁을 계속 끌고 가면 군주들이 매일매일 번져 나가는 자코뱅파 소요를 진압하는 데만 전념할 수가 없고, 그리 되면 곧 왕좌의 존재 자체도 위협받게 될 겁니다"라고 경고했다.

나폴레옹이 러시아에서 퇴각했다는 소식이 독일에 퍼지자 반프랑스 시위가 일어났고 프로이센이 파견한 부대들은 12월에 프랑스군을 이탈해 대프랑스동맹군에 합류했다. 오스트리아도 파견대를 철수시키고 점점 더 적대적인 태도를 보였다.

프로이센의 빌헬름 왕은 우국지사들의 압력에 굴복, 1813년 2월 28일 칼리쉬에서 러시아와의 동맹조약에 서명하고, 예비군 소집을 승인하였다. 이 때문에 3월 초가 되자 으젠의 취약한 호위 병력은 베를린과 함부르크 그리고 드레스덴에서 철수하여 엘베 강 뒤편으로 후퇴해야 했다.

프로이센의 슈타인 총리는 우국지사들의 영웅이자 해방된 독일 지역의 관리자로서 '독일의 황제'라는 별명으로 불렸다. 러시아의 차르와 프로이센 왕은 슈타인의 영향을 받아 칼리쉬에서 선언서를 발표했다. 이 선언은 "독일이 젊음을 되찾고 원기 왕성해져 통일된다면 다시 한번 유럽 제국諸國 가운데서 유리한 입지를 차지하게 될 것"이라는 놀라운 구절로 끝맺고 있다.

1813년 3월 오스트리아의 메테르니히는 티롤에서 일어난 반프랑스 시위를 고취시키려는 요한 대공과 호마이어의 계획을 거부하고 봉기 진압에 나섰다. 메테르니히는 나폴레옹에게 평화협상을 제안하였으나 그가 이를 거부하자 "폐하께서 지금 이 기회를 놓친다면 혁명은 어디서 멈출 것입니까?"라고 유감스러워했다.

메테르니히는 회고록에서 자신이 명석하고 통찰력 있는 외교술로 나폴레옹을 파멸로 유도한 유럽의 중재자임을 자처한다. 이러한 해석에 따르면 그가 주도한 이 평화협상은 결코 진심에서 우러나온 것이 아니었으며, 단지 나폴레옹에게 '전쟁광'이라는 딱지를 붙인 뒤 오스트리아의 병력동원을 완료해 오스트리아를 대프랑스동맹국 편에 가담시킬 시간을 벌기 위한 것으로 보인다. 그러나 한편으로 1813년과 1814년 2월에 밝힌 프란츠 황제와 메테르니히의 견해를 보면 이들은 오히려 나폴레옹과의 평화협상을 이보다 더 선호했을 것이라는 또 다른 해석이 가능하다. 왜냐하면 오스트리아 황제는 자신의 딸 마리 루이즈를 생각해서라도 '보나파르트-합스부르크' 이 두 왕조의 결합이 프랑스 제국에서 영속되기를 바랐을 수도 있기 때문이다. 1813년 6월까지만 해도 프란츠 황제는 러시아와 프로이센이 나폴레옹에게 저항할 수 있다고 확신하지 못했다. 또 이른바 '무장 중재'(오스트리아가 무장하고 중재에 나서겠다는 정책)를 내놓는 것이 나폴레옹의 복수를 초래하지 않을까 하고 두려워했다. 마찬가지로 러시아의 승리도 환영할 만한 일은 아니었을 것이다.

그 예로 비엔나에서 활동하던 영국 첩자는 1812년 12월 보고서에서 "유럽 전체의 평화가 오스트리아의 각료의 끊임없는 관심사이지만 프랑스에 저항할 수 있다는 생각은 눈꼽만치도 없다"고 보고했고, 모스크바 퇴각 소식이 알려진 이후에도 이 첩자는 다음과 같이 보고했다. "오스트리아 황실은 러시아의 세력을 극도로 시기하고 있으며, 대륙에서 러시아가 압도적인 강국이 되는 꼴을 보려 하지도, 그렇게 놓아두지도 않을 것이다. 말하자면 오스트리아는 나폴레옹이 어느 정도만 욕을 보는 정도를 원할 뿐이지 러시아에 의해 완전한 파멸을 원하지는 않는다."

이후 1815년, 러시아 원정으로 패배한 후 비엔나 회의에서 러시아의 바그라티온 장군의 부인은 메테르니히에게 "나폴레옹을 정복하기보다 나폴레옹이 점령했던 나라의 전리품을 나누기가 더 어렵지요?"라고 말을 건넸다. 그러자 그는 "마담, 그래서 그를 지키고 싶었던 겁니다. 그게 바로 제 정책의 토대지요"라고 응수했다. 메테르니히의 외교술은 이처럼 유연하면서도 종잡을 수 없는 것이어서 어떤 상황에서도 유동적으로 대처했다. 그는 나폴레옹이 1차 러시아 원정에서 패배한 1812년 말부터 이미 협상을 통한 합리적인 평화를 나폴레옹에게 기대하기란 불가능하다고 생각했다. 그렇다면 문제는 무력으로 해결할 수밖에 없으며, 오스트리아는 '무장중재'를 통해 동맹국들과 운명을 함께 할 준비를 할 수밖에 없었다.

나폴레옹은 러시아 원정 패배 후 '대제국' 상실에 따른 위신 추락을 감내할 준비가 전혀 되어 있지 않았다. 1813년 초 입법부의 비판적인 태도에 접하면서 그는 자신의 독재정치가 종말을 고하게 될 것이란 확신을 갖게 되었다. 그런 예감을 확인하기라도 하듯 나폴레옹은 1813년 6월 드레스덴에서 메테르니히에게 이렇게 밝혔다. "당신네 군주들은 왕좌를 대대로 물려받았기 때문에 스무 번을 패하더라도 그들의 수도로 되돌아갈 수 있소. 하지만 난 그럴 수가 없어. 왜냐하면 난 벼락출세한 군인 출신이기 때문이지. 강력한 힘으로 남들을 두려움에 떨게 하지 못하게 되는 날 나의 통치도 더 이상 존속하지 못하게 될 거요."

또 1차 러시아 원정 후 1812년 12월 스모르곤에서 파리로 귀환하는 도중 콜랭쿠르에게 "세상에는 두 가지 선택밖에 없어. 지배하느냐 아니면 복종하느냐지."라고 말했다. 그래서 프랑스 여론, 심지어는 원수元帥들 사이에서조차 나폴레옹이 프랑스를 위해 싸우는 것이 아니라 개인의 자존심을 만족시키기 위해 싸운다는 의구심이 번져갔다. 1813년 4월 파리 주재 대사로 부임되어온 오스트리아의 슈바르첸베르크는 "나폴레옹은 자신에게 둘러싸여 있는 특권층의 신망이 다른 사람들로부터 박탈당하는 것을 두려워하는 것 같았다"고 보고했다. 또 "모두가 예외 없이 전쟁에 지쳤다. 모든 것이 단 한 사람, 황제에 달려 있다."고 말했다.

1813년 1월 나폴레옹은 동맹관계를 유지하기 위해 오스트리아에 아주 시시한 제안을 하나 내놓았다. 일리리아 지방을 반환하겠다는 것이었다. 그는 프란츠 황제가 사위인 자신에게 맞서 싸울 것이라고는 도저히 생각하지 않았으며, 왕조간의 긴밀한 유대를 강조하기 위해 자신이 2차 원정에 나가 프랑스에 없는 동안에는 황후인 마리 루이즈가 섭정을 맡도록 했다. 그러나 메테르니히는 이미 나폴레옹에게 '무장 중재'를 제안해놓은 상태였고, 전반적인 유럽의 평화만이 오스트리아를 만족시킬 수 있는 바람직한 해결책이라는 견해를 피력했다.

나폴레옹이 '유럽의 균형'을 토대로 한 평화협상을 거부한다면 신속하고도 가차없는 무력행사밖에 대안이 없었다. 1813년 봄이 되면 나폴레옹은 러시아와 프로이센의 10만 병력에 대적할 수 있는 수적으로 충분히 우세한 병력을 독일 지역에서 확보할 수 있다고 상당히 근거 있는 생각을 했다. 1813년도 징집대상자들은 이미 1812년 9월 소집된 상태였다. 나폴레옹은 벌써 1814년도 징집대상자를 소집하면서

1809~1812년도 징집대상자 중 면제됐던 자들도 모두 소집했고, 여기에 10만 국민수비대도 외국 원정에 투입할 수 있는 형편이었다. 서류상으로는 1813년 2차 러시아 원정에 60만을 동원할 수 있었는데, 15만은 4월까지 독일 지역에서 동원할 수 있을 것 같았다. 러시아에서 잃은 자원을 질적으로는 아니더라도 양적으로 보충할 수 있을 것 같았다.

그러나 가장 큰 어려움은 기병대 부족이었다. 러시아에서 잃은 말 8만 마리는 돌이킬 수 없었다. 4월 24일 나폴레옹은 "기병 1만5천만 더 있으면 사태를 신속히 처리할 수 있을 텐데. 그게 좀 약하단 말이야."라고 썼다. 지금 영국과 싸우느라 스페인에 묶여 있는 수준 높은 기병대 정도라면 족히 독일 원정에서 국면을 전환시킬 수 있었을 것이다.

그는 세인트 헬레나에서 "러시아 원정 후 발랑세이에서 스페인과 협상을 했어야 했는데… 교황과 그랬던 것처럼 말이야. 그 부대만 있으면 난 독일의 지배자가 됐을 거야."라고 말했다.

4월 17일 마인츠에 도착한 나폴레옹은 1813년 4월 28일 으젠과 합류하여 라이프치히를 점령해 대프랑스동맹군을 그들의 기지에서 몰아낼 계획을 세웠다. 5월 2일 프로이센의 블뤼허가 라이프치히 남동쪽 뤼첸에서 네이 부대를 공격했다. 교전은 동맹군 측의 후퇴로 끝났으나 동맹군의 측면과 후미를 치려던 나폴레옹의 작전은 실패했다. 그것은 국지적인 승리에 불과했으나 작센 왕과 그의 군대를 프랑스 동맹 쪽으로 다시 끌어들이기에는 충분했다. 5월 8일 나폴레옹은 드레스덴에 입성했다.

5월 20일 대프랑스동맹군은 바우첸에서 또다시 전투를 맞았다. 다음날 나폴레옹은 네이가 북쪽에서 적시에 도착해 동맹군의 오른쪽 측면과 후위를 쳐주기를 기대했다. 이 작전이 결정적인 승리를 거두는 데는 실패했지만 대불동맹군에 충격을 주기에는 충분했다. 6월 4일 나폴레옹은 프라하에서 휴전과 평화회의를 개최하는 데에 동의했다. 그는 전쟁장관에게 "나는 두 가지 이유로 휴전을 결심했네. 첫째는 내게 기병대가 부족한 탓으로 적에게 결정타를 입힐 수 없기 때문이고, 둘째는 오스트리아의 적대적인 태도 때문일세."라고 써보냈다.

나폴레옹의 젊은 신병들은 장렬하게 싸웠으나 혹독한 행군을 견뎌낼 만한 훈련도 받지 않았고, 질병으로 인한 손실도 엄청났다. 장군들은 전쟁에 염증을 느끼고 있었으며, 뤼첸에서 베시에르가, 바우첸에서 뒤로크가 전사하자 사기가 떨어졌다.

"이제 운명의 수레바퀴가 이 강철 같은 영혼들을 유린했다"고 나폴레옹의 비서 팽 남작은 적고 있다.

비엔나에 가 있던 나폴레옹의 대사 나르본나폴레옹은 세인트 헬레나 섬에서 나르본을 탈레랑 이후 최고의 외교관이라고 평가함은 이미 4월에 오스트리아가 제시할 중재조건에는 일리리아 지방의 반환은 물론 바르샤바(폴란드)대공국과 라인 동맹의 해체도 포함될 것이라고 나폴레옹에게 경고했다. 메테르니히는 "오스트리아가 프랑스 편에서 라인연방 유지를 위해 싸울 수는 없다"고 공표했다. 뤼첸 전투에서의 승리 후 메테르니히는 중재조건을 다소 완화하는 듯했다. 일리리아와 바르샤바 대공국의 반환과 1810년 프랑스가 합병한 독일 지역 영토들만 프랑스가 포기하면 된다는 것이었다. 나폴레옹은 이러한 조건들이 단지 평화회의 과정에서 제기될 협상을 위한 예비적인 가안에 불과하다는 점을 잘 알고 있었다. 그가 라인 국경선의 포기를 받아들이지 않는다 해도 협상의 여지가 있었을까?

당연히 나폴레옹이 라인 국경선을 포기하지 않는 만큼 그는 이제 외교술의 덫에 걸려 들 수밖에 없었다. 나폴레옹이 오스트리아의 중재안을 수락하지 않는다면 메테르니히는 프랑스와 유럽이 보는 앞에서 그가 유리한 평화조건까지 거부한 '못 말리는 전쟁광'이라는 딱지를 붙일 수 있게 될 것이다.

한편 나폴레옹은 콜랭쿠르를 통해 러시아 차르와 별도의 평화협상을 시도했지만 콜랭쿠르는 퇴짜를 맞고 만다. 러시아 황제와 프로이센 왕은 이미 6월 14일 영국 측 캐슬레이 대표단과 동맹 조약에 서명한 상태였다. 러시아와 프로이센이 영국의 지원금을 받는 대신 프랑스와 별도의 개별적인 평화조약을 맺지 않는다는 조건하에서였다. 나폴레옹은 메테르니히를 겁주는 데만 성공했을 뿐 오히려 메테르니히는 대불동맹국들 쪽에 더 가까워졌다.

메테르니히는 프랑스가 6월 20일까지 예비 평화협상을 위해 네 가지 조건—즉 첫째, 바르샤바 대공국을 해산하고, 둘째, 프로이센을 1805년의 국경으로 복귀시키고, 셋째, 일리리아를 오스트리아 영토로 원상회복하고, 넷째, 1810년 합병한 한자동맹 소속 도시들과 북부 독일 영토들을 할양할 것 등등—을 수락하지 않을 경우 오스트리아는 프랑스에 선전포고를 하고 러시아, 프로이센과 연합한다는 내용을 6월 24일 라이헨바흐에서 합의했다.

6월 26일 메테르니히는 드레스덴에서 나폴레옹과 장시간 회담했다. 이것이 두 사람의 마지막 만남이었다. 두 사람의 대화는 9시간 동안 계속되었고, 극적이라 할 만한 것이었다. 그것은 완전히 대조적인 두 인간의 만남이었을 뿐 아니라 낡은 질서와 새 질서의 대치라는 획기적인 역사의 진실한 순간이었다.

나폴레옹은 메테르니히에게 이렇게 말했다. "나는 귀하에게 중립의 대가로 일리리아 반환을 제의했소. 동의하시오? 그러나 귀하의 정책을 받아들인다는 것은 내가 아직 절반이나 보유하고 있는 유럽에서 나의 군대를 라인 강과 알프스, 피레네 산맥 너머로 후퇴시키고, 완전한 항복이나 마찬가지인 협정에 서명해 나 자신을 바보처럼 적들에게 넘겨주어 내가 정복한 자들의 아량에 나의 불확실한 미래를 맡겨두라고 요구하는 것이오. 그런 계획을 품고 있는 자가 바로 내 장인이라니! 프랑스 국민이 보는 앞에서 도대체 나를 어디로 내몰고 싶어하는 거요? 프랑스에서 왕좌가 쓰러져도 자기 딸과 손자를 보호할 수 있다고 생각한다면 오산이오. 오스트리아 황녀와의 결혼이야말로 돌이킬 수 없는 실수였다는 사실을 확인해주고 있소. 나는 그녀와 결혼함으로써 과거와 현재, 즉 중세적인 편견과 현 세기의 제도들을 통합하고자 했소. 하지만 그것은 실수였고, 이제 그 실수가 얼마나 큰 것인지를 실감하고 있소."

그래도 메테르니히는 자기 입장을 고수했다.

"지금까지 폐하께서 추구해왔던 목표와 유럽의 현실 사이에는 절대적인 모순이 있습니다. 폐하가 맺은 여러 조약은 결코 휴전 이상인 적이 없었습니다. 오늘까지는 폐하께서 평화조약을 체결할 수 있습니다. 그러나 내일이면 너무 늦을지 모릅니다."

메테르니히는 나폴레옹과의 진정한 협상은 불가능하다고 확신하고 물러났다. 바로 그날 밤 스페인 비토리아에서 조제프가 웰링턴에게 패했다는 소식이 나폴레옹에게 전해졌다. 이 소식이 독일에도 알려지자 오스트리아의 중립은 더 이상 기대할 수 없었다. 오스트리아의 개입을 늦추기 위해 다음날 나폴레옹은 휴전을 8월 10일까지 연장하고, 프라하에서 다시 평화회의를 갖는다는 데 합의하였다.

그러나 내심 나폴레옹은 이 시기가 군을 재건할 기회라고 반겼다. 오스트리아 사령관 슈바르첸베르크도 마찬가지였다. 양측은 평화회의를 속임수로 간주했고, 대프랑스동맹국들은 예비조건이 수용될 때까지 본회의에서 나폴레옹이 협상을 위해 보낸 콜랭쿠르를 만나주지 않기로 했다. 나폴레옹은 콜랭쿠르에게 독자적인 권한을 주지 않았으며, 8월 4일 그에게 "프라하 평화회의에서 당신이 할 일은 아무 것도 없소. 그저 결과가 나오기를 기다리시오. 동맹국들은 10일 휴전 종결을 통고하려고 할 거요."라고 썼다.

그날까지 나폴레옹은 독일에서 거의 47만에 달하는 병력을 집결시켰다. 이제 기병대 4만에 수비대는 5만을 넘었다. 6월에 그는 전쟁장관에게 "대부분의 전쟁에서 수비대 포병이 결정적인 역할을 한다. 나는 항상 수비대를 장악하고 있기 때문에 필요할 때마다 즉각 투입할 수 있다."고 썼다. 한편 러시아와 프로이센군도 병력을 크게 증강시켰다.

오스트리아와 베르나도트가 집권한 스웨덴의 유착으로 동맹군은 50만 이상의 병력과 충분한 예비군을 확보한 상태에서 가을 전투준비에 들어갔다. 동맹군은 스웨덴의 베르나도트가 지휘하는 북쪽, 독일의 블뤼허가 맡은 중심부(슐레지엔), 오스트리아의 슈바르첸베르크가 관할하는 남쪽(보헤미아) 등 3개 군단으로 구성되었다. 모로(프랑스의 망명장군)는 미국에서 달려와 대프랑스동맹군 사령부에 합류했고, 스위스 출신인 나폴레옹의 참모 조미니는 탈영해 동맹군에 가담했다. 조미니에 대해 나폴레옹은 '특별히 주목할 점은 없는 군인이지만 전쟁이 뭔지를 좀 아는 작가作家'라고 쓴 바 있다. 베르나도트 같은 사람들은 나폴레옹의 전략을 잘 알고 있었으며 이들의 조언은 효력을 발휘했다. 모로는 러시아의 차르에게 "나폴레옹 황제가 직접 공격에 나서면 그때마다 우리는 패한다고 생각하십시오. 가능할 때마다 황제의 부하들을 공격해 싸우십시오. 일단 그들이 패하면 전 병력을 몰아 나폴레옹을 치되 결코 틈을 주지 마십시오."라고 말했다.

1813년 가을 전투에서 나폴레옹은 이상할 정도로 머뭇머뭇하고 수

세적이었다. 그의 평상시 전략대로라면 군대를 엘베 강 뒤에 집결시킨 뒤 기회를 봤다가 연속적으로 적의 엄호 병력을 쳤을 것이다. 1796년 원정 때도 그랬었고, 1814년에도 다시 한번 이런 전략을 사용하게 된다. 그게 아니면 북쪽 군단을 신속히 처리하고 나서 북부 주둔군으로 병력을 강화한 뒤 블뤼허와 슈바르첸베르크를 치는 식이었을 것이다. 그러나 나폴레옹은 신병들의 기동력과 작센 지원군의 충성심을 믿지 못한 나머지 드레스덴에 작전기지를 두기로 했다.

그는 북쪽으로 부적합한 병력을 보내놓고 프로이센의 블뤼허 군을 향해 진군했다. 그러나 슈바르첸베르크의 보헤미아 군대가 드레스덴을 공격하고 있다는 소식을 듣고 그는 강행군으로 되돌아왔다. 드레스덴 외곽에서 벌어진 이틀 동안의 전투(8월 26일~27일)에서 나폴레옹은 빛나는 전술적인 승리를 거두었다. 그러나 퇴각하는 동맹군을 한 곳으로 모는 데는 실패했다. 군대는 물론이고 나폴레옹도 5일간의 쉴 새 없는 행군과 폭우 속에서 전투를 벌이느라 기진맥진이었다.

적 추적 임무를 맡은 방담은 함정에 빠져 쿨름에서 항복하고 말았다.(8월 30일)

한편 우디노는 그로스 베에렌에서 빌로브와 베르나도트에게 패했고,(8월 23일) 맥도날드는 카츠바흐에서 블뤼허에게 패했다.(8월 26일)

나폴레옹은 무질서한 보헤미아군을 따라잡을 수 없었다. 블뤼허를 잡는 데 또다시 실패했고, 북쪽으로 파견된 네이는 데네비츠에서 병력 1만5천을 잃었다.(9월 6일)

대프랑스동맹군은 드레스덴에서 모로의 조언으로 가까스로 파국을 면하는 상당한 성과를 보았다. 모로는 여기서 알렉산드르의 곁에 있다가 포탄에 맞아 죽었으나 블뤼허는 또다시 나폴레옹의 독수를 피했고, 나폴레옹 군대는 실패를 거듭하면서 약해졌다. 휴전 종결 이후

이 두 달만에 전투, 질병, 탈영으로 인한 손실로 수의 균형은 나폴레옹에게 돌이킬 수 없을 만큼 불리한 쪽으로 기울어졌다.

그는 뒤늦게 한 발 물러서서 한 곳으로 모여드는 적 군단들을 각개격파할 기회를 기다리기로 했다. 10월 13일 그는 네이에게 "틀림없이 라이프치히에서 큰 전투가 벌어질 것"이라고 써보냈다. 드레스덴에는 생 시르, 함부르크에는 다부의 강력한 부대를 남겨두긴 했지만 30만이 넘는 동맹군에 맞서 집결한 나폴레옹의 병력은 16만에 불과했다. 10월 15일 나폴레옹은 블뤼허와 베르나도트가 도착하기 전에 슈바르첸베르크 군을 제압할 수도 있었지만 네이가 합류하기를 기다렸다. 10월 16일 슈바르첸베르크 군에 대한 공격은 오후 2시까지도 시작하지 않았고, 나폴레옹 군은 꼼짝도 않고 있었다. 다음날 아침 동맹국 3개 군단이 합류했다는 사실이 분명해졌지만 나폴레옹은 18일까지도 퇴각 준비를 하지 않았다.

10월 18·19일의 전투는 후퇴를 착착 진행하기 위한 지연작전이었다. 나폴레옹 군의 퇴각은 19일 좌익 쪽 작센 지원군이 이탈하자 앞당겨졌다. 라이프치히 시市를 통해 퇴각하던 도중 혼란 속에서 엘스터 강의 다리를 너무 일찍 폭파하는 바람에 후위 부대가 강을 건너오지 못하고 함정에 빠져 프랑스군은 포로 2만을 포함해 6만에 달하는 손실을 입었다. 동맹군 측 사상자도 만만찮았다.

한편 바이에른바바리아, 독일 남부의 주은 10월 18일 대프랑스동맹군 편에 가담했고, 브레데의 군대는 10월 30일 하나우에서 나폴레옹의 퇴각을 저지했다. 그러나 수비대와 수비대 소속 포병대는 아직까지 큰 손실을 입지 않았고, 바이에른 군을 바로바로 처단했다. 그러나 라이프치히에서 빠져나온 10만 병력은 11월 2일 나폴레옹이 라인 강을 건너 마인츠에 도착했을 때 6만으로 줄어들었다. 10만 이상의 나머지 병력들이 독일 지역 곳곳의 요새에 묶여 있었다.

나폴레옹이 파리로 돌아오게 되자 프랑스 동부 국경은 휑하니 뚫려 있었다. 그런데도 동맹군 대병력은 침공을 주저하고 있었다. 1792~1794년 제1차 대프랑스동맹 때 프랑스 국민들이 총동원령으로 이 대프랑스동맹군을 완전히 제패한 악몽이 그들을 짓누르고 있었기 때문이었다.

오스트리아의 메테르니히는 러시아의 알렉산드르가 독일의 슈타인을 후원하는 한편 이번 원정에서 나폴레옹이 패할 경우 프랑스에서 베르나도트가 나폴레옹의 후계자로 지원하게 될 가능성에 대해 차츰 의구심을 갖게 된 나머지 나폴레옹과 별도의 평화협상을 시도하려 하고 있었다. 아직은 이르지만 나폴레옹이 이 제안을 받아들인다면 메테르니히로서는 라이헨바흐에서처럼 동맹국들에게 예비회담 조건을 수정하도록 설득할 수 있다고 보지만 만약 나폴레옹이 협상을 거부한다면, 전쟁에 지친 프랑스 여론은 나폴레옹에게 등을 돌릴 것이고, 따라서 그 동안 거둔 그의 승리도 허사가 될 것이다.

메테르니히는 보다 적극적인 협상을 위해 바이마르에 볼모로 잡혀 있던 프랑스 각료이자 콜랭쿠르의 자형인 생 테냥 남작을 중재자로 활용했다. 그는 11월 15일 파리에서 나폴레옹을 만났고, 동맹국들이 자연국경인 라인 강과 알프스, 피레네 산맥을 토대로 하는 평화를 제의하고 있다는 소문을 파리 살롱가에 공공연히 유포시켰다.

메테르니히의 그러한 평화공세에 대한 최상의 대응은 나폴레옹이 즉각 그러한 조건의 평화를 수락한다고 공표하는 것이었을 것이다. 그러나 나폴레옹은 군사적인 기적을 꿈꾸며 여전히 머뭇거렸다. 나폴레옹은 11월 말 외무장관을 마레에서 콜랭쿠르로 교체하고, 그에게 생 테냥이 제안했던 평화협상을 체결하라고 명했다.

그러는 동안 동맹국들은 12월 4일 '프랑크푸르트 선언'을 공표했다. 이 선언문에는 "열강들은 프랑스에 자연국경, 즉 프랑스 왕정하에서 프랑스가 결코 가져보지 못했던 영토를 보장한다"라는 모호한 문안이 들어있었다. 선언문은 2만 부가 인쇄되어 프랑스 전역에 배포되었다. 그러나 12월 9일 개원한 상·하원 회의에서 나폴레옹은 생 테냥이 제시한 조건을 수락하지 않는다는 내용을 발표했다. 그러자 상원에서는 퐁탄느, 하원에서는 레네가 프랑크푸르트 선언을 거론하며 나폴레옹에게 수락을 촉구하면서 나폴레옹이 여전히 평화협상을 거부한다는 인상을 여론에 심어주었다.

레네는 한 발 더 나아가 하원을 설득해 시민적·정치적 자유를 요구하는 권고안을 채택시키고자 했다. 그러자 나폴레옹은 의회를 정회시키면서 "당신들은 국민의 대표가 아니야. 국민의 진정한 대표는 바로 나요. 내가 프랑스를 필요로 하는 것보다 프랑스가 더 나를 필요로 하고 있소." 라고 말하며 입법원을 해산시켰다.

또한 프랑크푸르트 선언에 대해서 나폴레옹은 "적들이 물러가든지 아니면 내가 제안한 조건대로 서명하게 될 것이다. 우리가 얻어낸 점령지를 회복하는 것은 더 이상 문제가 아니다."라고 말했다.

1814년 1월 4일 나폴레옹은 콜랭쿠르에게 이렇게 써보냈다.

"동맹국들이 성실하게 행동하고 있는지, 영국이 평화를 원하는지 의문이오. 나는 프랑크푸르트 선언을 받아들였는데 동맹국들은 딴 생각을 하고 있는 것 같소. 그들의 제안은 가면에 불과하오."

영국 정부는 사실상 프랑스제국의 자연국경을 보장한다는 프랑크푸르트 선언'에 경악을 금치 못했으며, 영국의 외무장관 캐슬레이가 몸소 동맹군 사령부를 방문하기로 결정했다. 12월 26일 그가 받은 지침은 네덜란드와 안트워프, 스페인과 포르투갈이 독립을 보장한다는

'프랑크푸르트 선언'이 수정되어야만 영국이 평화협상에 참여할 것임을 필요불가결의 조건으로 못박았다. 또한 동맹군의 프랑스 침공이 성공했을 경우, 영국은 오스트리아령 네덜란드와 피드몬테의 원상회복을 추가로 주창할 예정이었다. 이런 조건을 전제로 보조금 500만 스털링을 동맹국들에게 제공할 계획이었다. 캐슬레이는 스스로 "나폴레옹과의 평화는 어떤 조건이든지간에 결코 대중의 인기를 끌지 못할 것이며, 누구도 그가 숙명에 굴복할 것이라고는 믿지 않을 것이기 때문이다"라고 생각했다.

캐슬레이가 바젤에 도착하자마자 그를 만난 메테르니히는 '프랑크푸르트 선언'이 나폴레옹의 위세가 약해진 이 시점에 와서는 시대에 맞지 않는 조건들이라는 것을 깨달은 한편 베르나도트와 차르의 음모에 대항하기 위해서는 캐슬레이의 지원이 필요하다는 것도 깨달았다. 캐슬레이도 "이제 우리는 당혹스러웠던 프랑크푸르트 선언의 조건에서 실질적으로 벗어났다"고 내각에 보고했다. 1814년 2월 7일 샤티용-쉬르-센에서 콜랭쿠르는 대프랑스동맹국들과의 평화회의에 참석했을 때 "프랑크푸르트 선언의 조건들은 이미 효력이 없으며, 1792년 당시의 국경만이 존재할 뿐이다"라는 발표를 들어야 했다.

프랑스 내에서도 전쟁을 혐오하는 분위기가 뚜렷해지자 이제 동맹국들은 자신만만해졌다. 나폴레옹은 내키지 않는 마음으로 거리의 악사들이 가지고 다니는 풍금으로 국가國歌 라마르세예즈를 연주하라고 명해 1793년에 치솟았던 혁명정신을 부활시키려고 애를 쓰는 한편 모든 현에 전권을 가진 대표위원들을 파견했다. 그러나 이들 위원은 이미 1793년 때의 국민공회 대표 파견위원과는 달리 평균 나이 예순의, 늙고 진이 다 빠진 제국 관료들이었다. 참모들이 '1793년의 정신'에 대해 말했을 때 나폴레옹은 회의적이었다.

"혁명이 귀족과 성직자들을 파괴하고, 나 자신이 혁명을 파괴한 이 마당에 1793년의 정신을 내세워 국민을 선동하라고?"

동쪽의 여러 현에서만 프로이센과 코자크인들의 약탈에 분노한 농민들이 유격대를 결성하여 대항했을 뿐이었다. 영국의 웰링턴은 1813년 11월 프랑스의 남부 지방에서 영국정부에 보고하기를 "관료를 제외한 모든 국민이 보나파르트에 대해 넌더리를 내고 있는데, 그에게는 더 이상 평화를 기대할 수 없기 때문이다"라고 말했다.

나폴레옹식 독재의 인과응보는 너무도 명확하게 드러났다. 거의 15년 동안 그가 요구한 것은 오직 수동적인 복종뿐이었다. 레알 장관은 경찰청장 사바리에게 이렇게 썼다. "오늘날 대담한 조치를 취하라며 믿고 임무를 맡길 수 있는 사람이 어디 있습니까? 10년 동안 혁명의 결정적인 전환기에 정열적인 인사들은 모두 쫓아내고, 박대하고, 처형해버리지 않았습니까?"

스탕달은 1814년 1월 당시를 이렇게 적고 있다. "유럽에서 가장 생명력 있는 국민의 한 사람이 시체보다 나을 바 없었다. 그것은 바로 역사상 가장 위대했던 인물 중 하나인 그가 독재를 함으로써 야기된 결과였다."

활력은 많이 떨어졌어도 제국의 행정조직은 어렵사리나마 어느 정도의 신병은 모집할 수 있었다. 11월 12일 나폴레옹은 으젠에게 "병력 60만을 모으려 하고 있어"라고 썼다. 라이프치히 전투가 있기 전인 10월에 그는 연장자 층에서 12만, 1815년 징집대상자에서 16만을 소집했다. 11월에는 30만을 채우기 위해 1803년 징집대상자 중 면제됐던 사람을 철저히 가려냈다. 12월과 1월에는 국민수비대가 동원됐으며, 그중 일부는 야전에 바로 투입할 예정이었다. 서류상으로는 이처럼 대규모 병력이었으나 1814년 실제로 복무한 병력은 고작 12만 정

1814년
엘바 섬으로 유배가기 전
프랑스 내 전쟁 당시
군을 지휘하고 있는
나폴레옹

도였다. 징집을 대거 기피한데다 장비와 보급이 부족했기 때문이다. 과중한 세금인상 발표는 아무 성과 없이 여론만 자극하는 결과를 가져왔다. '특별자산'은 1812년과 1813년의 러시아 원정으로 소진되었다. 마지막 남은 것은 튈르리 궁의 나폴레옹 개인금고뿐이었다. 이것도 1814년 1월에서 4월 사이에 7천500만에서 1천만 프랑으로 줄어들었다. 우브라르와 같은 군납업자들은 약속어음에 만족해야 했다.

나폴레옹은 1814년 1월 말 군을 지휘하러 파리를 떠나면서 베르티에에게 "오라. 우린 다시 한번 이탈리아 원정에 나서야 하는 셈일세"라고 말했다. 1814년의 원정은 군사적인 기적으로 1796년 이탈리아 원정에 비견될 만한 것이었다. 웰링턴은 나중에 이렇게 말했다. "당시의 원정을 연구해보니 그 어느 누구보다도 그의 천재성에 새삼 놀라지 않을 수 없었다. 그가 조금만 더 그런 시스템을 지속하면서 인내심을 갖고 공격전보다는 방어에 주력하였다면 파리를 구해냈을 것이라는 게 나의 생각이다."

이러한 논평은 정치적 요인을 고려한 것이 아니다. 파리로 입성하려는 대프랑스동맹군의 측면과 후위를 공격하는 나폴레옹의 '전법'은 파리가 적어도 며칠동안은 요새화된 기지로서 버텨내는 것을 전제로 한 것이었다. 1814년 1월 12일 이미 그는 파리의 요새화를 준비하라는 명령을 내린 바 있었다. 그러나 동맹군은 일단 파리가 저항하지 않을 것이라는 믿을 만한 정보를 입수하자 나폴레옹에게 정면으로 맞섰다. 나폴레옹은 벼랑으로 몰렸고, 마지막 그의 치명적인 실수는 바로 이 대목에서였다. 즉 이러한 위기의 순간에 황후를 보필할 파리 섭정위원회 사령관으로 스페인을 빼앗긴 무능하고 나약한 조제프를 임명한 점이었다.

1814년에 들어 군 병력의 불균형은 1796년의 경우보다 훨씬 심했다. 1814년 1월 나폴레옹은 비밀리에 한 장관에게 "4만 병력만 끌어모아도 다행"이라고 말했다. 그는 적어도 1대 4라는 열세 속에서 전쟁을 치러야 하는 셈이었다. 시간만 있다면 페르난도를 스페인 왕으로 복위시키는 데 동의함으로써 카탈로니아군에서 쉬셰의 일부 사단을 빼올 수 있을 것으로 나폴레옹은 기대했다. 하지만 시간이 촉박했고, 그의 한 가지 자산은 비길 데 없는 수비대였다. 우선적으로 나폴레옹은 으젠의 북부 이탈리아군에게 알프스 산맥을 통해 리옹으로 퇴각하라는 명령을 했다.

그러나 이탈리아 남부 나폴리 왕으로 있던 뮈라는 마침내 '남쪽의 베르나도트'가 되기로 작정하고 나폴레옹을 배신했다. 일찍이 1차 러시아 원정에서 이미 그는 메테르니히와 비밀협상을 시작했다가 실패하자 1813년 4월 초 드레스덴과 라이프치히에서 나폴레옹과 합류했을 때부터 모반을 꿈꾸었다. 1814년 1월 그는 메테르니히와의 대프랑스동맹에 동참하기로 서명했고, 이탈리아에서 오스트리아군을 지원하기 위해 3만 병력을 이끌고 북쪽으로 행군했다. 1월 30일 그는 안코나에서 '나폴레옹의 광적인 야망'을 비난하는 성명을 발표했다. 뮈라의 음모가 알려지자 나폴레옹은 2월 13일 이렇게 썼다. "나폴리 왕의 행위는 파렴치하기 이를 데 없고, 그 왕비, 바로 나의 누이인 카롤린의 행위 역시 필설로 다할 수 없는 것이다. 나는 나 자신과 프랑스를 위해 그같은 끔직한 모욕과 배은망덕을 응징하기 전에는 결코 죽지 않을 것이오."

1월 29일 나폴레옹이 학창시절을 함께 보낸 블뤼허와 브리엔에서 교전을 시작하게 된 것은 참으로 기막힌 우연이었다. 이 전투는 나폴레옹에게 성공적이었다. 그러나 2월 1일 나폴레옹은 라 로티에르에서 블뤼허와 슈바르첸베르크가 연합한 것을 알았고, 막대한 사상자를 낸 채 하는 수 없이 노겐으로 퇴각해야 했다. 동맹군은 이제 나폴레옹이 끝장났다고 보았으며, 오스트리아군과 프로이센군은 파리를 향해 진군하기 시작했다.

2월 8일 그는 샤티용에서 동맹군 측의 새 평화 조건에 관한 콜랭쿠르의 보고를 받았다. 그는 절망의 고통 속에서 콜랭쿠르에게 서명에 관한 전권을 주고, 형 조제프에게 편지를 썼다.

"다시 말하지만, 한 마디로 내가 살아 있는 동안 파리는 결코 점령당하지 않을 거야. 적군이 쳐들어오는데 황후를 파리에 남겨둔다는 계획이 탈레랑이 주도한 것이라면 그건 반역이다. 다시 말하지만 이자를 조심해야 해. 나는 16년 동안 그래 왔어. 그를 좋아하기까지 했지만 말이야. 그러나 행운이 그를 저버린 이후로 그는 분명 우리 가문 최대의 적이야. 내가 패해 죽는다면 형은 내 가족보다도 먼저 그 소식을 듣게 될 거야. 황후와 로마왕을 랑부예로 함께 떠나도록 하고, 모든 군대를 루와르로 모이라고 상원과 국가참사원에 명령해 줘. 황후와 로마왕을 적의 수중에 떨어지게 해서는 절대 안돼… 내 아들이 비엔나에서 오스트리아 왕자로 자라는 걸 보느니 차라리 녀석이 죽는 게 낫다고 생각해. 그러나 적군이 파리로 진군해온다면 난 놈들을 물리칠 수 있어."

다음날 아침 일찍 나폴레옹은 마르몽으로부터 동맹군들이 둘로 나뉘어졌다는 소식을 받았다. 슈바르첸베르크는 센 골짜기로 파리를 향해 진군하고 있고 블뤼허는 마른으로 해서 파리로 오고 있었다. 그는 "이젠 문제가 달라. 블뤼허를 치러 가야지. 녀석은 지금 몽미라유로 올라오고 있어."라고 외쳤다.

샹포베르(1814년 2월 10일)와 몽미라유(2월 11일)에서 그는 블뤼허가 이끄는 러시아군의 측면과 후위를 잡아 막대한 사상자를 냈다. 샹포베르 전투를 치른 날 저녁 나폴레옹은 "우리가 내일 프로이센의 자켄 장군 쪽을 치면 적은 이쪽으로 건너올 때보다 훨씬 빨리 라인 강을 넘어 후퇴할 것이고, 나는 다시 비스툴라에 있게 될 것이다"라고 말했다.

몽미라유 전투 후에 그는 조제프에게 "오랜 우리의 수비대는 역시 내가 기대했던 것보다 훨씬 훌륭했어. 메두사_{세 자매 괴물 중의 하나}머리와 똑같았지!"라고 썼다.

2월 14일 나폴레옹은 보샹에서 블뤼허를 따라잡아 패주시켰다. 블뤼허는 1만을 잃었다. 나폴레옹은 이제 슈바르첸베르크 쪽으로 방향을 틀어 몽트로에서 승리를 거두었다.(2월 18일)

그러나 이것이 마지막 승전이었다. 슈바르첸베르크는 서둘러 후퇴하면서 휴전을 요청해왔다. 나폴레옹은 이제 콜랭쿠르에게 프랑크푸르트 선언의 조건을 토대로 교섭할 것이라고 밝혔다. 그는 "이탈리아를 지킬 희망이 있으므로" 빨리 대기하라고 으젠에게 전갈을 보내기까지 했다. 그리고 이상하게도 리옹에서 꼼짝도 하지 않고 있는 오제로 장군에게 그는 "그가 56세의 나이는 그만 잊어버리고 카스틸리오네에서의 위대한 승리를 기억한다면 당장 움직이시오!"라고 명령했다.

그러나 이 시점부터 모든 것이 나폴레옹에게 불리해지기 시작했다. 영국의 캐슬레이는 최근 전세가 역전된 데 충격을 받아 동맹국들을 규합, 설득시켜 3월 초에 쇼몽조약에 서명하도록 했다. 쇼몽조약은 동맹국들이 개별적인 평화협상은 하지 않을 것을 보증하고, 필요하다면 20년 동안이라도 전쟁을 계속하도록 강제하는 내용이었다.

그러나 슐트가 2월 말 오르테즈에서 패배했고, 3월 12일 루이 18세의 깃발이 보르도에 게양되었다.

3월 초 나폴레옹은 여전히 슈바르첸베르크가 다시 진격해오기 전에 블뤼허를 쳐부수고자 했다. 마르몽이 블뤼허에 의해 서쪽으로 밀리고 있는 동안 나폴레옹은 후위에서 그를 잡기 위해 트르와예에서 북쪽으로 이동했다. 이 작전은 수아송에서 프랑스 지휘관이 갑작스레 항복함으로써 수포로 돌아가고 말았다. 3월 7일 크라온에서 벌어진 치열한 전투에서 나폴레옹은 병사 6천을 잃었다. 이는 어디서 달리 구해올 수도 없는 소중한 병력이었다. 그 다음 이틀동안 그는 라옹에서 열세인 병력으로 싸웠다. 3월 11일 나폴레옹은 의기소침해진 나머지 "수비대가 눈처럼 녹아 없어지는구나!"라고 썼다.

그러나 크라온 전투 후 조제프가 "이 새로운 승리로 폐하는 옛날 국경선을 가지고 영광스럽게 평화조약에 서명할 수 있게 되었다"는 편지를 보내자 나폴레옹은 "지금의 나는 아우스털리츠에서 그랬던 것처럼 여전히 지배자다"라고 거만하게 응답했다.

한편 그는 마리 루이즈로부터 조제프가 국가참사원과 국민수비대를 움직여 국민이 평화를 선호한다는 내용의 성명을 만들어 황제에게 보낼 준비를 하고 있다는 소식을 듣고 대노했다. "모두 날 배신했어. 왕(조제프)한테도 배신당하는 것이 내 운명인가?… 그를 믿지 말라. 그는 여자문제로 오명이 높았고, 스페인 왕으로 있는 동안 야심만 키워왔다."

나폴레옹은 3월 14일 치안장관 사바리에게 "나는 아직도 아우스털리츠와 바크람 당시와 똑같은 사람이라는 걸 그들에게 알려주게. 나는 국민의 보호를 원치 않아. 내가 바로 그들의 위대한 보호자란 사실을 잊지 말라고 해."라고 말했다.

나폴레옹은 이제 센으로 되돌아가서 슈바르첸베르크를 위협하기로 했다. 그러면서 랭스를 다시 점령하고, 생 프리스트 장군의 러시아 사단을 궤멸시켰다. 19일에는 센과 오브를 건넜고, 파리에서 트르와예로 통하는 주요도로를 차단했다. 그러나 슈바르첸베르크의 군단은 그의 바람과는 달리 흩어지지 않았다. 20일 그는 아르시스-쉬르-오브에서 브레데 장군의 바이에른 군대를 격퇴했으나 다음날 슈바르첸베르크의 전군이 집결해 있는 것을 발견했다. 1대 3의 수적 열세 속에서 그는 간신히 파국을 면했다. 물론 손실은 상당했다.

병력이 점점 줄어들기 때문에 나폴레옹은 이제 동쪽으로 후퇴해 로렌느에 있는 수비대에서 병력을 보강, 현지 빨치산 저항세력과 연계해 동맹군의 병참선을 칠 계획을 세웠다. 파리가 끝까지 저항해준다면 이 계획은 파리로 진군하는 동맹군을 거꾸로 퇴각하도록 만들 수 있는 가능성이 꽤 있었다.

그러나 이 계획은 두 차례의 치명적인 정보누설로 망쳐졌다. 파리에서 나폴레옹의 정치적 입지가 취약함을 폭로하는 탈레랑의 메시지를 갖고 비트롤르가 3월 10일 샤티용에 도착한 것과 3월 23일 나폴레옹이 마리 루이즈에게 보내는 편지를 갖고 가던 밀사가 동맹군 척후병에게 사로잡혔는데 경솔하게도 그는 이 편지에서 자기 계획을 이렇게 털어놓았다.

"마른과 적의 병참선을 공격하기로 했소. 그를 파리에서 멀리 떨어뜨려 우리 요새 가까이로 유인하기 위해서요. 오늘 저녁, 나는 생 디지에 있을 것이오."

이 소식을 접한 동맹군 장군들의 첫 번째 반응은 나폴레옹을 추적하자는 것이었다. 그러나 알렉산드르는 동맹군 장군들을 설득해 나폴레옹은 내버려두고 파리로 입성하기로 결정했다.

마르몽과 모르티에는 겨우 2만 병력으로 수도 방어를 맡고 있었다. 게다가 이들은 3월 25일 라페르 샹프느와즈에서 적군에게 패했다.

3월 30일 몽마르트르에서 마지막 전투가 벌어졌다. 그날 밤 마르몽은 파리의 항복 문서에 서명했다. 치명적인 정보가 적의 손에 넘어갔다는 사실을 모르고 있던 나폴레옹은 자신이 동맹군 병참선을 위협하는 사이 그들이 서둘러 파리로 진군할 것이라고는 미처 예상치 못했다. 심지어 3월 27일까지도 파리가 적들에게 넘어가게 될 위기에 처해 있다는 사실이 전달되지 않았다. 3월 31일 나폴레옹은 퐁텐블로에 도착해서야 몇 시간 전에 마르몽이 항복했다는 사실을 알게 되었다.

수도가 이틀만 더 버텨주기를 기대한 것은 가능한 일이었을까? 군사적인 계산으로만 본다면 그것이 틀린 생각은 아니었다. 그는 무기가 없다는 조제프의 불평을 들으려 하지 않으면서 "30만 인구가 석 달을 살아남을 수 없다는 얘기는 처음 들어보네"라고 써보냈다. 전체 주민을 무장시켰다가 무슨 일이 생길지 모른다는 두려움 때문에 조제프는 2만 정도의 국민수비대를 소집했다. 뱅센느에는 대포가 아주 많았지만 이를 다룰 포병이 거의 없었다.

한편 알렉산드르 자신은 무슨 일이 있어도 파리를 24시간 내에 항복시켜야 한다고 주장했다. 그렇지 못하면 보급의 어려움과 병참선이 공격당할지 모르는 불안 때문에 동맹군으로서는 퇴각하지 않을 수 없기 때문이다.

그러나 결정적인 실패는 정치적인 것, 즉 조제프 왕의 나약함(더 나쁜 표현을 쓰지 않더라도)과 탈레랑의 배신이었다. 조제프는 2월 8일자 나폴레옹의 편지를 들이대면서 황후와 섭정위원회를 설득해 황실이 3월 29일 랑부예로 떠나야 한다고 주장했다. 그러나 그는 황실뿐만이 아니라 정부 전체가 함께 떠나라는 나폴레옹의 지시를 무시했다.

따라서 조제프의 행동은 황실을 이중 곤란에 빠뜨린 셈이었는데 이는 황후가 파리를 떠나는 바람에 모든 섭정권이 파리에 남아있는 정부에게 넘어가 적과 협상하는 형국이었다.

황후는 나폴레옹에게 보낸 3월 29일자 편지에서 이런 결정에 대해 불평을 했다. 그러나 그녀는 파리를 떠나는 문제를 놓고 자기 의견을 관철시킬 의지력이 없었다.

"그들은 무조건 내가 떠나야 한다는 거예요. 불레이와 카도르 공작, 그리고 나, 이렇게 셋만이 반대하고 있어요. 제가 용감하게 남았어야 하는데 그들이 내 마음대로 할 수 있게 내버려두질 않으니 정말 화가 나요. 게다가 파리 시민들은 저토록 단호히 파리를 지키겠다고 스스로 나서는 마당에… 그러나 저를 제외하고는 그들 모두 당황해 어쩔 줄 모르고 있어요. 저는 파리 거리를 지나쳐 본 적도 없는 단지 기병 1만5천을 위해 내가 이 도시를 버리고 떠나지 않으려 한 것이 옳았다고 당신이 그들에게 말해줄 거라고 믿어요. 정말이지 떠나지 않을 수 없다는 게 화가 나요. 그렇게 되면 당신은 최악의 상태로 불리해지겠지요. 그러나 그들은 지금 떠나지 않으면 우리 아들이 위험에 빠지게 될 것이라고들 하니. 당신이 조제프 왕에게 쓴 편지를 본 다음에는 그들 주장에 감히 반대하지 못한 것은 바로 그 때문이에요."

탈레랑에게 반역은 '시간문제'였다. 그는 이미 루이 18세로부터 그동안의 행적을 사면해준다는 보장을 받아놓는 등 최후의 사태에 대비해왔다. 나중에 그가 섭정위원회에서 황후가 파리에 남아야 한다는데 찬성표를 던진 것은 그렇게 해보았자 실제로 결정은 정반대로 날 것이기 때문이라고 주장했다. 3월 17일 그는 "황제가 죽으면 우리는 로마왕과 그 어머니의 섭정체제를 장악해야 한다"라고 썼다. 그리고 며칠 뒤 콜랭쿠르에게는 황후가 떠나는 바람에 만사 낭패가 돼버렸다고 말했다.

동맹군이 흰색 완장_{부르봉 왕가의 상징}을 차고 시내에 입성할 때까지 파리에 부르봉 왕조를 지지하는 징후는 없었다. 흰색 완장은 그저 동맹군 신분을 확인하기 위한 표지였으나 흰색 깃발로 상징되는 부르봉 왕가를 동맹군이 지지한다는 의미로 오해되었다. 알렉산드르 자신은 탈레랑을 만날 때까지만해도 부르봉 왕조에 적대적이었다.

4월 1일 탈레랑은 임시정부를 구성했고, 이틀 후 상원 잔류파를 설득해 나폴레옹 폐위를 선포하도록 했다.

4월 2일 알렉산드르를 만난 콜랭쿠르는 나폴레옹에게 동맹국들은 그와의 협상을 단호히 거부하고 있으며 섭정의 가능성은 완전히 배제시키지 않고 있으나 나폴레옹의 퇴위와 그후에는 엘바 섬 정도로 보장될 것이라는 점을 보고했다.

나폴레옹의 손에는 아직 적어도 아들을 위해 왕좌를 되찾아줄 수 있는 카드 한 장이 남아 있었다. 바로 군대의 충성이었다.

그러나 나폴레옹이 여전히 파리 입성을 외치고 있을 때 네이 휘하의 사령관 르페브르와 몽세이가 반기를 들었다.

4월 4일 네이는 나폴레옹에게 퉁명스럽게 말했다.

"군은 진군하지 않을 겁니다. 군은 이제 제 명령에 복종할 겁니다. 군은 각 부대 지휘관의 명령을 따를 것입니다."

그러자 나폴레옹은 자기 아들 로마왕을 우선 후계자로 인정한다는 조건을 달아 조건부 퇴위각서를 썼다. 콜랭쿠르와 맥도날드, 네이, 마르몽이 이 제안을 파리에 전하는 임무를 맡았다. 한편 탈레랑은 마르몽에게 몽크 장군의 역할을 그가 대신 맡게 될 것이라며 비위를 맞추고 있었다. 콜랭쿠르가 알렉산드르에게 섭정의 정당성을 호소하고, 원수들은 군이 부르봉 왕조를 받아들이지 않고 그에 맞서 싸울 것이라고 강조하고 있는 동안 황제는 마르몽이 슈바르첸베르크와 휴전협정에 서명해 그의 군대가 이미 오스트리아 국경으로 이동중이라는 전갈을 받았다.

나폴레옹은 마르몽의 변절 소식을 듣고 "불행한 자여! 그의 운명은 나보다 더 불행해질 거야"라고 소리쳤다.

이제 원수들이 무조건 퇴위를 강요하자 나폴레옹은 4월 6일에 드디어 퇴위문서에 서명했다.

"그대들이 나의 휴식을 원하신단 말이지. 좋아. 그렇게 하지."

같은 날 탈레랑이 이끄는 임시정부는 황제의 폐위를 선언했고, 루이 18세의 복위를 의결했다.

15

백일천하와 워털루 전투

나폴레옹이 1814년 4월 11일 서명한 '퐁텐블로 조약'에서 동맹국들은 나폴레옹에게 황제 칭호와 엘바 섬 통치권을 보장했다. 특히 프랑스 측 기금에서 연간 200만 프랑을 지급받도록 했다. 황후 마리 루이즈에게는 파르마공국 이탈리아 북부 지역을 주되 그 계승권은 그녀의 아들이 갖도록 했고, 보나파르트 일가에는 연금을 보장해 주었다.

나폴레옹은 4월 20일까지 퐁텐블로에 머물렀다. 콜랭쿠르를 제외한 모든 각료가 그를 떠나 파리로 돌아갔다. 마지막에는 시종 콩스탕과 맘루크 루스탐마저 떠났다. 우리는 콜랭쿠르의 회고록 덕분에 몰락한 이 시절에 관한 상세하고도 냉정하며 감동적인 기록을 볼 수 있다.

나폴레옹은 엘바 섬 유배에 관한 구체적인 협상에는 별 관심이 없었으며, 당시 블루와에 있던 마리 루이즈에게 보낸 서신들은 이상할 정도로 애매모호했다. 그는 그녀에게 퐁텐블로로 로마왕과 함께 오라고 하였지만 사실 별 기대는 하지 않았다. 4월 8일 그는 "내 불운을 당신에게 나눠주는 것 외에 아무 것도 남겨주지 못해 미안하오"라고 썼다. 10일 그는 황후의 비서 메네발에게 전갈을 보냈다. "황후의 진짜 속마음을 알아내도록 해. 그 모든 위태로운 불운의 한가운데서도 나를 따를 것인지 아니면 아들과 함께 자기한테 할당된 나라나 아버지의 궁정으로 돌아갈 것인지, 어느 쪽을 택할 것인지 알아봐."

11일 그는 그녀에게 편지를 보냈다.

"당신을 위해 적어도 대저택 하나와 멋진 나라 하나는 있어야겠지. 당신이 엘바 섬에 싫증이 나면 돌아가야 하니까. 나는 점점 나이 들고 당신은 여전히 젊은데 내가 해줄 일이라곤 당신을 짜증나게 할 뿐일 테니… 내 건강은 좋소. 배짱도 여전하오. 당신이 나의 불운에 불만이 없고 여전히 나와 함께 행복할 수 있다고 생각해준다면 퐁텐블로로 와 주오."

그러나 나폴레옹은 마리 루이즈를 억지로 자기한테 데려오는 것을 원치 않았다. 반면에 그녀는 그녀 자신이 나서서 주도적으로 행동하기에는 너무 약했다. 4월 8일 그녀는 오스트리아의 보호를 받으라는 조제프와 제롬 보나파르트의 강한 압력을 물리쳤다고 썼다. "이제, 당신 명령만 기다리고 있어요. 제발 저를 가게 해주세요." 그러나 10일 그녀는 "내가 가서 아버지를 만나 뵙도록 허락해주신다면 분명 토스카니를 얻을 수 있다고 확신해요"라고 썼다.

아내가 자신과 더불어 아들 로마왕과 함께 합류하지 않은 것이 그를 한층 의기소침하게 만들었다. 일단 그의 가족이 프란츠 황제와 메테르니히의 수중에 있다면 그들을 다시는 보지 못할 것이라고 생각했다.

4월 12일 콜랭쿠르가 퐁텐블로 조약 초안을 가져오자 나폴레옹은

"아무 것도 필요 없어. 군인은 죽어 누울 공간이 그렇게 많이 필요치 않아."라고 했다.

그는 콜랭쿠르와 함께 홀로 식사했으며, 콜랭쿠르의 회상에 따르면 마치 '남의 얘기를 하듯' 자신의 통치 시절에 대해 이야기했다고 했다. 여전히 그는 자신이 행해온 정책의 근본적인 모순을 알지 못했다. "나는 모든 민족의 왕이기 때문에 과두정치가 두렵다. 나는 군주로서 모든 왕에게 예절바르게 행동해왔건만 그들은 나를 자코뱅당원 대하듯 했어. 그게 내 관대함에 대한 보답이라니!"하고 불만을 터뜨렸다. 마침내 그는 콜랭쿠르에게 "인생이 견딜 수 없게 돼버렸어"라고 말했다.

시종 튀렌이 만약을 대비해 나폴레옹의 권총에서 화약을 제거한 지 몇 시간도 안 되어 콜랭쿠르는 나폴레옹의 부름을 받고 그의 침대 맡으로 달려갔다. 나폴레옹은 독약을 먹었다고 털어놓으면서 "삶을 견딜 수가 없어. 나는 아르시에서 죽어야 했어."라고 말했다.

그러나 독약은 나폴레옹이 모스크바에서 퇴각할 때 지니고 온 것으로 이미 효능은 없어진 것이었다. 구토와 경련이 있은 후 그는 살아났고, 다음날 바로 일어날 수 있었다. 그 이후 다시는 자살 기도를 하지 않았다. 이 사건의 비밀은 잘 지켜졌다. 상세한 목격담을 실은 콜랭쿠르의 회고록(1933년까지 세상에 나오지 않았다)에서 콩스탕과 메네발의 회상을 확인시켜줄 때까지 이 자살 기도는 소문으로만 떠돌았다.

때마침 마리 루이즈가 아버지를 보러 랑부예로 가는 도중 성급히 휘갈겨 써보낸 다음과 같은 메모를 받고 나폴레옹은 건강이 훨씬 좋아졌다.

"방금 당신의 메모를 가져온 폴란드 관리인 편에 몇 자 적어 보냅니다. 지금쯤 당신은 그들이 나를 오를레앙에서 강제로 떠나게 했고,

필요하다면 폭력을 행사해서라도 내가 당신과 합류하지 못하도록 하는 명령이 떨어졌다는 사실을 알고 계실 겁니다. 조심하세요, 여보. 우리는 속고 있어요. 당신이 걱정돼 죽을 지경이에요. 하지만 아버지하고도 선을 분명히 할 거예요. 무조건 당신과 합칠 것이고, 아무리 설득해도 소용이 없을 거라고 말씀드리겠어요."

4월 15일 나폴레옹은 아내에게 편지를 썼다.

"시금쯤 아버지를 만났겠시? 내일 퐁텐블로로 와주었으면 하오. 함께 안식의 땅을 찾아 쉴 수 있을 거요. 난 그곳에서 행복할 테고. 당신만 그럴 결심을 해준다면, 그리고 속세의 명리를 다 잊어준다면 말이오."

그는 엘바로 가는 도중에, 그리고 그 해 여름 내내 마리 루이즈에게 그와 합류할 것을 계속 권했다. 그러나 퐁텐블로를 떠나기 전 프란츠 황제로부터 받은 다음과 같은 편지는 아내와 아들의 거취에 대한 메테르니히의 의도가 나폴레옹이 심각하게 우려했던 대로라는 사실을 확인시켜 주었다.

"본인은 여식에게 몇 달간 친정 식구들과 같이 보내라고 했습니다. 휴식과 안정이 절실히 필요하니까요. 폐하는 제 딸에게 너무도 많은 애정을 쏟아오셨으니 저와 같은 생각이시고 제 결정을 받아들이실 것이라는 점을 의심치 않습니다. 일단 건강을 회복하고 나면 제 딸은 자기 나라의 통치권을 인수할 것이고, 그렇게 되면 자연히 폐하 계신 곳 가까이로 가게 될 것입니다. 제가 딸의 아들을 가족의 일원으로 받아들이고, 그 아이가 제 영토에 거주하는 동안 어머니의 지속적인 보살핌을 받게 될 것이라는 점을 폐하께 새삼 보장해 드릴 필요는 없을 것으로 사료됩니다."

나폴레옹이 마리 루이즈에게 보낸 서한이 1934년 발견되고, 마리 루이즈가 그에게 보낸 편지가 1955년 발견되지 않았다면 나폴레옹의 두 번째 결혼은 정략결혼에 불과하며, 마리 루이즈는 '미노타우로스' _{그리스신화에 나오는 황소 머리에 사람의 몸을 한 괴물}에 희생된 처녀라고 생각할 수 있을 것이다. 마리 루이즈는 1821년 나폴레옹의 사망 소식을 듣자 친구 빅투아르 드 푸테에게 이렇게 써보낸다.

"그분에 대해 어떤 강렬한 감정을 품어본 적은 없지만 내 아들의 아버지라는 사실, 그리고 대부분의 사람들이 생각하는 것처럼 나를 홀대하기는커녕 항상 최대한 존중해주었다는 사실은 잊을 수가 없어. 그게 정략적인 결혼에서 기대할 수 있는 유일한 것이긴 하지만 말이야."

그러나 바로 1814년 5월까지 나폴레옹에게 보낸 애정 어린 장문의 편지를 보면 당시 그녀는 진정으로 그를 사랑하고 있었다는 결론을 내리지 않을 수 없다. 그녀는 나폴레옹을 괴물이라고 생각하는 분위기 속에서 자랐다. 그러나 아버지로부터 상당한 감수성을 물려받은데다 나폴레옹이 연인으로서 열정적이면서도 이해심이 있다는 사실을 알게 되면서 생각이 달라졌다. 1810년 4월 24일 그녀는 신혼여행중에 콩피에뉴에서 친구 빅투아르에게 "하늘이 내 기도를 들어주셨어. 너도 곧 나처럼 행복해지기를 바래."라고 써보냈다. 아버지한테도 나폴레옹에 대해 이렇게 편지를 썼다. "그이는 가까이 알수록 더 좋아져요. 저항할 수 없는, 매혹적이고, 강렬한 뭔가가 있어요. 내게 이토록 큰 행복을 주신 하느님께, 그리고 결혼 당시 나폴레옹에게 시집가지 않겠다고 한 저의 애원을 들어주시지 않은 아빠한테도 감사한 마음 뭐라 다할 수 없어요…."

1814년 3월 20일 그녀는 나폴레옹에게 "오늘 당신 생각만 했어요. 생각할 때마다 눈물이 날 정도로 감동적인 사랑의 징표를 제게 주신

지 3년. 그래서 오늘은 더할 나위 없이 소중한 날이지요."라고 썼다. 이 날은 3년전 로마왕이 어렵사리 태어나던 날이었다. 당시 나폴레옹은 아이를 잃는 한이 있어도 산모의 생명을 구해야 한다고 고집했었다.

마리 루이즈가 비엔나에 돌아오자 그녀의 외할머니(프랑스 루이 16세의 왕비 마리 앙투아네트의 언니)이자 나폴레옹과는 불구대천의 적이었던 그 무서운 나폴리의 마리 카롤린_{신성로마제국 황제 프란츠 1세와 마리아 테레지아 여왕의 딸}이 그녀에게 나폴레옹과 함께 있으라고 강력히 충고했다.

"네 아버지는 내 사위지만 결코 내 이상형이 아니었어. 그런데 이제는 범죄자로 보여. 메테르니히한테 휘둘러 이리 갔다 저리 갔다 하는 사이 그들은 불한당 같은 짓을 하고 있어. 불행에 처한 황제 나폴레옹한테서 유일한 위안을 빼앗으려고 온갖 파렴치하고 잔혹한 짓을 일삼고 있지. 그들이 너희들의 재결합을 계속 반대한다면 대드는 수밖에. 그들이 물러서지 않는다면 침대 시트를 창틀에 묶고 변장하고 달아나야지. 나라면 그러겠다."

마리 루이즈가 탈출해 나폴레옹에게 가려는 생각에 엑스-레-뱅에서 요양하겠다고 고집하고 있을 때 그녀의 아들은 비엔나에 억류돼 있었다.

메테르니히는 음흉하여 여자를 잘 호리는 나이페르크 장군을 그녀의 부관으로 앉혔다.

결국 9월이 되자 나이페르크는 마리 루이즈를 유혹해 애인이 되었다. 나폴레옹에 대한 추억은 희미해져 갔고, 그녀는 나폴레옹이 죽기도 전에 나이페르크와의 사이에서 두 아이를 낳았다. 나폴레옹이 사망한 후 그녀는 파르마 공국 여공女公 신분으로 나이페르크와 결혼했고, 나이페르크가 죽자 다시 파르마 공국 총리인 봉벨 백작과 결혼했다.

가련하게도 그녀는 비극적인 운명에는 어울리지 않았다. 그녀는 메테르니히의 농간에 적수가 되지 못했다. 메테르니히는 그녀 아버지의 막강한 영향력까지 등에 업고 비웃듯이 마리 루이즈 문제를 마음대로 결정했다. 결혼 전이나 후나 그녀는 자신의 주도권을 잡기에는 너무 안온한 삶을 살아왔다. 그녀는 평생동안 자신과 가장 가까운 인물들에 의존해왔다.

아들 로마왕의 친한 친구였던 프로케쉬 폰 오스텐은 어른이 되어서 마리 루이즈에 대해 "그녀는 여러가지 실수와 변덕스런 행동으로 남편의 몰락과 유배지에서의 죽음을 야기했다. 마리 루이즈는 자기 스스로 결정도 내리지 못하는 잘못된 교육을 받고 자라나 결국 유혹의 먹이가 되고야 마는 어리석은 비엔나 소녀들의 전형이었다."고 적었다.

1814년 3월 황급히 달아나는 와중에 튈르리 궁에 남긴 그녀의 일기는 황후 신분이 된 뒤에도 그녀의 생각이 거의 여학생 수준에 머물렀음을 보여준다. 1814년 2월 2일 그녀는 마지막 파리 방어를 위해 나선 나폴레옹에게 격정적인 편지를 보냈다. "최근 당신이 승전을 거두면서 저 자신 아주 용감해지고 있어요. 전 더 이상 아이 같다는 소리 듣지 않았으면 좋겠어요. 당신이 떠나시기 전에 절 그렇게 부르기를 좋아했지만 말이에요."

그러나 메테르니히의 수중에 들어간 로마왕의 운명은 훨씬 더 비극적이었다.

나폴레옹은 수비대 파견부대의 호위를 받으며 엘바 섬으로 가게 되었다. 파견대 지휘는 드루오 장군과 베르트랑 대원수, 그리고 4인의

1814년 4월
퐁텐블로에서 수비대와
작별 인사를 나누는
나폴레옹

동맹국 책임자들이 맡았다. 영국 측 책임자인 닐 캠벨 경은 나폴레옹과의 첫 만남을 이렇게 기록하고 있다.

"작고 민첩해 보이는 사람이 눈앞에 나타났다. 그는 우리에 갇힌 야생동물처럼 집안을 바삐 왔다갔다 하고 있었다. 금빛 견장이 달린 낡은 초록색 제복에 파란색 바지를 입고 빨간 승마용 장화를 신고 있었다. 윗입술과 가슴 언저리에는 코담배 가루가 지저분하게 붙어 있었고, 면도도 하지 않고, 머리도 빗지 않은 모습이었다."

1814년 4월 20일 떠나는 날 아침 나폴레옹은 재차 아내와 아이가 서로 떨어져 있다는 얘기를 듣고 눈물을 흘렸다. 이어 지금은 '이별의

앞뜰'로 알려진 퐁텐블로 성 뜰 앞에서 수비대 고별식이 열렸다. 퇴위 사유를 설명한 후 나폴레옹은 이렇게 결론지었다.

"나는 내 모든 권리를 희생했으며 내 생명을 바칠 준비가 돼 있노라. 내 전 생애의 목표가 프랑스의 행복과 영광이었기에… 이제부터 내 삶에서 가장 행복한 일은 그대들의 위대한 업적을 후세에 전하는 것이며, 내 유일한 위안은 프랑스가 그 이름의 영광을 위해 행하는 모든 것을 아는 것이다."

낭만주의 시인과 예술가들의 취향에 너무도 딱 들어맞는 이 장면은 이미 나폴레옹의 전설로 형성되고 있었다.

나폴레옹이 현명치 못하게 남쪽으로 가는 론 계곡 루트(지금의 7번 국도)를 택한 것은 아마도 도중에 마리 루이즈를 만나고 싶어했기 때문인 것 같다. 처음에 나폴레옹은 "황제 만세!"라고 외치는 군중들의 환대를 받았지만, 프로방스에 가까워지면서 적대적인 시위가 늘어갔다. 열성 왕당파가 있는 프로방스는 워털루 전투 이후 야만적인 백색 테러 혁명파에 대한 반혁명파의 테러의 본거지로서 바로 여기서 브륀 원수가 암살되었다.

아비뇽에서 그가 탄 마차는 험악한 군중들에 의해 저지당했고, 몇 분 동안 집단폭행 위기에 처하기도 했다. 몇 마일을 더 갔을 때 오르공에서는 자신의 형상을 한 인형을 목매다는 광경까지 보았다. 나폴레옹은 탈레랑과 부르봉 왕가가 밀사들을 보내 자신을 살해할 것이라는 소식을 듣고 두려워했으나 계속 엘바 섬을 향해 마차를 달렸다.

나폴레옹은 광란의 폭도들 앞에서 심기가 좋지 않은 나머지 일시 마음이 흔들렸다. 그는 오스트리아군 군복으로 변장하고, 현지 숙소에서 준비해준 음식에 전혀 손을 대지 않았다. 여행 마지막 단계인 뤼크에서는 여동생 폴린의 빌라에서 함께 묵었다.

"나폴레옹은 퐁텐블로에 머무는 동안이나 그 이후 여행을 하면서 그는 누군가가 자기 목숨을 노릴지 모른다고 매우 불안해했음이 분명하며 그 정도의 위인도 그럴 수 있을까라고 생각되는 이상으로 훨씬 소심한 모습을 보여주었다"고 영국의 캠벨은 언급했다.

나폴레옹도 오스트리아 책임자인 콜러 장군에게 "장군, 당신도 알다시피 나는 지금 최악의 상태요"라고 시인했다.

4월 29일 그는 엘바 섬까지 타고 온 영국 프리깃함 '언돈티드 Undaunted호'에서 훨씬 안온함을 느꼈고, 어서 선장과는 해전에 관한 얘기를 즐겨 나누기까지 했다. 어서 선장은 나폴레옹의 '무한한 정중함과 겸양'에 대해 얘기하는가 하면 나폴레옹도 늘 그에 대해 말할 때면 존경과 애정의 뜻을 보였다. 이때 받은 인상은 1년 후 중요한 영향을 미치게 된다.

5월 4일 나폴레옹은 엘바 섬에 도착하여 꿀벌모양을 엠블럼으로 새긴 제국의 새 깃발을 올렸다. 섬의 규모는 아주 작았지만 궁정 예절은 엄격히 지켜졌고, 인구도 11만2천에 지나지 않았으나 통치조직은 마치 전 유럽을 상대로 했을 때와 같은 에너지로 충만했다. 영국 언론이 "나폴레옹에게 엘바 섬 마당이 너무 좁다네"라는 악의적인 말로 떠들어대는 것도 당연했다. 캠벨은 "인생의 어떤 상황에서 그토록 정력적이고 끊임없이 불굴의 힘을 발휘하는 사람은 보지 못했다… 그의 생각은 영원히 전쟁터의 작전에 가 있는 것 같다."고 놀라워했다. 수비대 출신 자원자 700명(이는 퐁텐블로 조약이 규정한 나폴레옹 호위대 수의 두 배에 가깝다)이 호위병으로 이탈리아를 거쳐 엘바에 도착했다.

어머니와 여동생 폴린이 7월에 도착해 합류했다. 폴린은 어머니에게 "황제를 혼자 버려 두어서는 안돼요. 그는 불행해요. 지금이야말로 우리가 애정을 보여주어야 할 때예요."라고 편지를 보냈다. 마리 발레브스카 부인은 비밀리에 아들을 데리고 며칠간 나폴레옹을 방문했다. 나폴레옹은 어머니, 여동생과 카드놀이를 하면서 속임수를 쓰는가 하면 베르트랑의 호주머니에 물고기를 슬쩍 집어넣고 나서는 손수건을 빌려달라고 하는 등 장난을 치며 즐거워했다.

이곳을 찾은 영국인들은 나폴레옹이 전보다 살찌고, 상냥하고, 사치스러워졌다는 사실을 알고는 이제 그는 '죽은 사람'이라고 확신했다. 한 케임브리지 대학생은 "그의 모습은 단연코 영웅과는 정반대"라고 말했다.

그러나 캐슬레이가 걱정했듯이 엘바는 나폴레옹이 풍부한 정보를 얻을 수 있을 만큼 대륙 본토와 가까웠다. 그는 1814년 10월에 열린 비엔나 회의와 프랑스 내에서의 진전상황을 예의주시하고 있었다.

나폴레옹이 파리를 떠나기 전까지만 해도 차르 알렉산드르는 부르봉 왕가에 대해 "이 사람들은 결단코 그들 스스로 재기하지 못할 거야"라고 말한 바 있다. 루이 18세는 나폴레옹 시대의 혁명 정착을 위해 제출한 헌법의 기초안은 받아들이되 왕권신수설王權神授說을 조건 없이 허용한 헌법을 '헌장'으로 선포할 것을 고집했다. 정통주의자特히 프랑스에서 부르봉 왕가를 옹호한 사람 조제프 드 매스트르까지도 "부르봉가는 프랑스에서 이제 프톨레마이오스 왕조기원전 3~4세기에 이집트를 지배한 왕조만큼이나 이름이 없을 뿐만 아니라 루이 18세는 조상들이 앉았던 왕좌로 돌아온 것이 아니라 보나파르트의 왕좌에 덜렁 올라앉았을 뿐이다."라고 인정했다.

나폴레옹이 엘바 섬에 있는 동안 루이 18세하의 프랑스에서는 '앙시앵 레짐'을 무너뜨렸던 혁명 당시의 '경멸의 물결'이 갑자기 다시 일어나기 시작했다. 네이 장군의 부인은 귀족태생이어서 궁정 출입이 허용되었는데, 이들 네이 부부는 귀족들에게 심한 모욕을 당한 나머지 궁정 행사 참석을 거부할 정도였다. 인기 없는 세금과 징병제 철폐 같은 노력도 전혀 이루어지지 않았다. 이는 루이 18세가 영국에서 돌아올 때까지 사령관을 맡았던 아르투아 백작이 폐지하기로 약속한 사항이었다. 아직 매각하지 않은 국유지를 전 소유주인 교회와 왕당파 망명 인사들에게 돌려주자는 제안은 혁명에 따른 토지처리 문제 전체를 원점으로 되돌림으로써 중산층과 농민을 경악시켰다.

정부는 사령관들보다는 여전히 나폴레옹에게 더 충성스러운 군을 해산하는 데 어려움을 겪었다. 지나치게 극적으로 묘사한 감은 있지만 샤토브리앙의 회고록 가운데서 저 유명한 한 구절은 루이 18세가 파리에 입성했을 때 제국수비대가 그를 어떻게 맞이했는지를 잘 묘사하고 있다.

"나는 인간의 얼굴에서 그토록 위압적이고, 끔찍한 모습이 나타난 것을 본 적이 없는 것 같다. 어떤 자들은 이마를 찡그린 채 시야를 가리려고 곰가죽 모자를 눈 위로 덮어썼고, 또 어떤 녀석들은 경멸과 분노에 차 입을 삐죽거렸다. 호랑이처럼 코밑 수염 사이로 이빨을 드러내는 자들도 있었다. 그들이 무기를 내밀었을 때 그것은 공포의 순간이었으며 무기의 시끄러운 소리만으로도 보는 사람을 전율케 했다."

부르봉 정부가 바일렌에서 항복하는 바람에 나폴레옹의 눈밖에 난 장군 뒤퐁을 전쟁장관에 임명한 것은 적절치 못한 처사였다. 수비대를 왕실근위대로 만들든지 아니면 해산시키는 것이 수비대를 제 편으로 끌어들이게 되는 현명한 예방조치였을 것이다. 그러나 그렇게 하기는커녕 시신侍臣제도를 부활시켜 전쟁터를 구경한 적도 없는 왕당파 귀족들에게 직위를 마구 내려주었다. 제국수비대는 보존되었지만 그 질은 '프랑스 척탄병' 수준으로 떨어졌다. 제국 육군 장교 총 3

1814년 4월~1815년 3월
복고된 부르봉 왕가 집정기에
나폴레옹 추종자들이
나폴레옹을 '제비꽃 아저씨'라
부르던 추억을 되새겨 만든
선전 포스터

만 명의 월급도 반으로 줄어들었다. 베리 공작은 자신이 지휘하는 '근위병'들한테 나폴레옹이 하듯 무람없이 대하려 들었다가 조롱거리가 되고 말았다. 이들은 나폴레옹을 '칼 찬 난쟁이'니 '제비꽃 아저씨'니 하고 부르던 추억을 간직하고 있었다.

이후 1815년 3월에 랄르망 장군과 드루에 장군이 부대를 파리로 이끌고 가 쿠데타를 준비하고 있었다.

1814년 12월 들면서 비엔나 회의가 독일 처리 문제 때문에 교착상태에 빠졌음이 명백해졌다. 알렉산드르는 프로이센에 대한 보상으로 작센을 넘겨주는 대신 폴란드 전체를 요구하고 있었다. 메테르니히는 러시아가 오스트리아의 경계인 중부유럽과 프로이센 쪽으로 발을 들여놓는 것을 허용하지 않았다. 영국의 캐슬레이는 라인 강 방면의 프로이센이 프랑스에 대한 완충국가가 되어주길 원했다. 탈레랑은 작센 왕의 '정당한 권리'라는 원칙을 들먹이면서 분열을 조장하고 또 한편 부르봉가 출신의 페르난도를 나폴리 왕좌에 다시 앉히기 위해 뮈라를 나폴리에서 축출하려 했다.

영국·오스트리아·프랑스가 1815년 1월 러시아와 프로이센의 요구에 저항하기 위해 방어동맹을 결성하는 비밀조약을 맺었다는 사실이 세상에 드러나지는 않았지만 어느 순간에 동맹국들 사이에서 전쟁이 벌어질지 모른다는 소문이 퍼졌다. 뮈라는 자신의 왕권에 불안을 느낀 나머지 이탈리아를 동원해 오스트리아에 맞설 준비를 하면서 비밀리에 나폴레옹과 접촉했다.

이처럼 흥미진진한 정치적 상황전개와는 별도로 나폴레옹은 엘바에서 궁핍한 생활을 했다. 부르봉 정부는 나폴레옹에게 퐁텐블로 조약이 보장한 연금 지급을 거부했다. 나폴레옹은 약 400만 프랑을 가지고 퐁텐블로를 떠났는데 일부는 군 급여로 받은 것이고, 일부는 블루아로 가져온 보물을 팔아 모은 돈이었다. 이 돈이 다 떨어지면 호위대에 급료를 못 주든지 아니면 엘바 섬에서 생긴 수입으로 살아야 했다. 게다가 부르봉 왕가의 첩자들은 나폴레옹의 여동생 폴린한테서 뺏은 것이라며 나폴레옹과 그녀의 근친상간 관계를 상세히 설명한 편지를 위조해 돌리는 모욕을 주기도 했다.

비엔나에서는 나폴레옹의 거처를 아조레스제도나 서인도제도 또는 세인트 헬레나 섬으로 옮기는 문제를 논의했다. 동맹국들은 마치 그를 자극해 엘바 섬을 떠나게 할 구실을 찾고 있는 것 같았다. 캠벨은 캐슬레이에게 "재정적인 곤란이 나폴레옹을 더 오래 짓누르면 그는 군대를 이끌고 피옴비노로 건너가든지 아니면 모종의 이상한 짓을 할 수 있소"라고 경고했다. 나폴레옹의 퇴위 후 캠벨은 한 프랑스 외무차관을 만났는데 이 외무차관이란 자는 선견지명이 없고, 남달리 자기만족에 빠져 있는 사람으로 "엘바에 가면 보나파르트에게 당신은 유럽에서 완전히 잊혀졌고, 이제 당신 생각을 하는 사람은 아무도 없다고 전해도 좋소"라고 말했다.

나폴레옹의 측근 중 한 사람인 플뢰리 드 샤불롱이 전 각료 마레로부터 프랑스 내의 진행상황에 관한 믿을 만한 정보를 갖고 엘바에 도착했다. 내용인즉은 탈레랑에 의해 나폴레옹 암살 계획이 진행되고 있으며, 프랑스 병사들과 농민들이 나폴레옹의 귀환을 촉구하는 대규모 봉기를 일으킬 것이라는 정보였다. 이에 나폴레옹은 엘바 섬을 탈출하기로 결심했다. 이때 드루오는 찬성하지 않았지만 황모후는 모험 쪽에 무게를 두어 나폴레옹에게 "가거라, 아들아. 가서 네 운명을 개척해라. 넌 이 섬에서 죽으려고 태어나지는 않았어."라고 말했다.

세인트 헬레나에서 나폴레옹은 엘바를 탈출한 결정적인 동기에 대해 "사실 나를 되돌아가도록 부추긴 것은 겁쟁이라는 비난이었다. 결국 나는 더 이상 그것을 참을 수 없었다"고 밝혔다. 백일천하에 대해 샤토브리앙은 "그를 프랑스로 돌아가게 한 것은 그가 죽음을 두려워하며 겁쟁이라는 쑥덕거림, 즉 말하자면 일종의 좌절감 같은 것이었다. 이 놀라운 기도에는 지독한 이기주의만 있을 뿐 프랑스에 대한 감사와 관대함이라고는 눈꼽만큼도 없는 것"이라고 평했다.

2월 16일 캠벨이 이탈리아 피렌체를 방문하러 떠나자 다음날 나폴레옹은 그의 쌍돛대 범선인 전함 '앵콩스탕' 변덕쟁이라는 뜻 호 한 척을 수리하고, 각종 물품을 실어 항해에 대비하라고 명령했다. 2월 28일 캠벨이 돌아왔을 때는 이미 나폴레옹과 그의 호위대는 이틀 전에 떠나고 없었다. 가까운 곳에 있던 영국 전함이 앵콩스탕 호를 따라잡기에는

1815년 3월
1차 유배지인 엘바 섬에서
탈출하여 앙티브에
도착한 나폴레옹

너무 늦었다. 항로를 따라 순항중이던 프랑스 배 3척 중 한 척이 앵콩스탕 호에 접근하여 황제의 근황을 묻고는 멀어져갔다. 프랑스 배의 선장은 실수인지 아니면 일부러 묵인해주려 했는지 그냥 돌아갔다.

1815년 3월 1일 나폴레옹은 아무런 방해도 받지 않고 앙티브 근처에 무사히 상륙했다. 나폴레옹은 엘바 섬에서 함께 떠난 폴란드 창기병 몇을 포함해 1천 명도 안 되는 '극소수 용사들'에게 "총 한 방 쏘지 않고 파리에 들어갈 것"이라고 말했다. 그는 프랑스 군인과 농민의 마음을 사로잡은 자신의 카리스마에 모든 것을 걸었다.

작년 프로방스에서 겪은 쓰라린 기억 때문에 나폴레옹은 이 지방을 피해 지금은 '나폴레옹 루트'로 알려진 그라스, 디뉴딘, 그르노블을 거치는 산악 통로를 택했다.

그는 도핀에서 농부들의 열렬한 환영을 받았지만 그르노블 코앞에서 가장 혹독한 시련을 당했다. 이곳에는 왕당파 사령관의 지휘를 받는 막강한 수비대가 있었다. 그러나 나폴레옹은 자신의 참모였던 라 베드와예 대령이 한 연대를 지휘하고 있다는 사실을 알고 있었다. 이 연대는 이미 나폴레옹이 오고 있다는 소식을 듣고 나가기를 꺼리고 있었고 장군이 나폴레옹은 병력 1천밖에 안 된다고 하자 사병들 사

엘바 섬을 빠져 나온 후 그르노블에 있는
프랑스 정부군 제7연대를 아무런 충돌없이
제압한 나폴레옹

이에서는 "우린? 우리도 함께 계산해야지"라는 외침이 터져 나왔다.

이런 분위기를 전해들은 나폴레옹은 보병연대가 그르노블로 통하는 도로를 차단하고 있는 것을 발견하고 대담한 결정을 내렸다. 그는 병사들에게 세워총을 시킨 뒤 예의 그 회색 코트를 입고는 혼자 앞으로 나아가면서 "원한다면 그대들의 황제를 죽여라!"라고 외쳤다.

딱 한 방이면 모험은 끝났다. 그러나 연대는 발포명령을 모두 무시하고 대열을 깨고 나와 "황제 만세!"를 외치며 나폴레옹을 에워쌌다. 나폴레옹이 그르노블 관문에 나타나자 포병대원들은 발포를 거부했고, 전 수비대가 그에게 넘어갔다.

"이곳 그르노블에 이르기 전까지 나는 모험가였다. 그러나 이제 그르노블에서 나는 다시 왕이 되었다."

결정적인 1회전은 승리로 끝났다.

나폴레옹의 앙티브 상륙 소식이 3월 5일 파리에 전해졌지만 모두들 심각하게 받아들이지 않았다. 네이는 나폴레옹을 '철창에 가둬' 파리로 끌고 오겠다고 왕에게 약속하였다. 나폴레옹 퇴위 후 루이 18세 하의 아르투아 백작과 맥도날드는 리옹에서 군대와 민중들로부터 적의에 찬 대접을 받고 도시를 떠나야 했다. 리옹에 도착한 나폴레옹은 네이에게 조용하면서도 품위 있게 합류를 종용하는 편지를 써보냈다. "나는 모스크바 전투를 치른 다음날처럼 장군을 맞이할 것이오."

네이는 부르봉 왕가에 대한 민중의 분노로 이미 흔들리고 있었다. 따라서 이렇게 교묘하게 계산된 옛 추억에 대한 호소에 그만 넘어가고 말았다.

그는 휘하 부대원들에게 "부르봉가의 대의大義는 영원히 사라졌다"고 발표했다.

나폴레옹은 이미 메츠에 있는 수비대 장교들에게 사령관은 무시하고 파리로 진군하라는 비밀 메시지를 보냈다. 네이의 변절이 알려지자 루이 18세는 황급히 파리를 떠나 북쪽 국경으로 향했다. 3월 19일이었다.

3월 20일 저녁 나폴레옹은 몰려드는 군중에 의해 튈르리 궁 계단 위로 떠밀려 올라갔다. 흥분한 군중에 에워싸여 거의 질식할 정도였다.

훗날 발자크는 "나폴레옹 이전에 그의 모자를 보여주는 것만으로 제국을 얻은 사람이 있었던가?"라고 감탄했다.

칸에서 파리까지의 행군은 나폴레옹이 "내 생애 가장 행복했던 기간"이라고 회상할 만큼 환희에 찬 것이었으나 그 기쁨은 오래 가지 않앉다. 그는 고문관 중 하나였던 몰레에게 "프랑스로 돌아오면서 보니 성직자와 귀족들의 증오보다 더 나를 놀라게 한 것은 없어. 이 증오는 혁명이 시작됐을 때처럼 광범위하고도 폭력적으로 번져가고 있어. 그들은 안정된 토대를 걷어치우고는 혁명의 혁명을 다시 시작했더군."이라고 말했다.

이제 나폴레옹은 "자유 원칙에 따르지 않으면 당신은 더 이상 프랑스를 통치할 수 없습니다"라고 솔직하게 말한 라 베드와예의 충언을 받아들여 선거인단을 소집하는 선언을 발표하고 헌법개혁을 다짐했다.

그는 푸셰를 다시 치안장관으로 앉혀 자코뱅파를 안심시키고, 왕당파 제거에 나섰다. 혁명론자인 카르노를 내무장관에 임명하고 동생 뤼시앵 보나파르트와도 화해했다. 또한 스탈 부인의 후원을 받으면서 1802년 호민관 내에서 민주 야당을 이끌었던 작가 방자맹 콩스탕을 초청해 '제국 헌법 부칙' 초안을 짜도록 했다. 보통선거에 기초한 국민투표와 국가참사원은 존속시켰으며, 그 외에는 루이 18세의 헌장을 거의 그대로 따랐다. 시민적 자유, 장관의 책임조항, 상원 세습제, 복잡하고 제한적인 선거권을 토대로 한 하원 구성 등을 보장했다.

이와 같이 나폴레옹은 '입헌군주제의 개막'임을 선언했다. 나폴레옹은 라프 장군에게 "우리 체제는 바뀌었다. 더 이상 전쟁도 없고, 정복도 없다. 나처럼 살이 찌고도 야망을 가질 수 있을까?"라고 말했다. 그는 국가참사원에 "지난 15년간 내가 기초를 닦기 시작한 것에 불과한 대제국 건설의 이상은 포기했다. 이제부터는 프랑스 제국의 행복과 단합만이 내가 생각하는 목표가 될 것이다."라고 다짐했다. 새로운 제국의 탄생을 기념하기 위해 열렸던 샹-드-메 기념식(5월의 광장)은 뭔가 좀 별나고, 앞뒤가 안 맞는 행사였다. 나폴레옹은 생애 마지막으로 벨벳으로 만든 르네상스풍 대관식 의상을 입고 등장했다.

6월 7일 상·하 양원이 합동회의를 열었다. 하원은 의장직에 정부가 추천한 뤼시앵 보나파르트가 아니라 랑쥐네를 선출하려 했다. 랑쥐네는 지롱드당 혁명가 출신으로 나폴레옹에게 불만이 많은 이론가였다. 이 때 나폴레옹은 양원에 경고하기를 "후기 로마제국의 전례를 본받지 않도록 하시오. 후기 로마제국은 사방에서 야만인들의 침략을 당했을 때 파성퇴〔옛날 성벽을 부수는 도구〕가 시 관문을 깨부수고 있는데도 탁상공론만 일삼다가 후대의 웃음거리가 되었소."라고 경고했다.

마찬가지로 유럽 각국에서 나폴레옹 퇴위 후 평화를 공동합의했지만 지역 분할과 합병에 따른 각국의 이해가 엇갈린 외교적인 전망은 이제 2월보다 악화된 쪽으로 가고 있었다. 비엔나 회의는 여전히 개회중이었고, 동맹국들은 이제 폴란드 문제에 관한 그들의 이견을 겨우 해소했다. 3월 13일에는 회의중 탈레랑의 발의로 그들은 '보나파르트'에 대해 일종의 시민권 박탈을 선언하겠다고 약속했다.

'퐁텐블로 조약' 위반(엘바 섬 이탈)으로 나폴레옹은 공민적·사회적 관계의 한계를 벗어났으며, '공적인 복수의 대상'이 되었다. 동맹국들은 이처럼 국제법을 새롭게 그리고 철저하게 적용했다. 나폴레옹은 튈르리 궁에서 1815년 1월 영국·오스트리아·프랑스 간에 체결된 비밀조약을 찾아내 러시아 차르 알렉산드르에게 보냈다. 동맹국들을 이간시킬 목적이었다. 그 결과 오스트리아의 메테르니히는 알렉산드르와 25분 정도 불편한 대화를 나눠야 했지만 이들의 병력동원 계획은 달라지지 않았다.

나폴레옹의 유일한 동맹자는 신뢰할 수 없는 뮈라뿐이었다. 그는 3월 말 뮈라에게 "전 병력을 동원해 당신을 지원할 거요. 당신을 믿소."라고 써보냈다. 1814년 러시아 원정 때 뮈라는 좋은 기회를 여러 번 망쳐놓은 바 있었다. 4월에 뮈라는 수준이 의심스러운 나폴리 군을 이끌고 북쪽으로 이동했다. 경솔한 행동이었다. 그는 페라라에서 오스트리아군의 제지를 받고 톨렌티노에서 패주했다.(5월 3일) 그가 망명자 신분으로 프랑스 남부에 도착했을 때 나폴레옹은 그를 만나보려고도 하지 않았다.

러시아, 오스트리아, 네덜란드, 영국, 그리고 프로이센을 포함한 5개 동맹국 군대들이 벨기에를 향해 속속 집결하고 있었다. 그러나 국민이 분열되고 두려워하는 상황에서 나폴레옹은 감히 방어전에 나설 수 없었다. 잽싸게 한 판의 대승을 거두는 것밖에 달리 수가 없었다. 그렇게 되면 프랑스를 결집시키면서 동맹군의 단합을 깰 수 있다. 1814년과는 달리 나폴레옹은 이제 귀환한 전쟁포로를 포함해 많은 역전의 용사들을 확보하고 있었다. 모든 가용 병력을 야전에 배치하기 위해 국민수비대에게는 요새 방어를 맡기는 것도 가능했다. 나폴레옹은 6월까지도 국민들이 염증을 느끼고 있는 강제징집을 망설였다. 3월에 복무 가능한 병력은 겨우 20만이었다. 6월에도 병력은 30만에 이르지 못했다. 나폴레옹은 이들 중 거의 10만을 동원해 알프스, 피레네, 알자스, 그리고 방데 지역까지를 지키도록 했다. 물론 국민수비대의 지원을 받도록 했다. 방데는 5월 들어 왕당파의 저항운동이 일어났던 분쟁 지역이었다. 6월 초 가용 병력은 13만에 불과했다.

쓸 만한 장군도 극히 제한적이었다. 뮈라는 제쳐 두고라도 베르티에를 포함한 원수 넷은 모두 명단에서 빠졌다. 루이 18세와 함께 파리를 떠날 예정이었기 때문이었다. 나폴레옹은 그래도 베르티에가 돌아올 것으로 기대했다.

"베르티에, 그 망할 놈. 용서해줘야지. 단 왕실근위대 제복을 입고 내 앞에 나타나야 돼."

그러나 나폴레옹과 합류하려던 베르티에는 밤베르크에 갇혀 있다가 6월 1일 창문에서 뛰어내려 자살했다.

쉬셰는 알프스 지역 지휘를 맡았고, 다부는 전쟁장관으로 파리에 남았다. 참모장 경험이 전혀 없는 술트가 죽은 베르티에의 자리를 메웠다. 써먹을 수 있는 원수들 중에서는 네이가 활력소가 될 만했다. 그러나 독립적인 사령관으로서의 능력은 의심스러웠으며, 누구한테 충성해야 할지 왔다갔다 하는 바람에 정신이 완전히 망가지다시피 한 상태였다. 그루쉬는 기병대장으로서는 훌륭했지만 독립부대 사령관 경험이 전무했다. 충직한 쥐노는 러시아 원정의 충격에서 결코 헤어나오지 못해 미쳐버렸다. 나폴레옹은 그가 견장과 사브르(군도·軍刀)만 찬 채 길거리를 돌아다니곤 한다는 소리를 듣고, 베네치아 총독 자리에서 물러나게 했다.

가까이 있는 대불동맹군 병력은 벨기에 국경을 따라 배치돼 있었다. 웰링턴 휘하에는 영국군 3만과 벨기에·네덜란드·하노버 군을 합쳐 7만이 있었고, 블뤼허가 지휘하는 프로이센군이 12만이었다. 러시아군과 오스트리아군은 7월 전까지는 동부 국경에 도달할 수 없었다. 수적으로 현저하게 약세인 나폴레옹의 과제는 2개 동맹군이 북쪽에서 연합하는 것을 막아 각개 격파하는 것이었다. 그는 동맹군들이 흩어져 있는 동안을 틈타 기습작전을 펼치려 했다. 나폴레옹 군대는 여느 때와 마찬가지로 훌륭하게 집결하였다.

6월 14일이 되자 나폴레옹은 샤를루아 국경선 일대에 병력 12만을 집결시켰다. 블뤼허와 웰링턴은 나폴레옹이 공세를 취하고 있다는 사실을 아직 모르고 있었다. 수비대는 6월 5일까지 파리를 떠나지 않았고, 나폴레옹은 6월 12일 원정에 나서기 직전까지 수비대 출발을 미뤘다. 그런 다음 사령관들에게 양 날개와 지원부대 하나로 작전을 펼

칠 계획이라고 말했다. 지원군의 무게는 어느 날개 쪽으로나 쏠릴 수 있기 때문에 이런 편성은 그의 목적에 완벽하게 들어맞았다. 그러나 이런 작전이 성공하려면 참모가 치밀하게 제 역할을 하고, 타이밍이 맞아떨어져야 하며, 날개 쪽 사령관들이 그의 의도를 분명히 파악해 줘야 했다.

6월 15일 프랑스 대육군 대부분은 상브르 강을 건너 프로이센군 1개 군단과 맞붙었다. 그날 저녁의 전략적 상황은 매우 유리했다. 나폴레옹은 한 곳으로 집결중인 동맹군들로부터 사방 10마일 안에 그의 병력을 성공적으로 집결시켜 놓았기 때문이다. 그날 웰링턴의 대응은 블뤼혀보다 느렸다. 웰링턴이 충분한 병력을 갖춰 나타나기도 전에 블뤼혀가 다음날 전투에 나섰다면 블뤼혀 군은 궤멸됐을 가능성이 높았다.

동맹군에 맞서 벨기에로 진격한 나폴레옹은 6월 16일 정오 늦게서야 블뤼혀가 이끄는 프로이센군이 리느이 주변에 병력을 집결시키고 있음을 확인하게 되었다. 오후 2시에 술트는 좌익을 맡은 네이에게 "폐하의 의도는 장군께서 눈앞에 있는 것은 무엇이든 공격해 그들을 완전히 후퇴시킨 후 우리와 합류해 이 군단을 치는 것"이라는 전갈을 보냈다. 나폴레옹은 정면공격으로 프로이센군을 묶어둔 다음 우익을 쳐서 그들의 퇴각로를 웰링턴으로부터 멀리 떨어진 동쪽으로 열어놓을 작정이었다.

"네이가 명령을 철저히 이행하면 3시간 안에 전투는 판가름날 것이고, 병사 한 놈, 대포 하나도 달아나지 못할 것이다."

그러나 불행하게도 네이는 카트르 브라를 고수하고 있는 영국군을 밀어붙이라는 나폴레옹의 서면 지시를 제대로 이행하지 못해 오히려 역공세를 받고 있었다.

오후 4시에 라 베드와예 장군은 황제 참모로서의 권위를 이용해 황제의 사인도 없는(그 자신이 쓴 것으로 보이는) 메모를 가지고 지원군 예비병력을 우익으로 돌렸다. 이 소식을 듣자마자 지원부대가 자신이 이끄는 좌익에 배당된 것으로 알았던 네이는 우익으로 보낼 지원군 이동 명령을 철회시켰다.

그는 이 명령 철회로 지원군 부대가 어느 전선에도 제 때 도착하지 못할 것이라는 생각을 떨쳐버리지 못했다. 오후 10시에 네이는 술트에게 이렇게 보고했다.

"나는 카트르 브라에서 영국군을 최대한 맹렬히 공격했지만 지원군 장군의 실수로 최종 승리를 놓치고 말았다. 레유 장군의 군단 가운데 5사단과 9사단이 앞에 있는 모든 것을 타도해버린 바로 그 순간에 1군단은 황제 폐하의 좌측을 지원하러 생타망으로 떠났다. 그러나 치명적인 것은 이 군단이 다시 우리 진영에 합류하기 위해 행군 방향을 돌리는 바람에 어느 전선도 제대로 지원하지 못했다는 것이다."

오후 8시 나폴레옹은 리느이에 수비대를 투입, 프로이센군을 격파해 일부를 패주시켰다. 양쪽 진영에서 약 8만이 참전했다. 프로이센군은 1만6천을 잃었고, 프랑스군은 1만1천 이상을 잃었다. 날이 어두워지는 바람에 나폴레옹은 기병대를 내보내 적을 완전히 패주시킬 수가 없었다. 블뤼혀는 틸리와 와브르로 퇴각했다.

지원군 사령관이 받은 명령이 혼선을 빚지만 않았더라면 리느이 전투는 결정적인 승리가 됐을지도 모른다. 하지만 아직까지는 다음 날의 승산도 여전히 컸다. 나폴레옹은 프로이센군이 꼼짝 못하고 있는 동안 프로이센군을 완전히 패주시키거나 좌익으로 이동해 영국군을 쳐부술 수 있었다. 그럼에도 불구하고 나폴레옹은 몇 시간 만에 주도권을 내주고 말았다. 영국 육군사가陸軍史家인 베크 대위의 지적대로 "패전은 16일 오후 9시부터 17일 오전 9시까지 이 12시간 사이에 일어났다."

6월 17일 오전 11시가 돼서야 나폴레옹은 그루쉬에게 병력 3만3천을 이끌고 프로이센군을 추적하도록 하고, 수비대에는 카트르 브라로 이동하라는 명령을 내렸다. 한편 네이는 공격을 재개해 영국군을 압박하라는 지시도 받지 못한 채 멍하니 있었다. 나폴레옹이 오후 2시 네이 쪽에 합류했을 때 웰링턴은 블뤼허의 패전 소식을 듣고 몽생장으로 퇴각했다.

17일 오후 들어 나폴레옹은 웰링턴을 패주시키려고 뒤늦게 필사적인 공세를 펼치려 했으나 이 계획은 폭풍우로 지연되고 말았다.

6월 18일 아침 나폴레옹은 7만4천 병력을 거느리고 6만7천 병력의 웰링턴과 워털루에서 마주쳤다. 그루쉬에 의해 완전히 봉쇄됐다고 확신한 나폴레옹의 유일한 걱정거리는 웰링턴이 후퇴하지나 않을까 하는 점이었다. 그러나 웰링턴은 프로이센군 1개 군단이 정오쯤 도착할 것이라고 한 블뤼허의 장담을 믿고 한판 붙어보기로 결정했다. 그는 언덕 비탈에 방어진지를 설치해 포화로부터 보병들을 보호했다. 패배할 경우를 대비해 기지 확보를 위해 멀리 할레에 1만7천 병력을 남겨둔 한편 영국군 사단들을 조심스럽게 재배치해 벨기에-네덜란드군을 보강했다. 아마 이들 사단을 여러 군단에 나눠 투입했다면 이 전투에서 결국 졌을 것이다.

나폴레옹은 반도전쟁에 참전했던 장군들이 영국군 보병의 화력을 조심하라고 경고한 것을 무시하고 중심부에 정면공격을 가하기로 했다.

"여러분들에게 말해주지. 웰링턴은 형편없는 장군이고, 영국군 역시 형편없는 군대야. 이 전투는 소풍 나온 것처럼 간단히 치를 것이네."

그는 전투 개시를 전혀 서두르지 않았고, 드루오에게 12파운드포 포대를 배치할 수 있도록 정오까지 땅바닥을 바싹 말려놓으라고 충고했다.

낮 12시 30분, 우익으로 접근중인 종대가 프로이센군으로 확인되었다. 나폴레옹은 이 시점에서 전투를 중지할 수도 있었지만 그는 프로이센군이 끼여들기 전에 웰링턴을 치고자 했다. 모든 것이 잘되면 프로이센군은 영국군과 함께 패주하게 될 것이었다.

그루쉬가 나폴레옹과 헤어진 후 6월 17일 아침 그에게 무슨 일이 일어났던가? 그루쉬에게 보낸 서면 명령서를 보면 나폴레옹은 이렇게 말했다.

"장블루까지 계속 가라… 나무르와 마스트리히트 방면으로 정찰을 계속하다가 블뤼허를 추적하라… 적이 뭘 하려 하는지, 블뤼허가 웰링턴으로부터 떨어져나가고 있는지, 아니면 그들이 다른 전투를 희생시켜서라도 브뤼셀과 리에쥬를 지키기 위해 연합을 계획중인지 등을 알아내는 게 중요하다… 자네와 나 사이에 기병 분견대를 배치해 본부와의 연락을 유지하라."

6월 18일 새벽 2시에 나폴레옹은 아직 장블루에 머물고 있는 그루쉬로부터 프로이센군 1개 군단이 와브르로 퇴각했다는 전갈을 받았다. 오전 10시까지도 술트는 그루쉬에게 "와브르로 이동해 우리 쪽으로 접근하면서 연락을 취하라"는 명령을 내리지 않았다.

그루쉬는 장블루와 와브르 중간지점인 발하인에서 워털루의 첫 포성을 듣는 순간 다일 강을 건너기에는 너무 늦었다고 판단하고, 대포 소리가 나는 쪽으로 가야 한다는 제라르 장군의 호소를 거부했다.

옳은 판단이었다. 술트가 오후 1시경 "촌각을 다퉈 우리 쪽으로 합류해 뷜로브를 치자. 그들이 집결하려는 순간에 그루쉬 장군은 뷜로브를 잡을 수 있을 것"이라고 쓴 추가 전갈이 오후 4시까지도 그루쉬에게 전달되지 않았다. 이때 그루쉬는 와브르에서 프로이센군에 대한 정면공격에 가담하고 있었다.

그가 18일 아침 와브르에서 좀 더 밀어붙였다면 프로이센군 측면 부대가 와브르에서 몽생장으로 행군하는 것을 막았거나 결정적으로 지연시켰을지 모른다. 블뤼허의 참모장인 그나이제나우는 그루쉬의 병력이 1만5천도 안 된다고 평가하면서도 휘하 부대를 전진시키기를 주저하고 있었기 때문이다. 나폴레옹은 회고록에서 이런 그루쉬를 경멸했다.

"군사 3만4천에 대포 108문을 가진 그루쉬 원수가 17일 낮과 밤 그리고 18일 아침에도 몽생 장이나 와브르 전투지에 아무도 없다는 비밀을 알고 있었다는 것은 불가사의한 일이다."

그러나 그루쉬의 실패는 그 자신의 부적절한 처신과 나폴레옹의 실수가 어우러져 생긴 일이었다. 전장의 대참패 후 그루쉬가 "전쟁에서 영감을 느끼는 것은 최고사령관만이 할 일이고, 휘하 장수들은 명령수행에 전념해야 한다"고 변명 삼아 말한 것은 그의 의존적인 성격을 잘 보여준다. 이것은 또한 나폴레옹이 제국 말년에 휘하 장군들과 장관들에게 아주 인상깊이 심어준 교훈이었다. 주도권도 권한도 그리고 힘도 없었던 그루쉬는 글자 그대로 명령에 복종하는 것으로 자신의 임무를 다했다고 믿었다. 그러나 그가 나폴레옹으로부터 받은 명령들은 정확하게 전달되지도 않았고, 시기도 늦었다.

17일 아침과 18일 아침 그루쉬에게 보낸 서면 지시서를 보면 나폴레옹은 블뤼허가 적절한 시기에 리느이에서 물러 나와 웰링턴과 합류할 수 있다는 사실을 심각하게 받아들이지 않았음이 명백하다. 만일 그랬다면 17일 아침에 그루쉬에게 정확한 명령을 내려 최대한 신속하게 와브르로 가서 다일 강을 건너는 적군을 덮치라고 했을 것이다. 게다가 날개 쪽 병력 일부를 결정적인 전장戰場에서 멀리 떨어진 곳에 놓아둔다는 것은 나폴레옹 자신의 전략, 특히 원정 초기에 택한 전략적 편성 원칙과는 완전히 배치되는 것이었다.

나폴레옹은 마렝고 전투에서도 이런 위험을 감수하는 바람에 거의 질 뻔했었다. 당시 드세가 도로 사정이 나빠 시간이 많이 지체되는 바람에 패배할 위험에 처했지만 늦게나마 나폴레옹 쪽으로 합류할 수 있어 승리를 거둘 수 있었다.

나폴레옹은 블뤼허를 과소평가함으로써(그가 1813년과 14년 블뤼허의 끈질긴 면모를 겪어봤다는 점을 고려하면 이런 평가는 그만큼 어처구니없는 일이다) 전략적으로 허를 찔리고 말았다. 그러나 워털루에서 전술적 승리만 거둔다면 얼마든지 이번 전투로 충분히 만회할 수 있었다.

당시 아군의 전투 지휘 수준은 나폴레옹의 기준으로는 썩 좋은 것이 아니었다. 일차적으로 전투 지휘를 네이에게 맡겼기 때문이었다. 이런 상황에서 네이는 머리보다 가슴이 훨씬 앞서는 사람이었다. 모르티에 원수가 병이 나는 바람에 탁월한 포병 전문가 드루오를 수비대 사령관으로 교체하지 않을 수 없었던 것도 나폴레옹으로서는 심각한 불운이었다. 이 때문에 드루오는 직접 포병대를 지휘할 수 없게 되었다.

오후 1시 30분 네이는 최초의 주공격을 개시했다. 밀집대형을 이룬 보병 4개 종대가 격퇴당해 큰 손실을 보고 있을 때였다. 이들은 제대로 대열을 펼쳐보기도 전에 영국군의 일제사격으로 수없이 죽어갔고, 곧이어 억스브리지 경의 기병대가 때맞춰 들이닥치는 바람에 완전히 혼란에 빠지고 말았다.

오후 3시 30분 네이는 영국군 전선의 움직임을 전체적인 퇴각 신호로 오해하고 기병대를 단독으로 내보냈다. 이 탁월한 프랑스 중무장 기병대는 2시간 동안 요지부동의 영국군에 맞서 싸우다 지쳐 떨어졌고, 적군이 일시 내버린 대포를 망가뜨리지도 못했다.

나폴레옹은 "다 이긴 전투를 네이가 망치고 있어. 그러나 바로 지금 그를 지원해야 해. 그것이 유일한 기회야."라고 소리쳤다.

오후 6시가 되자 나폴레옹은 어쩔 수 없이 지원 병력 1만4천을 투입해 뷜로브가 이끄는 프로이센군을 저지했다. 네이가 오후 6시 30분 라 아이 생트를 함락하고, 영국군 중심부에 마지막 결정타를 날리기 위해 수비대 소속 보병을 요청하자 나폴레옹은 이를 거절했다.

"부대라고? 내가 어디서 지원 부대를 찾아올 거라고 생각하나? 부대를 만들어 올 거라고 기대하는 거요?"

할 수 없이 나폴레옹이 네이의 마지막 공격을 위해 수비대 5개 대대를 투입한 것은 오후 7시 30분이 지나서였다. 이마저 실패하자 "수비대가 퇴각한다!"는 절망의 외침이 들려왔다. 웰링턴이 기병대를 투입하자 프랑스 육군은 완전히 궤멸돼 공포 속에서 우왕좌왕했다. 전투대형을 갖추고 달아난 병력은 겨우 8천 정도였다.

네이의 근본적인 실수는 우선 기병대 지원 없이 보병대를 내보낸 것이고, 그 다음은 보병대 지원 없이 단독으로 기병대를 내보낸 것이었다. 포병이 대대적인 포격 준비를 갖춘 후에 전군이 합동으로 공격해야 적을 밀집 형태로 몰아붙일 수 있고, 그런 다음 기병대와 사단 포병이 산탄 세례를 퍼부었다면 적을 산산조각 낼 수 있었을 것이다. 실제로 웰링턴은 워털루 전투를 치른 다음날 이렇게 썼다.

"지금까지 치른 전투 중 가장 처절했다. 어떤 전투에서도 그렇게 고생해본 적이 없다. 패전 일보 직전까지 갔었다. 우리 측 손실은 엄청나다. 특히 가장 훌륭한 영국 보병이 많이 당했다. 나는 보병이 그렇게 잘 싸우는 것을 결코 보지 못했다."

나폴레옹은 전투가 끝날 무렵 샤를루아로 달아나면서 너무 지친 나머지 말에 딱 달라붙어 달려야 할 지경이었다. 전투 초기부터 나폴레옹은 그가 늘 의존해왔던 능력, 즉 피로를 무시하고 정확한 결정을 내리고 전달함으로써 모든 것이 잘 돌아가게 하는 능력을 다 소진한 것이 분명하다. 그런데도 6월 19일 조제프에게는 "모두 다 잃지는 않았어. 병력을 다시 모으면 그래도 15만은 될 거야."라고 썼다.

그러나 도덕적이든 물리적이든 그 엄청난 파멸을 은폐하는 것은 불가능했다. 1814년 3월의 실수를 되새기면서 나폴레옹은 서둘러 파리로 돌아왔다. 뤼시앵과 다부는 입법부를 해산하고 독재를 선포하라고 권했다. 그러나 나폴레옹은 '도끼에 의한 통치'가 어떤 결과를 초래할 것인지 뻔히 알면서 더 이상 밀어붙일 수는 없었다. "나는 혁명의 마리우스[50]가 되어 피를 뿌렸어야 했다."

나폴레옹이 파리에 도착한 바로 그날 6월 21일, 상·하 양원들은 회동을 갖고 그가 의회 해산을 선포하면 반역이라고 결의함으로써 몇 시간 만에 모든 결정권은 나폴레옹의 손에서 벗어나 버렸다. 의원 신변 보호를 위해 국민수비대가 소집되었다.

다음날 나폴레옹은 두 번째 퇴위 문서에 서명했다. **"나의 정치생명은 끝났으며, 아들 나폴레옹 2세를 프랑스인의 황제로 선언하노라."**

한편 소수의 상원 의원만이 나폴레옹 2세를 다시 황제로 공표하자는 뤼시앵의 발의를 지지하고 나섰으며, 의회의 대부분은 푸셰가 이

---

50 B.C. 157~86, 로마의 장군·정치가로 귀족 출신은 아니었지만 군대의 지지에 힘입어 정치지도자로 성공했다. 7번이나 집정관을 지냈으며 로마의 과두정에 반대했다.

끄는 임시정부에 찬성표를 던졌다. 백일천하 기간 내내 푸셰는 1814년 당시 반역자 탈레랑이 했던 역할을 떠맡을 순간을 위해 꾸준히 준비를 해오고 있었다. 그는 루이 18세를 복권시키는 것보다는 오를레앙 공公 루이 필리프[51]를 선호했다. 그러나 웰링턴과 블뤼혀가 신속히 진군해옴으로써 그는 협상할 시간을 빼앗기고 말았다. 다부는 7월 3일 파리 항복 문서에 서명했고, 루아르로 군대를 철수시켰다.

7월 8일 루이 18세가 "동맹군 화물차를 타고" 파리로 재입성했다.

---

51 1773~1850년, 프랑스의 왕으로 1830년 7월 혁명으로 왕위에 올랐으며, 1848년 혁명으로 강제 퇴위당해 영국으로 도망가 그곳에서 죽었다. 프랑스혁명 초기에는 국민의용군에 합류했으나 그 후 공화정에 반대하는음모에 가담해 프랑스를 떠났다. 1814년에 왕정복고로 루이 18세가 왕위에 오르자 프랑스로 돌아와 가문의 영지를 되찾았다.

16

세인트 헬레나

1815년 6월 23일 나폴레옹은 해군장관 드크레에게 대서양 로슈포르 항구에 두 척의 쾌속 프리깃함을 준비해달라고 부탁했다. 처음에 푸셰는 동맹국들의 안전통행 허가증이 없으면 프리깃함을 내줄 수 없다고 했으나 이 조건을 철회하지 않을 수 없었다. 아직도 군과 대중 사이에서 나폴레옹의 인기는 꺾이지 않았으며, 또한 탈출 가능성이 봉쇄될 경우 루와르에서 재편성되고 있는 군의 수장 자리에 다부 대신 그가 다시 앉혀질 수도 있었기 때문이었다.

푸셰는 6월 25일 나폴레옹에게 엘리제 궁을 떠나 말메종으로 가라고 설득했다. 그러나 2차 퇴임 후 미국으로의 탈출을 계획한 나폴레옹은 6월 29일 프랑스를 떠나기 전까지도 동맹국들을 격퇴하라고 임시정부에 제안했다. 푸셰는 이 제안을 거부했지만 안전통행 조건을 철회하고, 나폴레옹에게 "프로이센군이 베르사유로 진군해오고 있으니 지체없이 로슈포르로 떠나라"고 했다. 그들의 총소리는 벌써 말메

종에서도 들을 수 있었다. 블뤼허는 동맹국들이 나폴레옹을 '추방자'
법의 보호와 은전을 박탈당한 사람로 선언한 데 힘입어 그를 잡기만 하면 즉석에서
사살하겠다고 맹세했다. 6월 29일 저녁 나폴레옹은 호위병도 없이 은
밀히 랑부예로 떠났다.

말메종에서 나폴레옹은 의붓딸 오르탕스의 집에 묵었다. 이 집은
그녀가 1814년 5월 어머니 조제핀이 죽은 뒤 물려받은 것이었다. 여기
서 그는 모든 주변 상황을 정리하고 방문객을 맞이했다. 그 동안 튈르
리 궁 금고를 잘 관리했던 은행가 라피트에게 600만 프랑을 넘겨주며
어머니와 형제들, 황실 사람들에게 각각 나눠주도록 명했다. 그러나
그의 의붓딸 오르탕스는 자기 다이아몬드를 나폴레옹의 허리띠에 꿰
매 넣어주고자 고집했다. 그의 두 서자 레옹 백작과 알렉산드르 발레
브스키도 그를 보러 왔으며, 이때 오르탕스는 서자 레옹이 마리 루이
즈의 아들 '로마왕과 판박이'라고 말했다. 마리 발레프스카 외에 나폴
레옹의 정부였던 뒤샤텔 부인과 펠라프라 부인도 찾아왔다. 나폴레옹
은 마지막으로 어머니에게 작별인사를 했다. 로슈포르까지 가는데 그
를 수행한 사람은 조신朝臣, 장교, 하인들이었는데 아내와 아이를 대
동한 인사도 있었다.

로슈포르로 가는 마지막 여정(샤르트르, 투르, 프와티에, 니오르 등등
을 거친다)은 방데의 국경지역이었으므로 왕당파들에게 공격받을 수
있는 가능성이 높았다. 그러나 놀랍게도 니오르에서는 군중의 환호를
받았다. 경기병 연대의 한 분견대가 그를 알아보았던 것이다.
7월 2일 로슈포르 항에 도착해서도 나폴레옹은 열렬한 지지를 받
았다. 그는 루와르 지역 군에 합류하고픈 마지막 유혹을 결국 떨쳐버

리고, 이런저런 탈출 제안들을 곰곰이 따져봤다. 만일 그 유혹에 따랐다면 아마 프랑스는 내전에 휩싸였을 것이다.

프리깃함 외에 작은 배를 조종하는 선장 둘이 나폴레옹의 미국 망명을 저지하고 있는 영국의 봉쇄를 뚫을 준비를 했다. 형 조제프는 남아서 자신이 미끼가 되겠다고 했다. 당시 나폴레옹이 미국으로의 탈출 계획을 서둘러 결정만 했어도 충분히 성공할 수 있었을 것이다. 영국해협에서 소함대를 지휘하던 하덤 제독은 7월 5일까지는 나폴레옹이 로슈포르로 가고 있다는 얘기를 듣지 못했고, 벨레로폰 호號의 메이트랜드 선장은 7월 7일에서야 프리깃함을 차단하라는 명령을 받았다. 그러나 나폴레옹은 남몰래 위험을 무릅쓰면서 비열하게 도망치는 것이 마땅치 않아 머뭇거렸다. 자신도 모르는 사이에 영국에 당당히 환대를 호소해보고픈 마음이 생긴 것이다.

7월 10일 나폴레옹이 벨레로폰 호號의 지휘자와 협상하도록 사바리와 라스 카즈망명 귀족으로 해군 장교를 지낸 역사가를 보냈을 때는 이미 협상의 여지가 남아 있지 않은 상태였다. 벌써 부르봉의 지사知事가 나폴레옹을 체포하러 파리에서 로슈포르를 향해오고 있었다. 메이트랜드 선장은 프리깃함들이 출항하면 저지하라는 명령을 받았다고 설명했다. 그는 자기가 먼저 나서서 나폴레옹에게 영국에서 망명처를 찾아보자고 제안했지만 영국 정부를 대신해서 그 자신이 그에게 어떤 보장도 해줄 수 없음은 분명히 했다. 메이트랜드는 명령을 이행함으로써 큰 상을 받는 영예를 누리고 싶어했다. 나폴레옹으로서는 이제 무조건 항복하는 수밖에 없었다.

3일 후 나폴레옹은 최종결정을 내린 다음 자진해서 벨레로폰 호에 올랐다. 그는 베르트랑에게 "적에게 자신을 내맡긴다는 것에는 항상 위험이 따르지. 하지만 위험을 무릅쓰고 그들의 명예심에 의존하는 편이 전쟁포로로 그들 수중에 떨어지는 것보다 낫다."고 밝힌 바와 같이 사안의 경중을 완벽하게 파악하고 있었다. 그는 영국 섭정왕자에게 보낼 그 유명한 편지에 서명하고 구르고에게 편지 전달을 맡겼다.

"본인은 우리나라를 갈라놓은 온갖 파벌과 유럽 열강의 적의敵意에 쫓겨 정치역정을 끝마치고, 테미스토클레스[52]처럼 영국 국민들의 벽난로 곁에 앉으려고 왔습니다. 저의 적들 가운데 가장 강력하면서도 변함없고, 관대하신 전하께 법의 보호를 요청하는 바입니다."

그러나 섭정공은 그의 미국행을 허락치 않았으며, 오히려 나폴레옹을 적도 아래 세인트 헬레나 섬에 유배 보내기로 결정했다.

나폴레옹이 그후 영국 정부의 처우가 불성실하다고 비난한 것은 허세에 지나지 않았다. 그는 자기 이름이 지닌 특권과 매력적인 개성에 의지하고 있었다. 최초의 후원자였던 파올리와 동생 뤼시앵이 영국에서 여러 해 동안 행복한 망명생활을 하지 않았던가? 어서 선장과 닐 캠벨 경은 엘바 섬에서 친구임을 입증하지 않았던가?

벨레로폰 호에서 하덤 제독과 화려한 점심을 하는 중에서도, 나폴레옹은 왕실 유력인사의 자격으로 대접받았다. 하덤 제독은 메이트랜드 선장보다 한 발 더 나아가 나폴레옹 앞에서는 꼭 모자를 벗곤 했다.

7월 23일 나폴레옹은 쌍안경을 들고 어선트 쪽 유럽 연안을 마지막으로 바라보며 동틀녘부터 한낮까지 선미루船尾樓에 있었다. 항해하는 10일 동안 나폴레옹은 장교와 승무원들로부터 존경과 애정을 받았다. 메이트랜드는 "배에 오르는 순간부터 그의 행동은 변함없는 신사의 그것이었다"고 기록하고 있다. 보워뱅크 중위는 그가 대체로 잘생

---

52 B.C. 514?~449? 아테네의 정치가·군인. 페르시아전쟁 때 뛰어난 지도력을 발휘해 그리스를 구했다. 그러나 정적들은 페르시아와 공모했다는 이유로 그를 추방했다. 말년에 페르시아로 도망가 그곳에서 죽었다.

겼으며, 젊었을 때는 멋졌을 것 같고, "그의 매너는 내 마음을 사로잡는다"라고 기록했다. 해군 소위 후보생 홈은 "그의 입술은 누구의 표정에서도 보지 못한 매력을 지녔다"고 회고했다. 승무원들은 나폴레옹을 위해 연극을 상연했고, 그는 해군 소위 후보생들이 여성 역役을 잘 해냈다고 논평했다.

메이트랜드 선장이 당번병에게 선원들이 나폴레옹에 대해 어떻게 생각하는지를 묻자 그는 이렇게 답했다. "오늘 아침 여럿이 얘기하는 걸 들었는데 한 녀석은 '글쎄. 마음대로 욕할 수야 있겠지만 영국 국민이 우리만큼 그분을 안다면 머리카락 한 올도 해치지 않을 거야'라고 했어요. 모두들 맞다고 했지요." 정박지 토베이와 플리머스영국 서남부 연안의 항구도시에서는 구경꾼들이 배를 타고 몰려와 벨레로폰 호 주변을 에워쌌다. 보워뱅크 중위는 "누구도 무례하거나 모욕적인 말을 하지 않는 것을 보고 나는 놀랐다. 오히려 그가 목례를 하자 구경꾼들은 하나같이 모자를 벗어들었다."

여러 해 뒤에 파머스톤은 영국의 빅토리아 여왕에게 "이 나라 국민들은 놀랄 만큼 외국인을 후대하고, 지난날의 원한을 잘 잊습니다. 역사상 영국 최대의 적이었던 나폴레옹 보나파르트는 플리머스에 있는 동안은 존경을 받았고, 세인트 헬레나에서는 사려 깊은 대우를 받았지요."라고 보고했다.

이 무렵 나폴레옹은 선상에서 메이트랜드와 사냥과 사격에 대해 논하며 영국 시골 대지주의 망명생활을 기대하고 있었다. 그랬던 만큼 제독 키스 경이 영국 정부가 그의 행선지를 세인트 헬레나로 결정했다고 알린 순간 나폴레옹은 크게 낙심했다. 이제 그는 더 이상 전前 황제로서가 아니라 연금을 받는 장군으로 대우받게 되었다. 이는 키스 경으로서는 특히 당혹스러운 일이었다. 그는 워털루 전투에서 부상한 자신의 조카를 나폴레옹이 직접 명령을 내려 안전한 곳으로 이송해 생명을 구해준 데 대한 보답을 해야 할 처지였기 때문이다. 나중에 그는 나폴레옹에게 편지를 보내 "불쾌한 소식을 전달해야 하는 고통스런 의무에 대해 진심으로 유감이었다"는 뜻을 전했다.

나폴레옹은 그에게 부탁해 영국 정부에 공식 항의의 뜻을 전했다. "나는 포로가 아닙니다. 영국의 손님입니다. 정부가 벨레로폰 호 선장에게 나와 수행원 일행을 맞아들이라고 한 것이 단지 덫을 놓기 위해서였다면 이는 명예를 내던지고 국기國旗를 더럽히는 일입니다."

1815년 8월 2일 파리에서 조인된 협약에 따라 4개 동맹국은 나폴레옹을 '포로'로 선언했다. 영국이 유배지를 선택하고 감시할 책임을 맡았다. 나머지 3개국은 옵서버로 감독관을 파견할 수 있었다.

로즈베리 경이 세인트 헬레나 시절의 나폴레옹을 연구한 책 『마지막 국면』에서 "우리 장관들 덕만은 아니지만 영국은 나폴레옹을 네이처럼 총살당하도록 프랑스 정부에 넘겨주는 역할에서 간신히 면하게 되었다"고 썼듯이 나폴레옹은 아슬아슬하게 총살을 면했다.

총리 리버풀 경은 캐슬레이에게 "우리는 프랑스 왕 루이 18세가 보나파르트를 교수형에 처하거나 총살하기 바란다. 그게 가장 좋은 해결책이다."라고 쓴 바 있다.

한편 홀랜드 경과 서섹스 공이 공식 촉구한 것처럼 영국 정부가 관용을 베풀 마음이 있었다 해도 나폴레옹을 영국에 머물게 하는 것은 정치적으로 불가능한 일이었다. 리버풀 경은 캐슬레이에게 "이 나라 국민 정서라는 것이 처음에는 나폴레옹을 호기심의 대상으로 봤다가 몇 달만 지나면 동정의 대상으로 생각하게 될 거라는 점을 잘 알고 계시잖소"라고 지적했다. 벨레로폰 호의 승무원들이 했던 행동과 플리머스 항구도시에서 민중들의 환영이 이런 우려를 입증해주었다.

8월 4일 메이트랜드는 나폴레옹을 세인트 헬레나로 데려갈 코크번 제독의 노스엄벌랜드 호가 도착할 때까지 항구 밖 출발점을 벗어나 순항하라는 명령을 받았다.

개인적인 매력은 별도로 치더라도 나폴레옹은 여전히 혁명의 상징이었으며, 영국 정부의 야당인 휘그당과 급진당은 그를 맞이하여 불안정한 토리당 정부에 대항하는 도구로 이용할 수도 있었다. 더욱이 프랑스 부르봉 왕가를 지지한 것은 영국 정부였다. 그러나 부르봉 가로서는 나폴레옹이 영국에 망명하면 끝없는 불안과 의혹의 원천이 될 것이었다.

공식호칭을 '전前 황제'가 아닌 '보나파르트 장군'으로 정한 것도 독단적이고 졸렬한 조치였다. 나폴레옹의 지적대로 '보나파르트 장군'이란 말은 이집트 원정 이후 쓰인 적이 없었다. 따라서 이 호칭문제는 그가 이미 마음에 두고 있었던 전사한 그의 부관들 이름을 딴 '뒤로크 대령'이나 '뮈롱 대령' 등의 가명을 처음부터 받아들여 채택했다면 아마 충분히 해결 가능했을 것이다.

국내외의 이런 불가피한 상황들이 아니었다면 후대 사람들은 그로부터 매혹적인 대화의 기록을 더 많이 풍성하게 접할 수 있었을 것이다. 나폴레옹이 웰링턴이나 캐닝, 파머스톤이나 디즈레일리[53]와 나눈 대화를 위해 역사가가 무엇인들 내놓지 않겠는가!

이런 모든 가능성은 노스엄벌랜드 호가 세인트 헬레나로 출항하기 직전 휘그당 소속 의원이며, 코크번 제독의 친구인 리텔턴이 나폴레옹과 나눈 긴 대화에서 엿볼 수 있다. 대화는 솔직하고, 시원시원하

---

53 1804~1881년, 1868년과 1874~1880년에 영국 총리를 지냈다. 보수당의 지도자로 수입 곡물에 세금을 부과하는 곡물법 폐지에 반대했으며, 총리로서 영국 발전에 힘썼다.

게 가장 논쟁적인 쟁점들까지 두루 포괄하는 것이었다. 리텔턴은 "그의 기민함과 빈틈없음, 그리고 독창성을 찬양하지 않을 수 없다"고 감탄했다. 아쉽기는 하지만 그래도 나폴레옹이 세인트 헬레나에서 나눈 여러 대화들은 그의 인물 됨됨이와 생애에 대해 많은 사실을 알려준다.

동맹국과 영국 정부의 이와 같은 결정에 대해 시종 마르샹은 한때 나폴레옹이 세인트 헬레나로 가느니 차라리 자살을 택할지도 모른다고 우려했다. 그러나 나폴레옹은 분노와 좌절 속에서 허우적거리던 수행원들보다도 훨씬 더 강인한 냉정함을 보여주었다. 베르트랑의 아내 파니는 히스테리 발작으로 선실 창문에서 뛰어내리려 했다.

나폴레옹은 영국 정부가 장교 셋에 하인 열둘만을 허락함에 따라 세인트 헬레나에 함께 갈 수행원을 골라야 했다. 사바리 장군과 랄르망 장군은 프랑스 정부가 재판에 회부해 수배한 상태였으므로 특별히 제외되었다. 이 두 사람은 메이트랜드 선장의 중재 덕에 몰타에 억류되는 선에서 그칠 수 있었다. 나폴레옹은 대원수 베르트랑과 두 시종 몽톨롱, 라스 카즈, 부관인 플라나 대령을 뽑았다. 그런데 마지막 순간에 플라나 대령이 구르고 장군으로 교체되었다. 구르고의 병적인 질투심을 달래주기 위해서였다. 라스 카즈와 그의 어린 아들은 민간인 신분으로 동참했다. 베르트랑과 몽톨롱은 아내와 아이들을 데리고 왔다. 나폴레옹의 주치의는 함께 가지 않겠다고 했으므로 영국 해군 군의관 배리 오메라가 그 자리를 대신했다. 사실 그는 영국 정부의 스파이였다.

항해하는 석 달 동안 나폴레옹은 유쾌한 유머로써 바글거리는 숙소와 추락한 지위에 잘 적응했다. 그는 코크번 제독이나 장교들과 블랙잭이나 휘스트(카드놀이의 일종)를 하며 저녁을 보내고, 라스 카즈로부터 영어를 배우기 시작했다. 유일하게 알려진 나폴레옹의 영작문은 다음과 같이 별로 신통치 않다.

"따져봐, 라스 카즈. 영어를 떠난 지가(배우기 시작한 지) 6주나 됐는데 진전이 없잖아. 6주는 42일이니까, 하루 오십 단어를 배운 셈치면 2천하고도 백을 알아야 하는데…."

코크번은 "그는 유연한 마음가짐으로 황제에서 장군으로 내려앉았다. 그 모습을 이러니 저러니 묘사하기보다는 상상을 해보는 게 훨씬 쉽다."고 적었다. 하지만 코크번은 저녁식사를 마치자마자 제독을 식탁에 두고 일어서는 나폴레옹의 행동에 당황했다. 튈르리 궁에서 몸에 밴 습관이었다. 코크번은 "확실히 그는 아직도 가끔 군주처럼 행동하는 경향이 있다. 그러나 난 그걸 용납할 수 없다. 그러므로 그런 행동은 용납되지 않는다는 사실을 빨리 깨달을수록 좋겠지."라고 썼다.

1815년 10월 15일 나폴레옹은 처음 세인트 헬레나를 보고는 "이집트에 그냥 머무는 게 더 나았겠어"라며 낙담했다. 섬은 바다에서 가파르게 솟아난 헐벗은 화산 화강암 덩어리에 둘레는 겨우 28마일(45킬로미터)에 불과했다. 그 전망이라니!

그는 45세였고, 항해하면서 건강상태는 좋아졌다.

나폴레옹은 코크번 제독이 섬에서 쓸 만한 집을 물색하는 동안 세인트 헬레나에서의 첫날밤을 해변 제임스타운 항구의 여관에서 보냈다. 그곳엔 크건 작건 집이랄 게 거의 없었고, 제일 나은 것이 동인도회사 소유의 플랜테이션 하우스(농장 관리용 건물)이었다. 동인도회사는 섬을 정부에 넘기기로 한 상태였다. 코크번은 나폴레옹이 머물 집으로 부총독의 여름 별장인 롱우드를 골랐는데 해발 1,700피트(518미터)의 높은 고원에 자리하고 있었다. 항구에서 5마일 떨어져 있고, 데드우드의 군 진지에서 감시할 수 있었으므로 보안상 위치는 적격이었다. 그는 나폴레옹에게 이 곳 기후가 제임스타운보다 선선하고 아직은 방갈로 수준이지만 빨리 확장공사를 하면 방이랄 수 있는 것을 44개나 마련할 수 있다고 말했다.

제독과 함께 롱우드를 둘러본 후 나폴레옹은 '찔레'라는 이름으로 통하는 집에서 잘 가꾼 정원을 발견하고는 매우 기뻐했다. 이 집은 동인도회사 직원 윌리엄 발콤이 살고 있었는데 나폴레옹은 제임스타운에서 하룻밤을 더 허비하지 않기 위해 즉석에서 제독과 발콤가 사람들과 논의한 뒤 바로 '찔레' 정원의 별관에 들었다. 별관은 여행자들의 숙소로 자주 사용되던 곳으로 웰링턴이 인도에서 돌아오는 길에 묵기도 했었다. 1816년 웰링턴은 코크번의 후임자인 말콤 제독에게 이렇게 편지를 보냈다.

"나는 부르봉가의 엘리제 궁에 있는 그의 침실에서 매우 안락하게 지내니, 그 역시 발콤 가에 있는 내 숙소에서 잘 지내고 있기를 바란다고 보니에게 전해주시게."

나폴레옹은 세인트 헬레나에서 포로로 지내기 시작한 초기에 발콤의 두 딸과 스스럼없는 장난을 치며 시간을 보냈던 것은 그 어떤 작가도 감히 그런 상황을 조작해낼 수는 없을 것이다. 그런 것이 나폴레옹의 운명이었다. 그것은 역사상 가장 이상야릇한 만남의 하나다.

발콤 가의 두 딸, 16세의 제인과 14세의 벳시는 어느 날 그들이 그림에서 자주 본 대로 수비대의 녹색 군복에 위로 젖혀진 모자를 쓴 '코르시카 도깨비'와 어느 날 갑자기 마주쳤다. 벳시는 프랑스어를 배우고 있는 중이어서 나폴레옹에게 즉석에서 구술시험을 해보았다.

"프랑스의 서울은?"
"파리."
"이탈리아는?"
"로마."
"러시아는?"
"지금은 페테르부르크, 전에는 모스크바."
"누가 불태웠지?"
"몰라요, 아저씨."
"그래, 그래! 불태운 건 너였어."
"저는요, 아저씨, 러시아 사람들이 프랑스 사람들을 없애려고 불태웠다고 생각해요."

이 말에 나폴레옹은 박장대소했고, 긴장이 풀렸다. 코크번의 비서 글로버는 벳시를 "예쁘장한 소녀인데 아버지가 안 보일 땐 굉장한 말괄량이"라고 묘사했다. 벳시는 나폴레옹을 제일 좋은 아저씨로 생각하게 되었다. 그녀의 꾸밈없고 만만찮은 농담 실력은 나폴레옹에 버금갈 정도여서 둘이 함께 있으면 금방 소란스러워졌다. 식구가 많아 시끌벅적하고 활기 넘치는 분위기에서 어린 시절을 보낸 나폴레옹은 아이들과 있으면 완전히 자연스러웠고 편했다.

'찔레'에서 보낸 두 달은 나폴레옹으로서는 드물게 갖는 휴식기였으며, 별관에는 시종과 라스 카즈 부자가 쓸 방만 있었으므로 나폴레옹은 성가신 '궁정'에서 해방된 기분이었다. 라스 카즈는 발콤 가 아이들이 무람없이 행동하는 것에 화가 났지만 나폴레옹은 즐거워하며 "우리는 가장무도회중일세"라고 말했다.

발콤 가의 두 딸, 제인과 벳시를
맞이하는 나폴레옹

나폴레옹이 사심이 전혀 없는 친구를 갖게 된 것은 드문 경험이었다. 그는 벳시에게 프랑스어 공부를 도와주는가 하면 로마왕의 초상화와 자신이 거둔 승전 장면을 그려 넣은 멋진 정찬용 세브르 도자기 식기 세트를 보여주기도 했다. 그가 영국식 쇠고기 구이에 대해 놀리면 벳시는 프랑스인의 목구멍에서 개구리가 뛰어내리는 만화를 그려 복수하는 식이었다. 나폴레옹이 별 생각 없이 의전용 검 중에 하나를 만져보라고 하자 벳시는 검으로 그를 꼼짝 못하게 구석에 몰아넣었고, 그러는 동안 라스 카즈는 뒤에서 벌벌 떨고 있었다.

또 어느 날 꼬마 벳시는 도가 너무 지나쳐 나폴레옹이 사다리를 올라가다가 세인트 헬레나 바다로 뚝 떨어지는 짓궂은 장난감을 만들어내기도 했다. 나폴레옹은 그걸 만져보고는 "아, 참!"하고 한숨지었다. 벳시의 어머니는 화가 머리끝까지 나서 그녀를 지하실에 가둬버렸다. 그러자 나폴레옹은 창살 틈으로 그녀에게 사탕을 갖다주었다.

나폴레옹은 벳시의 친구가 '도깨비'(나폴레옹)를 무서워한다는 애기를 듣고 그 애가 '찔레'에 놀러왔을 때 나폴레옹이 일부러 무시무시한 표정을 지어 보이며 으르렁거렸다.

휘스트 놀이에서 나폴레옹이 자기를 속였다며 목소리를 높이자 그는 벳시의 새 무도회복을 가지고 나가서 마차가 문 앞에 도착할 때까지 돌려주지 않았다.

"즐겁게 놀아. 그리고 구르고와 춤추는 거 잊지 마라." 아픈 곳을 찌르는 농담이었다. 구르고는 총독의 딸에게 구애하느라고 정신이 없어 발콤 가의 아가씨들은 어린애로 취급해 그의 안중에도 없었기 때문이었다.

1815년 12월 나폴레옹이 롱우드로 옮겨가자, 발콤 일가는 1818년 섬을 떠날 때까지 자주 그를 찾아오곤 했다. 이때쯤 벳시는 제멋대로인 말괄량이에서 사교계에 처음 나온 아름다운 젊은 아가씨로 자랐고, 섬 안팎과 심지어 영국에까지 퍼진 나폴레옹과 관련된 터무니없는 소문을 의식하게 되었다. 이 소문은 프랑스 측 감독관 몽테즈 후작한테서 흘러나온 것이었다. 그는 사교계에서도 따분하기로 유명해 금세 '우리 집 몽테즈 씨'라는 별명을 얻을 만큼 우스꽝스런 앙시앵 레짐의 산물이었다. 나폴레옹은 벳시에게 자신의 잘못을 책하는 뜻에서 꽁지머리라도 잘라 가라고 했다. 그러나 그녀는 나폴레옹에 대한 애정을 결코 잃지 않았으며, 그는 기념으로 자기 머리털 한 뭉치를 주었다. 마지막으로 만났을 때 벳시는 그의 안색이 죽어 가는 사람 같다고 생각했다. 오랜 뒤 그녀는 자서전을 썼고, 나폴레옹 3세[54]는 그녀에게 알제리에 있는 땅을 하사했다. 나폴레옹 3세 루이는 벳시가 큰아버지 나폴레옹과 그가 닮지 않았다고 말하자 실망스러워했다.

---

[54] 1808~1873년, 프랑스 제2공화정 대통령, 제2제정 황제. 나폴레옹의 아우인 홀랜드 왕 루이 보나파르트의 아들로 보통 루이 나폴레옹이라고 한다.

벳시의 남동생의 후손인 브룩스는 그녀의 『세인트 헬레나 이야기』에 나오는 '찔레' 에피소드를 기억해내고는 유언으로 '찔레' 별관을 프랑스 국민에게 유증으로 넘겨 주었다.

나폴레옹은 수취인이 '보나파르트 장군 앞'으로 되어 있는 공식 초청장은 결코 받아들이지 않았으며 '찔레'에 있는 동안은 승마도 하고, 산책도 하면서 자유롭게 섬 주민들을 만났다.

코크번 제독은 당직장교 포플턴 대위 외에는 '찔레'에 추가병력을 배치하지 않았다. 롱우드에서 그는 통제 받지 않고 말을 타고 12마일 이상을 달릴 수 있었고, 베르트랑은 방문객들에게 통행허가증을 발급할 권한이 있었다. 처음 두 해 동안 나폴레옹은 100명 이상의 방문을 받았다. 노스엄벌랜드 호의 세련된 군의관 워든은 '찔레'와 롱우드를 자주 방문했다. 그는 롱우드 고원을 한 바퀴 빙 돌 때면 나폴레옹이 일행의 '중심인물'이었다고 묘사했다.

그는 일부러 틀린 단어를 써가며 영어 연습을 해보기도 하고 베르트랑의 아내 파니와 지나치다 싶을 정도로 시시덕거리기도 했다.

그러나 1816년 4월 허드슨 로위 경이 새로이 총독으로 부임하면서 플랜테이션 하우스와 롱우드 사이에는 냉전이 벌어졌다. 로위는 직속장관인 식민장관 배더스트 경의 새 방침의 지시를 철저히 이행하는 과정에서 나폴레옹과 격렬하게 부딪혔다. 세인트 헬레나 유배시절에 관한 기록이 그토록 많은 것이 오늘날까지도 로위의 이상성격 탓 때문인지 아니면 나폴레옹이 고의적으로 그렇게 선전을 했기 때문인지는 단정하기 어렵지만 나폴레옹이 늘 그랬듯이 아미앵 조약에 서명한 영국 측 대표 콘월리스처럼 '명예를 아는 사람'과 거래했다면 아마 불필요한 마찰은 없었을 것이라고 주장했다. 나폴레옹은 그의 수행원들

롱우드에서
정원을 가꾸는
나폴레옹

에게 처음부터 "불화를 만드는 불평은 그들의 의무"라고 말했다.

나폴레옹은 그의 존재가 세상에서 잊혀지는 것을 가장 두려워했다. 박해를 당하거나 '순교하는 것'이 오히려 낫다고 여겼다. 그는 '옵서버'로 세인트 헬레나에 파견되는 동맹국측 감독관을 받아들이려 하지 않았다. 자신을 억류한 동맹국들간의 협약을 인정하지 않았기 때문이었다.

"아무 책임도 없는 감독관들을 여기 파견하다니 얼마나 어리석은 짓인가. 그들은 길거리를 어슬렁거리고 바위를 오르는 것 외에는 아무 할 일이 없을 것이다."

1818년 엑스 라샤펠 회의에서 그의 억류를 지속한다는 재확인이 있기 전까지만 해도 그는 유럽의 정치상황이 나아지면 세인트 헬레나에서 벗어날 수 있으리라는 희망을 포기하지 않았다. 1821년 생애 마지막 여섯 달간에도 여전히 영국의 집권 정부가 바뀌어 자신을 풀어주기를 바랐다. 섬에 도착하는 배들마다 얼토당토않은 소문을 실어왔다. 그런 환상에서 깨어나는 순간마다 나폴레옹은 "우리는 다 큰 아이들처럼 행동하고 있어. 양식 있는 사람의 본을 보여야 할 내가 자네들만큼이나 잘못하고 있지. 우린 공상 속에 살고 있는 거야."라고 말했다.

소동과 말썽이 많을수록 항의와 선전이 그에게 그만큼 유리하게 작용했다. 황제의 관을 쓸 수 없다면 '가시 면류관'을 쓰겠다는 얘기였다. 이런 소요를 보다못한 으젠이 개인적으로 러시아 황제에게 중재를 부탁했다. 반면 나폴레옹의 어머니와 동생 제롬은 영국 섭정왕자에게 서한을 보냈지만 섭정왕자에게 가장 강력하게 관용을 호소한 사람은 덕이 높은 교황 비오 7세였다.

"1801년 그의 경건하고 용기 있는 행동은 우리를 감동시켜 그 후의 여러 잘못을 잊고 용서하게 합니다. 사보나와 퐁텐블로는 판단의 잘못이었거나 과다한 인간 야심의 표현이었습니다만 그때의 '정교협약'은 치유를 위한 기독교적이며 영웅적인 행위였습니다. 우리가 나폴레옹의 고통을 줄이는 데 도움을 줄 수 있다면 그건 우리 마음에 가장 큰 기쁨을 가져다줄 것입니다. 그는 이제 누구에게도 위협이 될 수 없습니다. 우리는 그로 인해 양심의 가책을 받게 되지 않기를 기원합니다."

그러나 이런 편지들 중 회답을 받은 것은 하나도 없었다. 롱우드에서 탈출에 관한 논의가 터무니없이 나오기도 하고, 섬 외부로부터 비밀 메시지를 받는 데 별 어려움은 없었지만 나폴레옹이 탈출을 진지하게 생각해봤다는 증거는 없다. 만약 그런 계획이 있었다면 그는 영국을 자극하기보다는 영국의 의혹을 진정시켰을 것이다. 세인트 헬레나는 엘바와 여건이 달랐다. 영국 본토에서 천 마일 이상 떨어져 있고, 가장 가까운 어센션 섬조차 600마일 밖에 있는 데다 영국 해군이 점령하고 있었다. 프리깃함 소함대가 계속 순찰하는 외에도 세인트 헬레나에는 3천 명의 경비대가 상주했다. 추가로 경비해야 할 해변이 거의 없어 코크번의 후임자인 말콤 제독은 안전조치는 더 이상 필요하지 않으며 "내가 식민장관 배더스트 경이었다면 그를 구금하기 위해 다른 방법을 썼을 것이다. 세인트 헬레나 해안에서 상륙할 만한 곳은 5군데 정도밖에 없다. 그를 거기 붙들어두는 수단으로 말한다면 그렇게 끔찍이도 터무니없을 수가 없다. 나는 세인트 헬레나 섬을 잘 안다."고 하였다.

허드슨 로위 경은 프랑스어와 이탈리아어를 조금 구사할 줄 알고, 참모 임무를 유능하게 해냈기 때문에 총독으로 발탁된 듯하다. 그는 군의관의 아들로 나폴레옹이 지금까지 만나본 해군 장교들처럼 확신과 기지, 그리고 세상에 대한 지식을 가진 귀족이 아니었다. 워틸루 전투 이후 1년에 1만2천 파운드의 월급을 주는 이 자리를 마다하지 않을 뛰어난 제독이 많았다. 그러나 그런 제독들이 나폴레옹의 매력에 쉽게 굴복한다는 사실은 이미 입증된 바 있었다.

로위의 군 경력은 두드러진 게 없었다. 그는 지중해에서 코르시카 경비대의 한 연대를 지휘했는데, 당시 대원들은 왕당파 망명귀족 아니면 탈영병이었다. 따라서 이런 경력이 나폴레옹에게 좋은 인상을 주기는 어려운 이력이었고, 나폴레옹에 대한 그의 마찰들은 의도적인 모욕으로 해석하지 않을 수 없었다. 영국 정부가 아무 생각 없이 이러한 경력의 로위를 총독으로 임명한 것이 그와 나폴레옹 사이에 생긴 불화의 원인이었다. 1819년 리버풀 경의 조카인 릿케츠 외교관이 동방에서 귀국하는 길에 잠시 이곳에 들렀을 때 나폴레옹은 "자네 아저씨라면 코르시카 대대 대령 허드슨 로위 경을 이곳으로 절대 보내지 않았을 거야"라고 말했다.

로위가 무례한 인물이라고 생각한 것은 이 프랑스인뿐만이 아니었다. 말콤 제독은 로위와 나폴레옹을 화해시키려다 그만 로위와 다투고 말았다. 오스트리아와 러시아 감독관 발마인과 슈투르머조차도 로위가 섬 전체에 조직해놓은 무례하고도 불쾌한 정탐 시스템에 격노했다. 발마인은 "영국이 보나파르트를 아주 비열하게 대우한다"고 보고했다.

또 슈투르머는 "이보다 더 나쁜 선택을 하기는 불가능할 것이다. 로위보다 더 꼴사납고 과도하고 밉살스런 인간을 찾기는 힘들 것"이라고까지 말했다. "영국인들은 그를 두려워하고 기피했으며 프랑스인들은 그를 비웃었다. 감독관까지도 그에 대해 불평했고, 모두들 그가 좀 정신이 이상하다는 데 동의한다."고 하였다.

워털루 전투 전에 로위를 참모진에서 제외시켰던 웰링턴은 그를 '꼴통'이라고 생각했다. 하지만 로위의 떠들썩하고 고지식한 스타일은 근본적으로는 선의에서 나온 것이었다. 그러나 그는 병적으로 불안하고, 의심이 많았으며, 심지어 정부에서 준 재량권도 발휘하지 못할 정도로 소심했다.

식민장관 배더스트 경도 비슷한 성향을 지닌 인물이었다. 로위와 배더스트 사이에 오간 문서를 영국인이 읽는다면 자신의 조국을 부끄러워하지 않을 수 없다. 그들은 속도 좁은데다 병 속의 지니 아라비아 동화에 나오는 요정를 어설프게 만지작거리고 있는 잔뜩 겁먹는 자들이었다. 배더스트는 1817년 로위에게 "당신의 경계가 느슨하다고 생각된다면 우리는 은밀한 연락체계를 유지해야 한다는 데 의심의 여지가 없소. 다른 모든 나라에서와 마찬가지로 이 나라에서도 불온하고 선동적인 부류들이 보나파르트 장군의 탈출을 고대하고 있소. 그의 탈출은 오랫동안 유럽의 지배력에 엄청난 위협이 돼 왔던 혁명의 기운에 즉각 생기와 활력을 불어넣어 줄 것이고 그들 모두는 하나같이 그것을 부활시키려 하고 있소."라고 전했다. 배더스트의 지적 수준이 어느 정

세인트 헬레나 시절 롱우드에서
일어난 쥐떼의 습격을 풍자한 만화 (당시 만화가들이 즐겨 그렸던 테마)

도인지는 다음 편지를 보면 알 수 있다.

"앞으로 보나파르트 장군에게 그의 군주로서의 통치권을 상징하는 엠블럼이나 칭호가 붙은 선물이 우송될 경우, 선물 자체에 손상이 가지 않고 엠블럼 등을 떼어낼 수 없다면 배달 불가로 간주하시오."

1816년 10월 나폴레옹은 로위에게 '칭호'에 관한 논쟁을 벌이면서 '뮈롱 대령'이나 '뒤로크 대령' 같은 가명을 써서 해결하자고 제안했다. 배더스트는 "형식적으로 마지못해 그런 제안에 동의해준다면 난처한 일이 많이 일어날 것"이기 때문에 이 제안은 무시해야 한다고 결정지었다.

로위와 나폴레옹의 첫 면담은 제대로 진행되었다. 그러나 로위는 때를 놓치지 않고 배더스트가 내린 새로운 지침을 알려주었다. 나폴레옹은 시종이 넷이나 줄게 되었고, 일년의 경비는 8천 파운드로 제한당했다. 섬에 남고자 하는 사람은 무기한 체류하겠다는 진술서에 서명해야 했다. 어떤 서신도 총독을 통하지 않고는 오갈 수 없었으며, 나폴레옹이 있는 롱우드 방문허가증 발급도 베르트랑에서 총독으로 넘어갔다. 감시가 붙지 않은 승마는 금지됐고, 나폴레옹은 하루에 두 번씩 당직사관의 점검을 받아야 했다. 로위는 체류 진술서에 관해 하인들을 직접 조사했고, 나폴레옹의 수행원 대부분을 추방시킬 구실을 찾느라 안달했다. 그는 배더스트에게 "보나파르트 장군에 대해 애정을 갖는 사람들의 현재 감정을 고려할 때 라스 카즈 정도만 빼놓고는 그들 전부를 제거하는 것이 바람직하다고 사료됩니다"라고 써보냈다.

나아가 로위는 이들 프랑스인이 영국인 주민들과 자유롭고 친근한 관계를 맺는 것도 두려워했다. 그들은 롱우드를 섬 사회의 중심지로 만들고 있었다.

로위의 조직적인 계획이 나폴레옹이 거처한 롱우드에서 분노를 폭발시킨 것은 전혀 놀랄 일이 아니다. 몽테즈 후작은 로위에 관한 보고서에서 이렇게 썼다.

"내가 그의 자리에 있다면 단 한 사람의 외부인도 롱우드를 방문하도록 허락하지 않을 것이다. 그들은 하나같이 나폴레옹에 대해 헌신적인 사랑을 주체 못하는 상태가 되어 떠난 뒤에도 그 감정들을 유럽에 퍼뜨리기 때문이다."

베르트랑은 로위의 계획이 나폴레옹을 고립시키려는 의도적인 시도라고 생각했다. 4월 30일 두 번째 면담에서 나폴레옹은 로위에게 말했다.

"정부가 그런 규제조치들을 승인하고, 당신이 섬에서 내게 자유를 빼앗는다면 당신은 우리에게 해줄 수 있는 게 아무 것도 없다. 필시 제독은 정부로부터 우리를 서서히 죽이라는 지시를 받았을 터. 당신도 같은 명령을 받았겠지. 칼라브리아 사람들이 뮈라에게 했던 것처럼 당신들도 내 머리에 총 두 방을 쏴버리는 게 낫겠어."

나폴레옹은 베르트랑에게 "이 자의 의도는 우리가 추측했던 것보다 훨씬 악의적인 것 같아"라고 말했다. 이런 식의 비난을 나폴레옹은 다음 번 면담 때 더욱 모욕적인 표현으로 되풀이했다. 로위는 베르트랑에게 "나폴레옹은 허상의 스페인과 허상의 영국을 창조해냈소. 그런데 이제는 허상의 세인트 헬레나라니…"라고 말했다.

한편 로위는 루동 백작부인도 만나볼 겸 플랜테이션 하우스에서 저녁을 같이 하자며 '보나파르트 장군'을 초대했다. 서투른 화해 제스처였다. 그러나 응답이 없자, 로위로서는 놀랍기도 하고 불쾌하기도 했다. 나폴레옹은 말콤 제독에게 이렇게 말했다.

"로위는 모든 점에서 비위에 거슬리는 자요. 호의를 보이고자 할 때조차 그렇소. 무슨 제안을 할 때면 항상 내키지 않는데 마지못해 한다는 듯한 태도요. 나를 왕좌에 복귀시키기 위해 툴롱으로 데려가라는 명령을 전하러 왔다 해도 그런 식으로 날 거슬리게 했을 거요."

말콤 제독은 허심탄회하게 그가 영국에 거주하는 것이 왜 정치적으로 불가능한지를 설명해주고는 세인트 헬레나를 최대한 활용하라고 충고했다.

1816년 8월 18일 나폴레옹과 로위는 말콤 제독과 로위의 참모가 배석한 가운데 마지막으로 만났다. 나폴레옹은 완전히 냉정을 잃고, 로위를 '참모부 서기'니 '망나니'니 하며 계속 모욕을 퍼부었다. "지금부터 오백 년 후 나폴레옹이라는 이름은 유럽에 널리 알려지겠지만 캐슬레이와 당신들의 이름은 고작 당신들이 나에게 가한 치욕스럽고 정의롭지 못한 짓거리 때문에 유명해질 것이오."

그는 나중에 "내 생애에서 두 번째로 영국인들과의 관계를 뒤죽박죽으로 만들고 말았다. 총독은 다시 보고 싶지 않다. 그는 나를 너무 화나게 만들고 나 역시 위엄을 잃게 된다."고 말했다.

세인트 헬레나 섬에서
영국 총독 허드슨 로위 경과
다투는 장면

로위의 좌충우돌은 도를 더해갔다. 그는 플랜테이션 하우스에서 열린 영국 섭정왕자의 생일 축하 파티 초청장에 '보나파르트 장군에게'라고 써서 보냈다. 그리고 선물로 온 포장지에 이탈리아어로 '황제 나폴레옹'이라고 적혀 있다고 압수해버렸다. 그는 나폴레옹의 아들 로마왕의 대리석 흉상에 비밀 메시지가 숨겨져 있을지 모른다며 이를 나폴레옹에게 전달해도 좋을지를 고심하다가 이를 깨뜨려 보자고까지 했다.

이런 로위에 대항한 나폴레옹의 선전 작전은 유럽에서 상당한 반향을 얻고 있었다. "앞으로 내가 박해를 받으면 받을수록 유럽은 더 떠들썩해질 것이다." 나폴레옹은 『충고』라는 책자의 초안을 작성했다. 이 책자는 비단에 깨알 만한 크기로 사본을 떠서 산티니가 몰래 유럽으로 빼돌렸다. 산티니는 배더스트의 명령으로 추방자 명단에 오른 하인 중 한 사람이었다. 홀랜드 경의 도움으로 산티니는 『영국 국민에 고함』을 출판했다. 워든 박사는 이미 『노스엄벌랜드 호號와 세인트 헬레나에서 온 편지』를 출판했는데 이 책에서 나폴레옹을 생생하고 정확하게 묘사했다. 이 책은 당혹스러울 정도로 나폴레옹에게 호의적이었으므로 워든은 군무軍務에서 면직되었다. 나폴레옹은 『희망봉에서 온 편지』에서 워든의 노고에 익명으로 답했다. 또한 『세인트 헬레나에서 만들어진 원고』가 널리 읽혀졌는데, 나폴레옹이 쓴 것이라고들 생각했다. 그러나 사실은 뤼랭 드 샤토뵈의 위작이었다.

롱우드의 경비를 줄이려는 로위의 노력이 오히려 나폴레옹에게는 유리하게 작용했다. 세인트 헬레나의 영국인 거주민들은 이곳 생활비가 아주 많이 든다는 것을 잘 알고 있었다. 나폴레옹은 파리와 런던에 있는 자금을 인출하려 했지만 로위의 서신 검열 때문에 출처가 밝혀져야 하므로 그만두었다. 영국 정부를 더욱 당혹스럽게 하려고 나폴레옹은 많은 양의 은 접시를 깨뜨리고는 제임스타운에서 공매에 붙이게 했다.

이로써 1817년 3월 홀랜드 경은 나폴레옹의 억류 조건에 대해 영국 상원에서 공개토론을 개최하기에 이르렀고, 이에 배더스트 경은 상응하는 답변을 하느라 곤혹스러워했다.

발안이 상당한 표 차이로 부결되긴 했지만 이 문제가 널리 알려짐으로써 배더스트와 로위는 태도를 바꾸지 않을 수 없었다. 나폴레옹은 직접 쓴 『배더스트 경의 발언에 관한 고찰』을 보내왔다. 롱우드의 경비는 1만2천 파운드로 원상 복구되었다. 이제 로위는 감히 나폴레옹에게 하루 두 번 당직사관에게 출두해야 하는 규정을 강요할 수 없었다. 나폴레옹이 누구든 자기 집에 무단으로 들어오는 자는 쏘아버리겠다고 위협했기 때문이다.

1817년 2월 배더스트는 로위에게 "그를 회유해 신선한 공기를 마

세인트 헬레나 섬에서
시종 라즈 카즈의 아들에게
구술하는 모습

시며 좀 더 자주 운동을 하게 할 수만 있다면 주변 12마일까지는 자유롭게 돌아다닐 수 있도록 한 본래의 규정을 부활시켜줘야 한다"고 권했다. 나중에는 심지어 나폴레옹이 하루 두 번 당직사관에게 출두만 해준다면 섬에서 완전한 자유를 누릴 수 있다는 제안도 했다. 배더스트가 처음부터 '필수적인'이라고 주장해왔던 보안상의 예방조치 얘기는 이쯤 해두자. 그러나 이처럼 기존의 규제를 완화해주겠다는 제안은 이미 너무 늦었다. 로위의 규제에 항의하는 뜻으로 승마를 그만두자마자 나폴레옹의 건강이 악화되기 시작한 것이다.

롱우드가 점점 세상과 단절되면서 나폴레옹 수행원들의 정신력에도 금이 갔다. 몽톨롱이 가계를 책임지게 됨으로써 베르트랑은 모욕을 당했다. 나폴레옹은 베르트랑이 아내, 가족과 너무 많은 시간을 보내다고 생각했다. 제일 젊은 구르고는 감수성이 너무 예민해서 유배 생활을 견뎌낼 수 없었고, 라즈 카즈와 몽톨롱을 시기했다. 라즈 카즈 부자父子에 대한 나폴레옹의 편애 때문에 모두들 라즈 카즈에 반감을 갖게 되었다.

1816년 11월 라즈 카즈는 나폴레옹의 비밀서한을 몰래 전달한 것이 들통나는 바람에 체포되어 섬에서 추방당했다. 라즈 카즈는 로위가 제시한 정도의 조건으로는 롱우드에 다시 돌아가지 않겠다고 한 점에서 그가 이 사건을 일부러 일으켜 섬을 탈출하는 빌미로 사용한 것이 아닌가 하는 의심도 있을 수 있다. 나폴레옹은 그가 없어 더 이상 회고록을 구술할 수 없게 되어 우울했지만 유럽에서 라즈 카즈로 하여금 선전 효과는 더 쓸모가 있을 것이라고 생각했다.

1817년 말 구르고의 행실은 도저히 참을 수 없는 정도가 되었고, 나폴레옹은 떠나겠다는 그의 청을 받아주지 않을 수 없었다. 심지어 그는 몽톨롱에게 결투를 신청하겠다고 협박까지했다. 구르고는 『세인트 헬레나의 일기 1815~1818』에서 나폴레옹으로부터 꾸지람을 당한 괴로운 장면을 이렇게 기록하고 있다. "넌 내가 한밤에 깨어나서 과거의 나와 현재의 나를 돌이켜볼 때, 나쁜 순간들이 없다고 생각하는 건 아니겠지?" 수행원들간의 다툼에 화가 난 나머지 나폴레옹은 언젠가 구르고에게 "이럴 줄 알았으면 하인들만 데려오는 건데…"라고 말했다. "결국 다른 수가 없으면 초록 앵무새라도 벗삼아야겠지."

그러나 유럽으로 돌아오자마자 저지른 구르고의 행동은 정말 이상했고, 나폴레옹에게는 거의 도움이 되지 않았다. 그는 배더스트에게 나폴레옹의 건강 악화는 '외교적인 것'이며, 언제든 그가 원하기만 하면 세인트 헬레나를 탈출할 수 있고, 유럽 쪽과 비밀리에 소식을 주고받는 데 전혀 어려움이 없다고 말했다. 배더스트는 당연히 이 유별난 자백을 이용해 나폴레옹의 엄격한 구금상태를 규정한 엑스 라샤펠 회의의 결정을 더욱 강화시켰다.

동시에 구르고는 세인트 헬레나가 나폴레옹을 죽일 것이라며 황제와 마리 루이즈에게 그를 풀어달라는 감상적인 청원을 냈다. 그렇지만 나폴레옹의 유언장에 구르고가 언급조차 되어 있지 않다는 점은 시사하는 바가 크다.

1819년 7월 몽톨롱 부인은 건강상의 이유 때문에 하는 수 없이 섬을 떠났다. 그럴 리야 없겠지만 그녀는 나폴레옹의 정부라는 의심을 받고 있었다. 그의 하인들, 그중에서도 특히 지적이고 믿음직한 시종인 마르샹으로부터 나폴레옹은 매끄럽고도 헌신적인 봉사를 받았다. 그러나 궁정 생활에 익숙해 있던 탓에 그들은 사치와 낭비가 심했다. 노련한 스파이 출신으로 섬의 온갖 소문을 들려주어 나폴레옹을 즐겁게 해주던 집사 치프리아니가 1818년 2월 갑자기 죽어 나폴레옹에게는 큰 손실이었다.

1819년 9월 그 동안 섬을 떠난 식구들을 보충하기 위해 황모후가 유럽에서 보낸 사람들이 도착했다. 황모후는 자신의 시종이자 뒤로크의 시종이었던 쿠르소 그리고 폴린의 요리사로 튈르리 궁에서 경험을 많이 쌓은 샹델리에를 제외하고는 그저 그런 사람들을 보내왔다. 나머지는 아무짝에도 쓸모없는 부오나비다와 비그날리 신부, 또 젊고 거만한 코르시카 출신의 사이비 외과의사 앙톰마르키 같은 사람들이었다.

폴린이 1821년 플라나 대령에게 보낸 편지에 따르면 황모후는 천리안을 지녔다는 한 독일 점쟁이 여인에 빠져 한동안 세인트 헬레나에서 오는 소식은 모두 거짓이며, 나폴레옹은 이제 거기 없다고 확신한 나머지 섬으로 갈 사람을 고르는 데 별로 신경을 쓰지 않았던 것이다.

이미 1816년 베르트랑의 일기를 보면 나폴레옹의 건강상태가 자주 나빠지곤 했다고 적고 있다. 이런 증상들은 롱우드의 기후가 건강에 나쁘다는 나폴레옹의 주장을 뒷받침하기 위해 과장된 것일까? 습도가 너무 높다는 것 외에 지중해에서 태어나고 자란 사람으로서 세인트 헬레나는 열대라기보다는 온화한 기후여서 나폴레옹의 이런 주장에 심각한 반론을 제기하기는 어렵다. 그러나 나폴레옹이 머물던 시기에 섬을 방문한 사람들은 이질이나 간 계통의 질병에 걸렸는데, 식수가 병원균에 감염돼 있었기 때문인 듯하다.

코크번의 비서 글로버는 "섬의 기후는 보통 말하는 것보다 결코 좋지 않았다. 아이들은 자주 앓았고, 어른들은 간 질환에 시달렸다. 간 질환으로 많은 동료가 죽었다."라고 기록하고 있다.

1817년 하반기부터 나폴레옹은 다리가 부어오르는 고통에 시달렸다. 그래서 1817년 10월 오메라는 간염이라고 진단하고 수은 치료를 시작했다. 로위는 오메라를 신뢰하지 않았다. 나폴레옹의 지시에 따라 총독에게 그의 건강에 관한 상세한 기록을 제출하지 않았기 때문이다. 로위는 오메라가 해군본부와 직접 교신하고 있다는 사실에 분개해 그를 제거하기로 작정했고, 1818년 5월 그는 배더스트에게 오메라를 해고해도 좋다는 허락을 받았다.

오메라는 공식 보고서에서 다음과 같이 썼다.

"본인은 최근 임명된 의료 수행원으로서 세인트 헬레나와 같은 이런 풍토에서 계속 산다면 나폴레옹 보나파르트는 생명이 위태롭게 될 것이라는 점을 소견으로 밝혀두고자 하는 바입니다. 이러한 결론은 증세가 심한 그의 간 질환과 그 악화상황, 또 세인트 헬레나 섬에서 이

병의 치사율이 매우 높다는 사실을 고려해서 내린 결론입니다. 간염의 높은 치사율은 제 66 세인트 헬레나 연대와 소함대 병사들, 일반적인 유럽인들, 그리고 특히 영국 군함 '정복자호' 승무원들의 사망자수에서도 입증된 바 있습니다."

영국으로 돌아오자마자 오메라는 로위의 독재를 비난하고 심지어 로위가 나폴레옹의 죽음을 재촉하라는 명령을 받았다는 점을 암시하는 말까지 했다. 그 결과 오메라는 군법회의에 회부돼 해군에서 쫓겨났다. 그는 말주변이 좋고, 재미있는 사람이었지만 신뢰할 수 없는 아일랜드인이었는데 이미 이중간첩으로서 아주 복잡한 상황에 연루돼 있었다. 나폴레옹은 믿었던 자신의 주치의가 영국내각과 섭정왕자에게 전달될 롱우드의 온갖 소문을 비밀리에 해군본부에 보내고 있다는 사실을 모르고 있었다. 반면 로위는 오메라가 나폴레옹으로부터 거금의 돈을 받고 매수되었다는 사실을 몰랐다.

나폴레옹은 로위가 추천한 의사는 결코 만나지 않았으며, 어머니가 천거한 내과의가 도착할 때까지 몇 달 동안 치료를 받지 않았다. 급기야 1819년 1월 그는 기절했고, 해군 군의관 스토코우가 파견되었다. 스토코우는 만성간염이라는 오메라의 진단을 재확인해주었다. 이 때문에 그는 로위의 분노를 샀고, 롱우드에 협력했다는 이유로 군법회의에 회부돼 역시 해임되었다. 군법회의에서 스토코우의 혐의 중 하나는 "사정을 뻔히 알면서 의도적으로 나폴레옹 장군의 신병을 보다 확실히 구금하기 위해 영국 법령이 규정한 것과는 다른 방식으로 그를 호칭했다"는 말도 안되는 이유에서였다.

나폴레옹이 맞은 마지막 영국인 방문객은 귀국길에 들른 영국 외무부 관리 릿케츠로 그 역시 리버풀 경에게 나폴레옹의 병은 '대외적인 꾀병'이라고 보고했다.

1819년 8월 나폴레옹은 다시 '간 관련' 증상을 보였고, 유언장의 첫 초고를 구술했다. 그러나 거의 1년간은 차츰 나아지는 듯했고, 정원 꾸미는 일에 몰두하느라 바빴다. 수행원들은 모두 동틀 녘이면 일어나 그의 지시에 따라 일했다. 1820년 5월에는 승마도 다시 시작했지만 너무 피곤해 포기하고 말았다. 1820년 10월 4일 롱우드 지역을 벗어나 마차를 타고 마지막으로 소풍을 나갔다. 그는 이웃인 윌리엄 도브턴 경의 저택 잔디밭에서 즐거운 시간을 보냈다. 도브턴은 그가 '매우 창백'하고, "중국 돼지처럼 살찌고 뚱뚱하다"고 생각했다. 그러나 1820년 10월 10일 나폴레옹은 목욕 후 다시 기절했고, 쇠약해져 구토, 식욕부진 증상이 더욱 두드러지면서 병이 만성화되어 갔다. 나폴레옹은 몽톨롱에게 "이제 램프에 기름이 다 떨어졌군"이라고 말했다. 1821년 3월 17일 몽톨롱은 아내에게 "이래저래 세인트 헬레나도 이제 끝나가고 있구려. 그분이 더 사시긴 불가능해."라고 써보냈다. 앙톰마르키는 나폴레옹의 위에 열이 있다고 진단하고 강력한 구토제를 처방했다. 그러는 동안 로위와 배더스트는 여전히 나폴레옹의 탈출 가능성에 노심초사하며, 당직사관이나 영국인 의사에게 모습을 보여야 한다고 고집했다. 로위는 명령에 복종하지 않으면 목을 비틀어 버리겠다고 윽박지르기도 했다.

4월 1일 나폴레옹은 마침내 군의관 아르노를 만나겠다고 했다. 아르노는 심각한 증상은 발견하지 못한 채 우울증이란 진단만 내렸다. 4월 23일까지만 해도 아르노는 아직 "회복하는 데 시간이 좀 걸리고 어렵겠지만 위험하지는 않다"고 보고했는데 다음날 나폴레옹이 '커피 찌꺼기'처럼 보이는 물질을 토하기 시작했을 때가 돼서야 아르노는 깜짝 놀랐다.

나폴레옹은 쇠약해진 몸을 각고의 인내로 겨우 추스르고는 4월 12

영국 장교가 그린
나폴레옹의 영면 모습

일에서 15일 사이에 장문의 유언장을 구술했다. 이전의 초고는 마르샹을 시켜 태워버렸다. 5월 2일 나폴레옹은 비냘리 신부에게 종부성사를 받았지만 이는 비밀이었다. 아르노와 앙톰마르키, 거기다 두 영국인 의사 쇼트와 미첼까지 끼여 협의한 끝에 염화제1수은 10그레인(0.64그램)을 투여하기로 결정했다. 의사들의 강요로 마르샹은 원하지 않는 나폴레옹의 뜻과는 달리 마실 약에 수은을 타주어야만 했다.

1821년 5월 5일 새벽 2시, 그는 마지막으로 조리 없는 단어들을 내뱉었다.

"프랑스··군軍··선봉··조제핀."

그날 아이들을 포함해 롱우드의 식구들은 의식불명인 나폴레옹 주위에 모여 그가 해 질 녘에 평화롭게 죽는 것을 지켜보았다.

오후 5시 51분 앙톰마르키는 그가 사망했다고 선언했다.

로위는 끝까지 멍청한 짓을 했다. 그 소식을 듣자마자 그는 보좌관들에게 "자, 신사 여러분, 그는 영국 최대의 적이었고, 나의 적이기도 했소. 하지만 나는 그의 모든 것을 용서하겠소. 그와 같은 위인의 죽음 앞에서 우리는 경의와 애도만을 느낄 따름이오."라고 말했다.

병의 원인을 확실히 밝히기 위해 부검을 해야 한다는 것은 나폴레옹의 생전 희망이었다. 영국인 외과의들이 입회한 가운데 앙톰마르키가 집도를 시작했다. 위에는 "작은 손가락도 들어갈 만큼 큰" 구멍이 뚫렸지만, 그 구멍을 메우기라도 하듯이 간에 딱 들러붙어 있었다. 쇼트 박사는 간에서 아무 이상을 발견하지 못했다는 동료들의 의견과는 달리했으며, 간이 비대해진 상태였다는 자신의 소견이 "총독의 명령에 따라 누락되었다"고 기록해두었다.

앙톰마르키는 보고서에 서명하기를 거부했고, 나중에서야 회고록에서 간이 비정상적으로 컸다고 밝혔다. 공식 검시보고서는 "사망원인이 위에 생긴 '암성癌性 궤양'이며, 위는 곧 암으로 발전될 조직손상의 양상이 보였다"라고 결론지었다.

이 보고서는 로위와 영국 정부로서는 매우 편리한 것이었다. 나폴레옹이 아버지와 동일한 병으로 사망했음을 입증하기 때문이다. 그러나 대충대충 실시한 부검의 성격상, 그리고 당시의 초보적인 병리학 지식 수준을 고려해 볼 때 이 보고서의 내용은 결정적인 것이 못 되며, 아직도 의학 전문가들 사이에 논쟁의 대상이 되고 있다.

나폴레옹이 제복을 입은 상태로 영원한 안식을 취하자 모두가 그 얼굴의 평온함과 청년 같은 아름다움에 대해 한마디씩 했다. 얼굴은 병으로 홀쭉해져 30세 때 제1통령의 얼굴 같았다. 쇼트 박사는 "죽음에 이르러 그 얼굴은 내가 여태까지 본 것 중 가장 눈부셨다. 그것은 정복을 위해 만든 것처럼 보였다."고 적었다. 닥터 헨리는 "이보다 더 고귀하고, 고전적이며, 평화로운 얼굴은 본 적이 없다는 데 모두가 동의했다"고 기록했다.

제16장 세인트 헬레나 | 403

1821년 세인트 헬레나 섬에서 나폴레옹의 영결 행렬

이런 인상은 부패가 시작되고 있는 뒤늦은 단계에서 어렵사리 떠낸 데드 마스크에서 확인된다. 닥터 버튼은 때마침 섬에서 작은 규모의 소석고燒石膏 광상鑛床을 찾아내는 데 성공해 두 부분의 석고 틀, 즉 안면과 두개골을 따로따로 만들었다. 앙톰마르키는 버튼이 없는 사이 안면 주형을 가져가 버렸고, 두개골 주형은 버튼이 보관했다.

그의 매장과 장례식조차도 정치적인 다툼으로 괴롭힘을 당하면서 나폴레옹은 본인의 희망대로 프랑스에 묻히지 못하고 제라늄 계곡에 묻혔다. 로위는 장례식에 군장軍葬의 예를 최대한 갖춰주었다.

몽톨롱은 묘비명을

나폴레옹
1769년 8월 15일 아작시오에서 출생
1821년 5월 5일 세인트 헬레나 사망

으로 하자고 했지만 로위는 '나폴레옹 보나파르트'라고 할 것을 고집해 결국 묘비에는 이름을 새기지 않게 되었다.

17 나폴레옹의 전설

나폴레옹이 세인트 헬레나에 있는 동안 로위와 치른 '마지막 투쟁'에서 승리하였다는 사실은 인정해야 한다. 로위는 배더스트 정책의 희생양이었으며, 영국에 돌아오자마자 심한 냉대를 받았다. 알렉상드르 뒤마의 희곡 『나폴레옹 보나파르트』가 1831년 파리에서 상연됐을 때 극중 인물로 나온 허드슨 로위 경은 관객의 분노를 샀고, 그 역을 맡은 배우는 경찰의 보호를 받아야 했다.

1840년이 되어 베르트랑과 구르고, 그리고 라즈 카즈의 아들과 마르샹_{나폴레옹의 마지막 희망에 따라 수비대 장교의 딸과 결혼함}은 세인트 헬레나로 가서 그의 시신을 모시고 돌아왔다. 그리고 성대한 의식을 거쳐 파리의 앵발리드 기념관에 안장했다.

황제 나폴레옹 3세의 손님으로 1855년 앵발리드를 방문한 빅토리아 여왕은 미래의 에드워드 7세가 될 어린 아들에게 "위대한 나폴레옹의 무덤 앞에 무릎 꿇어라"고 명했다.

자신의 전쟁들에 관해 다소 지루하고 사실적으로 서술한 회고록과는 달리 나폴레옹의 유언장은 빈틈없는 정치선전의 걸작이었다.

"50여 년 전 내가 태어났을 때와 마찬가지로 로마 카톨릭의 신자로서 죽노라… 내 유골이 그토록 사랑했던 프랑스 국민들이 지켜보는 가운데 센 강변에 영면하기를 바라노라… 나는 소중한 아내 마리 루이즈에 대해 항상 만족했었다. 이 마지막 순간에도 그녀를 향한 한없이 따스한 애정은 변함없으니… 내 아들에게 프랑스의 왕자로 태어났음을 절대 잊지 말 것과 유럽의 국민들을 탄압하는 삼두정치의 도구가 되지 말 것을 충고한다. 절대 프랑스에 대항해 싸우거나 프랑스를 해쳐서는 아니 된다. 「모든 것을 프랑스 국민을 위해 바친다」는 나의 신념을 이어받아야 할 것이다… 나는 영국의 과두정치와 그 자객에 의해 때 이르게 암살당해 죽노라. 머지 않아 영국 국민들이 내 복수를 해줄 것이다."

1822년 영국인 의사 오메라의 『세인트 헬레나의 목소리』, 1823년에는 라즈 카즈의 『세인트 헬레나의 회상』이 출판되었다. 두 책은 가장 널리 읽혀졌으며, 나폴레옹 유폐기간에 관한 가장 영향력 있는 전도사 역할을 했다.

나폴레옹은 오메라가 자신의 대화 내용을 기록하고 있다는 사실을 잘 알고 있었고, 나중에 큰돈을 벌 것이라며 격려까지 해줬다. 이들을 통해 나폴레옹은 세계가 듣도록 자신이 원하는 바를 말했고, 1815년 이후 일어난 사건들과 여론의 추이에 맞춰 자신의 일생을 재해석했다.

그는 자신을 패배시킨 신성동맹[55]에 대항해 자신이 평등·자유 그리고 민족의 수호자라고 주장했다. 그는 '국민의 왕'이었으며, '혁명을 완수한 타고난 중재자'였다.

"이러한 진리들이 세계를 지배할 것이다. 그것들은 모든 국가의 신조와 도덕이 될 것이다. 그리고 뭐라고 말하든 간에 잊혀지지 않을 이 시대는 '나'라는 인물과 연결될 것이다. 결국 내가 횃불을 올리고, 그 원칙들을 신성하게 했기 때문이다. 이제 박해는 나를 그 원칙의 메시아로 만들었다."

"내가 프랑스를 통치하던 시절 모든 프랑스인은 그럴 자격만 갖췄다면 장관, 조신朝臣, 공작, 백작, 남작, 심지어 왕도 될 수 있다고 말할 수 있다."

제국 귀족의 역할은 이제 "고귀한 신분이라는 개념을 봉건적인 관념으로부터 분리시켜 국가에 봉사한다는 개념으로 파악함으로써 유럽에 남은 봉건 잔재를 제거하는 것"이었다.

그의 독재정치가 이제는 일시적으로는 필요했던 조치였으며, 내전의 위험과 동맹 강대국들의 위협을 막기 위한 것으로 정당화되고 있는 실정이다.

그가 1812년에 러시아 원정에서 승리했다면 "입헌통치가 시작됐을 것이다." 그는 "전세계에 군주정을 보편적으로 실시하는 것"을 목표로 하지는 않았다. "프랑스는 자연적인 경계선이 있으며, 나는 이 경계선을 넘기 바라지 않는다."

1812년의 전쟁은 영국으로 하여금 평화의 필요성을 재인식시키게 하기 위한 것이고, 폴란드를 해방시키기 위해 시작한 것이었다. 그는 본의 아니게 유럽을 정복하지 않을 수 없었다. "영국은 프랑스를 파괴하기로 작심한 마당에 일반 대중은 나의 전쟁 모두를 야심 때문이라

---

55 나폴레옹이 몰락한 뒤 동맹국들이 1815년 9월 파리에서 서명한 협약. 러시아 차르 알렉산드르 1세가 제안했고, 오스트리아 왕 프란츠 1세와 프로이센 왕 프리드리히 빌헬름 3세가 처음 서명했다. 이 동맹은 유럽 군주들이 성스러운 형제애로 뭉쳐 기독교의 가르침에 따라 박애·정의·평화의 원칙을 국제관계의 기본으로 할 것을 규정했으나 실질적인 효력은 없었다.

고 비난한다. 그러나 그게 내가 선택한 것이란 말인가? 불가피한 사안의 성질에 따라, 과거와 현재의 투쟁에 의해, 그리고 우리 자신이 파괴되지 않으려면 그들을 파괴해야 한다는 강박관념을 강요하는 적국들의 편가르기에 그렇게 된 것이 아닌가?"

나폴레옹은 민족주의의 힘을 깨닫고 있었다. "모든 민족의 대의大義를 성실하게 끌어안는 최초의 통치자가 유럽의 정상에 서게 될 것이며, 원하는 모든 것을 성취할 수 있을 것이다. 시간이 더 있었다면 나는 모든 민족을 하나로 통합하면서 해방시켰을 것이다. 유럽에는 3천만 이상의 프랑스인, 1천500만 이상의 스페인인, 1천500만 이상의 이탈리아인, 3천만 이상의 독일인이 있다. 나는 이들 민족을 각각 하나의 통일체로 만들고 싶었을지 모른다."

그는 폴란드에 독립을 되찾아줄 수도 있었지만 독일과 이탈리아가 "그들의 복잡한 사정을 단순화시킬 수 있는" 시간이 필요했다. 이탈리아에서 그의 정책은 "이탈리아인들의 민족교육을 감독하고, 보장하며, 촉진시키는 것"이 목표였다. 나폴레옹의 둘째아들은 이탈리아 왕이 됐을 수도 있었다. 그는 스페인 문제를 다루는 과정에서 실수가 있었음을 인정했다. 부르봉 왕가를 제거한 것은 스페인을 '재생'시킨다는 훌륭한 취지에서였지만 부르봉 가의 페르난도를 왕좌에 앉히고, 보나파르트 가문의 공주와 결혼시켰으면 훨씬 좋았을 것이다.

"이처럼 여러 민족으로 나뉘어졌으되 유럽이 자유로이 형성되고 내부적으로도 자유롭다면, 국가들간의 평화는 한결 쉬웠을 것이다. 유럽합중국이 가능할 수도 있었을 것이다."

"나는 전 유럽적인 하나의 체제, 전 유럽적인 법전, 전 유럽적인 사법부를 세우고자 했다. 그렇게 되면 유럽에는 오직 하나의 국민만 존재하게 될 것이다."

 나폴레옹의 이 모든 선전활동에는 메테르니히의 정책에 좌절을 느끼고, 제국이 벌인 전쟁의 현장들을 보지 못한 새로운 세대에게는 그럴듯하게 보일 만한 핵심적인 진실이 충분히 담겨 있었다.

 웰링턴조차도 나폴레옹은 '한 개인이 아니라 하나의 원칙'이라고 인정하지 않을 수 없었다. 그러나 나폴레옹의 진심과 진정한 어법이 어떠했는지를 알기 위해서는 출판을 염두하고 쓴 것이 아닌 구르고와 베르트랑의 일기에 주목해야 한다. 구르고의 『세인트 헬레나의 일기 1815~1818』는 1899년 이후에야 출판됐고, 베르트랑의 『세인트 헬레나 노트』는 1945~1959년에 겨우 판독을 마치고 출판되었다. 구르고의 책은 놀랄 만큼 순수하고, 꾸밈이 없으며, 노골적인 한편 베르트랑은 모든 것을 침착하게 객관적으로 적고 있다. 심지어 나폴레옹이 자신의 아내 파니와 다툰 것은 아내가 나폴레옹의 정부가 되기를 거부했기 때문이라고 몽톨롱과 앙톰마르키가 말해준 사실까지도 기록했다.

 베르트랑은 나폴레옹이 유언장에 카톨릭과 마리 루이즈를 언급한 것은 '계책計策'이라고 생각했다. 나폴레옹은 나이페르크가 마리 루이즈를 유혹한 사실을 똑똑히 알고 있었지만 그녀의 곤란한 처지를 이해했기 때문에 원망하지 않았다. 그는 베르트랑에게 "정말로 조제핀을 사랑했지만 그녀를 존중하지는 않았어"라고 말했다. 전체적으로 보아 그는 마리 루이즈를 더 좋게 평가했다. "조제핀과 달리 마리 루이즈는 결코 거짓말도 하지 않았고, 결코 빚을 지면서 사치를 부리지도 않았어."

 첫째로 이들에 의한 나폴레옹의 종교관을 보면 독실한 카톨릭 신자였던 구르고는 나폴레옹을 "종교는 사회에서 사람들을 하나로 묶

카톨릭교 옹호자로서의 나폴레옹. 세인트 헬레나에서 고난과 전설을 다음과 같이 독특하게 표현.
'내가 죽은 후 나의 고난이 당신들에게 항상 기억될 수 있도록 나는 더욱 노력하겠습니다.'
— 성 피터 2세의 말을 인용

는 데만 필요한 것이라고 믿는 냉소적 불가지론자不可知論者"로 묘사한다. 나폴레옹은 구르고와 논쟁하면서 "예수 그리스도는 결코 존재한 적이 없으며, 마호메트는 예언자일 뿐 아니라 통치자였고, 이슬람교는 기독교보다 훨씬 효과적인 종교"라고 주장했다. "내가 장군들과 함께 카이로에 있는 모스크에 갔다면 그 결과가 어땠을지 누가 알겠어? 그랬다면 아마 내게 30만의 병력과 동방의 제국이 주어졌을지 몰라."

나폴레옹은 중국에서는 황제가 신神과 같은 경배의 대상이 된다는 얘기를 듣고 "바로 그거야!"라고 외쳤다. 분명 나폴레옹은 가끔 구르고를 놀려주고 싶어했던 것 같다. 그러나 생애 마지막 몇 달간은 베르트랑에게 "난 종교가 없다는 게 즐거워. 큰 위로가 되거든. 내게 상상 속의 공포란 없네. 나는 미래를 두려워하지 않아."라고 말하기도 했다. 그러나 어떤 때는 구르고에게 "신앙이 없다는 게 나를 불안하게 하네"라고 토로하기도 했다. 베르트랑은 "나폴레옹은 무신론자로 죽었지만 유언장에 카톨릭 신자라고 선언한 것은 그렇게 하는 것이 대중의 도덕에 더 바람직하기 때문"이라고 해석했다. 정말 나폴레옹이 불가지론자로 머물렀다면 결코 열광적이지도, 무슨 일을 나서서 기꺼이 하지도 않았을 것이다.

둘째로 정부 형태에 대한 나폴레옹의 견해는 구르고와 베르트랑의 기록이 서로 다른 양상을 보여준다. 백일천하를 언급하면서 그는 구르고에게 "이 딱한 자유주의자들이 헌법에 대해 내게 떠들어대느라 많은 시간을 잡아먹게 만들었어"라고 말했다.

엘바 섬에서 돌아오자마자 의회를 소집하고 푸셰를 처형하지 않고 장관 자리에 앉힌 것은 실수였다. 그는 베르트랑에게 "의회정치가 분명 일인一人통치보다야 낫지. 그러나 그게 도대체 프랑스에서 가능하기나 할지 의문이야."라고 말했다. 그는 영국 헌법을 연구한 결과 "나는 영국 정부의 본질을 잘 알고 있어. 힘의 균형 운운은 웃기는 얘기야. 한 파벌에 의해 통치되는 것이 바로 의회야."라고 말했다. 날카로운 통찰이 아닐 수 없다.

나폴레옹은 자신의 생애를 다룬 당시 출판물에 대해 사실이 아니라고 반박하면서 베르트랑에게 "세계의 지배자가 되겠다는 생각을 품었을 때 설명을 해주지"라고 말했다. 그는 크렘린 궁에서 죽지 못한 것을 아쉬워했다. "그랬다면 나는 사상 유례없는 영광과 명성을 누렸을 것이다."

세인트 헬레나에서 나폴레옹은 프랑스로 돌아갈 희망이 사라지자 미래에 대한 그의 기대를 아들에게 집중했다. 그는 비엔나로부터 소식이 거의 없다는 것과 아들이 어떤 교육을 받고 있을지에 대해 늘 노심초사했다. 그가 직접 접한 마지막 소식은 첫 번째 퇴위 후 개인비서로 마리 루이즈 황후를 비엔나까지 수행한 메네발한테서 온 것이었다. 그는 백일천하 기간 중 비엔나에서 추방되어 파리에 머물고 있는 나폴레옹을 찾아왔었다. 그가 황후 수행을 마치고 비엔나를 떠날 때 어린 로마왕은 그에게 "메네발 아저씨, 아빠한테 여전히 많이 사랑한다고 말해 줘"라고 속삭였다고 나폴레옹에게 전했다. 이후 나폴레옹은 로마왕의 간호사인 마르샹의 어머니로부터 아들의 머리털 한 줌을 받았을 뿐이었다. 세인트 헬레나의 오스트리아 감독관 슈투르머는 로마왕에 대해 알려줄 만한 게 아무 것도 없었다. 가엾은 구르고는 로마왕의 생일을 축하하려다 나폴레옹에게 호되게 야단맞았다. 늘 그렇듯이 법석을 떠는 구르고에게 화가 난 나폴레옹은 "로마왕이 내 생각을 안 해주듯이 네 생각도 안 한단 말이야"라고 소리쳤다. 그러나 이것이 진실과 얼마나 다른지 나폴레옹이 알았더라면 그는 얼마나 만족하고 감동했을까?

한편 메테르니히의 정책은 나폴레옹의 아들 로마왕을 순수한 오스트리아 왕자로 기르려는 것이었다. 로마왕은 어쨌거나 프란츠 황제의 손자였으므로 '포로'로 간주되지는 않았고, '특별한 위치'에 있었다. 세 살 때 아버지와 헤어지고, 파르마 공국에 있는 어머니는 어쩌다 비엔나에 올 때만 만났는데 네 살짜리 어린애치곤 잘 견디고 있는 것처럼 보였다.

어린 로마왕을 세뇌교육시켜야 한다는 계획에 의해 가정교사인 몽테스키외 부인, 메네발, 간호사 마르샹 부인 등 프랑스인 수행원들은 떨려나갔다. 1815년 6월 말 유머도 없고, 까다로운 현학자 모리스 디트리히슈타인 백작이 가정교사로 임명되었다. 그는 마리 루이즈에게 이렇게 써보냈다.

"영예롭게도 제가 교육을 맡게 된 왕자님은 오스트리아 혈통이므로 독일식으로 양육해야 한다고 생각하는 바입니다. 그분의 조숙한 감수성 중 많은 부분은 억제시켜야겠고, 머리에 주입된 생각들은 점차로 뿌리뽑되 그 때문에 고통받게 하거나 필요 이상으로 자존심을 상하게 해서는 안되겠지요."

그런데 겨우 세 살 나이에 부모를 빼앗긴 상태에서 그 어린아이를 로마왕이니 황태자니 파르마 공이니 나폴레옹 2세(며칠간이긴 했지만) 급기야는 라이히슈타트 공작 등의 칭호를 계속해서 짊어져야 했던 이 불행한 꼬마를 전문적인 심리학자들은 어떻게 해석할까?

디트리히슈타인은 이 어린아이가 잠결에 자꾸 오줌을 싸자 혹평을 했다. 현대 심리학자라면 이를 스트레스와 불안 때문이라고 인정했을 것이다. 기억력, 원대한 상상력, 자제심과 시치미떼기, 남을 매혹시키고 설득하는 능력 등등 그가 아버지의 성격을 적어도 어느 정도는 물려받았음이 곧 명백해졌다.

나폴레옹은 아들이 어렸을 때 많은 시간을 아들에게 쏟았다. 일하고 있는 동안에도 튈르리 궁의 서재에서 자주 놀게 했다.

아들에게 나폴레옹의 죽음을 알리면서 마리 루이즈는 이렇게 썼다.

"너도 나만큼이나 슬펐을 거야. 네가 어렸을 때 그분이 네게 보여준 애정을 잊었다면 배은망덕한 철면피일 것이야. 그분의 미덕을 본받으려고 노력하되 그분을 재난으로 이끈 암초는 피해야 한단다."

그러나 그처럼 강렬했던 아버지에 대한 인상은 뿌리뽑기 어려웠다. 보조 가정교사였던 포레스티는 "왕자는 과거에 대해 아주 많이 알고 있다. 하지만 그런 관계에 대해 침묵을 유지한다는 것이 바로 아이로서 비범한 점이다."라는 의견을 밝혔다. 라이너 대공은 "그 또래의 아이가 과거에 대해, 그리고 아버지에 대해, 그토록 많은 것을 알고 있으면서도 입 밖에 내기는커녕 꼭꼭 숨겨 비밀로 간직한다는 것은 흥미로운 심리학적 현상"이라고 썼다. 디트리히슈타인은 어쩔 수 없다는 듯 마리 루이즈에게 "왕자님은 아버지에 대해 거의 모든 것을 알고 있으면서도 우리한테는 한결같이 감춥니다"라고 써 보냈다.

디트리히슈타인은 옷에 달린 휘장을 포함해 '나폴레옹'이라는 이름을 생각나게 하는 것은 모두 로마왕의 주위에서 없애버리기 시작했고, 그를 '프란츠'라고 부를 때만 대답하도록 강요했다. 프랑스어를 잊게 하는 데는 성공했지만 결국 디트리히슈타인은 전술을 바꿔야 했고, 아버지에 대한 소년의 질문에 일일이 답하지 않을 수 없게 되었다. "변화를 줘야 해. 옛날 식으로 소년의 질문에 당혹해하면서 아무 말 못하고 있는 것은 정말 견딜 수 없어." 아이가 "그건 우리 아빠야. 나쁜 사람들이지. 그 사람들이 아빠를 죽일까?"라고 말한 것을 보면 프랑스인 수행원들을 내보내기 전에 이미 아이는 워털루 전투에 대해 이런저런 정보를 수집해놓은 것이 분명하다. 어느 날 로마왕은 포레스티에게 "프랑스의 황제는 누구였지?"라고 물었다. 그러자 이 가정교사는 "왕자님, 그건 사랑하는 아버님이셨죠. 불행히도 전쟁을 좋아해서 왕관과 제국을 잃으셨지만요."라고 답하고는 스스로 자신의 재치 있는 답변에 만족해했다.

소년은 자기가 '로마왕'으로 불린다는 사실을 잘 알고 있었다. 그래서 외할아버지 프란츠 황제에게 그게 무슨 뜻이냐고 물었다. 황제의 대답은 교묘하게도 그건 명목상의 칭호로 오스트리아의 황제들이

'예루살렘 왕'이라는 칭호를 갖고 있는 것과 마찬가지라고 답했다.

로마왕이 성장함에 따라 그의 위치는 점점 난감해져갔다. 겐츠는 "그토록 열광적인 수백만 프랑스인들의 희망이 오로지 그에게 걸려 있다는 사실만으로도 이 젊은 나폴레옹은 대부분의 유럽 정부에는 놀람과 공포의 대상"이라고 썼다. 비엔나 주재 프랑스 대사는 1824년 "두려운 사실은 이 청년의 위치가 우리에게 매우 곤란해지는 시기가 올 것이라는 점이다"라고 썼다. 메테르니히는 이 '프란츠 왕자'는 "영원히 그 어떤 왕위도 물려받을 수 없다"는 정책에 따라 그에게 마리 루이즈가 군주인 파르마 공국 계승권을 허용하지 않았으며, 1817년에야 바이에른 공국_{독일 라인 강 서남부 지역의 한 지방} 내 사유지와 함께 로마왕에게 '라이히슈타트 공작'이라는 새로운 칭호가 주어졌다.

그는 1827년 들어 왕실도서관에 마음대로 출입하면서 아버지에 대한 영웅숭배를 자극하는 라즈 카즈의 『세인트 헬레나 회상록』을 읽을 수 있었다. 그는 어머니 마리 루이즈에게 편지를 보냈다. "정말이지 공부가 꼭 필요해요… 그래서 이제껏 허비한 시간을 보상하기 위해 최선을 다하고 있어요. 사랑하는 어머니, 돌아오시면 도덕적으로 탁월하고 숭고한 존재의 모습을 보여 드리고, 그럼으로써 아버지를 연상시키는 특성들을 입증해 드리고자 합니다. 이제 생애의 출발점에 선 한 군인에게 충성과 인내력, 사나이다운 용맹, 진중함, 그리고 용기의 본보기로서 그분의 것보다 더 훌륭하고 찬양할 것이 있을 수 있을까요?"

1828년 8월 외할아버지 프란츠 황제는 그를 티롤 연대 대위로 임명했다. "내 생애 가장 기분 좋은 일이었다"라고 라이히슈타트는 말했다. 1830년 라이히슈타트는 디트리히슈타인의 후견을 마감하고, 한 대대의 대령직을 받았다. 이 해에 그는 처음으로 진정한 의미의 절친

한 친구도 만났다. 그 친구는 젊은 오스트리아 장교 프로케쉬 폰 오스텐으로 그는 이미 나폴레옹의 군사적 천재성에 대한 찬사를 쓴 바 있었다.

나이페르크가 1829년 사망했을 때, 어머니 마리 루이즈가 나폴레옹이 죽기 전 이미 그와의 사이에 두 아이를 낳았다는 사실을 라이히슈타트에게 더 이상 비밀로 할 수는 없었다.

그는 친구 프로케쉬에게 "만약 조제핀이 내 어머니였다면 아버지는 세인트 헬레나에 묻히지 않았을 테고, 나는 지금 비엔나에 있지도 않았을 거야. 우리 어머니는 상냥하지만 연약했어. 솔직히 아버님께 어울리는 아내는 아니었지."라고 털어놓았다.

1830년과 1832년 사이에 프랑스, 벨기에, 폴란드, 이탈리아에서 혁명적인 움직임이 진행되면서 라이히슈타트와 그의 친구 프로케쉬는 광란의 분위기에 휘말려들었다. 파리에서는 나폴레옹을 소재로 한 연극이 쏟아져 나왔고, 방돔 광장에서는 나폴레옹식 종대가 부활되었다. 이 혼란의 와중에 라이히슈타트를 비엔나의 합스부르크 궁에 고립시킨 메테르니히의 정책은 효과적이었다. 라이히슈타트가 프랑스에서 전적으로 오스트리아 왕자로 간주되었으니 말이다. 메네발은 나폴레옹의 형 조제프에게 "짙은 어둠이 이 젊은 왕자를 둘러싸고 있어 그의 큰 뜻을 심히 손상시키고 있습니다"라고 썼다.

1832년 7월 프로케쉬는 로마에 있는 황모후를 방문해 손자 소식을 전했다. 그녀는 "다른 무엇보다도 아버지의 소망을 존중해야 한다고 전해주게나. 그 아이의 시대가 올 게야. 프랑스의 왕좌에 오르게 될 거야."라고 말했다.

라이히슈타트가 치명적인 병을 앓고 있다는 사실을 알고 있던 프로케쉬는 눈물을 참을 수 없었다. 1827년 16세 때부터 그의 건강은 주

1832년 죽은 나폴레옹의 아들 라이슈타트 공작이 먼저 간 그의 아버지를 만나는 모습(상상화)

변의 근심거리였다. 키는 너무 크고 깡마른데다 고질적인 기침에 잦은 오한에 시달렸다. 의사는 그의 병이 끝까지 간 이상이라고 말했고, 문외한이 보아도 합스부르크가의 유전성 결핵으로 고통받고 있는 것이 분명했다.

결국 그는 1832년 1월 열병식 도중 폐렴으로 인해 쓰러진 이후 병이 급속히 악화되어 1832년 7월 22일 숨을 거뒀다. 그의 관 위에는 "조제프 카를 프란츠, 라이히슈타트 공작, 프랑스인의 황제 나폴레옹과 오스트리아 대공비 마리 루이즈의 아들"이라고 적혀 있었다.

그의 시신은 1940년이 되어서야 파리로 옮겨져 앵발리드의 아버지 곁에 잠들게 되었다. 이는 히틀러가 당시 프랑스와 독일의 친선 제스처로 주선한 일이었다.

비엔나에서는 라이히슈타트의 죽음으로 인한 안도감을 감추지 못했다. 프로케쉬는 그가 "어린 시절을 활동적이고 행복하게 보냈다면 건강이 훨씬 좋았을 것이다. 정신적인 우울이 그의 성장을 저해했다는 생각을 떨쳐버릴 수 없다. 나는 그의 건강이 우울증 때문에 심각한 영향을 받았다는 사실을 실감할 정도로 그를 잘 알고 있다."고 안타까

위했다.

포레스티는 그의 전임 가정교사 디트리히슈타인에게 이렇게 썼다. "가엾은 왕자님으로선 좀 더 평화로운 세상으로 가시는 것이 더 낫다는 백작님 의견에 동의합니다. 그분의 위치는 너무 인위적이고 억압으로 가득차 있는 데다 성격은 너무 수수께끼 같고 종잡을 수 없어 이 세상에서는 그 어떤 진실한 만족이나 행복도 발견할 수 없었을 정도로 위태위태했지요."

손자를 진심으로 좋아했던 프란츠 황제는 아나톨 드 몽테스키외나폴레옹의 전직 부관이자 라이히슈타트의 초기 가정교사의 아들에게 "그 애의 죽음은 차라리 잘된 일이야. 유럽에서 내 손자의 위치는 너무나 어려웠어. 그 아이의 죽음은 나 말고는 누구한테도 불행이 아니지."라고 슬퍼했다.

1830년 오스트리아 황제는 라이히슈타트 왕자가 거느린 군사조직의 지휘자로 임명됐던 하르트만 장군에게 "왕자의 아버지가 지녔던 열정과 기질들, 물론 그 대부분은 극히 나쁜 것이지만, 그런 품성 중 일부가 아들에게 유전됐던 모양이야"라고 썼다.

아버지 나폴레옹과의 유사성에 대한 이런 식의 의혹들은 좀처럼 가시지 않았다. 그도 그럴 것이 라이히슈타트는 생애 마지막 해에 비엔나를 방문중인 마르몽 원수를 아버지의 '가장 오랜 군 동료'라며 환대했고, 여러 차례 장시간 면담하면서 아버지의 전투를 직접 목격한 사람의 증언을 들어야겠다고 고집했던 것이다. 마르몽은 "그의 눈은 나폴레옹보다 더 움푹 들어갔는데 똑같은 인상, 똑같은 정열, 똑같은 에너지를 지녔다… 이마도 아버지를 연상시켰다. 얼굴 아랫부분과 턱도 닮은 구석이 있었다. 요컨대 그의 모습은 젊은 시절 나폴레옹 그대로였다. 피부의 창백함도, 색깔도 똑같았다."고 기록했다. 그를 만나 본 사람은 누구도 그가 어머니보다는 아버지를 많이 닮았다는 걸 의심하지 않았다. 멍청한 합스부르크가 왕자들 가운데서 그는 확연히 달랐고, 이국적으로 빛났다. 그러나 나폴레옹을 속속들이 아는 메테르니히는 "위대함은 좀처럼 아버지에게서 아들로 전해지지 않았다"고 하였다.

나폴레옹의 어머니 황모후는 이제 여든을 넘었고, 나폴레옹과 루이-나폴레옹_{루이 보나파르트의 아들로 1831년 로마냐에서 일어난 카르보나리당[56]의 반란에 가담했다가 홍역으로 죽었음}그리고 1832년 라이히슈타트의 잇딴 죽음으로 기백이 완전히 꺾였다. 그녀는 1836년 86세로 타계했다. 루이의 작은아들 샤를 루이-나폴레옹은 형 편에서 싹있는데 보나파르트 가문 신세대의 선봉이었다. 삼촌인 조제프, 뤼시앵, 루이, 제롬은 이제 보나파르트파의 운동을 이끌 만한 열정도 권위도 없었다. 무너진 보나파르트 가문의 왕권 회복은 그의 몫이 되었다.

그가 1836년 스트라스부르그와 1840년 불로뉴에서 일으킨 두 차례의 군사반란 시도가 대실패로 돌아갔지만 보나파르트주의는 '제2공화정의 허약함' 과 '새로운 사회주의'_{1848년 봄 영국 런던에서 칼 마르크스와 엥겔스가 공산주의 현장을 발표}라는 이념이 갖는 두려움 덕분에 두 번째 기회를 맞게 되었다. 남성들만이 참가한 국민투표에서 샤를 루이-나폴레옹은 500만 표를 얻어 1848년 12월 제2공화국의 대통령 자리에 올라 나폴레옹 3세로 등극하게 되었고 프랑스에서 군주제는 막을 내렸다.

제2제정의 역사는 이 책의 범위를 넘어서는 것이지만 제1제정과 제2제정의 묘한 유사점은 주목할 만하다. 루이-나폴레옹은 세인트 헬레나에서 상세히 저술했던 나폴레옹의 교훈들을 마음에 새겨두었고,

---

56 19세기 초반에 이탈리아와 프랑스에서 나타난 자유주의 비밀결사. 1830년에 이르러 전제군주정을 뒷받침하고 있는 오스트리아인들을 이탈리아에서 몰아내고 민주주의 체제를 세우는 것을 목표로 이탈리아 통일 운동을 이끌었다.

1839년에 자신이 쓴 책 『나폴레옹 파派의 이념』에서 그것들을 다시 거론했다. 보나파르트 왕조는 유럽에서 민족주의의 원칙을 지지하는 데 기초를 두어야 했음에 틀림없다. 그러나 방식은 다르지만 민족주의는 제1제정을 붕괴시킨 것과 마찬가지로 제2제정의 붕괴를 야기했다. 루이-나폴레옹의 큰아버지 나폴레옹이 민족을 무시하다가 뒤늦게 그 힘을 깨달았다면 나폴레옹 3세는 민족주의를 장려했지만 어떤 형태를 취해야 할지에 대해서는 잘못 생각했다. 그는 이탈리아를 독립은 시키되 교황령을 포함해 여러 소국을 연합한 형태의 조직으로 만들려고 계획했다. 마찬가지로 프로이센이 주도하는 북독일 연합은 프랑스의 후원을 받는 남독일 국가들의 연합에 의해 균형을 유지하게 한다는 식이었다. 비엔나 회의의 결정을 개정하면 이런 식으로 해서 프랑스로서는 다시금 자연국경을 회복하고, 유럽에서 도덕적 헤게모니를 확보할 수 있다는 것이었다.

그의 정적인 티에르는 1865년 나폴레옹 3세가 라인 국경선을 확보하면 왕조는 안전할 것이라는 점을 인정했다. 그러나 나폴레옹 3세가 비엔나 결정을 파기함으로써 이탈리아와 독일에서 강력한 단일 국가들의 출현을 야기해 유럽에서 힘의 균형을 완전히 바꿔놓게 되자 제2제정의 운명은 종언을 고했다.

나폴레옹은 세인트 헬레나에서 자기 비문을 "성공했더라면 나는 역사상 가장 위대한 인간이 되었을 것이다"라고 하라고 구술했다. 그러나 그가 목적으로 삼은 그런 성공이 가능하기나 했던가? 그가 1812년, 또는 1813년까지 그런 게임에서 군사적으로 승리할 수 있었다는 것은 상상할 수 있는 일이다. 그러나 전 유럽이나 전 세계에 걸친 제국이 그의 손이 미치는 범위 안에 있는 듯이 보였다 하더라도 몇 년 이상 지속될 수 있었을 것으로 생각하기는 아주 어렵다. 당시 유럽에서 영향력을 발휘하는 세력들은 그것을 산산조각 내고 말았을 것이다. 나폴레옹이 자기 권력의 토대로 키운 것이긴 하지만 중산계급의 부상은 곧 산업혁명의 확산으로 엄청난 가속도가 붙게 된다. 게다가 민족자결주의와 의회정치를 요구하는 선봉이 된 계급이 바로 이들이었다.

프랑스 자체 내에서는 아무리 제정이라 해도 나폴레옹식 독재는 이제 단명할 수밖에 없다는 것이 분명했다. 나폴레옹도 때때로 그런 점을 의식하고 있었다. "이 모든 것이 내 생전에야 지속되겠지만 내 아들은 전혀 다른 방식으로 통치해야 할 것이다." 그는 여론을 오해한 적은 자주 있었지만 여론의 힘을 과소평가하지 않았다.

그는 세인트 헬레나에서 구르고에게 "인간은 인간일 뿐이야. 인간은 인간들에 의해 좌우될 뿐이지. 그의 권력은 상황이 유리하지 못하면 아무 것도 아니지. 여론이 가장 중요해."라고 여론의 힘을 강조했다. 그는 자기의 야심에 '여론'이라는 갑옷을 입혀주고자 했지만 여론을 부분적으로만 이해했을 뿐, 결국에는 제어하지도 못했다. 그런 이유로 '위대한 황제 나폴레옹'이라는 칭호는 그의 치세 기간을 넘기지 못했다. 물론 '위대한 인간 나폴레옹'의 명성은 지워질 수 없지만 말이다.

그가 프랑스에 뚜렷이 확립해놓은 법적·행정적·사회적 제도들은 여전히 혁명이라는 불타는 용광로 속에서 이런저런 모습으로 바뀔 수 있었겠지만 그의 천재성을 증명하는 영원한 기념비임에 틀림없다. 제국의 마지막 몇 해 동안의 실수만 아니었다면 나폴레옹 2세가 프랑스를 통치했을지도 모른다. 자기의 왕조만이 혁명과 과거를 화해시킬 수 있다고 한 세인트 헬레나에서의 나폴레옹의 주장은 상당한 설득력을 가진다.

나폴레옹을 한 인간으로서 혹은 역사적 사건으로서 간단히 요약하거나 최종적인 판단을 내리려는 시도는 부질없는 일일 것이다. 역사적 사실과 배우들로 하여금 스스로 말하게 하는 편이 낫다. 물론 어떤 역사가도 역사적 사고와 서술 과정 자체가 필연적으로 선택과 해석을 포함하게 된다는 점을 부인할 수 없고, 부인하려 하지도 않겠지만 말이다.

게일 교수가 저서 『나폴레옹—그에 대한 찬미와 비난』에서 결론 삼아 말했듯이 "논쟁은 계속된다."

나폴레옹에 대한 평가 가운데 가장 흥미로운 것은 그를 잘 알고, 그에 맞섰던 사람들의 평가다. 탈레랑은 나폴레옹 사후 홀랜드 경과의 대화에서 이렇게 말했다.

"그의 생애는 최근 천년간 가장 비범한 것이다… 생애와 자질 면에서 그랬던 것처럼 그는 분명히 위대한, 비범한 인물이었다. 적어도 그를 가까이서 많이 보아온 나로서는 그렇게 생각하고 싶다. 그는 확실히 내가 본 중에서 가장 비범한 인간이었고, 우리 시대, 혹은 여러 시대를 둘러보아도 가장 비범한 인물이라고 생각한다."

메테르니히는 1820년에 나폴레옹이란 인물을 이렇게 묘사했다.

"이 비범한 인간을 판단하려면 우리는 그가 태어난 대극장으로 그를 따라 들어가야 한다. 운명의 여신은 의심의 여지없이 나폴레옹에게 많은 것을 베풀었다. 그는 성격적인 힘과 정신의 활동력과 명석함으로, 그리고 군사과학을 놀랍게 짜 맞추는 천재성으로 운명의 여신이 그를 위해 예비해 둔 위치에 올라선 것이다. 오로지 한 가지 열정, 최종목표인 권력을 향하여 질주할 뿐, 불필요한 대상에 시간이나 수단을 절대 낭비하지 않았다. 자신의 지배자인 그는 곧 역사적 사건들의 지배자가 되었다. 어느 시대에 태어났어도 그는 탁월한 역할을 해냈을 것이다."

샤토브리앙은 회고록에서 나폴레옹을 "진흙으로 만든 인간에게 혼을 불어넣은 가장 강력한 숨결"이라고 평가했다.

어떤 의미에서 나폴레옹의 생애는 참으로 단순하면서도 대칭적이다. 한 작은 섬에서 태어나 또 다른 작은 섬에서 죽었다. 그리고 그 사이에 그토록 환상적인 생애!

훼이틀리 대주교는 『나폴레옹 보나파르트와 관련된 역사적 의문들, 1919년』에서 나폴레옹은 하나의 신화였으며, 그는 결코 실존한 적이 없다는 흥미롭고도 독창적인 다음과 같은 주장을 제시했다.

"편견이 없고, 이성의 주장을 옹호하고, 거짓 계시를 혐오하는 철학자라면 오랜 유대인의 기록에서처럼 이와 같은 한 인간의 불합리투성이에 마주치게 될 때 그 즉시, 이는 증거의 가치를 조사할 필요조차 없는 명백한 사기라고 내치지 않겠는가? 그리스 어원을 갖는 단어를 선호하는 프랑스 사람들이 '숲의 사자'를 의미하는 '나폴레옹'이라는 칭호를, 그들이 좋아하는 불굴의 용맹을 갖춘 어떤 장군에게 갖다 붙였을 가능성이 있는 것은 아닐까? 그리고 '보나 파르트Buona Parte'가 '선'善 혹은 '탁월한 점', 즉 프랑스군에서 가장 용감하고도 애국적인 부분에 집합으로 적용되는 일종의 유행어였다가 나중에 한 개인의 고유한 이름으로 잘못 받아들여진 것일 수도 있지 않을까?"

세인트 헬레나에서 나폴레옹은 코르시카의 파올리 장군이 여러 차례 "자네는 플루타르크적인, 고대의 사람이야"라고 한 것을 상기했다. 그의 경력은 참으로 소포클레스 비극 『오이디푸스』의 강렬함과 같이, 즉 오만의 결과로 천벌을 받는 운명의 강렬함이었다.

그러나 나폴레옹이라는 인물의 복합성을 제대로 평가하려면 소포클레스는 물론이고 셰익스피어도 필요할 것이다. 바로 그 복합성 때문에 우리는 종종 그의 업적보다 정신과 성격의 잠재력에 더 주목하게 된다. 우리는 위대한 지성을 갖고 있으면서도 때로는 사람과 사건을 판단함에 있어 종종 놀랍도록 둔감한 한 인간의 수수께끼에 직면한다.

지극히 인간적이고 개인적인 관계에서는 자비롭기까지 한, 그러나 인간의 한계를 뛰어넘는 야심이라는 악마에 사로잡힌 남자. 우리는 지금 아리스토텔레스의 정의를 빌리자면 '야수이거나 신神'인 인물과 마주하고 있는 것이다.

나폴레옹의 병세 진단

부록 1

    19세기 초 세인트 헬레나 섬에 간 질환이 널리 퍼져 있었다는 점에서 이 섬의 환경이 건강에 좋았다는 영국 정부의 주장은 인정할 수 없다.
    스토코우 박사와 앙톰마르키 박사는 나폴레옹이 재발성 간염을 앓고 있었는데 이것이 운동부족과 뜨거운 물에서 오래 목욕하는 습관 때문에 악화되었다는 오메라의 진단을 확인했다.
    이런 증상들이 그의 죽음을 야기하게 만든 질병과 어떤 연관이 있는지 밝히기는 쉽지 않다. 군 의무감 R. 브리스는 『나폴레옹의 비밀, 1936』에서 부검시 발견된 '천공성 궤양'은 간에 생긴 아메바성 농양이 위를 파고 들어가 발생한 것으로 진단했다. 그러나 검시 기록에는 간에서 어떤 농양의 흔적도 발견되지 않았다는 사실이 이 진단에 의문을 제기한다.
    R. 레리쉬 교수는 『회상, 1956』에서 1927년에 왕립 외과대학 학장인 모이니헌 경이 나폴레옹의 위에서 떼어낸 것으로 추정되는 헌터 박물관 소장 표본을 보여주었다고 적고 있는데, 여기서 레리쉬 교수는 천공은 이질 때문인 것 같다고 생각했다. 이 표본은 1940년 런던공습 때 파괴됐고, 어쨌든 진짜 나폴레옹의 것인지도 확실치 않다. 베르

트랑과 마르샹은 로위의 지시에 따라 검시 때 들어낸 장기들을 조심스럽게 밀봉해 관에 넣도록 했다고 기록하고 있다.

J. 켐블 박사의 『불멸의 나폴레옹, 1959』을 보면 위에 암이 있었다는 검시의의 발견을 인정한다. 생애 마지막 몇 달간 계속된 구토는 악성 종양으로 인해 발생한 증상이다. 그러나 위암이라면 대개 극도로 여위는 증상을 수반한다는 점에서 설명에 어려움이 있다. 나폴레옹은 오히려 배에 거의 2인치에 달하는 지방이 쌓여 있었다는 사실이 밝혀졌다. 그러나 몽톨롱은 마지막 몇 달간 나폴레옹은 극도의 쇠약으로 고통받고 있었고, 1800년처럼 수척해지고 있었다고 기록했다.

나폴레옹은 암이 완전히 퍼지기 전에 죽었다. 궤양의 원인이 무엇이든 간에 5월 2일 거기 모인 의사들이 나름대로 성의 있는 치료를 위해 수은 치료를 결정했지만 이는 현명하지 못한 조치였다. 염화 제1수은의 과다투여가 천공과 출혈을 촉진시켜 죽음을 재촉한 것은 확실하다.

켐블 박사는 "나이 사십, 생애의 절정기에 그는 분명 프뢸리히병(지방성 생식기 영양실조증)에 걸렸던 것 같다"고 쓰고 있다. 유일하게 외과의 W. 헨리는 검시에서 생식기 위축증이 있다고 기록했다. 이는 중년기 들면서 여윈 상태에서 비만으로 변한 것을 감안하면 뇌하수체선腺의 결함을 시사하는 것일 수도 있다. 그러나 오늘날의 내분비 학자들은 프뢸리히병이라는 진단을 별로 믿지 않는다. 제국 시절 개인 의사였던 코르비사르는 나폴레옹에게 책상에서 너무 오래 일하면 뚱뚱해질 것이라고 경고한 바 있었다. 어쨌든 나폴레옹을 세인트 헬레나에서 만났던 많은 영국인들은 그의 비만이 너무 과대 포장된 것이라고 생각했다.

최근 들어 시종이었던 마르샹과 노베라롱우드에서 나폴레옹의 마부가 보관하

1808년
나폴레옹의 초상—미완성

고 있던 나폴레옹의 머리털에서 비소 함량을 측정했는데 그 수치가 비정상적으로 높게 나타났다. 파리로 옮겨지기 전에 관을 열었을 때 시체가 완벽하게 보존돼 있었다는 사실은 1840년에 이미 알려져 있었다. 이에 따라 S. 포르슈푸드 『누가 나폴레옹을 죽였는가?, 1962』란 책에서 우연이건 계획적인 것이긴 간에 나폴레옹의 죽음은 장기간에 걸친 비소 중독 때문이라는 가설을 내놓았다. 그러나 당시 비소는 비정상적인 내성이 생길 정도로 제약 없이 약제로서 사용되었기 때문에 이러한 발견들을 그런 결론의 기초로 삼기는 불가능할 것 같다.

어떤 의미에서 나폴레옹 사망의 신체적 원인에 관한 토론은 진부하기까지 하다. 나폴레옹 죽음의 진짜 원인은 절망과 좌절이었다. 그와 같은 기질에 그런 삶을 살아온 인간이 자유로운 활동과, 관심과, 희망을 박탈당했을 때 오래 생존하기란 어려웠을 것이다.

나폴레옹의 데드 마스크

부록 2

    나폴레옹 연구가들은 남아 있는 나폴레옹의 데드 마스크들을 완벽하게 연구해놓은 『나폴레옹의 데드 마스크 문제, 1957』의 저자 E. 드 보스 씨에게 크나큰 빚을 지고 있다. 이 책이 출판되기까지 마스크들의 출처와 종류는 혼동과 논쟁이 많았다.

    앙톰마르키가 세인트 헬레나에서 갖고 온 데드 마스크의 복제 신청을 받기 시작한 1833년 이래 그 진위 여부에 대한 의혹이 높아졌다. 낮게 움푹 들어간 이마, 연약한 턱, 그리고 지나치게 세밀하고 우아한 얼굴 등은 원래 나폴레옹의 이미지와는 놀라운 대조를 보인다. 그러나 주형을 뜰 때 현장에 있었던 베르트랑 백작과 그의 부인은 앙톰마르키의 마스크가 진짜라고 확신했다. 드 보스는 마르샹, 베르트랑, 앙톰마르키, 버튼, 로위의 보고서를 분석해서 모든 데드 마스크를 비교한 결과 이 난제를 풀 수 있다는 것을 보여주었다.

    로위는 배더스트에게 "버튼 박사는 손재주가 좋고, 참을성이 있어서 재료는 매우 불완전했지만 거의 완벽한 주형을 얻는 데 성공했습니다. 베르트랑 부부는 얼굴을 떴고, 버튼은 머리 뒷부분, 즉 두개골 부분을 떴습니다."라고 썼다. 앙톰마르키와 버튼이 함께 뜬 주형은 기술적인 이유로 두 부분이 아니라 세 부분, 즉 관자놀이에서 입에 이르는 얼굴 부분과 이마를 포함한 두개골 부분, 그리고 귀와 아래턱 부분으로 나뉘져 있었던 것 같다.

버튼 박사가 가진 주형에는 흠이 전혀 없었다. 그러나 유럽으로 돌아온 후 버튼 박사와 나폴레옹의 가신들 사이에 다툼이 번지는 바람에 앙톰마르키는 데드 마스크 복제품을 만드는 데 얼굴 부분의 주형만을 사용할 수밖에 없었다. 그래서 얼굴 중앙부를 뜬 진짜 주형에 머리와 얼굴 주변을 불만족스럽지만 상상으로 재구성해서 덧붙였다. 시체에서 직접 뜬 주형도 복제품을 만드는 과정에서 필연적으로 망가졌을 것이다.

베르트랑은 1821년 9월 1일의 편지에서 앙톰마르키가 세인트 헬레나에서 데드 마스크 두 개를 가져왔음을 보증하고 있다. 베르트랑이 이 중 하나를 가졌는데, 그의 후손들이 이를 빅토르 나폴레옹 공에게 유증했다. 프랑스 세관과 경찰을 피하기 위해 앙톰마르키는 다른 하나를 레그혼의 영국 영사 버거시 경에게 보냈는데, 카노바가 이를 대리석 흉상의 모델로 사용했다. 버거시 경에게 전해진 마스크는 웨이걸 재산 경매 때 드 보스 부인이 구입했고, 현재는 파리 육군박물관에 있다.

나폴레옹이 죽은 후 그를 수행하던 프랑스인들이 세인트 헬레나를 떠날 때까지 그 사이에 앙톰마르키는 적당한 가루석고를 입수해 데드 마스크를 두 개 이상 만들었다. 1829년까지 세인트 헬레나의 제임스타운 교구목사였던 R. 보이즈 목사가 두 개를 손에 넣었다. 그는 롱우드에서 평판이 좋았으며, 나폴레옹의 소식통이었던 치프리아니의 장례식을 인도해 준 것에 대한 보답으로 나폴레옹이 코담뱃갑을 선물하기도 한 인물이었다. 이 두 개는 목사의 후손인 닥터 L. 보이즈와 생키 부인의 소유가 되었고, 생키 부인은 자기 소유의 마스크를 옥스퍼드대학 보들리 도서관에 대여해주었다. 세 번째 것은 질레이 대령이 입수했는데 1854년 세인트 헬레나를 방문하던 길에 얻은 듯하다. 이것은 지금 아일랜드 티퍼레리의 프랑크푸르트 성에 보관되어 있다.

앙톰마르키 가족이 말메종 박물관에 기증한 마스크와 노베라 가족이 소유한 밀랍 데드 마스크는 앙톰마르키가 유럽으로 돌아온 후에 만든 것 같다.

나폴레옹의 것이라고 주장하는 다른 데드 마스크들도 있는데,

데드 마스크

앙톰마르키의 마스크들과는 판이하다. 아르노 박사는 1822년 세 개의 마스크를 팔았다. 앙톰마르키와 버튼이 주형을 뜨기 전날 아르노가 몰래 주형을 뜬 것이 아니라면 이 마스크들은 나폴레옹의 임종 때 아르노가 그린 그림을 모델로 만든 것인 듯하다. 베르트랑과 마르샹은 아르노 박사가 몰래 주형을 뜰 기회가 없었다고 말했다.

로열 유나이티드 서비스 뮤지엄 Royal United Services Museum에 '나폴레옹'이라는 표지가 붙은 데드 마스크는 앙톰마르키의 마스크들이나 나폴레옹 임종시를 묘사한 그림들과는 전혀 다르다. 따라서 나폴레옹 데드 마스크가 아닌 것이 분명하다.

참고 문헌

여기서는 기존의 참고 문헌 전부를 게재하거나 저자가 참고한 모든 문헌의 목록을 싣지는 않았다. 이 책에 인용한 미출판 자료들은 머리말에서 언급했다. 필자의 개인적인 선택에 따른 것이긴 하지만 독자들에게 최근 저작을 포함해 나폴레옹 문헌의 미로 속에서 약간의 길잡이가 됐으면 더 바랄 나위가 없겠다.

나폴레옹 전쟁 연표

1769년　8월 나폴레옹 탄생
1789년　7월 프랑스 혁명 일어남
1794년　3월 나폴레옹, 이탈리아원정군에 근무
1796년　3월 나폴레옹, 이탈리아원정군 사령관이 되다
　　　　4월 이탈리아 전투 개시
　　　　11월 아르콜레 전투
1797년　2월 만토바 점령
1798년　5월 나폴레옹, 이집트 원정출발
　　　　7월 피라미드 전투
　　　　12월 제2차 대프랑스 동맹군 결성
1799년　11월 브뤼메르 쿠데타, 임시 집정 정부 성립
1800년　5월 이탈리아 전투
1802년　1월 나폴레옹, 이탈리아 공화국 대통령이 되다
　　　　8월 나폴레옹, 종신 집정이 되다
1804년　3월 민법전 발포
　　　　12월 나폴레옹, 대관식
1805년　3월 나폴레옹, 이탈리아 왕이 되다
　　　　8월 제3차 대프랑스 동맹군 결성
　　　　10월 울름 전투, 트라팔가 해전

1806년　8월 신성로마제국 붕괴
　　　　10월 예나 전투, 나폴레옹 베를린 입성
　　　　11월 베를린 칙령, 대륙봉쇄 개시
1808년　2월 나폴레옹, 로마합병
　　　　5월 스페인 독립전쟁 개시
　　　　12월 나폴레옹, 마드리드에 들어가다
1809년　5월 비엔나 입성
1810년　7월 홀랜드(네덜란드) 합병
　　　　12월 러시아, 대륙봉쇄 파기
1812년　6월 러시아원정
　　　　9월 보로디노 전투, 모스크바 입성
　　　　10월 모스크바에서 퇴각
1813년　3월 독일해방 개시
　　　　8월 드레스덴 전투
　　　　10월 라이프치히 전투
1814년　1월 프랑스전투 개시
　　　　2월 몽트르 전투
　　　　3월 파리 입성
　　　　4월 나폴레옹 퇴위
　　　　5월 나폴레옹, 엘바 섬으로 유배당함
1815년　10월 나폴레옹, 세인트 헬레나 섬으로 유배
1821년　5월 세인트 헬레나에서 사망

용어 설명

■ 국민공회 |
왕정 폐지이후 1792년 9월 22일부터 프랑스를 통치했던 의회. 프랑스 혁명으로 새 헌법 제정을 위해 정당과 정파가 형성되었는데 국민공회 소집 후 과격파들이 정계의 주도권을 잡았다. 처음부터 지롱드당과 자코뱅당의 주도권 싸움이 극심했는데 9월 학살의 책임을 물어 마침내 지롱드당은 몰락한다.

■ 나폴리 왕국 |
이탈리아 남부에 있던 왕국으로 공화국으로 재편되었다가 나폴레옹의 형 조제프가 왕위에 올랐다. 1808년부터 나폴레옹의 처남 뮈라가 통치하였다.

■ 다다넬스 해협 |
그리스 동쪽에 위치한 에게 해와 투르크(터키) 북쪽의 마라마 해를 연결하는 평균 3 km 폭에 60km 길이의 해협.

■ 대륙봉쇄 |
나폴레옹이 영국의 해상 무역을 봉쇄시키기 위해 유럽의 여러 중립국들에게 영국과의 무역을 금지시킨 체제.

■ 라이프치히 전투 |
1813년 10월 프랑스군이 오스트리아·프로이센·러시아·스웨덴이 결성한 제3차 대불 동맹군에게 크게 참패한 전투. 이 전투의 실패로 나폴레옹의 프랑스 제국은 결국 붕괴되고 말았다.

■ 라인연방 |
1806년 오스트리아와 프로이센을 견제하기 위해 나폴레옹의 후원하에 이 두 지역을 제외한 독일의 여러 국가들이 결성한 연방.

■ 뤼네빌 평화조약 |
1801년 프랑스와 오스트리아 사이에 체결된 조약으로 오스트리아가 캄포 포르미오 조약 조항들을 재확인한 것으로, 벨기에와 룩셈부르크를 프랑스에 영유시켰다.

■ 마렝고 전투 |
이탈리아 북서쪽의 평원지방으로 1800년 나폴레옹이 제2차 동맹군에 맞서 오스트리아군에게 대승을 거뒀다.

■ 바그람 전투 |
1809년 7월 나폴레옹이 카를 대공이 이끄는 오스트리아군과 싸워 이긴 전투. 이 전투의 승리로 나폴레옹은 오스트리아와 쇤브룬 조약을 체결하였다.

■ 바르샤바 대공국 |
1807년 틸지트 조약에 의해 나폴레옹이 폴란드 독립을 위해 세운 공화국.

■ 반도전쟁 |
나폴레옹이 1808년 스페인을 침략해 정부를 장악하고 동생 조제프를 왕으로 지명하자 영국이 이 해 말 스페인, 포르투갈과 함께 프랑스에 맞서 싸운 전쟁. 1814년 프랑스군을 이베리아반도에서 몰아냈다.

■ 발미 전투 |
1792년 9월 발미에서 프랑스의 시민병과 프로이센군 사이에 벌어진 전투.

■ 방데미에르 위기 |
1793년 프랑스 혁명기에 채택된 달력인 혁명력 革命歷으로 1795년 '방데미에르'(포도달) 10월 5일 왕당파가 국민공회를 공격한 사건.

■ 백일천하 |
엘바 섬을 탈출한 나폴레옹이 파리에 입성한 1815년 3월부터 루이 18세가 다시 파리로 돌아온 7월 8일까지의 기간.

■ 부르봉 왕가 |
합스부르크 왕가와 더불어 유럽을 지배하던 가장 큰 왕조의 하나로 프랑스를 다스린 카페 왕가의 한 갈래.

용어 설명

■ 비엔나 회의
나폴레옹 전쟁 이후 유럽 재편을 논의한 국제회의. 나폴레옹의 첫 번째 퇴위 후 5개월째 되던 1814년 9월 시작해 워털루 전투와 나폴레옹의 백일천하가 끝나기 직전인 1815년 6월에 '최종결의안'을 완성했다.

■ 산악당
로베스피에르, 당통, 마라 등 국민공회의 급진 지도자들이 의사당 뒤쪽 높은 자리에 앉았기 때문에 이런 이름이 붙였다.

■ 쇤브룬 조약
1809년 10월 바그람 전투 패배 이후 오스트리아는 많은 영토와 3백 50만 명에 달하는 주민을 잃었다. 이 조약으로 프로이센은 하노버를 합병하는 대신 프랑스에 안스파흐와 노이샤텔을 내주었고, 클레베스 공국 일부를 포기하고 영국에 대해 항구를 봉쇄했다.

■ 신성동맹
나폴레옹이 몰락한 뒤 1815년 9월 파리에서 서명한 협약. 러시아 황제 알렉산드르 1세가 제안했고, 오스트리아 왕 프란츠 1세와 프로이센 왕 프리드리히 빌헬름 3세가 처음 서명했다. 이 동맹은 유럽 군주들이 성스러운 형제애로 뭉쳐 기독교의 가르침에 따라 박애·정의·평화의 원칙을 국제관계의 기본으로 할 것을 규정했으나 실질적인 효력은 없었다

■ 아미앵 조약
1802년 영국, 프랑스, 스페인, 바타비아 공화국 간에 맺은 평화조약.

■ 아부키르 해전
1798년 이집트의 아부키르 만에서 프랑스 함대가 영국의 넬슨 제독에게 참패한 전투.

■ 아우스털리츠 전투
1805년 12월 프랑스와 러시아·오스트리아의 제 3차 대불 동맹군간에 벌어진 전투. 나폴레옹은 이 전투에서 큰 승리를 거둬 오스트리아와 프레스부르크 조약을 맺었다.

■ 아일라우 전투 |
1807년 2월 러시아의 아일라우 지방에서 프랑스군과 러시아군의 접전이 벌어졌던 전투.

■ 앙시앵 레짐 |
 구체제라는 뜻으로 1788년 프랑스혁명 이전의 부르봉 왕가 통치제도를 말하나 일반적으로 부르주아 혁명 이전의 프랑스 정치체제를 말한다.

■ 에어푸르트 조약 |
1808년 10월 나폴레옹과 러시아 황제인 알렉산드르 1세가 바이에른, 작센, 베스트팔렌, 뷔르템부르크 등 독일의 여러 왕들과 맺은 조약.

■ 오스만 투르크 제국 |
투르크족에 의해 세워진 제국으로 14세기 비잔틴 제국 때부터 20세기 터키 공화국으로 지속되었다.

■ 워털루 전투 |
나폴레옹이 웰링턴이 이끄는 영국의 동맹군과 블뤼허의 프로이센에게 최후의 패배를 당한 전투. 이 전투 후 나폴레옹은 두 번째 퇴위를 하고 세인트 헬레나로 유배당한다.

■ 정교협약 |
1801년 7월 나폴레옹이 로마 교황 비오 7세와 맺은 협약으로 일명 '콩코르드'라 불린다.

■ 지롱드당 |
프랑스 혁명기의 온건공화파. 이들 중 구아데, 베르니오, 브리소 등 지롱드 현縣 출신이 주도한 당파라서 이런 이름이 붙였다.

■ 총재정부 總裁政府 |
프랑스혁명중인 1795년부터 1799년까지 입법원이라 불리던 양원제 의회(원로원과 500인회 회의)와 함께 프랑스를 다스린 정부로 행정을 담당하는 5명의 총재로 구성되었다.

■ 치살피나 공화국 |
나폴레옹이 이탈리아 원정 이후 1797년 6월 오스트리아 제국의 일부였던 이탈리아 북부 지방에 세운 공화국. 캄포 포르미오 조약으로 오스트리아의 승인을 받았다.

■ 치스파다나 공화국 |
1796년 나폴레옹이 이탈리아의 여러 공국들 가운데 레조, 모데나, 교황령의 볼로냐와 페라라를 합병해 세운 공화국. 1797년 치살피나 공화국에 합병되었다.

■ 7년 전쟁 |
1756년부터 1763년까지 슐레지엔의 영유를 두고 오스트리아와 프로이센 사이에 7년 동안 벌어진 전쟁. 프랑스·러시아·오스트리아에 대항해 영국·프로이센이 인도와 아메리카 대륙까지 전투를 확산시켜 승리하였다.

■ 카르보나리당 |
19세기 초반에 이탈리아와 프랑스에서 나타난 자유주의 비밀결사. 1830년에 이르러 전제군주정을 뒷받침하고 있는 오스트리아인들을 이탈리아에서 몰아내고 민주주의 체제를 세우는 것을 목표로 이탈리아 통일운동을 이끌었다.

■ 캄포 포르미오 평화조약 |
1797년 10월 17일, 나폴레옹이 제1차 이탈리아 원정에서 승리한 뒤 오스트리아와 맺은 조약. 이 조약은 프랑스 정복지의 대부분을 인정하고, 제1차 대對 프랑스 동맹에 대한 나폴레옹의 승리를 완결지었다.

■ 코르시카 |
프랑스와 이탈리아 사이에 있는 섬, 제노바령에서 프랑스령으로 넘어갔다.

■ 코자크 족 |
카스피해 북쪽에 거주하는 민족으로 러시아 제국이 영토 확장을 위해 여러 전투에서 전위대로 이용했다.

■ 테르미도르 반동 |
프랑스혁명중인 1794년 7월 27일, 혁명력革命歷으로 '테르미도르'(열달·熱月) 때 일어난 반란. 공포정치를 자행하는 로베스피에르에 반대하는 세력이 반란을 일으켜 로베스피에르와 그 일당을 체포해 처형했다. 이때부터 반동정치가 행해졌으며, 지난 2년간의 민주개혁이 거의 폐지됐다.

■ 토스카니 공화국
이탈리아 중부에 있는 지방에 세워진 공국. 1801년 2월 뤼네빌 평화조약으로 나폴레옹이 합스부르크 대공을 물러나게 하고, 프랑스 쪽에 우호적인 파르마 대공을 앉혔다.

■ 통령정부
1799년 나폴레옹이 일으킨 쿠데타 이후 성립된 정부. 나폴레옹을 제1통령으로 하여 시에예스와 로제 뒤코가 함께 3인 통령에 취임하였으나 이후 나폴레옹은 종신통령이 된다.

■ 트라팔가 해전
1805년 10월 스페인의 트라팔가 곶에서 빌뇌브가 이끄는 프랑스 함대가 영국의 넬슨 제독에게 참패한 해전.

■ 틸지트 조약
1807년 7월 나폴레옹이 러시아·프로이센과 맺은 조약. 이 조약으로 프로이센에 바르샤바 대공국이 세워졌고, 북부 독일에 베스트팔렌 왕국이 세워졌다.

■ 퐁텐블로 조약
동맹국들이 나폴레옹의 퇴위 문제에 관해 맺은 조약. 이 조약의 결과로 나폴레옹은 엘바 섬에 유배당했다.

■ 프랑스혁명 (1789~1793)
18세기 말 '앙시앵 레짐' 체제의 부르봉 왕가는 재정적 위기에 직면해 있었다. 1789년 6월 전제정치에 시달리던 제3신분을 주축으로 한 프랑스 민중들은 자신들을 '국민의회' National Assembly라고 선언했다. 이에 루이 16세는 귀족층에 가담해 무력으로 국민의회를 해산시키려 하자 이들은 7월 14일 바스티유 감옥을 습격한다. 1792년 9월 새 헌법 제정을 위해 소집된 '국민공회' National Convention는 왕정을 폐지하고, 공화정을 선포한다. 그러나 대외전쟁에서 계속되는 패전과 재정적 위기에 처해 있던 국민공회는 1793년 민중들의 국민공회 습격사건으로 급진파 로베스피에르가 이끌던 자코뱅당이 주도권을 쥐게 된다. 공포정치를 일삼던 로베스피에르가 '테르미도르 반동'으로 몰락하자 5인의 총재정부가 수립된다.

■ 프뤽티도르 쿠데타 |
혁명력으로 1797년 9월 '프뤽티도르'(열매달) 때 일어난 쿠데타로 나폴레옹이 오제로 장군을 파견해 의회에 침입, 왕당파 총재 바르텔르미와 그 일파를 추방한 정변.

■ 한자 동맹 | 중세 독일 북부 여러 도시의 정치적·상업적 동맹.

■ 합스부르크 왕조 |
1273년 신성 로마 제국의 프리드리히 3세로부터 시작하여 부르봉 왕가와 더불어 유럽을 지배한 왕조. 독일과 중부 유럽 지역, 오스트리아, 스페인의 황제를 배출하였으나 나폴레옹과의 전쟁으로 인해 급격히 몰락해 1918년 오스트리아의 카를 황제를 마지막으로 끝난 유럽 최대의 왕가였다.

주요 인물 설명

ㄱ〉

고도이 - 스페인의 총리. 스페인 왕비 마리아 루이자의 정부이기도 했던 그는 카를로스 4세의 후계자 자리를 넘본다.

구르고 - 프랑스의 군인. 잠시 왕당파에 가담했으나 백일천하 때 나폴레옹에게 다시 돌아와 세인트 헬레나까지 수행했다. 『세인트 헬레나 일지, 1899』같은 나폴레옹 말기를 기록한 중요한 전기와 역사책을 여러 권 남겼다.

ㄴ〉

나르본 백작 - 프랑스의 부호이자 루이 15세의 사생아로 알려진 사람. 1792년 루이 16세 때 전쟁장관으로 재직한 이후 황제 측에 가담했다.

나폴레옹 3세 - 1808~1873년, 프랑스 제2공화정 대통령, 제2제정 황제. 나폴레옹의 아우인 홀랜드 왕 루이 보나파르트의 아들로 보통 루이-나폴레옹이라고 부른다.

네이 - 프랑스의 장군 나폴레옹 휘하 장군으로 여러 전투에 참전했다.

넬슨 - 영국의 제독. 아부키르 해전에서 프랑스 함대를 격퇴시켜 승리를 거두었고, 1805년 트라팔가 해전에서도 큰 승리를 거둔 후 전사했다.

ㄷ〉

다부 - 프랑스의 장군. 나폴레옹의 야전 사령관으로 이집트 원정에 참여한 후 제3군단 사령관직에 올랐다.

뒤로크 - 프랑스의 명장. 나폴레옹의 참모였다가 궁정 대원수가 된 그는 나폴레옹에게 가장 충성스러웠던 인물이었으나 러시아 원정 때 전사했다.

드세 - 프랑스의 명장. 이집트 원정 때 사단 지휘를 맡아 군을 승리로 이끈다. 그러나 젊은 나이에 마렝고 전투에서 전사한다.

디즈레일리 - 1804~1881년, 1868년과 1874~1880년에 영국 총리를 지냈다. 보수당의 지도자로 수입 곡물에 세금을 부과하는 곡물법 폐지에 반대했으며,

주요 인물 설명 | 441

총리로서 영국 발전에 힘썼다.

ㄹ〉

라즈 카즈—프랑스의 역사가. 백일천하 때부터 나폴레옹측에 가담해 세인트 헬레나에서 나폴레옹의 구술을 기록한 『세인트 헬레나 회상록, 1823』을 출간하였다.
란—프랑스의 장군. 여러 전투에 참전해 세운 공으로 원수 자리에까지 오르지만 전투에서 부상당해 전사한다.
레클레르—프랑스의 장군. 이탈리아 원정 때 나폴레옹의 부하로 참전한 그는 나폴레옹의 여동생 폴린과 결혼한다. 산 도밍고 진압작전을 수행하던 중 사망한다.
로마왕—1811~1832년, 마리 루이즈가 나폴레옹과 결혼해 1811에 낳은 아들. 로마왕·파르마 공·나폴레옹 2세·라이히슈타트 공작으로 불리운다.
로베스피에르—프랑스 혁명기의 자코뱅당 지도자로 권력의 정점에 올라 공포 정치 시대의 막을 열었다. 1794년 '테르미도르(열달) 반동' 때 축출되어 처형당했다.
루시앵 보나파르트—나폴레옹의 첫째 남동생. 브뤼메르(안개달 18일) 쿠데타 때 500인회의 의장으로서 나폴레옹을 도와 형이 통령으로 선출되는 데 큰 주역이 되었다.
루이 보나파르트—나폴레옹의 둘째 남동생. 어려서부터 나폴레옹의 각별한 애정을 받은 그는 나폴레옹의 의붓딸 오르탕스와 결혼한다. 홀랜드(네덜란드) 왕위에 올랐지만 대륙봉쇄체제를 잘 수행하지 못해 나폴레옹과 심한 갈등을 빚었다.
르페브르—프랑스의 장군. 바이에른 군사령관으로 러시아 원정에 참전했다.

ㅁ〉

마르몽—프랑스의 장군. 나폴레옹과 포병학교 동창으로 툴롱 전투 때부터 나폴레옹의 참모가 되어 여러 전투에 참전했다.
마리 레티지아—나폴레옹의 어머니. 부유한 귀족집안 출신이었던 그녀는 1836년 사망한다.
마리 루이즈—오스트리아 황제 프란츠 2세의 딸로 나폴레옹의 두 번째 부인. 합스부르크 왕가의 후손인 그녀는 루이 16세의 부인 마리 앙투아네트의 조카딸이기도 하다. 그녀와의 정략 결혼으로 나폴레옹은 제국의 정통성을 확립시킨다.
마리아 카롤리나—합스부르크 왕가의 후손으로 마리아 테레지아의 딸이자 마리 앙투아네트의 언니. 나폴리의 페르난도와 결혼하여 나폴리의 왕비가 된 그녀는 나폴레옹과 적대 관계였다.

마리우스 — BC 157~86. 로마의 장군·정치가로 귀족 출신은 아니었지만 군대의 지지에 힘입어 정치지도자로 성공했다. 7번이나 집정관을 지냈으며 로마의 과두정에 반대했다.

마세나 — 프랑스의 장군. 여러 전투에서 혁혁한 공을 세워 리볼리 공작에 이어 에슬링 왕자가 된 그는 나폴레옹 퇴위 후 루이 18세 진영에 가담했다.

말버러 — 1650~1722년. 영국군 총사령관을 지낸 장군이자 공작. 에스파냐 왕위계승전쟁에서 블렌하임, 라미예, 오우데나르데 등의 전투를 승리로 이끌었다. 그러나 정적들 때문에 국내에서 영향력을 잃고, 지휘관 자리를 박탈당해 은퇴했다.

메테르니히 — 오스트리아의 정치외교가. 프랑스 주재 오스트리아 대사로 프랑스와 오스트리아 사이를 오가며 능란한 외교술을 펼쳐 결국 프랑스 제국을 멸망시킨다.

모로 — 프랑스혁명 전쟁에서 혁혁한 공을 세운 장군. 나폴레옹의 정적들을 끌어 모아 왕당파의 음모에 가담했다. 체포되어 추방당한 후 러시아 차르 휘하의 장군이 되어 나폴레옹 전쟁에 참전하여 전사했다.

모르티에 — 프랑스의 장군. 나폴레옹 군대의 원수에 이어 트레비세 공작이 되었다.

몽톨롱 — 프랑스의 장군. 백일천하 당시 참모를 지냈고, 세인트 헬레나에서 나폴레옹을 최후까지 수행한 충신.

뮈라 — 기병 대장 출신. 그는 나폴레옹의 막내 누이 카롤린과 결혼한 후 나폴리의 왕이 되지만 자신의 무모한 야심 때문에 결국 나폴레옹을 배반하여 그를 파멸로 이끈다.

미라보 — 프랑스 혁명 초기에 프랑스를 이끌었던 국민의회의 가장 위대한 인물로 꼽힌다. 입헌 군주제를 옹호한 온건주의자.

ㅂ〉

바라스 — 총재 정부 당시 경찰 총장 및 국내군 사령관. 5인 총재 중 한 사람으로 뽑혔다. 권력의 정상에 오르지만 브뤼메르 쿠데타(안개달 18일)로 권좌에서 물러났다.

바뵈프 — 1760~1797년. 프랑스혁명 시기에 공산주의 운동을 한 혁명가.

박치오키 — 코르시카 출신의 육군 소위였던 그는 나폴레옹의 여동생 엘리자와 결혼하여 루카와 피옴비노의 왕자로 임명된다.

베니히센 — 러시아의 장군. 나폴레옹의 2차 러시아 원정 때 라이프치히 전투에서 큰 승리를 거둔다.

베르나도트 — 프랑스 혁명군 장교. 그는 나폴레옹이 흠모했던 데지레 클라리와 결혼한 이후 평생 나폴레옹과 정적이었다. 스웨덴 왕위에 오른 그는 대對프랑스 동맹군에 합류하여 라이프치히 전투에서 나폴레옹을 패배시킨다.
베르트랑 – 프랑스의 장군. 충신으로 엘바 섬과 세인트 헬레나까지 나폴레옹과 동행했다.
베르티에 – 프랑스의 군인. 로디 전투 이후 참모장으로 임명된 그는 뇌샤텔과 바그람의 왕자가 되지만 결국 자살했다.
부리엔 – 나폴레옹의 친구로 제정 초기에 비서를 지냈다.
블뤼허 – 프로이센의 육군원수. 워털루 전투에서 승리로 이끄는 데 중요한 역할을 했다.

ㅅ〉

사바리 – 프랑스의 장군. 나폴레옹의 부관으로 시작해서 사단장까지 되었다.
샤를마뉴 대제 – 768~814년, 프랑크 왕국의 왕. 스페인과 이탈리아·영국을 제외한 서유럽의 모든 지역을 통일하여 '유럽의 아버지 왕'이라 불렸다.
샤를 보나파르트 – 나폴레옹의 아버지. 코르시카의 독립 투사 파올리 장군 부대의 중위였던 그는 39세의 젊은 나이에 위암으로 사망한다.
술트 – 프랑스의 군사 지도자. 나폴리 왕국 남부를 맡았고, 1804년에는 육군원수로 임명되었다.
슈바르첸베르크 – 오스트리아의 육군원수. 바그람 전투 때 큰 활약을 보인 그는 1813년 대불 동맹군 사령관으로서 라이프치히 전투에서 나폴레옹에게 결정적인 패배를 안겨주었다.
슈타인 – 프로이센의 총리. 프로이센이 틸지트 전투에서 나폴레옹에게 패하고 많은 영토를 잃자 슈타인은 국왕 프리드리히 빌헬름 3세에게 개혁의 필요성을 강조, 농노제를 폐지하고 토지매매를 막는 법을 철폐했다. 또 귀족이 공업과 상업에 참여해도 작위를 박탈하지 않았으며, 낡은 중앙정부 기구를 개혁하고, 도시마다 상당한 자치권을 주었다. 그러나 슈타인은 나폴레옹의 압력으로 사임했다.
스탈 부인 – 본명은 제르만 네케르로 당시 프랑스 사교계를 사로잡은 작가. 나폴레옹을 유혹하려다 실패하고 추방당하자 이후 나폴레옹의 정적이 된다.
시에예스 – 사제 출신의 정치가로 5인 총재로 선출된 이후 브뤼메르 쿠데타 때 나폴레옹을 도와 총재정부를 전복시켰다. 나폴레옹은 체제를 장악한 후 그를 정계에서 멀리 내쫓았다.

ㅇ〉

알렉산데르 6세 — 1431~1503년, 뇌물을 써서 교황이 됐으며 교황 재임 기간에 가문의 재산을 늘리는 데 열중했다.

엘리자 보나파르트 — 나폴레옹의 첫째 누이. 코르시카의 육군 소위 박치오키와 결혼하여 루카와 피옴비노의 왕비가 된다.

예카테리나 2세 — 1729~1796년, 러시아 황제로 재위기간은 1762~1796. 남편 표트르 3세를 쫓아내고, 차르가 됐으며 행정개혁을 추진하고, 영토를 크게 확장해 러시아를 강대국으로 만들었다. 18세기 후반의 대표적인 계몽 전제군주.

오르탕스 — 조제핀이 전 남편 보아르네 자작 사이에서 낳은 나폴레옹의 의붓딸. 나폴레옹의 동생 루이 보나파르트와 그녀 사이에서 태어난 막내아들 샤를 루이 나폴레옹이 나폴레옹 3세가 된다.

오를레앙 공 루이 필리프 — 1773~1850년, 프랑스의 왕으로 1830년 7월 혁명으로 왕위에 올랐으며, 1848년 혁명으로 강제 퇴위당해 영국으로 도망가 그곳에서 죽었다. 프랑스혁명 초기에는 국민의용군에 합류했으나 그후 공화정에 반대하는 음모에 가담해 프랑스를 떠났다. 1814년에 왕정복고로 루이 18세가 왕위에 오르자 프랑스로 돌아와 가문의 영지를 되찾았다.

오제로 — 프랑스의 장군. 나폴레옹의 이탈리아 원정에서 승리를 거두었다.

와트 — 1736~1819년, 증기동력을 실용화시킨 영국 스코틀랜드 태생의 기술자로 증기기관이 여러 분야에 사용될 수 있도록 개량함으로써 현대 공업의 성장에 크게 기여했다.

웰링턴 공작 — 1769~1852년, 영국의 군인·정치가. 1809년 스페인과 포르투갈이 나폴레옹의 지배에 대항해 일으킨 반도전쟁에 참전, 영국군을 지휘해 전쟁을 승리로 이끌고 개선한 뒤 웰링턴 공작 칭호를 받았다. 워털루 전투에서 나폴레옹을 물리쳤다.

으젠 — 나폴레옹의 의붓아들. 나폴레옹을 도와 여러 전투에 참가해 큰 활약을 한다. 나폴레옹은 그를 무척 신뢰하여 이탈리아 부왕에 임명한다.

ㅈ〉

제롬 보나파르트 — 나폴레옹의 막내 남동생. 뷔르템베르크 공주와 결혼한 그는 베스트팔렌의 왕이 된다.

조제프 보나파르트 — 나폴레옹의 형으로 나폴리 왕에 이어 스페인 왕이 되지만 스페인 내란을 진압하지 못해 결국 쫓겨난다.

조제핀 드 보아르네 – 나폴레옹의 첫째 부인. 그녀는 마르티니크 섬 출신의 프랑스 귀족 가문인 타세 드 라 파제리의 딸로 당시 보아르네 자작의 미망인이었다. 조제핀은 국민의회 공화파 장군이었던 남편이 1794년 공포정치가 한창일 때 체포되어 처형당하였으나 로베스피에르 몰락 와중에 그녀만이 단두대 신세를 면했다.

쥐노 – 프랑스의 장군. 툴롱 전투 때부터 나폴레옹의 부관으로 참전한 그는 아브랑테스 공작에 이어 일리리아 지방의 통치자가 되지만 말기에 광기에 빠져 끝내 자살한다.

쥘리 클라리 – 나폴레옹의 형 조제프의 부인. 부유한 마르세유 상인의 딸인 그녀는 나폴리와 스페인의 왕비가 된다. 동생 데지레 클라리는 나폴레옹이 처음 연정을 품었던 여인으로 베르나도트 장군과 결혼하여 스웨덴의 왕비가 된다.

ㅋ〉

카두달 – 프랑스의 음모가. 반혁명 왕당파의 우두머리로 제정 당시 나폴레옹 암살 음모를 기도하다가 체포되어 단두대에서 처형당한다.

카롤린 보나파르트 – 나폴레옹의 막내 누이. 나폴레옹의 부관 뮈라와 결혼한 그녀는 나폴리 왕비가 되지만 이에 만족하지 못하고 남편을 부추겨 오빠 나폴레옹을 결국 배신한다.

카르노 – 공병장교 출신의 공안위원회 군사 담당 위원으로 '테르미도르 반동'에 가담했으며, 나폴레옹 하에서 국방장관을 맡기도 했다.

카를 대공 – 오스트리아의 장군. 육군 원수로서 군사 이론가였던 그는 프랑스와 끊임없이 전쟁을 치렀다. 제2차 대프랑스 동맹전쟁에서 승리하여 명성을 떨치지만 바그람 전투에서 패한 후 일선에서 물러났다.

카를로스 3세 – 1716~1788년, 재위기간에 스페인은 '부르봉 개혁'이라고 하는 개혁 시대의 절정을 맞아 경제를 크게 발전시키고 행정을 근대화했다. (1759~1788년)

카트린 뷔르템베르크 – 나폴레옹의 막내 동생 제롬과 결혼한 그녀는 뷔르템베르크 왕의 딸로 베스트팔렌 왕비가 된다.

캉바세레스 – 프랑스의 정치가. 통령 정부 때 제 2통령으로 프랑스를 통치했다. 나폴레옹 법전 제정에 큰 역할을 담당했다.

캐슬레이 – 영국의 정치가. 외무장관으로 재임중 대불 동맹국들을 주도해 나폴레옹의 몰락을 앞당겼다. 1815년 비엔나 회의에 주역으로 참여했다.

쿠트조프 – 러시아의 장군. 아우스털리츠 전투에서 참패당해 사령관직을 박탈당하지만 러시아 원정 때 총사령관으로 임명되어 나폴레옹의 러시아 침공을 막아냈다.
클라르크 - 프랑스의 장군. 정치가. 나폴레옹의 비서관으로 여러 전쟁에 함께 참전했다. 참모장을 지낸 후 펠트르 공작에 올랐다.
클레베르 - 프랑스의 장군. 이집트 원정 때 공헌을 세웠다.

〈ㅌ〉

탈레랑 - 1754~1838년, 프랑스 정치가로 나폴레옹 시대 외교활동과 비엔나 회의에서의 활약으로 유명하다.
테미스토클레스 - BC, 514?~449? 아테네의 정치가·군인. 페르시아전쟁 때 뛰어난 지도력을 발휘해 그리스를 구했다. 그러나 정적들은 페르시아와 공모했다는 이유로 그를 추방했다. 말년에 페르시아로 도망가 그곳에서 죽었다.

〈ㅍ〉

파올리 - 코르시카의 독립 투사. 코르시카가 제노바의 지배에서 벗어나는 데 이바지했으며 다시 프랑스가 침공하자 영국의 지원을 받아 독립운동을 펼쳤다. 이후 영국으로 망명했다.
팽 - 프랑스의 역사가. 나폴레옹의 비서 겸 공문서 관리자로 활동했으며, 나폴레옹 통치에 관한 회상록을 저술했다.
페르난도 - 스페인의 왕자. 카를로스 4세의 아들로 당시의 실권자인 고도이가 프랑스의 스페인 침공을 막아내지 못하자 왕위를 물려받았다. 프랑스군이 마드리드까지 침공하자 왕위를 나폴레옹의 형 조제프에게 내어준 후 프랑스에 억류되었다.
폭스 - 영국의 초대 외무장관.
폴린 보나파르트 - 나폴레옹의 둘째 누이. 나폴레옹의 부하 르클레르와 결혼했던 그녀는 남편이 죽자 보르게세 왕자와 재혼한다.
퐁탄느 - 프랑스의 학자이자 문필가. '프랑스 대학'의 총장을 지냈다.
푸셰 - 프랑스의 치안 장관. 공화주의자로서, 왕 시해파이며 공포정치주의자를 거쳐 나폴레옹 제정 시대에는 경찰 총수에 오른다. 나폴레옹의 퇴위 후 임시정부의 대통령으로 선출되었다.
프란츠 2세 - 합스부르크 왕가의 후손으로 신성로마제국의 마지막 황제이자 오스트리아의 황제. 나폴레옹과 여러 번 전쟁을 벌여 패배하여 신성로마제국이 해체된다. 그러나 자신의 딸인 마리 루이즈를 그와 결혼시킨다. 이후에도 프랑스와의 많은 전쟁에 참전하여 사위 나폴레옹의 프랑스 제국을 멸망시켰다.

프리드리히 빌헬름 3세 – 프로이센의 왕. 프로이센을 유럽 최강의 군사 대국으로 만들어 영토를 넓힌 프리드리히 대왕의 아들로 나폴레옹 전쟁에서 참패해 틸지트 조약으로 엘베 강 서쪽을 상실했다. 러시아 황제 알렉산드르 1세와 동조해 나폴레옹을 파멸로 이끈다.

피슈그뤼 – 왕당파 지도자. 브뤼메르 쿠데타로 왕당파가 추방될 때 체포되어 유배를 당했으나 나폴레옹 암살 음모를 추진하기 위해 잠입하다가 검거되었다.

피트 – 1759~1806년, 영국 정치가로 24살에 총리가 되어 1738~1801년, 1804~1806년까지 영국 총리를 지냈다. 극렬한 전쟁 지지자로 제3차 대불동맹을 주도했다.

국립중앙도서관 출판사도서목록(CIP)

나폴레옹 / 펠릭스마크햄 지음 ; 이종길 옮김 -- 고양 : 길산, 2008

456p. ; 142×200mm

원서명 : Napoleon
원저자명 : Felex Markham
ISBN 978-89-952012-0-6 03920 : 18000

926.06-KDC4   944.05-DDC21   CIP2008000270

나폴레옹 전기

666 인간 '나폴레옹'
그는 알면 알수록 점점 커져만 간다(괴테)

역사상 그 누가 모스크바를 점령하여 아침 햇살에 빛나는 모스크바의 둥근 지붕들을 바라보았던가? 이 책은 너무나 잘 알려진 이름임에도 그동안 감추어져 있었던 영웅 나폴레옹의 진면목을 강렬하고 빈틈없이 요약했다. - 동아일보

펠릭스 마크햄 지음 / 값 13,000원

이야기 성서

기쁨과 슬픔을 집대성한 인류역사 소설
왜 인간은 에덴의 동쪽으로 돌아갈 수 없는가

노벨문학상 수상 작가 펄 벅 여사의 '이야기 성서'는 경건한 종교세계는 물론 인류역사의 시작과 그 과정을 특유의 유려한 필치로 흥미롭게 풀어낸다. - 조선일보

펄 S. 벅 지음 / 값 35,000원

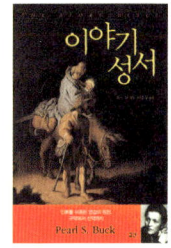

베토벤 평전

진실한 삶 속에서 울리는 풍요로운 음악 소리
베토벤, 자신을 버린 세상을 끊임없이 사랑하다

악성 베토벤의 인간적 삶에 초점을 맞춘 전기. 알코올중독자 아버지에게 혹독한 훈련을 받던 어린시절부터, 청각을 상실하는 말년에 이르기까지 베토벤의 삶과 예술을 풍성하게 되짚는다.
- 조선일보

앤 핌로트 베이커 지음 / 값 8,000원

상형문자의 비밀

고대 이집트의 눈부신 현장이 펼쳐진다

고대 이집트의 멸망과 함께 영원히 비밀 속으로 사라질 뻔했던 상형문자. 어느 날 로제타라는 작은 마을에서 회색빛 돌 하나를 발견하고, 돌 위에 씌어진 상형문자의 해독을 위해 모든 것을 바쳤던 사람들, 바로 그 정열적인 사람들의 신비로운 이야기.

캐롤 도나휴 지음 / 값 12,000원

두 개의 한국(개정판)

한국 현대사를 정평한 제3자의 객관적 시각
한반도 현대사는 진정한 핵의 현대사다

전 워싱턴포스트지 기자 돈 오버도퍼와 미국 최고 남북한 전문가 로버트 칼린의 눈을 통해 한반도 문제의 핵심인 청와대, 평양, 백악관 사이에서 비밀스럽게 진행됐던 수많은 사건들과 핵 협상의 숨막히는 담판 승부를 생생히 목도할 수 있다.

돈 오버도퍼·로버트 칼린 지음 / 값 34,000원

절대권력(전2권)

'돈 對 사상' 현대 중국의 고민

경제 발전에 따른 중국의 부패상을 담아낸 장편소설로 '사회주의적 인간의 건전성'을 찬미하는 데 목적을 두고 있다. 그러나 현대 중국의 갈등과 고민을 당성黨性과 자본주의적 배금주의와의 충돌로 이해하는 데 도움을 준다. - 중앙일보

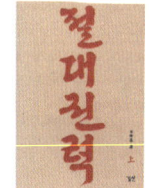

저우메이선 지음

연인 서태후(개정판)

꽃과 칼날의 여인, 서태후!

지금껏 수없이 오르내렸던 서태후란 이름은 각각의 입장에 따라 다른 해석이 나오게 마련이다. 환란의 청조 말기, 그녀의 이름은 어떤 사람에게는 시대를 밝히는 등불이었으며, 또 어떤 사람에게는 무시무시한 독재자의 이름이기도 했다. 중국에 대해 남다른 애정을 보였던 저자에게 '서태후'란 이름은 특히 매력적이었을 것이다. 이미 대작「대지」로 친숙한 저자의 필치를 통해 '서태후'의 또 다른 모습을 볼 수 있다. 희대의 악녀로 불렸던 그녀를 순수하고 열정적인 여인으로 재탄생시키고 있는 것이다.

펄 S. 벅 지음 / 값 19,500원

매독

매독, 그리고 어둠 속의 신사들

콜럼버스가 신대륙 학살 끝에 얻어온 '창백한 범죄자' 매독은 근 5백년간 천재들의 영혼을 지배하며 복수의 칼날을 휘둘러왔다. 링컨의 알 수 없는 광증, 베토벤의 청력 상실, 히틀러의 유대인 학살, 니체의 폭발적인 사유, 이 모두가 만일 매독이 불러일으킨 불가해한 현상이라면, 과연 유럽의 역사는 어떻게 달라져야 하는가?

데버러 헤이든 지음 / 값 20,000원

해외 부동산투자 20국+영주권

해외투자는 새로운 미래다!

이 책은 투자 천국인 미국, EU 영주권을 제공하는 몰타, 최저비용으로 고품격 삶을 누릴 수 있는 멕시코 등 20국가를 선별해, 금전적 이익과 생활의 자유를 한꺼번에 잡을 수 있는 새로운 차원의 투자 방법을 제시하고 있다. 새로운 경제 돌파구를 마련하고자 하는 소규모 투자자, 세계를 익히고자 하는 의욕적인 사업가, 새로운 문화 속에서 제2의 인생을 꿈꾸는 퇴직자라면, 이 책에서 해외투자에 대한 많은 정보를 얻을 수 있을 것이다.

헨리 G. 리브먼 지음 / 값 15,000원

누구를 위한 통일인가

전직 주한미군 그린베레 장교가 바라본 한국의 분단과 통일관

한국 격변기 때 중요한 역사의 현장을 온몸으로 체험한 주한 미군 장교가 수기 형식으로 써내려간 이 책에서 우리는 흔히 접할 수 있는 딱딱한 이론이나 주관주의에 매몰된 자기 주장 따위는 찾아볼 수 없다. 마치 한 편의 소설을 읽는 듯한 착각에 빠지게 만드는 저자 특유의 생동감 넘치는 대화체 등의 현장 묘사와 그동안 배후에 가려져 왔던 숨겨진 일화들을 공개함으로써 읽는 재미를 배가시키며, 나무와 더불어 숲을 아우르는 객관적이고 심도 있는 분석을 통해 남북 분단의 근거와 실체, 주요 리더들의 특징과 그 역학적 관계에 대한 정확한 이해, 그에 따른 통일의 함정과 지향점 등을 설득력 있게 제시한 역작이다.

고든 쿠굴루 지음 / 값 17,000원

톨스토이 공원의 시인

톨스토이, 그리고 영혼의 집 짓기

1년밖에 살지 못한다는 시한부 인생을 선고받고 숲으로 들어와 20여 년을 더 살아낸 20세기 마지막 시인 헨리 스튜어트. 이 책은 삶과 죽음 사이를 흔들흔들 오가며 둥근 지붕의 집을 지은 헨리의 특별한 이야기이자, 세월 속에서 잃어버린 우리 영혼에 대한 기록이다. 마치 눈으로 보듯 세밀하게 그려진 집 짓기 과정은 부나 명예와 같은 껍데기가 아닌, 내면의 뼈대를 구축하는 일이 얼마나 중요한가를 역설하고 있으며, 곳곳에 녹아 있는 레오 톨스토이의 사상은 매순간 삶에 대한 뜨거운 애정으로 되살아난다.

소니 브루어 지음 / 값 15,000원

Dear Leader Mr. 김정일

김정일은 악마인가? 체제의 희생양인가?

2005년 타임지 선정 '세계에서 가장 영향력 있는 100인(지도자&혁명가 부문)' 중 한 사람. 세계 최초로 핵확산금지조약을 탈퇴한 지도자. 예술적 면모와 열정을 지닌 북한 최대의 영화 제작자. 개인 최대 코냑 수입자. 주민의 10%가 굶어 죽어가는 나라의 지도자. 이 책에서는 이처럼 아이러니 그 자체인 김정일을 정확하고 심도 있게 분석하고 있다.

김정일을 둘러싼 분분한 소문보다는 그의 행동과 북한 체제, 과거부터 현재까지 북한의 역사와 한국과의 관계를 정확히 분석하여 가정을 세우고, 그 가정을 증명한 이 책은 그간 어디서도 찾아볼 수 없던 북한 정밀 보고서이며, 김정일 정신분석 보고서다. 북한의 핵문제가 전 세계적으로 파급되고 있는 이때, 북한과 김정일을 정확하게 파악하지 못한다면 세계의 미래 역시 예측 불가능할 것이다. 저자는 이 책을 통해, 김정일을 사악한 미치광이로 매도하는 것은 지나친 단순화의 오류며, 김정일 또한 냉전이라는 덫에 사로잡힌 역사의 제물이고, 북한 공산주의라는 체제의 피해자임을 지적한다.

마이클 브린 지음 / 값 14,000원

통제하의 북한예술

'북한예술'을 발가벗긴 책

우리의 관심을 벗어날 수 없는 북한예술은 이 책을 통해 북한의 정치, 사회사를 통합적으로 관통한 저자의 서술에서 그 희미한 실체가 윤곽을 드러내게 된다. 또한 풍부한 자료를 통해 생생하게 전달되는 북한의 미술 세계에서 우리는 이제껏 품어온 궁금증을 하나씩 벗겨내며 저자의 훌륭한 안내를 받게 될 것이다.

제인 포털 지음 / 값 18,000원

독재자의 최후

한 권으로 읽는 지상 최고 악당들의 세계사

역사의 굵직굵직한 사건 뒤에는 늘 독재자들이 그 모습을 감추고 있었다. 그리고 사건이 표면화되면 그들은 서서히 모습을 드러내고 자신의 나라와 국민들을 피의 전쟁으로 몰아넣었다. 예수 그리스도의 탄생 후 자행되었던 헤롯의 유아 대학살, 징기스칸의 공포적인 영토 확장, 전 세계를 전쟁의 소용돌이로 몰아넣은 히틀러, 그리고 최근 비참한 말로를 맞은 후세인에 이르기까지…. 이 책은 역사상 가장 잔혹하고 무자비한 독재 정권을 통해 피의 향연을 펼치고, 아울러 역사를 바꾸기까지 한 독재자들에 대해 조명하고 있다. 어떻게 해서 그들이 독재적인 성격을 띠게 되었는지, 그리고 어떤 최후를 맞게 되었는지를 알아보고, 국가와 국민들에게 행한 잔인한 실상들을 낱낱이 파헤치고 있다.

셸리 클라인 지음 / 값 18,000원

사요나라 BAR

일본 신사이바시 골목 어딘가의 '사요나라 바'를 무대로 펼쳐지는 이 소설은 사랑과 폭력, 그리고 상처와 연민을, 젊음과 중년세대를 아우르며 매우 실감나게 묘사하고 있다.
(야쿠자 조직원과 눈먼 사랑에 빠진) 영국인 호스티스 메리, (소설 '황금비늘'과 '캐리'의 주인공을 연상케 하는) 영험한 정신적 능력을 지닌 4차원적 인물 와타나베, (죽은 아내의 환상 속에서 살아가는) 외로운 일벌레 사토, 이들의 이야기가 탄탄한 구성과 함께 저자 특유의 현란한 문체에 힘입어 독자들은 어느새 '사요나라 바'에 앉아 삶의 진한 페이소스로 혼합한 위스키 한 잔을 맛보는 듯한 착각에 빠질 것이다.

수잔 바커 지음 / 값 14,800원

양 부인과 세 딸 북경의 세 딸(구제목)

소리 없이 찾아드는 대반점의 밤

이 소설은 거대한 중국 본토에 피의 강을 범람케 했던 '문화대혁명'의 물결 속에서 영혼의 갈등을 겪는 한 가족의 이야기다. 상하이 최고 대반점의 여주인으로 언제 무너질지 모르는 아슬아슬한 삶을 사는 어머니와, 조국의 부름과 자유 사이에서 번뇌하는 세 딸들…. 온갖 영화의 시기를 구름처럼 흘려보내고 대혁명의 습격으로 인해 문을 닫게 되는 대반점과 양 마담의 비참한 최후는, 인간이 역사에게가 아니라, 역사가 인간에게 가져야 할 도의적 책임은 무엇인가라는 엄중한 물음을 던지고 있다.

펄 S. 벅 지음 / 값 18,500원

사탄은 잠들지 않는다

장개석과 모택동의 내전으로 넓은 중국 대륙이 온통 피로 물들던 시대, 두 명의 아일랜드인 신부가 중국 광동성의 시골 마을에 갇히고 만다.
강인한 신의 사자이자 인간적 위트로 넘치는 피치본 대신부와, 무한한 애정 속에서 영혼의 치료사로 거듭나는 젊은 신부 오배논, 그리고 오배논에 대한 금지된 사랑으로 가슴 아파하는 아름다운 소녀 수란과 부모에게 버림받았다는 상처 속에서 삐뚤어진 공산당원이 되는 호산…….
이 네 사람 사이에 벌어지는 사랑에 대한 숭고하고도 슬픈 이 대서사시는, 수많은 극적인 사건이 숨겨진 한 편의 연극처럼, 읽는 이를 거대한 감정의 파도 속으로 몰고 간다.

펄 S. 벅 지음 / 값 9,800원

골든혼의 여인

황금빛 물결 속에 피어난 인연의 꽃

이스탄불에 석양이 질 무렵 황금빛 물결을 출렁이는 골든혼. 그곳에서 운명 지어진 아시아데와 존 롤랜드, 그리고 망명지에서의 새로운 연인 하싸. 어디로 흐를지 알 수 없는 세 남녀의 조국, 미래, 사랑의 물결을 따라 새 희망을 꿈꾸며 떠나는 인생 항로의 여정…….

쿠르반 사이드 지음 / 값 12,900원

열두 가지 이야기

삶을 어루만지는 모성적 따뜻함의 정수

일상적 소재에서 신선한 감동과 삶을 이끌어낸 펄 벅의 열두 가지 단편이 담겨 있다. 단절과 소외, 의혹과 불안의 시대를 살아가는 현대인의 가슴속에 따뜻한 온기를 불어넣어 삶에 대한 긍정적인 감정을 일깨워주는 작품.

펄 S. 벅 지음 / 값 12,900원

만다라

리얼한 구성과 섬세한 내면 묘사
인도의 근현대사 안에서 펼쳐지는 대서사 로망스!

《대지 3부작》,《양 부인과 세 딸》등을 통해 전통과 현대가 충돌하는 지점에서 역동적으로 삶을 헤쳐 나가는 인물들을 보여주었던 펄 벅이 또 한 번 따뜻한 리얼리스트로 돌아왔다. 《만다라》는 그녀의 완숙한 통찰력이 돋보이는 후기작으로, 인도의 격동기를 살아가는 네 주인공의 인생과 사랑, 갈등과 번민을 그린다. 왕족의 권위를 벗어던지고 시대정신에 따르려는 라지푸트족의 위대한 왕 자가트, 체제순응자인 고결한 왕비 모티, 정체성을 찾아 방랑하다 오래된 나라 인도를 찾아온 미국여자 부룩 그리고 가난한 소수민족에게 영적 자비와 실질적 도움을 주려 애쓰는 영국인 신부 폴 등을 통해 시대와의 불화와 극복, 인종과 신분을 뛰어넘은 세기의 사랑, 주변국과의 전쟁과 영토분쟁의 현실, 환생으로 이어지는 인간의 끈질긴 관계 등을 생생히 보여준다.

펄 S. 벅 지음 / 값 12,000원

카불미용학교

눈물과 웃음, 그것이 우리들의 신입니다

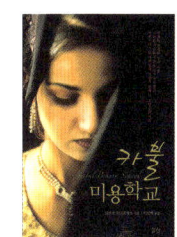

아프간 여인들의 삶 속으로 들어간 데보라 로드리게즈의 다큐멘터리 기록 《카불미용학교》는 전쟁의 그늘 속에서 재기를 꿈꾸는 아프간 여성들을 위해 건설된 미용학교에서 벌어진 일들을 그린 논픽션 작품이다. 애절한 사랑을 가슴에 묻고 계약과 다름없는 결혼을 해야 했던 로산나, 그 외에도 미용학교 수업을 듣기 위해 탈레반 남편의 잔인한 폭력에 맞서야 했던 수많은 아내들처럼, 이 미용학교는 가슴 아픈 사연을 한 자락씩 품은 여성들의 이야기로 넘쳐흐른다. 이들은 미용기술과 더불어 우정, 그리고 자유가 무엇인지를 배워나가는 동시에, 전쟁의 포화 속에서도 인간적 삶을 놓치지 않으려 했던 아프간 사람들의 역사를 눈물과 웃음으로 털어놓는다.

데보라 로드리게즈 지음 / 값 10,000원

Miss 디거의 황금 사냥

부유한 왕자님을 만나고 싶은가? 그렇다면 당신은 먼저 공주가 되어야 한다! 결과가 존재를 규명하는 것이 아니라, 존재가 결과를 불러온다. 공주처럼 생각하고 공주처럼 행동하고 공주처럼 존재하라! 이 책은 저자의 수많은 시행착오와 심리학적인 고찰을 통해 부유한 남자들의 본질을 해부하고, 그 위에 당당한 여성만의 깃발을 꽂았다. 생생한 에피소드와 저자 특유의 재치 있는 입담, 명쾌한 해법은, 저자가 직접 실천해서 성공한 '공주의 공식'과 '공주의 법칙'을 살아있는 것으로 만들고, 당신이 이를 적용하느냐 안 하느냐에 따라 관계의 재앙을 불러오거나, 관계의 열매를 맺을 수도 있다는 저자의 주장에 강한 힘을 실어준다.

도나 스팽글러 지음 / 값 9,800원

새해

남편의 숨겨진 아이를 찾아 떠나는 길고 긴 여행

이 책의 이야기는 단순하지만 가혹한 질문에서 시작된다. "만일 당신의 남편에게 숨겨진 아이가 있다면 당신은 어떻게 하겠는가?" 어느 날 사랑하는 남편과 평온한 생활을 꾸려오던 로라의 집에 편지 한 통이 도착한다. '그리운 아버지께'로 시작하는 편지는 평온했던 로라의 행복을 송두리째 앗아간다. 배신감을 느끼면서도 남편을 사랑할 수밖에 없는 로라는 남편의 숨겨진 아이를 만나기 위해 긴 여행을 떠나고, 고통 끝에 그 아이를 자신의 세계로 받아들임으로써, 인간의 삶은 노력을 통해서는 결코 완벽해질 수 없으며, 상실과 슬픔을 메울 수 있는 것은 결국 또 다른 사랑뿐이라는 오래된 진실을 들려준다.

펄 S. 벅 지음 / 값 9,500원

피오니

유대인 남자를 사랑해 비구니가 될 수밖에 없었던
한 중국 소녀의 가슴아픈 사랑 이야기!

소설 《피오니》는 유대인 가정에 팔려간 어린 중국 소녀 피오니의 삶과 사랑을 다룬 이야기로, 펄 벅 특유의 인생에 대한 통찰과 인간에 대한 따스한 시선을 물씬 느낄 수 있는 아름다운 소설이다. 주인공 피오니는 주인집 아들 데이빗을 어린 시절부터 가슴깊이 연모한다. 하지만, 신분과 종교의 벽은 번번히 그녀의 사랑을 가로막는다. 게다가 데이빗은 어머니가 선택한 랍비의 딸 리아와 자신이 반한 중국 여인 쿠에이란 사이에서 갈등하는데······.

펄 S. 벅 지음 / 값 13,500원

동풍서풍

동양과 서양이 맞닿는 그곳에 당신이 있다

외국에서 서양식 교육을 받고 돌아온 의학자를 남편으로 맞은 중국 여인, 퀘이란이 전통적인 동양의 방식과 자유로운 서양의 방식 사이에서 갈등하며, 조금씩 조금씩 변화해가며 균형점을 찾아가는 과정을 그린 서간체 소설. 서양 여자를 아내로 맞으려는 퀘이란의 오빠와 전통을 고수하려는 기성세대 사이의 갈등, 또 변화에 직면한 20세기 초 중국인들의 사고방식과 생활풍습을 엿보는 묘미가 쏠쏠하다.

펄 S. 벅 지음 / 값 9,500원

여인의 저택

펄 벅의 수상受賞 소설들의 대부분은 중국의 평민들인 농부를 주로 다루고 있다. 그러나 이 작품은 부유하고 교양있으며 깨어 있는 정신으로 다양한 인간사를 경험하는 대지주 집안의 이야기를 다루고 있다. 소설은 중국의 모든 주택과 마찬가지로 단층짜리 방들로 둘러싸인 안뜰이 모여서 서로 좁은 길로 이어져 있는 대저택을 배경으로 하고 있다. 작품의 주인공인 우 씨 일가는 그 안에서 각 개인의 삶을 존중하는 가운데 삼대가 모여 산다. 독자들은 이 소설을 읽어가는 동안, 펄 벅이 중국에 대한 이야기뿐만 아니라 전 세계인 누구나 공감할 수 있는 남녀관계를 다루고 있음을 알게 될 것이다.

펄 S. 벅 지음 / 값 14,000원

싸우는 천사

작가 펄 벅이 쓴 선교사로서의 아버지의 삶을 회고한 글

넓고 광활한 중국대륙을 복음화 시키겠다는 소명을 갖고, 중국으로 건너간 펄벅의 아버지 선교사 앤드류는 혁명군의 총칼 아래에서도 자신의 선교의 소명을 결코 포기하지 않는 '투쟁하는 천사'였다. 그러나, 아내 캐리가 중병에 걸려 죽게 되고, 자신마저 젊은 선교사들에게 내몰려 강제 은퇴를 당할 위기에 놓이고 마는데……

펄 S. 벅 지음 / 값 14,000원

리앙家

중국과 미국을 배경으로 이어지는 전통과 진보 사이의 갈등

20세기 초, 미국에서 자라 성인이 된 리앙가의 4형제. 첫째와 둘째는 미국에서 태어났지만 본국인 중국으로 돌아가 살고 싶어 하고, 미국인으로서의 삶이 익숙한 셋째와 넷째는 공산주의화된 중국의 현실을 보고 이에 반대한다. 결국 이들은 중국으로 건너가게 되면서 변화에 대한 욕구, 전통을 지키고자 하는 과정에서 겪게 되는 좌절, 그 갈등 사이에서 정체성을 찾아가는 여정을 엿볼 수 있다.

펄 S. 벅 지음 / 값 18,000원

세 남매의 어머니

외딴 시골 마을에 사는 한 가난한 중국 여인네의 초상화. 20세기 초 중국의 어머니를 대변하는 이 여인네는 어느 날 갑자기 남편이 떠난 이후, 여자로서의 삶을 포기하고 어머니로서의 소박한 낙을 즐기며 살아가기로 하는데……. 이어지는 불행과 비극과 가난을 겪는 가운데에도 세 남매의 어머니로 꿋꿋이 삶을 헤쳐 나가는 모습에서 우리네 어머니의 모습을 엿볼 수 있다.

펄 S. 벅 지음 / 값 12,000원

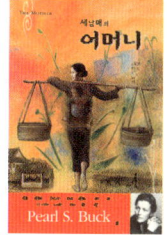

용의 자손

참혹한 전쟁의 소용돌이에 휘말린 중국 농촌마을, 그 속에서
땅과 나라를 지키려 몸부림치는 한 가족의 눈물겨운 투쟁사

1차 세계대전의 화마를 피하고자 중립을 선언한 중국은 오히려
일본의 침략야욕에 노출된다. 폭력, 살인, 겁탈, 약탈 등 온갖 횡
포를 일삼는 적군에 맞서 오로지 땅을 지켜내기 위해 싸우는 '링
탄' 네 가족들. 그중 남자이면서도 왜군에게 성폭행을 당해 상처받
은 영혼 '라오산'이 처참한 전쟁 속에서도 하늘이 정해놓은 운명
같은 사랑을 마침내 완성해가는 모습은 인간에 대한 작가의 진한
애정을 느끼게 한다.
40여 년을 중국에서 살아온 펄벅은 《용의 자손》을 통해 전쟁이란
윤리나 정치의 반성으로는 치유될 수 없는 상처일 뿐이라는 사실
을 다시 한 번 되뇌게 하고 있다.

펄 S. 벅 지음 / 값 15,000원

중국을 변화시킨 청년, 쑨원

삼민주의를 꿈꿨던 중국 최고의 모던보이

이 소설은 중국 근대화의 아버지이자 '삼민주의'로 널리 알려진
쑨원의 격동기를 재현한 작품으로서 펄 벅의 중국 역사에 대한
농후한 통찰력을 엿볼 수 있다. 19세기 말, 외국 열강의 식민지와
다름없었던 중국에서 쑨원은 조국의 근대화와 통일이라는 거대한
목적을 이루고자 했고 일생을 바쳐 자신의 과업에 충실했다. 이
책은 쑨원의 발자취를 연대순으로 세심하게 따라가면서, 중국의
영웅으로 추앙받을 수 있었던 높은 이상과 참된 정신, 나아가 그
의 인간적 고뇌를 충실하게 그려냈다.

펄 S. 벅 지음 / 값 9,000원

여신

"하나의 사랑이 또 다른 사랑의 자리를 대신할 수는
없어. 각각의 사랑이 나름대로 풍요로워질 뿐이지."

한 남자의 아내로, 아이들의 엄마로 살아온 중년 여인 에디스. 평
범했던 결혼 생활이 끝나자 갑작스런 외로움과 혼란에 빠져 지내
던 중 노년의 철학자와 매혹적인 청년을 만나게 되면서 한 여성
으로서의 삶과 진정한 사랑을 추구하는 여정을 시작하게 된다. 여
성 내면의 심리묘사가 돋보이는 자서전적이고도 철학적인 사랑에
대한 탐구.

펄 S. 벅 지음 / 값 9,500원

城의 죽음

영국의 고성古城을 뒤흔들어놓은 신대륙의 사랑!

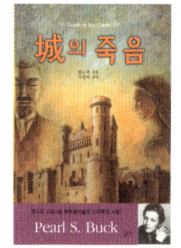

왕의 후손으로 5백 년 넘은 스타보로 성을 상속받은 리처드 경은 전통과 영속성이라는 영국적 가치를 소중히 여기는 늙은 성주다. 그러나 바다 건너 신대륙에서 현대화의 활기찬 물결이 밀어닥치면서 성을 유지할 수 있는 수입원을 잃고 몰락하게 된다. 어느 날, 평등과 합리라는 새 가치를 추구하는 미국 청년 블레인이 이곳을 찾아든다. 얼마 안 가 그는 이 성의 비밀을 간직한 아름다운 하녀 케이트와 사랑에 빠지게 되는데……. 영국의 고성(古城)이라는 특별한 공간 안에서 풀어낸 이 소설은 수천 년간 얽혀온 성의 슬픈 비밀과 젊은 남녀의 희망적 사랑을 통해 새로운 미국적 가치와 깊은 영국적 가치의 합일에 대한 염원을 드라마틱하게 풀어가고 있다.

펄 S. 벅 지음 / 값 12,000원

건너야 할 다리

《건너야 할 다리》는 살면서 겪는 여러 일들, 그러니까 사랑과 이별, 낙천적인 소망과 슬픔, 그리움과 쓸쓸함이 잔잔하게 그린 소설이다. 자극적인 사건 없이 사람들과 부대끼면서 느끼는 감정들과 회환을 그린 소설이다. 몸 담고 있는 세상을 충실하게 껴안는 소설이면서, 눈에 보이지 않는 세상에 말을 거는 소설이다.

펄 S. 벅 지음 / 값 14,000원

어서 와요, 나의 연인

잔잔하고도 뜨거운 갠지스 강변,
4대에 걸쳐 흐르는 영혼과 자유의 드라마!

펄 벅의 대표작 《대지》에 비견할 만한 웅장한 스토리에 종교와 영혼의 자유라는 심도 깊은 주제를 다룬 이 작품은, 인도에서 펼쳐지는 한 가문의 4대에 걸친 잔잔하고도 열정적인 드라마를 다채롭게 수놓아간 보기 드문 대작이다.
19세기의 마지막 10년이 남은 시점, 뉴욕의 성공한 사업가인 맥카드, 사랑했던 아내 레일라를 잃고 외아들 데이빗과 인도행을 결정한다. 깊은 상실감 가운데 인도 방문에서 영적인 감복을 받은 그는 선교사를 키워 인도에 복음을 전파하고자 한다. 그러나 이는 엉뚱한 결과를 낳게 되는데…….

펄 S. 벅 지음 / 값 15,000원

타향살이

척박한 땅에 울려 퍼진 희망과 희망의 노래

이 소설은 선교를 위하여 조국을 떠난 이민자 가정에서 자란 딸의 시선으로 바라본 어머니의 삶을 그리고 있다. 가난과 굶주림, 질병과 무지로 점철된 척박한 중국 땅에서 소외된 이들을 사랑으로 어루만지고 치유하려 했던 어머니의 헌신적인 일생을 담담히 그려내고 있다.

펄 S. 벅 지음 / 값 14,000원

숨은 꽃

"주일미군 소위와 일본 여대생의 이루지 못한 사랑 이야기"

이 소설은 전후 점령군으로 일본에 부임한 미군 소위 앨런 캐네디와 꽃다운 일본 여대생 조스이 사카이의 사랑 이야기이다. 조스이에게 첫눈에 반해버린 앨런은 그녀의 사랑을 얻어내지만 두려움 없던 이들의 사랑은 미국에서 엄청난 시련을 겪게 된다. 유색인종과의 결혼을 반대하는 부모의 극심한 반대에 무릎을 꿇고 만 그들의 사랑이 남긴 것은 숨은 꽃, 아니 숨을 수밖에 없었던 아름다운 꽃 한 송이였다.

펄 S. 벅 지음 / 값 15,000원

약속

용의 자손들, 죽음과 약속의 땅 버마로 향하다!

일본의 식민지배 하에서 강인한 군인으로 성장한 라오산은 '승'이라는 새로운 이름으로 운명의 연인 메이리와 버마 밀림의 전장에 몸을 던진다. 언제 끝날지 모르는 전쟁의 고통과 약속 없는 미래 속에서도 두 사람은 서로를 의지한 채 사랑을 키워가는데……. 이 작품은 세계1차대전의 소용돌이에 휘말린 링탄 가족의 눈물겨운 역사를 그려낸 《용의 자손》의 2부 격으로, 참혹한 포화 속에서도 약속의 땅을 개척해가는 두 젊은이의 운명적 사랑, 그리고 목숨을 건 투쟁을 그려낸 또 하나의 역작이다.

펄 S. 벅 지음 / 값 15,000원

오피스 와이프

뉴욕 9번가 고층 빌딩의 사무실
또 하나의 아슬아슬한 사랑이 시작된다!

사랑과 사회적 성공은 누구나 거머쥐고 싶어 하는 인생 최고의 선물이다. 나아가 이 두 가지를 모두 갖추고 싶어 하는 것은 비단 남자들뿐만이 아니다.
1930년 미국에서 대성공을 거둔 이 책 『오피스 와이프』는 '여성의 사회진출'이라는 현대적 코드를 일터에서 일과 사랑을 동시에 거머쥐고 싶어 하는 여비서 앤 머독과 그녀와 사랑에 빠진 회사 사장 펠로스 두 사람의 이야기로 흥미진진하고 아기자기하게 풀어가고 있다.

페이스 볼드윈 지음 / 값 13,900원

살아있는 갈대

'고결한 사람들이 사는 보석 같은 나라'
한국에 전하는 위대한 유산!

뉴욕타임즈 등 유수 언론에서 '대지 이후 최고의 걸작', 펄벅이 한국에 보내는 애정의 선물'이라는 찬사를 받은 이 작품은 한국 구한말부터 해방까지 이어지는 한 가족의 4대의 비극적 역사를 시종일관 밀착된 시선으로 그려내고 있다. 작품 전체에 한국에 대한 작가의 특별한 관심이 녹아 있고, 일제강점기에 놓인 한국인에 대한 치밀한 묘사와 철저한 고증이 돋보여 이 시대를 살피고자 하는 이들에게는 반드시 읽어야 할 필독서로 자리 잡았다.

펄 S. 벅 지음 / 값 18,000원

• 펄 벅의 대지 3부작 •

대지 (상)

펄 벅의 대지, 그 뜨거운 감동을 다시 만난다!

혼란스러웠던 청나라 말기를 배경으로 격랑 속에서도 묵묵히 흙을 일구며 살아가는 농부 왕룽의 일생을 유려하고 장대하게 그려낸 펄 벅의 대표작. 작가에게 노벨문학상의 영광을 안겨준 대지 3부작의 1편으로서 사회적 변화가 몰고 온 고난에 맞서 싸우는 인간의 의지, 흙에서 태어나 흙에서 죽어가는 인간의 운명을 감동적으로 그려내고 있다.

펄 S. 벅 지음 / 값 15,000원

대지
(아들들)

왕룽의 세 아들들, 서로 다른 발자국들

대지 3부작의 두 번째 작품. 이 책은 각각 다른 왕룽 일가 세 아들들의 행보를 통해 격랑의 시기 속에서 좌절하고 동시에 단련되는 인간의 삶을 조명한다. 특히 농부의 자식으로 태어나 군벌 지도자로 성장한 야망 넘치는 막내아들 왕후의 발자취는 한때 빛났지만 허망하게 스러지는 삶의 유한성을 극적으로 보여준다.

펄 S. 벅 지음 / 값 15,000원

대지
(분열된 일가)

3대로 이어지는 흙과 땅의 노래

대지 3부작의 완결편. 왕룽의 손자이자 왕후의 아들인 왕위완을 중심으로 변화의 물결 속에서 고군분투하는 젊은이들의 일대기를 그리고 있다. 야망 넘치는 장군이었던 아버지 왕후와 달리 땅에 대한 깊은 애착을 간직한 채 신(新) 지식인으로 성장한 왕위완이 겪어내는 시대적 갈등과 애틋한 사랑, 고독하고 운명적인 자아 찾기의 여정이 흥미롭다.

펄 S. 벅 지음 / 값 15,000원

자라지 않는 아이 (2018년 7월 말 출간 예정)

정신적·신체적 장애를 가진 아이들의 부모와 가족, 주변 사람들을 위한 『자라지 않는 아이』. 이 책은 노벨 문학상을 수상한 여류 소설가 펄벅과 정신지체를 가진 그녀의 딸이 함께 살아가는 이야기를 담았다. 딸 캐롤 벅의 탄생과 그녀가 정신지체라는 것을 알게 되기까지의 과정에서부터 그러한 사실을 받아들이기까지의 방황, 현실에서 딸과 함께 살아가는 행복에 대해 그려내고 있다. 장애아에게도 삶의 권리가 있고, 행복해질 권리가 있음을 일깨워주며, 부모가 그 행복을 찾아주는 주체적인 역할을 수행해야 한다고 강조한다.

펄 S. 벅 지음

펄 벅 시리즈

노벨문학수상작가
펄 벅이 돌아온다!

따뜻한 사랑과 화해를 향한 갈구, 역사와 인간에 대한 깊이 있는 시선으로
20세기의 고전을 빚어낸 "꿈의 스토리텔러 펄 벅"

이야기 성서
연인 서태후
양 부인과 세 딸
새해
동풍서풍
싸우는 천사
세 남매의 어머니
청년 쑨원
城의 죽음
어서 와요, 나의 연인
숨은 꽃
살아있는 갈대

사탄은 잠들지 않는다
열두 가지 이야기
만다라
피오니
여인의 저택
리앙家
용의 자손
여신
건너야 할 다리
타향살이
약속
「대지 3부작」
 - 대지상
　대지중 아들들
　대지하 분열된 일가

펄벅문화원　Pearl S. Buck Literary Institute